Fernand Daoust

D0293963

collection MILITANTISMES

Le militantisme, c'est s'engager dans une cause, proposer un idéal, lier la pratique à la théorie et, en même temps, essayer d'obtenir des résultats concrets.

Dans le militantisme, il y a un combat pour ou contre une cause déterminée, par rapport à un groupe social, à des institutions ou à un système. Toute l'action de l'individu et du groupe est orientée vers cette cause alors que s'impose nécessairement une réflexion sur le rapport au pouvoir.

Que ce soit dans les organisations syndicales ou politiques, dans les associations, dans des groupes ponctuels ou permanents, le militantisme est une véritable nécessité. Sans lui, de telles organisations n'existeraient pas. Sans lui, les dominéEs et les exploitéEs n'auraient pas pu améliorer leur sort. Sans lui, les connaissances ainsi que les réflexions théoriques et politiques n'auraient pu connaître des avancées importantes.

Cette collection publie des récits de militantEs ou sur des militantEs qui ont façonné ou qui façonnent en ce moment les mouvements sociaux et politiques émancipateurs et qui ont joué ou qui jouent un rôle déterminant pour changer la société et améliorer le sort de la population.

André Leclerc

avec la contribution de Marc Comby

Fernand Daoust

2. Bâtisseur de la FTQ, 1965-1993

Manuscript dedication:

le Danielle
mes grandes amitiés

Fernand Daoust

3 mars 2016

A ma belle Danielle
en souvenir de toutes
nos belles folies

André

M ÉDITEUR — collection MILITANTISMES

*Catalogage avant publication de Bibliothèque et Archives nationales du Québec et
Bibliothèque et Archives Canada*

Leclerc, André, 1943-

    Fernand Daoust

    (Collection Militantismes)
    Comprend des références bibliographiques et un index.
    Sommaire : 2. Bâtisseur de la FTQ, 1964-1993.

    ISBN 978-2-923986-88-3 (vol. 2)

    1. Daoust, Fernand, 1926-   . 2. Syndicalisme – Québec (Province) – Histoire –
20ᵉ siècle. 3. Fédération des travailleurs et travailleuses du Québec – Histoire. 4. Dirigeants syndicaux – Québec (Province) – Biographies. I. Leclerc, André, 1943-   .
Bâtisseur de la FTQ, 1964-1993. II. Titre. III. Titre : Bâtisseur de la FTQ, 1964-
1993. IV. Collection : Collection Militantismes.

HD6525.D36L42 2013   331.88092   C2013-941475-4

M Éditeur
m.editeur@editionsm.info
www.editionsm.info/

Lecture des épreuves : Alexandra Arvisais et Andrée Beauregard

© André Leclerc et M Éditeur

Dépôt légal : février 2016
Bibliothèque et Archives nationales du Québec
Bibliothèque et Archives Canada

Table des matières

Liste des acronymes 7

Avant-propos 9

Première partie
Une révolution trop tranquille (1964-1975) 13

Chapitre 1
Candidat à la présidence de la FTQ (1964) 15

Chapitre 2
Des perspectives plus larges (1965) 27

Chapitre 3
Des percées cruciales (1965-1966) 43

Chapitre 4
La Révolution tranquille au ralenti (1966-1967) 61

Chapitre 5
À la direction du SCFP (1968) 73

Chapitre 6
L'ébullition sociale (1968-1969) 89

Chapitre 7
Le vent tourne à la FTQ (1969) 109

Chapitre 8
Les années de plomb (1969-1970) 121

Chapitre 9
Les affrontements (1971-1973) 143

Chapitre 10
L'État assujetti (1974-1976) 165

Chapitre 11
La répression dans la construction (1974-1975) 181

Chapitre 12
Tricofil, la fierté nationale (1974-1976) 195

Chapitre 13
Une vie mieux équilibrée 207

Deuxième partie
L'institutionnalisation (1976-1993) 225

Chapitre 14
Deux hommes, une centrale 227

Chapitre 15
Agrandir de l'intérieur 235

Chapitre 16
Premier jalon : l'éducation syndicale 247

Chapitre 17
La construction des services 259

Chapitre 18
Contre-pouvoir et concertation 283

Chapitre 19
La souveraineté syndicale 303

Chapitre 20
Le combat d'une vie : le français, le Québec 331

Chapitre 21
La constance et la fidélité 361

Annexes
1. Chronologie 373
2. Distinctions reçues par Fernand Daoust 379
3. Structures syndicales nord-américaines 381

Index des noms 383

Remerciements 391

Liste des acronymes

ACDI	Agence canadienne de coopération internationale
AFL	American Federation of Labor
AFL-CIO	American Federation of Labor-Congress of Industrial Organizations
AFPC	Alliance de la fonction publique du Canada
AIEST	Association internationale des employés de scène, de théâtre, techniciens de l'image, artistes et métiers connexes
AIM	Association internationale des machinistes
BIT	Bureau international du travail
CAT	Commission des accidents du travail
CCF	Cooperative Commonwealth Federation
CCRO	Conseil canadien des relations ouvrières
CCT	Congrès canadien du travail
CEQ	Centrale de l'enseignement du Québec
CGT-FO	Confédération générale du travail-Force ouvrière
CIO	Congress of Industrial Organizations
CISL	Confédération internationale des syndicats libres
CMTC	Congrès des métiers du travail du Canada
CMTM	Conseil des métiers du travail de Montréal
CNTS	Confédération nationale des travailleurs du Sénégal
CPQMC	Conseil provincial du Québec des métiers de la construction
CRFTQMM	Conseil régional FTQ Montréal métropolitain
CRO	Commission des relations ouvrières
CSD	Centrale des syndicats démocratiques
CSN	Confédération des syndicats nationaux
CSQ	Centrale des syndicats du Québec
CSST	Commission de la santé et de la sécurité du travail
CTC	Congrès du travail du Canada
CTCC	Confédération des travailleurs catholiques du Canada
CTM	Conseil du travail de Montréal
FIOE	Fraternité internationale des ouvriers en électricité
FIPOE	Fraternité inter-provinciale des ouvriers en électricité
FLQ	Front de libération du Québec
FPTQ	Fédération provinciale du travail du Québec
FRAP	Front d'action politique
FSIE	Fonds de soutien à l'investissement pour l'emploi

FTQ	Fédération des travailleurs du Québec, puis Fédération des travailleurs et travailleuses du Québec
FUIQ	Fédération des unions industrielles du Québec
IATSE	International Alliance of Theatrical Stage Employes
IRAT	Institut de recherche appliquée sur le travail
MÉDAC	Mouvement d'éducation et de défense des actionnaires
MQF	Mouvement Québec français
NABET	National Association of Broadcast Employees and Technicians
NPD	Nouveau parti démocratique
OIF	Organisation internationale de la Francophonie
OLF	Office de la langue française
OUTA	Ouvriers unis du textile d'Amérique
PLQ	Parti libéral du Québec
PQ	Parti québécois
PSQ	Parti socialiste du Québec
RCM	Rassemblement des citoyens de Montréal
RIN	Rassemblement pour l'indépendance nationale
SCEP	Syndicat des communications, de l'énergie et du papier
SCFP	Syndicat canadien de la fonction publique
SCTP	Syndicat canadien des travailleurs du papier
SDC	Société de développement des coopératives.
SEB	Syndicat des employés de bureau (Hydro-Québec)
SEPB	Syndicat des employées et employés professionnels-les et de bureau
SITBA	Syndicat international du bois d'Amérique
SITIPCA	Syndicat international des travailleurs des industries pétrolière, chimique et atomique
SQIC	Syndicat québécois de l'imprimerie et des communications
STCC	Syndicat des travailleurs canadiens des communications
STEC	Syndicat des travailleurs de l'énergie et de la chimie
TCA	Travailleurs canadiens de l'automobile
TUA	Travailleurs unis de l'automobile
TUAC	Travailleurs et travailleuses unis de l'alimentation et du commerce
UE	United Electrical Workers
UFC	Union des facteurs du Canada
UGEQ	Union générale des étudiants du Québec
UGTA	Union générale des travailleurs d'Algérie
UIES	Unions internationale des employés de service
UIOVD	Union internationale des ouvrières et ouvriers du vêtement pour dames
UITPC	Union internationale des travailleurs des produits chimiques
UNEP	Union nationale des employés publics
UNESP	Union nationale des employés des services publics
UNIFOR	« Unis » et « forts » – Syndicat issu de la fusion, en 2013, du SCEP et des TCA
UPA	Union des producteurs agricoles

Avant-propos

Fernand Daoust projetait une image singulière parmi les syndicalistes québécois. Grand, distingué, d'une élocution nette et d'un vocabulaire châtié, son maintien digne lui conférait une allure un peu aristocratique. Pourtant, il n'est issu ni d'un milieu aisé ni d'une famille d'intellectuels. Élevé par une mère monoparentale, une ouvrière dans l'industrie du vêtement, il a trimé dur pour payer ses études.

Dans la première partie de sa biographie[1], nous l'avons accompagné dans le Montréal du temps de la Grande Dépression. Nous avons assisté à ses premiers engagements nationalistes pendant la crise de la conscription et à sa découverte des idéologies progressistes et du syndicalisme à la fin de ses études. Entré dans le mouvement syndical comme recruteur bénévole au Syndicat de la sacoche dirigé par Roger Provost, il est embauché comme représentant permanent du Congrès canadien du travail (CCT) en 1951.

Au cours de la décennie suivante, il a connu les dures conditions imposées aux syndicalistes par le régime Duplessis. Il y a découvert la nécessité de l'action politique. Tout au long de ces années se profile le futur dirigeant syndical. Il est élu secrétaire du Conseil du travail de Montréal en 1954 et est le représentant québécois du Syndicat international des travailleurs des industries pétrolière, chimique et atomique (SITIPCA) en 1959. Au début des années 1960, il devient président du comité d'éducation de la nouvelle Fédération des travailleurs du Québec (FTQ). Il est également membre de son Conseil exécutif. Il est de plus en plus influent dans l'organisation syndicale en pleine gestation.

---

1. André Leclerc, *Fernand Daoust. 1. Le jeune militant syndical, nationaliste et socialiste, 1926-1964*, Mont-Royal, M Éditeur, 2013.

Le destin d'un homme

En entreprenant la rédaction de cette biographie, comme je l'annonçais dans l'introduction du premier tome, mon objectif était de reconstituer le parcours de Fernand Daoust pour comprendre comment se forge un tel personnage syndical et public. J'essayais de répondre à la question un peu candide : « Comment devient-on Fernand Daoust ? » Je disais aussi vouloir « retracer le destin personnel de cet homme, tout en évoquant l'évolution de la société québécoise et du mouvement syndical ».

Je crois y être passablement parvenu dans le premier tome. Dans la première partie de ce deuxième tome, qui couvre les années 1965 à 1975, le personnage se consolide. Je ne prétends pas que Fernand Daoust s'est momifié et n'a plus changé par la suite. Or, le jeune militant syndical, nationaliste et socialiste, devenu secrétaire général à quarante-quatre ans, avait atteint, au milieu des années 1970, une maturité et un style qui allaient le caractériser désormais. Tous lui reconnaîtront d'ailleurs une rare stabilité émotive et idéologique tout au long de ses vingt-deux années passées à la direction de la FTQ.

Pendant la première moitié des années 1970, les événements ont accéléré l'évolution et le façonnement de la centrale. En 1975, les principales caractéristiques de la FTQ, le type de relations qu'elle entretient avec ses syndicats affiliés et l'image publique qu'elle projette sont globalement fixés.

Même si les statuts du Congrès du travail du Canada (CTC) ne le reconnaissent toujours pas formellement, la FTQ n'est plus une succursale provinciale de la centrale canadienne. Dans les faits, elle est devenue un lieu de concertation où convergent naturellement les militantEs des syndicats canadiens et nord-américains implantés au Québec. Sur tous les grands enjeux, les syndicats reconnaissent à la FTQ une autorité morale qui dépasse largement les pouvoirs que confèrent aux fédérations provinciales les statuts du CTC.

La centrale dont il rêvait

Si les syndicats répondent massivement aux appels de mobilisations de la FTQ lors de conflits majeurs, c'est tout aussi spontanément vers elle que les militantEs se tournent lorsque la démocratie syndicale est bafouée dans leur organisation. Dans les faits, la FTQ est devenue la centrale syndicale dont Fernand et ses camarades nationalistes et progressistes rêvaient dans les années 1960. Le chemin parcouru sur ce plan est crucial. Restent encore des étapes importantes à franchir dans l'affirmation de l'autonomie politique de la FTQ, qui ne trouveront leur aboutissement que dix-sept ans plus tard.

Si la FTQ a acquis une telle importance aux yeux de ses militantEs, ce n'est pas étranger au travail patient et courageux du secrétaire général, qui a cru à la nécessité de doter la centrale de services diversifiés et efficaces. On verra combien, compte tenu des faibles moyens dont disposait la centrale, cela constituait un véritable tour de force.

Le résultat est probant : au milieu de cette décennie, la FTQ est une force sociale incontournable. Elle assume non seulement son identité québécoise, mais porte elle-même, stimule et nourrit les aspirations profondes de ce peuple en train de se révéler à lui-même. Et si la crise, qui suit le saccage de la Baie-James et la Commission Cliche, ternit pour un temps l'image publique de la centrale, sa transformation et sa maturation n'en progressent pas moins.

L'apport particulier de Fernand Daoust

Après 1976, de nombreux événements et péripéties vont marquer l'histoire de la FTQ comme celle de ses dirigeantEs. Je ne les relaterai pas tous. Trois ouvrages dus à la plume de Louis Fournier en décrivent les grandes étapes : dans son *Histoire de la FTQ*[1], Fournier fait la chronique de tous les événements importants vécus par la FTQ et ses affiliés et collige toutes les grandes décisions de congrès ; dans la biographie qu'il consacre à Louis Laberge[2], il fait état de l'action de Fernand Daoust dans plusieurs dossiers ; enfin, dans son histoire de la genèse du Fonds de solidarité[3], il décrit comment l'idée de cet instrument économique a germé dans les esprits et a finalement été incarnée grâce à la détermination des dirigeantEs de la FTQ.

Dans la deuxième partie du présent ouvrage, plutôt que de continuer à raconter de façon chronologique le parcours de Fernand Daoust, je m'efforcerai de dégager son apport particulier à l'évolution de la FTQ. Pour cela, le reste du livre sera divisé par thèmes. On décrira la relation singulière du tandem Daoust-Laberge. On examinera le rôle que Fernand a joué comme bâtisseur d'une FTQ longtemps dépourvue de moyens. Recruteur méticuleux de l'équipe de conseillers et de conseillères, il a été le maître d'œuvre de la construction des services de la centrale au profit de ses syndicats affiliés. On notera sa contribution à l'affirmation de la FTQ comme acteur social incontournable, son action décisive dans l'accession de la FTQ à la souveraineté syndicale. Finalement, ce deuxième tome décrira son long et continu combat pour la langue française et la souveraineté du Québec.

---

1. Louis Fournier, *Histoire de la FTQ 1965-1992, la plus grande centrale syndicale au Québec*, Montréal, Québec-Amérique, 1994.
2. Louis Fournier, *Louis Laberge, le syndicalisme, c'est ma vie*, Montréal, Québec-Amérique, 1992.
3. Louis Fournier, *Solidarité inc. Un nouveau syndicalisme créateur d'emplois*, Montréal, Québec-Amérique, 1991.

Première partie

Une révolution trop tranquille (1964-1975)

Chapitre 1

Candidat à la présidence de la FTQ (1964)

À PEINE la bataille du *Bill* 54[1] terminée, Roger Provost, le président de la FTQ, s'engage dans le dur conflit de *La Presse*[2] et coordonne « l'équipe volante » chargée de contrer les maraudages de la Confédération des syndicats nationaux (CSN). Les pressions ont bientôt raison de cet homme à la santé fragile. Le 20 octobre 1964, à l'âge de cinquante-trois ans, Roger Provost meurt d'une crise cardiaque. Quelques jours à peine après son décès, on annonce que le Conseil exécutif choisira le 30 octobre le président par intérim, en poste jusqu'au prochain congrès de la FTQ, prévu en décembre 1965. L'aile dite progressiste de la FTQ a une occasion inattendue de mesurer son influence au sein de la centrale.

Philippe Vaillancourt, le directeur québécois du CTC, est le premier à interpeller Fernand :

– Il faut saisir l'occasion. C'est le temps, maintenant ou jamais, de changer les choses à la FTQ. Portez-vous candidat à la présidence. J'ai examiné

---

1. Projet de loi définissant les règles d'un nouveau Code du travail québécois. La FTQ a mobilisé ses troupes et a menacé de déclencher une grève générale pour obtenir que la loi reconnaisse aux employéEs de l'État un véritable droit à la syndicalisation, à la négociation collective. Voir Leclerc, *Fernand Daoust, tome 1, Le jeune militant syndical, nationaliste et socialiste, 1926-1964, op. cit.,* p. 292 et suivantes.
2. Déclenchée le 3 juin 1964 par l'Union typographique Jacques-Cartier (la section 145 de l'Union internationale des typographes), cette grève porte sur les changements technologiques. C'est la première fois que le président de la FTQ est appelé à intervenir directement à la table de négociation. Roméo Mathieu du Syndicat des salaisons prend la relève de Provost à son décès. La grève ne sera réglée qu'à la fin de l'année, à la satisfaction des typographes. Sept ans plus tard, en 1971, ils seront mis en lock-out avec les autres syndicats des métiers de l'imprimerie affiliés à la FTQ dans un conflit portant sur les mêmes enjeux.

la liste des membres du Conseil exécutif et je suis certain que vous avez de fortes chances de gagner. Dans un congrès, les anciens syndicats de la FPTQ[1] sont très majoritaires, mais pas au Conseil parce qu'avec la représentation régionale, c'est beaucoup mieux équilibré[2].

– Il y a sûrement d'autres candidats mieux placés que moi… Jean Gérin-Lajoie est mieux préparé. D'ailleurs, il est le premier vice-président. Ce serait normal qu'il assume l'intérim.

– J'ai vérifié de ce côté-là et ça ne l'intéresse pas. Il est directeur adjoint des Métallos et il a bien l'intention de prendre bientôt la direction de son syndicat. Il veut y consacrer toute son énergie. Même chose pour Thibaudeau, son syndicat est en pleine croissance et se prépare à affronter la CSN à Hydro-Québec. D'ailleurs, les deux pensent que vous êtes l'homme de la situation. Puis si c'est pas vous, ce sera sûrement Louis Laberge[3].

– Il ne serait pas si mal. C'est un batailleur et il me semble qu'il est de plus en plus ouvert. Il trouvait Roger Provost trop mou et voulait même nous associer à une rencontre pour faire pression sur lui. Il a dit : « Roger a besoin d'être brassé un peu. »

– Voyons Fernand, vous savez bien que Louis Laberge s'est toujours appuyé sur les vieux syndicats de métiers, parfois même sur des gens douteux comme les marins ou certains gars de la construction. Avec lui, ce sera pire qu'avec Provost.

– J'en suis pas si sûr… De toute façon, je vais y réfléchir[4]…

Fernand rentre chez lui quelque peu fébrile. Il n'ose pas croire ce qui lui arrive. Il a hâte de raconter cette conversation à Ghyslaine. Il a besoin de connaître sa réaction. À peine arrivé, son manteau encore sur le dos, il lance :

– Tu peux pas savoir ce que le beau Vaillancourt vient de me proposer ?
– Il veut que tu te présentes à la présidence de la FTQ.

---

1. Fédération provinciale du travail du Québec.
2. Les neuf vice-présidents formant la représentation régionale sont choisis par les Conseils du travail et Vaillancourt constate que la majorité provient des anciens syndicats affiliés à la Fédération des unions industrielles du Québec (FUIQ) et au CCT.
3. Louis Laberge est président du Conseil du travail de Montréal (CTM) depuis sa fondation en 1958. Il avait été président du Conseil des métiers du travail de Montréal (CMTM) de 1955 à 1958. Vice-président de la FTQ depuis 1962, il est représentant syndical des Travailleurs unis de l'automobile (TUA) depuis la fin de juillet 1964, après avoir été congédié de son poste de représentant de l'Association internationale des machinistes (AIM). Voir Fournier, *Louis Laberge, op. cit.,* p. 135-136.
4. Propos reconstitués à partir des souvenirs de Fernand Daoust.

– Mais comment tu sais ça?

– Il me semble que c'est normal. Lajoie et Thibaudeau sont trop pris à la direction de leurs syndicats. Tu es l'un des dirigeants les plus connus et, plusieurs fois, tes amis m'ont dit qu'ils te verraient bien à ce poste[1].

Fernand candidat

Le lendemain, une brève consultation auprès de ses amis André Thibaudeau, Jean Gérin-Lajoie, Charles Devlin, Jean-Marie Bédard et Émile Boudreau lui confirme que Ghyslaine n'a pas tort. Fernand n'en revient pas. Il tombe des nues. Tout le monde semble tenir pour acquis que le poste lui revient, alors que lui n'y pensait même pas.

Avant qu'il n'ait le temps de réagir, ses amis se mettent en campagne. Il n'a pas encore dit clairement qu'il sera candidat, mais les Émile Boudreau, Roger Lampron, président des Cols bleus de Montréal, Maurice Gaulin, du Syndicat des postiers à Québec, sont déjà au téléphone et font campagne.

Au salon funéraire, où des centaines de syndicalistes viennent rendre un dernier hommage à Roger Provost, on lui tape dans le dos en lui souhaitant bonne chance. Mal à l'aise, Fernand se rend compte que la machine est lancée, qu'il n'a pas le choix. Il doit plonger. D'autant plus que, comme l'avait prévu Vaillancourt, Louis Laberge annonce sa candidature. Philippe Vaillancourt prend vite les choses en main. Il fait un premier pointage qui donne Fernand gagnant. Il lui prévoit même une majorité confortable : 13 contre 6. Fernand le trouve optimiste. Il lui reproche de tenir systématiquement pour acquises toutes les voix des membres provenant de syndicats autrefois affiliés à la FUIQ[2]. « Nous verrons bien, Fernand. Nous allons rencontrer tous ceux dont on n'est pas absolument sûrs. »

La conscience ouvrière de Goedike

C'est ce qu'ils font dans les jours qui précèdent la tenue de la réunion du Conseil exécutif. Ils ne vont pas voir ceux qu'ils considèrent comme acquis

---

1. *Ibid.*
2. La liste de Philippe Vaillancourt contient les noms suivants : Fernand Daoust, Jean Gérin-Lajoie, André Thibaudeau, René Rondou, les Métallos Théo Gagné et Robert Saumure, Roger Lampron du Syndicat canadien de la fonction publique (SCFP), Maurice Gaulin des Postiers, Gérard Rancourt des Travailleurs amalgamés du vêtement, Gérald McManus et Benoît Laviolette du Syndicat du caoutchouc, Paul-Émile Jutras du Syndicat des cheminots et Roland Goedike du Syndicat des brasseries. Sur l'autre liste, outre Louis Laberge lui-même, il range son ami et ancien collègue de *Canadair*, Aldo Caluori, Oscar Longtin du Syndicat du textile que dirigeait Provost, Paul Pichette du Syndicat des chapeliers, Marcel Raymond des Charpentiers-menuisiers et J. Albert Bergeron du Syndicat des pâtes et papiers.

à Laberge, ni les inconditionnels partisans de Fernand. Ils visitent ceux qui devraient normalement voter pour lui, mais qui n'ont pas annoncé leurs couleurs. Fernand a quelques surprises, sinon d'amères déceptions.

Ils rencontrent d'abord Roland Goedike, le directeur québécois du Syndicat des brasseries. Auparavant, Goedike avait été l'un des dirigeants du Syndicat des employés manuels de la Ville de Montréal, alors directement affilié au CCT et Fernand, permanent de la centrale, avait eu l'occasion de travailler étroitement avec lui. Il le considérait comme un allié naturel. D'autant plus que Goedike devait à Philippe Vaillancourt son poste au Syndicat des brasseries.

Vaillancourt et Fernand sont accueillis par un Goedike en accoutrement de bourgeois raffiné : il porte fièrement une robe de chambre courte en soie, avec foulard assorti. Il les fait entrer au salon, où un service à thé en argent brille sur une table basse en acajou. Il les invite à prendre place sur de moelleux et profonds divans. Lui s'assoit nonchalamment sur le banc d'un orgue électrique, qu'il dit « bien aimer toucher pour se détendre » après ses dures journées de lutte syndicale.

Fernand est un peu amusé par tout ce tape-à-l'œil exposé par l'ancien col bleu. Mais le plus fort reste à venir. Après leur avoir offert à boire, Goedike entre sans transition dans le vif du sujet :

– Vous êtes sûrement venus pour connaître mes intentions lors du vote au Conseil exécutif ? Bien, mon cher Fernand, j'ai le regret de t'annoncer que je ne voterai pas pour toi. En conscience, je n'ai pas le droit de donner mon appui à quelqu'un qui n'appartient pas à la classe ouvrière. Seul Laberge est un véritable travailleur et peut, en conséquence, occuper le poste de président de la FTQ.

Fernand en reste bouche bée. C'est Philippe Vaillancourt qui intervient pour rabrouer un peu sèchement Goedike :

– Es-tu sérieux, toi chose ! Fernand a été élevé dans la misère par une mère couturière. C'est un militant syndical progressiste, dévoué et intègre. Tu vas tout de même pas le comparer à Louis Laberge !

Fernand essaie de tempérer les propos de Philippe Vaillancourt en disant qu'il respecte Louis Laberge, mais qu'il croit pouvoir faire avancer plus rapidement le mouvement syndical, particulièrement dans la conjoncture actuelle. Rien n'y fait. Goedike ne bronche pas. Au bout d'un moment, Philippe et Fernand doivent se rendre à l'évidence. Ce vote est perdu.

La *job* de Laviolette

Deuxième déception, Benoît Laviolette. Il est président du syndicat de la *Dominion Rubber*, une usine de chaussures à Saint-Jérôme. Il est aussi président du Conseil du travail local. Fernand a toujours eu des rapports amicaux avec lui. Vaillancourt et lui vont le voir chez lui, même s'ils sont persuadés qu'il votera comme le permanent de son syndicat, Gérald McManus, qui a confirmé son appui à Fernand.

Avec Laviolette, les choses se déroulent autrement. Il les reçoit chaleureusement, leur offre une bière, discute de choses et d'autres. Contrairement à Goedike, il n'aborde pas lui-même la question de l'élection. Lorsqu'ils lui demandent s'ils peuvent compter sur lui, il se tortille un peu sur sa chaise, se racle la gorge et finit par dire :

— Ouais, Fernand, c'est pas facile pour moi. Ça fait longtemps que je souhaite devenir permanent syndical, puis là, Claude Jodoin[1] m'a promis une *job*.

— Qu'est-ce que ça a à voir avec mon élection ?

— Bien, quand il m'a parlé de la *job*, il m'a demandé s'il pouvait compter sur moi pour l'élection de Louis.

— Tu sais bien que c'est un vote secret...

— Oui, mais le problème, c'est que j'ai dit oui, qu'ils pouvaient compter sur moi... J'ai donné ma parole. À ce moment-là, je savais pas que tu te présentais, Fernand. Tu vois, là, c'est difficile, j'ai donné ma parole... Peut-être qu'au prochain congrès, je pourrai voter pour toi, mais, là, tu comprends...

Thérèse Casgrain s'en mêle

Vaillancourt est de plus en plus tendu. Il réfléchit à haute voix : « Faut pas en perdre d'autres comme ça, Fernand. Là, selon mes calculs, c'est 11 à 8. Tu gagnes encore, mais la marge diminue. »

Les rencontres et coups de téléphone qui suivent confirment toutes leurs prévisions. Sauf une. Paul-Émile Jutras de la Fraternité canadienne des cheminots est l'un des derniers que Fernand visite. Il ne doute pas vraiment de lui. Il l'a côtoyé du temps de la FUIQ et du CCT, au Conseil du travail de Montréal (CTM)[2] et lors des campagnes du Nouveau Parti démocratique (NPD). Jutras est un homme un peu austère, peu bavard, souvent effacé.

---

1. Le président du Congrès du travail du Canada (CTC).
2. En 2001, le CTM sera renommé Conseil régional FTQ Montréal métropolitain. Tous les Conseils seront ainsi nommés : conseil régional FTQ suivi du nom de la région.

Il accueille Fernand correctement, mais semble vouloir éviter le sujet. Au bout d'un moment Fernand lui demande :

– Tu es au courant pour l'élection qui va avoir lieu au Conseil exécutif?
– Oui, oui, bien sûr. Je sais que tu te présentes. Moi, Fernand, tu me connais, j'aurais aucun problème à t'appuyer. Depuis le temps qu'on se connaît…
– Tu dis que tu n'aurais pas de problème à m'appuyer. Pourquoi « n'aurais »? Est-ce qu'il y a un problème?
– Oui. En fait, je pourrai pas voter pour toi.
– Comment ça?
– Ben, c'est à cause de ce que t'as fait.
– À cause de ce que j'ai fait? Explique-toi. J'ai fait quoi, qui t'empêche de m'appuyer?
– C'est madame Casgrain[1] qui nous a réunis. Elle a dit qu'un militant du NPD ne pouvait pas voter pour quelqu'un qui avait trahi le mouvement… C'est quand vous avez fait la scission avec le NPD pour fonder le PSQ[2]. Ça, madame Casgrain dit que c'est impardonnable. Je ne pourrai pas voter pour toi.

Fernand encaisse le coup. Il ne devrait pas être très surpris. Jutras est d'abord et avant tout un bon soldat, loyal et discipliné. Si la grande dame l'a dit… Et de trois. La veille de l'ouverture du Conseil exécutif de la FTQ, le pointage ne prévoit plus qu'une majorité d'une voix.

Un moment crucial

Le jour de l'élection, le 30 octobre 1964, Fernand ne sait plus à quoi s'attendre. La veille, il a revu Vaillancourt, qui est moins triomphaliste, mais demeure confiant. Lorsque Fernand entre dans la petite salle où doit se tenir la réunion du Conseil exécutif, il est frappé par l'atmosphère lourde qui y règne. Nul éclat de voix, aucune interpellation et salutation joviales, contrairement à l'habitude des réunions syndicales. Un murmure s'échappe à peine des quelques groupes formés ici et là dans la salle.

Roger Lampron, le président des Cols bleus de la Ville de Montréal[3], vient à sa rencontre. Il lui donne une tape dans le dos, lui confirmant ce qu'il sait déjà : « C'est moi qui vais te présenter, mon grand! J'espère que t'as pas changé d'idée. »

---

1. Thérèse Casgrain, dirigeante du NPD. Autoritaire, elle conserve un pouvoir moral très fort sur les militantEs du parti. Voir Leclerc, *op. cit.*, p. 143-144.
2. Parti socialiste du Québec. Sur le rôle de Fernand dans la création du PSQ, voir Leclerc, *op. cit.*, p. 263-281.
3. Section 301 du SCFP, autrefois local « chartré » du CCT. Fernand y a agi comme conseiller dans les années 1950.

La chaleur humaine de Lampron détend un peu Fernand. « Bien sûr que non, mon Roger. Surtout si c'est toi qui soumet ma candidature. »

Jovial et détendu, Louis Laberge s'avance vers lui et, d'une solide poignée de mains, lui souhaite bonne chance, non sans ajouter, narquois : « Tu vas en avoir besoin, mon grand ! » Puis, Jean Gérin-Lajoie, qui à titre de premier vice-président dirige l'assemblée, demande à chacun de prendre place et annonce l'ouverture de la séance. Un peu solennellement, il explique que le seul point à l'ordre du jour est l'élection de celui qui occupera la présidence de la FTQ jusqu'au prochain congrès, à la fin de 1965. Il suggère que Philippe Vaillancourt, directeur québécois du CTC et président honoraire de la FTQ, préside l'élection au scrutin secret.

Lorsqu'il proclame ouverte la période de mise en candidature, Marcel Raymond, de la Fraternité des charpentiers-menuisiers, se lève et met en nomination Louis Laberge. À peine a-t-il fini son petit laïus que Roger Lampron bondit pour annoncer la candidature de Fernand. Ce dernier a peine à réprimer sa nervosité. Les choses lui paraissent se dérouler tellement vite. Il sent qu'il va vivre un moment crucial dans sa vie. Il sait que son élection ne tient qu'à un cheveu et que s'il est vainqueur, tout va radicalement changer, tout va s'accélérer.

Les bulletins de vote sont vite distribués dans la salle et il lui semble qu'ils sont trop vite ramassés. Trop vite comptés aussi. Après quelques minutes seulement, Philippe Vaillancourt demande le silence et annonce le résultat : « Fernand Daoust, neuf voix. Louis Laberge, neuf voix, et une abstention. Comme il y a égalité, nous allons devoir reprendre le vote. »

L'étonnement des membres du Conseil semble généralisé. Les chuchotements s'intensifient. Fernand devine qu'une question commune est reprise aux quatre coins de la salle : « Qui s'est abstenu ? » Plus précisément, Fernand se demande : « Qui, parmi ceux que je croyais acquis, ne l'était pas ? »

On procède donc au deuxième tour de scrutin. Les choses se passent encore rondement. Tout le monde retient son souffle, attendant que Philippe Vaillancourt annonce le résultat. Il le fait d'une voix presque éteinte. Cette fois, il n'y a pas d'abstentionniste : Louis Laberge l'emporte par une voix.

Plus d'un demi-siècle plus tard, Fernand s'interroge encore sur l'identité de l'abstentionniste qui a finalement voté pour Laberge. Longtemps a circulé le nom de Benoît Laviolette, mais Fernand et Philippe savaient à l'avance qu'ils ne pouvaient pas compter sur lui. Dans sa biographie, Louis Laberge prétend que c'est Roland Goedike[1], mais lui aussi, comme Paul-Émile Jutras,

---

1.　Fournier, *Louis Laberge, op. cit.*, p. 144-145.

était considéré comme perdu par Fernand. Quelqu'un d'autre, qu'ils tenaient pour acquis, leur a fait faux bond. Fernand a longtemps pensé que son ami René Rondou avait dû vivre difficilement cette élection. Son syndicat d'origine, l'Union internationale des travailleurs du tabac, un syndicat de type industriel, n'en était pas moins un ancien affilié de l'American Federation of Labor (AFL) et du Congrès des métiers du travail du Canada (CMTC). Si ses positions personnelles, comme celles de son directeur John Purdie, le rapprochaient de Fernand, il devait subir de fortes sollicitations de sa famille syndicale d'origine. D'ailleurs, au début des années 1990, il confiait au biographe de Louis Laberge : « J'ai été déchiré. J'étais un proche de Louis, mais aussi un ami de Fernand, qui avait des idées progressistes[1]. »

Une consécration tout de même

Dans les jours qui suivent, Fernand tire une première conclusion de cette défaite. Vaillancourt et lui ont mal évalué la situation. Le clivage entre les syndicats de métiers et les syndicats industriels n'a plus la même importance. Il y a maintenant sept ans que la fusion a réuni les syndicats de métiers et les syndicats industriels dans la FTQ. Pendant ce temps, la société québécoise est entrée en ébullition. La Révolution tranquille, le Rassemblement pour l'indépendance nationale (RIN), le Front de libération du Québec (FLQ), le PSQ (même faible) ont interpellé les syndicalistes de même que les citoyenNEs engagéEs dans l'action sociale. Si la montée d'un nouveau nationalisme québécois enthousiasme et stimule certainEs, elle en braque d'autres. De nouvelles alliances se créent pendant que de vieilles camaraderies se refroidissent ou sont brisées.

Fernand sait, par exemple, que Roméo Mathieu, ancienne tête d'affiche de la FUIQ, a encouragé Louis Laberge à lui barrer la route. Même s'il n'a jamais eu d'explication avec lui sur le sujet, il sait que l'épisode du PSQ y est pour quelque chose. Mathieu, très influencé par Pierre Elliott Trudeau, n'avait pas la moindre sympathie pour les idées nationalistes. Non seulement s'est-il désintéressé du PSQ, mais il s'en est tenu loin et a probablement porté un jugement définitif sur ceux qui participaient aux débats. Même si Fernand s'était lui-même senti mal à l'aise dans ce parti, qui consacrait plus de temps et d'énergie aux querelles idéologiques qu'à l'organisation, il n'a pas rompu brutalement les ponts. Probablement par loyauté pour les Émile Boudreau[2] et Jean-Marie Bédard[3] qui continuaient d'y œuvrer malgré toutes les adversités.

1. *Ibid.*, p. 143. Louis Fournier se rappelle que, lors de l'entrevue, René Rondou a dit qu'il avait appuyé Louis Laberge.
2. Voir la courte biographie d'Émile Boudreau dans Leclerc, *op. cit.*, note de bas de page n° 1, p. 129-130.
3. Voir la courte biographie de J.-M. Bédard dans *ibid.*, note 2, p. 123.

La défaite de Fernand par une voix ne constitue pas moins sa consécration comme l'un des personnages les plus en vue de la FTQ. À preuve, tout de suite après la victoire de Laberge, on procède à l'élection d'un vice-président pour pourvoir au poste qu'il laisse vacant. Fernand accepte alors d'être candidat et affronte Adrien Villeneuve, vieux routier du Syndicat de *Canadair* et surtout vieil ami du nouveau président. Fernand l'emporte par trois voix (11 contre 8).

Le « nouveau Laberge »

Même s'il est déçu de sa défaite à la présidence, Fernand ne peut s'empêcher de penser que son camp progresse. Laberge devra composer au sein du comité exécutif avec Gérin-Lajoie, Thibaudeau, Daoust et Rondou, les trois premiers étant issus des syndicats industriels et le quatrième proche d'eux idéologiquement. Très rapidement, Fernand constate que le nouveau président a bien mesuré ce rapport de force. Le jour même de son élection, Laberge invite les membres du comité exécutif au restaurant et leur affirme avec force vouloir travailler avec eux.

Thibaudeau, Gérin-Lajoie et Daoust sont agréablement surpris par son ouverture. Rondou, lui, est heureux de voir qu'une réconciliation entre les deux camps est possible. Les vice-présidents entendent avec plaisir Laberge dire qu'il faut donner un coup de barre et faire de la FTQ « une vraie centrale syndicale ».

Pourtant, ils savent que, si le nouveau président est un syndicaliste combatif, c'est aussi un homme rusé. Tient-il ce discours pour les « mettre dans sa poche » ? Comment composera-t-il avec ses confrères les plus conservateurs, dont ceux des vieux syndicats des métiers de la construction, ses plus fidèles partisans ? Son amitié bien connue avec le président du CTC, Claude Jodoin, ne risque-t-elle pas de ramollir ses ardeurs revendicatrices par rapport à la centrale canadienne ? Ils ont tous en mémoire l'accord de dernière minute conclu entre Jodoin et Provost la veille du congrès de la FTQ de 1963. Ils se rappellent surtout comment Provost en a dilué la portée quelques semaines plus tard, affirmant qu'il n'y avait pas de problème à ce que le directeur de l'éducation demeure sous l'autorité du CTC.

Néanmoins, les membres de l'exécutif conviennent de jouer le jeu. Ils travailleront loyalement avec ce nouveau Louis Laberge... qu'ils auront néanmoins à l'œil. Au cours des mois qui suivent, il ne les déçoit pas. Même si, comme Provost, il n'occupe pas à plein temps le poste de président de la FTQ, il y consacre cependant nettement plus de temps. Il est toujours à l'emploi des Travailleurs unis de l'automobile, où il est en charge du recrutement, mais semble avoir l'aval de son syndicat pour assumer sa responsabilité de président de la centrale de façon plus intense que son prédécesseur.

Fernand est impressionné par la ferveur et le courage de Laberge. C'est avec une ardeur jusque-là inégalée qu'il fait face aux maraudages de la CSN. D'ailleurs, il tire son épingle du jeu à la télévision dans un débat contradictoire contre le président de la CSN, Jean Marchand[1], pourtant reconnu comme l'un des meilleurs orateurs du Québec. Au lendemain de cette joute oratoire, les dirigeantEs de la FTQ ont le sentiment que leur président en est sorti vainqueur.

Laberge ne se contente pas de fustiger la CSN. Il sait aussi mettre le doigt sur les faiblesses de certains syndicats de sa propre famille syndicale. Il n'hésite pas à admettre qu'il y a du bois mort dans ses rangs. Ne traite-t-il pas publiquement le président de l'AFL-CIO[2] Georges Meany de vieux gâteux[3]? Il constate aussi que les syndicats les plus faibles se tiennent à l'écart de la FTQ. Il écrit dans l'organe officiel de la centrale :

> Ou bien ces syndicats pancanadiens et nord-américains décident d'en faire une centrale puissante dont ils reconnaîtraient pleinement le leadership moral et le rôle de coordination de leurs activités au Québec, ou bien ils succomberont les uns après les autres sous les coups de la CSN[4].

Fernand l'apprécie encore plus lorsqu'il le voit plonger à fond de train dans le conflit des Postes. Les postiers et les facteurs, dépourvus du droit à la négociation et du droit de grève, tout comme les fonctionnaires fédéraux, voient leurs conditions de travail imposées unilatéralement par le gouvernement. Ils n'ont même pas droit à l'arbitrage. À l'été 1965, un mouvement de débrayage illégal a lieu à Montréal, à Québec, à Vancouver et à Toronto. Ce mouvement n'est pas appuyé par les dirigeants canadiens. Il est même désavoué par eux et par la direction du CTC. La FTQ et son président Louis Laberge appuient par contre sans réserve les grévistes, affrontant aussi bien le gouvernement fédéral que les instances canadiennes du mouvement syndical[5]. Fernand est alors rassuré de voir Laberge tenir tête au président du CTC, son ami Claude Jodoin.

---

1. Émission *Cartes sur table*, le 4 février 1965 à Radio-Canada. Laberge réussit à mettre Marchand hors de lui en faisant allusion à ses liens étroits avec les libéraux. Voir, Fournier, *Louis Laberge, op. cit.*, p. 149.
2. En 1955, l'AFL fusionne avec le CIO (Congress of Industrial Organisation) pour donner naissance à l'AFL-CIO.
3. *La Presse*, 1er mars 1965, cité par Fournier, *op. cit.*, p. 151.
4. *Le Monde ouvrier*, décembre 1964.
5. Émile Boudreau, *Histoire de la FTQ*, Montréal, FTQ, 1988, p. 283-288.

L'attitude franche et solidaire de Laberge au sein de l'exécutif, sa fermeté par rapport au CTC et sa volonté de renforcer la centrale ont tôt fait de convaincre Fernand et ses amis qu'ils peuvent lui faire confiance. Ils ont fréquemment des rencontres avec lui en dehors des réunions plus formelles du comité exécutif. Ils lui répètent que, s'il veut vraiment bâtir la FTQ, il peut compter sur eux. Pour eux, les luttes de clans sont terminées. Il n'est plus question de lui opposer une candidature et ils lui annoncent qu'ils l'appuieront sans ambiguïté au prochain congrès.

Chapitre 2

Des perspectives plus larges (1965)

E N POSANT sa candidature au poste de président de la FTQ, Fernand tourne mentalement la page de son syndicat, le SITIPCA. Il se sent à l'étroit dans ce syndicat qui croît très peu au Québec. Son action politique au NPD, puis au PSQ, et son investissement dans la centrale témoignent de son désir d'en sortir. Il lui faut un engagement aux perspectives plus larges. Il veut sentir qu'il participe pleinement au changement en cours dans la société québécoise.

Fernand n'est pas envieux, mais il constate que, dans son entourage, on prend du galon. Ses amis et collègues de l'exécutif, Jean Gérin-Lajoie et André Thibaudeau, sont à la tête des deux plus grands syndicats de la FTQ. Gérin-Lajoie a été élu directeur québécois du Syndicat des métallos au début de 1965. En plein essor, ce syndicat est déjà le plus grand du secteur industriel au Québec. De 1960 à 1970, grâce à de grandes campagnes de recrutement, il triple ses effectifs, qui passent de 11 000 à 30 000 au Québec. Il réussit surtout à briser la résistance des minières *Iron Ore* sur la Côte-Nord et de la *Noranda* à Murdochville. Cette dernière compagnie avait tout fait pour écraser le syndicat, en particulier dans le nord-ouest québécois et à Murdochville en 1958. La persévérance et la combativité des Métallos leur permettent de réimplanter un syndicat à Murdochville en 1965 et d'y signer une première convention collective l'année suivante[1].

---

1. Michel Arsenault, président de la FTQ de 2007 à 2013, a été président du syndicat de la *Gaspe Copper Mines,* de 1974 à 1978. Il devient permanent du syndicat en 1978, puis coordonnateur régional de la Côte-Nord en 1984 et de la région de Québec en 1989. Il est nommé adjoint du directeur canadien des Métallos (1996 à 2000) et élu directeur québécois du syndicat en 2000.

Fernand a aussi beaucoup d'admiration pour le syndicat de son ami Thibaudeau, le Syndicat canadien de la fonction publique (SCFP), une autre force syndicale montante au sein de la FTQ. Né en septembre 1963 de la fusion de deux syndicats canadiens, sans lien avec le mouvement syndical nord-américain[1], le SCFP connaît une croissance remarquable au cours des années 1960. Au cours de l'année de sa fondation, ses effectifs au Québec passent de 8 000 à 15 000 membres.

Fernand est fréquemment invité aux assemblées des différentes instances du syndicat de son ami. Il ne se fait jamais prier pour donner un coup de main lors de journées d'étude organisées par le syndicat ou à l'occasion des campagnes de recrutement.

Le syndicat, qui est bien implanté dans les municipalités de la région de Montréal, fait aussi des percées dans la région de Québec, dans le nord-ouest québécois et au Lac-Saint-Jean. Le SCFP recrute dans les hôpitaux, les commissions scolaires et dans le secteur de l'hydroélectricité.

Une personnalité syndicale

Nouvellement élu vice-président de la FTQ, Fernand profite de toutes les tribunes pour faire de l'éducation politique. Il devient une personnalité syndicale très sollicitée. On apprécie généralement ses discours, le regard neuf, ouvert et éclairé qu'il pose sur le syndicalisme et sur la société québécoise. Jamais populiste, il sait pourtant se montrer ferme quand les circonstances le commandent.

C'est le ton qu'il adopte lorsqu'il commente le fameux « samedi de la matraque ». À l'occasion de la visite de la reine d'Angleterre Élizabeth II et du prince Philip (Mountbatten), à Québec, le 10 octobre 1964, le RIN et des groupes d'étudiantEs se mobilisent pour exprimer leur opposition. Les forces policières interdisent toute manifestation, puis elles matraquent sauvagement les quelques dizaines d'irréductibles qui n'obtempèrent pas. Malgré son incapacité à occuper les rues de la ville, le mouvement nationaliste marque tout de même des points : la population est restée chez elle, Sa Majesté et sa suite défilant entre des cordons de policiers dans les rues presque vides de la Vieille Capitale[2].

Lors d'une journée d'étude de syndiquéEs d'Hydro-Québec, à laquelle Fernand est invité, il fait une sortie remarquée sur la brutalité policière. Surtout, il dénonce l'attitude du ministre libéral de la Justice, Claude Wagner.

---

1. L'Union nationale des employés des services publics (UNESP) se joint en septembre 1963 à l'Union nationale des employés publics (UNEP) pour former le SCFP. En novembre de la même année est fondé le Conseil du Québec du SCFP.
2. Jean-François Nadeau, *Bourgault*, Montréal, Lux, 2007, p. 190-195.

Il se demande si le ministre a voulu « en absolvant la police de Québec, créer un climat de terreur, une espèce de force de dissuasion[1] ». Pour lui, les personnes qui sont visées sont toutes les forces du changement, y compris le mouvement syndical. Il poursuit :

> Dans la chasse aux sorcières qui s'amorce chez nous, au moment où les forces de la réaction relèvent la tête, au jour où les tenants de la Révolution tranquille sont devenus tranquilles au point où ils ne parlent plus [...] à l'heure où la liberté de presse et la liberté d'information sont combattues, il devient indispensable que ceux qui croient aux libertés fondamentales réclament avec force une enquête publique sur les événements de Québec. [...] Le mouvement syndical doit être en alerte. [...] Est-ce que nous ne verrons pas, demain, dans les grèves, une intervention massive et brutale de la police qui, au nom de l'ordre et de la propriété privée, matraquera ceux qui veulent défendre leurs droits fondamentaux[2] ?

Souvent, lors de ses interventions, Fernand martèle les idées qu'il promeut à la FTQ. Le renforcement et l'autonomie de la centrale sont bien sûr parmi ses thèmes préférés. Mais il ne rate jamais une occasion de rappeler que, pour lui, la concurrence intersyndicale équivaut à une lutte fratricide. Dans le contexte de maraudage généralisé que viennent de subir plusieurs syndicats affiliés à la FTQ, ces propos sont courageux. En effet, pour certainEs dirigeantEs de syndicats qui ont été maraudés, ils équivalent à une capitulation. Peu soucieux de ménager les éléments les plus chauvins de sa famille syndicale, Fernand n'hésite pas à lancer des appels publics à l'unité syndicale. Au début de 1965, devant le club Richelieu-Ottawa, il affirme :

> La guerre à mort entre la CSN et la FTQ risque d'ériger un mur de haine entre les travailleurs, au moment où ils devraient faire cause commune pour enrayer la dictature du profit et l'exploitation capitaliste des classes laborieuses. [...] Au lieu de s'arracher des adhérents et de se quereller en public, la FTQ et la CSN feraient bien de consacrer leurs efforts à recruter les non-syndiqués qui se chiffrent à 70 % des salariés du Québec[3].

Candidat au secrétariat général

Aussi, lorsqu'il est question, à la FTQ, de rendre permanent le poste de secrétaire général[4] de la centrale, Fernand n'hésite pas à manifester

---

1. *Le Réseau*, journal du Conseil consultatif des syndicats locaux d'Hydro-Québec, vol. 1, n° 5, novembre 1964.
2. *Ibid.*
3. *Le Réseau*, vol. 1, n° 8, février-mars 1965.
4. Au congrès de 1963, on change l'appellation du poste jusque-là nommé secrétaire et occupé par André Thibaudeau. En le nommant désormais secrétaire général, on

ouvertement son intérêt devant Laberge. Pour lui et ses amis, cette candidature découle de ce pacte qu'ils ont conclu avec lui au lendemain de son élection à la présidence. D'ailleurs, Laberge semble accueillir favorablement la candidature de celui qu'il appelle déjà familièrement « le grand ». Pas une seconde, Fernand ne doute de son appui.

Au cours des semaines qui précèdent le congrès de 1965, en préparation des élections au poste de secrétaire général, Fernand sollicite mollement ses alliés naturels des syndicats industriels et les militantEs des syndicats de métiers qu'il sait sympathiques à ses idées. Gérin-Lajoie et Thibaudeau croient que Fernand n'aura pas d'opposition. En tout cas, aucune candidature autre que la sienne n'est annoncée. C'est pourquoi ils ne sentent pas le besoin de faire campagne.

Quelle n'est pas leur surprise, à quelques jours du congrès, d'apprendre que Gérard Rancourt, le secrétaire permanent du Conseil du travail de Montréal, lui fera la lutte! Réveil brutal pour Fernand, qui apprend que son opposant a l'appui de Louis Laberge. Du coup, il se sent lâché par celui qu'il considérait depuis peu comme un allié. Il s'estime bien naïf de ne pas avoir vu venir le coup.

Ce congrès, qui aurait pu être celui de la convergence des anciennes familles syndicales, redevient un lieu d'affrontement. Et c'est le président lui-même qui ouvre les hostilités dans son discours inaugural. Discours où l'on reconnaît la plume de Noël Pérusse, le responsable des communications. Selon son habitude, le scribe officiel n'hésite pas à tourner les coins ronds dans ce discours que lit Laberge. En mettant dans le même sac les libéraux au pouvoir, la CSN et « les intellectuels petits-bourgeois nationalistes », il fait une allusion à Fernand et ses partisans :

> Les intellectuels bourgeois nous combattent au nom du nationalisme, comme le clergé nous a combattus dans le passé au nom de la religion. […] Il y en a parmi nous qui supportent mal cette hostilité du milieu à l'endroit de leurs institutions syndicales et qui ont été tentés […] de se fondre confortablement dans le grand tout de la société québécoise […] obligeant tout le monde à passer dans le même moule. […] À les entendre parler, il faudrait nous identifier indistinctement à tous les aspects de la Révolution tranquille, de la révolution nationale, de l'essor du Québec, de la politique de grandeur. […] Je pense que nous n'avons pas […] le droit de céder à la tentation d'un conformisme social qui n'est que la recherche paresseuse et lâche du confort intellectuel et moral. […] Nous […] devons contester non seulement le système économique et l'ordre

formule déjà le souhait de rendre cette fonction permanente et de l'investir de la responsabilité des finances. C'est pourquoi, à partir du congrès de 1965, il n'y aura plus un poste de trésorier. On change aussi les noms des instances, le Conseil exécutif devenant le Conseil général et le Comité exécutif, le Bureau de direction.

établi qui en assure la survie, mais également les idées à la mode du jour et les intérêts de l'heure qui ne correspondent pas aux intérêts véritables et aux aspirations profondes des travailleurs[1].

Fernand encaisse le coup. Il constate la mauvaise foi de Pérusse qui s'en prend au nationalisme de son camp et l'oppose au vrai militantisme syndical. Pérusse n'hésite pas à radicaliser le discours de Laberge, lui qui prône habituellement un syndicalisme pragmatique. Pérusse manie même les schèmes marxistes pour fustiger les nationalistes, qui, selon lui, semblent croire que le Québec est une « société sans classe, où tous, travailleurs comme employeurs, économiquement faibles comme bien nantis, auraient exactement les mêmes intérêts[2] ».

Le ton durcit

Tout au long de la semaine, le ton durcit dans les tracts comme dans les discussions électorales. Fernand et ses partisans ont beau mettre l'accent sur ses idées progressistes et sa volonté ferme de développer la centrale en renforçant son autonomie, il est plus ou moins mis sur la défensive.

La stratégie de Laberge est habile. En choisissant Rancourt comme colistier, il coupe l'herbe sous le pied de Fernand. Secrétaire permanent du CTM, issu d'un syndicat du CIO[3], Rancourt est en effet reconnu comme un militant social-démocrate identifié à la *Cooperative Commonwealth Federation* (CCF) et au NPD. Il ne peut en rien être assimilé aux éléments conservateurs auxquels Fernand dit faire la lutte. De plus, avec Laberge, Rancourt se fait le promoteur d'amendements aux statuts qui vont dans le sens de ce que Fernand défend lui-même, c'est-à-dire une nette autonomie politique par rapport au CTC et la possibilité pour la centrale d'accueillir dans ses rangs des organisations qui ne sont pas affiliées à la centrale canadienne.

Il est maintenant clair que ce qui sépare les deux camps n'est plus le militantisme des unions industrielles opposé au conservatisme des unions de métiers. Le clan Daoust accorde une grande importance à la question nationale, ce qui le différencie de Laberge et ses principaux alliés. Le choix de Rancourt n'est pas que tactique de leur part, ils ont trouvé en lui un fédéraliste pur et dur.

Cela dit, les syndicalistes les plus conservateurs reconnaissent toujours davantage Laberge que Daoust comme l'un des leurs. Pendant la semaine,

---

1. Louis Laberge, discours inaugural au 9e congrès de la FTQ, novembre 1965.
2. *Ibid.*
3. Dans les années 1950, Gérard Rancourt a été permanent à l'Union des travailleurs du textile et aux Travailleurs amalgamés du vêtement d'Amérique, tous deux affiliés au CIO, au CCT et à la FUIQ.

Fernand note le zèle particulier des unions du vêtement. Parmi ceux qui font ouvertement campagne contre lui, il y a Maurice Silcoff, le patron du Syndicat des chapeliers, où Fernand a fait ses premières armes[1]. Même s'il est toujours froidement poli avec lui, depuis plusieurs années, Silcoff lui adresse rarement la parole.

Le président du CTC, Claude Jodoin, met son grain de sel dans un discours. Parlant des fédérations provinciales, il soutient que les dix fédérations partagent des aspirations communes même si chacune a des problèmes particuliers. Pour lui, la FTQ souffrirait plus particulièrement « d'une opposition divisée et néfaste qui n'a aucune raison d'être à aucun moment[2] ». Le président du NPD-Québec, Robert Cliche, vient dénoncer quant à lui la création du PSQ, à laquelle Fernand est étroitement associé.

Au dernier jour du congrès, le moment fatidique des élections arrive. Les deux clans ont bataillé ferme jusqu'au dernier moment. Fernand et ses principaux organisateurs d'élection se concertent une dernière fois. Personne ne déborde d'optimisme et les mots « partie chaude » ou « lutte serrée » reviennent sur toutes les lèvres. Prévoyant, Thibaudeau entraîne son ami à l'écart et, entre deux bouffées de pipe, lui dit :

– En tout cas, on lâche pas mon grand. Si jamais tu passes pas, tu restes à la vice-présidence.
– Évidemment! Je suis là pour rester.

Fernand a répondu spontanément. Il n'y a aucun doute pour lui qu'il doit rester à la direction de la FTQ. Quels que soient ses revers électoraux, il a l'impression que les choses évoluent dans le bon sens. En tout cas, on est loin du marasme qu'ils anticipaient, ses amis de la FUIQ et lui, à la veille du congrès de fusion en 1957.

On procède à la mise en candidature du président. Comme prévu, Louis Laberge est élu par acclamation. Les partisans de Laberge triomphent en chantant : « Il a gagné ses épaulettes, maluron, malurette! » Les plus démonstratifs sont les syndicats de la construction, mais la satisfaction semble assez générale dans la salle. Fernand et ses amis saluent de bonne grâce ce couronnement. Un peu amer en songeant qu'il doit faire face à un opposant soutenu par le président nouvellement élu, Fernand ne peut s'empêcher de penser : « Nous autres, on a respecté le pacte… »

---

1. Le syndicat de la sacoche, où Fernand a été embauché par Roger Provost, était en fait un appendice du syndicat des chapeliers dirigé par Silcoff.
2. *L'Action catholique*, 11 décembre 1965.

Une défaite honorable

Puis vient le moment des mises en candidatures pour le poste de secrétaire général. Comme prévu, Maurice Gaulin, du Syndicat des postiers de la région de Québec, est au micro et met en nomination celui qu'il décrit comme un « grand syndicaliste, dans tous les sens du terme ». Lorsque la candidature de Rancourt est annoncée, les applaudissements nourris qu'il recueille sont très identifiables. Ils proviennent des sections de la salle occupées par les syndicats du vêtement, de la construction et du papier.

Le vote se tient à scrutin secret. Le temps de la distribution des bulletins, de leur ramassage et du décompte paraît très long à Fernand. Sa maîtrise habituelle et son apparente sérénité cachent une nervosité qu'il a du mal à refréner. C'est André Plante[1], le président d'élection qui prend la parole pour annoncer le résultat :

— Êtes-vous intéressés par le résultat du vote ?
  Les déléguéEs crient un « oui » unanime, ce qui fait monter d'un cran l'anxiété de Fernand.
— Daoust, trois cent vingt et un, *three hundred and twenty-one* ; Rancourt, trois cent cinquante, *three hundred fifty*[2].

Fernand encaisse le coup en recevant quelques tapes consolatrices sur l'épaule et la poignée de main affectueuse de Thibaudeau, qui veut être rassuré :

— T'as presque gagné, le grand ! Là, on niaise pas, on te présente à la vice-présidence.
— Ben oui, ben oui, j'ai pas changé d'idée.

Il croit que ce sera une formalité. Ça n'est pas le cas, il doit affronter un adversaire à ce poste également. Et là encore, les jeux ne sont pas clairs : on ne lui oppose pas un conservateur notoire, mais un syndicaliste respecté, fondateur de surcroît du service des accidents du travail de la FTQ, Julien Major. Il est depuis peu le responsable du service d'éducation de la Fraternité internationale des travailleurs des pâtes et papiers. S'il ne considère pas le dirigeant de ce syndicat, Louis-Henri Lorrain, comme un homme de gauche, Fernand a toujours eu de la sympathie pour Major. Ce dernier, qui a d'abord été organisateur du CIO au Québec, a ensuite été associé à l'*United Electrical Workers* (UE)[3] communiste et a même été

---

1. Le président québécois de l'Association internationale des pompiers.
2. Transcription de l'émission *Présent* de Radio-Canada, lundi 13 décembre 1965.
3. Ouvriers unis de l'électricité, de la radio et machinerie d'Amérique. Major sera

membre en règle du Parti communiste dans les années 1950, en plein régime duplessiste.

Fernand en conclut que le camp adverse ne lui fera pas de cadeau. On ne veut pas le voir à la vice-présidence non plus. Il l'emporte par une très faible majorité de cinq voix. Plus tard, Laberge affirmera : « C'est vrai que Rancourt était mon poulain comme secrétaire général, mais j'ai supporté Fernand Daoust à son poste de vice-président[1]. »

Il qualifie même son appui de sincère et total. Laberge ajoute que cela lui « a valu des engueulades en règle avec les Roméo Mathieu, Adrien Villeneuve, Maurice Silcoff et d'autres[2] ». Fernand se demande bien comment il a pu signifier son appui. En effet, entre l'élection du secrétaire général et celle des vice-présidents, il ne peut pas y avoir de cabale électorale. En tout cas, si Laberge avait lancé un mot d'ordre à ses amis, les invitant à réélire Fernand à la vice-présidence après la victoire éventuelle de Rancourt, le moins qu'on puisse dire, c'est qu'il n'a pas beaucoup été entendu.

L'amertume

Fernand sort amer de ce congrès. Il se demande d'ailleurs comment il pourra composer avec Louis Laberge. À Roger Nantel, journaliste de Radio-Canada (et ex-membre de l'exécutif du PSQ), il déclare :

> Louis Laberge, une heure ou deux avant l'élection, a fait une déclaration qui m'a extrêmement nui et qui a pu, disons, changer l'opinion d'une trentaine de délégués. Louis Laberge avait le choix à ce moment-là, il pouvait devenir [...] le président de la FTQ, le président de tout le monde, il a décidé d'être le président d'une clique et de la machine. Eh bien ! que voulez-vous, il en subira les conséquences[3] !

Dans la présentation de son reportage, le journaliste de gauche, Nantel, exprime sa perception de la FTQ. Il explique :

> De leur vivant MM. Maurice Duplessis et Roger Provost firent souvent bon ménage, ce qui valait à la FTQ la représentation des ouvriers de toutes les entreprises américaines auxquelles le premier ministre d'alors vendait la province morceau par morceau. Puis, lorsque vint la Révolution tranquille, la

---

expulsé du Parti communiste canadien (PCC) pour « insubordination » et congédié du syndicat. Mathieu Denis, *Jacques-Victor Morin, syndicaliste et éducateur populaire*, Montréal, VLB Éditeur, 2003, p. 240.
1. Boudreau, *Histoire de la FTQ, op. cit.*, p. 379.
2. *Ibid.*
3. Transcription de l'émission *Présent* de Radio-Canada, *op. cit.*

renaissance nationaliste et la campagne du Maître chez nous[1], une autre centrale syndicale, la Confédération des syndicats nationaux, se mit à occuper une place chaque jour plus importante et à exercer sur le milieu ouvrier un attrait qui s'est rapidement traduit par l'augmentation accélérée du nombre de ses membres[2].

Le journaliste porte un jugement plutôt simpliste sur ce qui se passe à la FTQ. Pour lui, la défaite de Fernand Daoust, c'est celle de « l'aile progressiste et réformiste, la victoire des partisans du statu quo qui refusent certaines options fondamentales du syndicalisme moderne ». Il accuse Laberge de penser que « la mission d'un syndicat doit se borner à défendre les intérêts des salariés » au mépris de l'action sociale et politique.

Au cours de la conférence de presse qui suit son élection, Rancourt lui-même, qui admet ne pas être nationaliste, dit tout de même souhaiter un statut particulier pour le Québec. Identifié aux anciens par ses adversaires, il tient aussi à faire savoir que non seulement il est en faveur de l'action politique des syndicats, mais qu'il en a fait personnellement toute sa vie, d'abord à la CCF, puis au NPD.

Pour Fernand, Rancourt a beau ne pas être lui-même un syndicaliste conservateur, c'est par des gens de cette tendance qu'il a surtout été élu. Il explique ainsi ce qui a provoqué sa défaite :

> Il y a trois grandes raisons qui ont provoqué ma défaite. D'abord ma position sur la question nationale. Je me suis identifié, depuis des années et des années, aux aspirations d'un Québec nouveau. [...] On m'a accusé d'être séparatiste. Il y a aussi ma position à l'égard de la CSN. J'ai souvent parlé d'unité d'action entre les deux centrales. [...] Il y a des gens chez nous qui ont peur du dialogue avec la CSN, moi j'estime que c'est indispensable ; tôt ou tard, il faudra en arriver à une fusion organique avec la CSN. On m'a aussi reproché mes critiques, que j'ai toujours voulues constructives, à l'égard du syndicalisme nord-américain. Je pense qu'il faut remettre en cause nos structures syndicales et ce qu'il y a de faible, il faut le dire ouvertement. Alors les gens ont eu peur de tout ça et la machine est intervenue ouvertement au dernier jour et elle a permis cette défaite-là.

Interrogé sur cette mystérieuse machine dont il aurait été la victime, il précise :

> J'ai été battu par la « machine » [...] contrôlée par des gens qui sont loin d'être identifiés au Canada français et aux aspirations du Québec. Des gens comme

---

1. Slogan des libéraux pendant l'élection provinciale de 1962, dont l'enjeu était la nationalisation de l'électricité.
2. Transcription de l'émission *Présent* de Radio-Canada, *op. cit.*

Bernard Shane, Maurice Silcoff, Saul Linds[1] et d'autres […], les patrons du syndicalisme ; la vieille garde a provoqué ma défaite[2].

Malgré sa frustration, Fernand entend continuer à lutter pour ses idées au sein du comité exécutif, aux côtés de ses amis, André Thibaudeau et Jean Gérin-Lajoie, et d'un René Rondou qui, tout en étant proche de Laberge, est manifestement ouvert à leurs idées. Cependant, il anticipe qu'après l'intronisation de Laberge, la partie ne sera pas facile. D'autant que le président a renforcé sa position au sein de l'exécutif. Il y sera désormais non seulement soutenu par son poulain Rancourt, mais pourra aussi compter sur l'appui inconditionnel d'un nouveau vice-président issu des métiers de la construction, son ami Marcel Raymond.

Même s'ils se sentent un peu affaiblis numériquement dans les instances, Fernand et ses amis constatent que l'évolution générale de la FTQ va tout de même dans le bon sens. Au cours de ce congrès, Laberge a maintenu le cap sur le renforcement de la centrale. Il a fait adopter des statuts qui permettent d'accepter l'affiliation de groupements régionaux non affiliés au CTC et qui reconnaissent à la FTQ une autonomie politique par rapport au CTC. Le Conseil exécutif, rebaptisé Conseil général, est élargi. Il deviendra, espère Fernand, une instance politique qui aura un poids réel dans l'orientation de la centrale.

Des paroles antisémites ?

Quelques jours après le congrès, un Louis Laberge particulièrement mielleux et condescendant téléphone à Fernand[3] :

– Salut le grand ! C'est Louis, je voulais te parler d'une affaire un peu plate. Fernand ne peut s'empêcher d'être sarcastique :
– Tu veux me parler de ma défaite contre Gérard Rancourt…
– Non, non… tu sais ben mon grand que la page est tournée. À part de ça, tu sais que je t'ai appuyé à la vice-présidence… Non, je t'appelle pour te

---

1. Saul Linds est alors l'adjoint de Hyman Reiff, directeur des Travailleurs amalgamés du vêtement. Il prend la direction du syndicat et devient alors vice-président de la FTQ en 1969. Bernard Shane, organisateur de la grève des midinettes en 1937, est directeur de l'Union internationale des ouvriers du vêtement pour dames (UIOVD). Quant à Maurice Silcoff, le directeur de l'Union des travailleurs du chapeau, communément appelés « les chapeliers », Fernand l'avait connu lorsque Roger Provost l'avait embauché à l'Union de la sacoche en 1950. Leclerc, *op. cit.*, p. 101-120.
2. Transcription de l'émission *Présent* de Radio-Canada, *op. cit.*
3. La conversation téléphonique qui suit est reconstituée à partir des souvenirs de Fernand.

parler d'une autre affaire pas trop comique. Tu sais, après les élections, tu as parlé à des journalistes. Tu venais de perdre, je peux comprendre, on contrôle pas toujours ses émotions… Mais il paraît que t'as dit que c'était la faute des Juifs si t'avais été battu… Peut-être que le journaliste a déformé tes paroles.

— Voyons Louis, qu'est-ce que tu me racontes là ? Tu penses pas sérieusement que j'aurais pu dire ça !

— Je sais pas ce que t'as dit, mais, en tout cas, Bernard Shane croit dur comme fer que t'as accusé les Juifs de t'avoir fait battre. Pour lui ce sont des paroles antisémites. Il était tellement en maudit quand il m'a appelé qu'il voulait que je demande ta démission… Moi, j'ai essayé de le calmer… Je lui ai dit que tu avais dû être mal cité… Il déchoquait pas. À la fin, je l'ai convaincu d'organiser une rencontre pour que tu t'expliques…

— Que je m'explique sur quoi ? J'ai sûrement pas dit ça. Dans quel journal, il prétend avoir lu ça ?

— Je sais pas exactement… Je pense que c'était à la radio…
Fernand réfléchit.

— Je me souviens d'avoir parlé à Roger Nantel de Radio-Canada, mais j'ai pas dit ça… J'essaie de me souvenir… j'ai probablement parlé de la machine…

— Ça, tu peux être sûr que t'en as parlé ! Vous parliez juste de ça, ta gang pis toé…

— Écoute, j'vais essayer de me rappeler… Ils doivent avoir les enregistrements à Radio-Canada…

— Est-ce que je peux dire à Shane que tu vas le rencontrer ?

— J'ai pas de problème à lui parler, mais je suis certain de ne pas avoir dit ça.

Fernand raccroche un peu sonné. Maintenant ça lui revient. Il se souvient avoir parlé de gens mal identifiés au Québec… Il a peut-être nommé Shane. Celui-là faisait une campagne agressive contre lui pendant le congrès. Tout comme les autres dirigeantEs des syndicats du vêtement. Mais il n'a pas fait allusion à leur appartenance à la communauté juive. En tout cas, il doit éclaircir les choses. Il faut qu'il retrouve l'enregistrement de l'émission et qu'il éteigne le feu que ne manquera pas d'allumer et d'attiser Shane. Il sait que ce dernier peut être particulièrement vindicatif quand il flaire une attitude antisémite chez ses adversaires.

Fernand contacte Roger Nantel et obtient de sa part une transcription intégrale de l'émission *Présent*. Il en parle d'abord avec Thibaudeau qui tente de le rassurer, lui conseillant de laisser passer le temps.

— Le feu va s'éteindre... Ils vont bien voir que tu n'as rien contre les juifs... c'est pas en tant que juifs que tu les as attaqués...

— Ça, je suis convaincu qu'ils le savent, mais l'occasion est trop belle pour eux de me prendre en défaut. Non, il faut que je les rencontre. Plus le temps passe, plus l'histoire risque d'être déformée et amplifiée. Je vais les voir, mais pas seul. Je voudrais que tu viennes avec moi, j'ai besoin d'un témoin.

— Je peux bien t'accompagner, mais tu sais que mon anglais est pas ben ben fort. Shane et Silcoff parlent pas un mot de français. La discussion va se faire en anglais, c'est sûr.

— T'as raison, j'ai pensé demander à Gérin-Lajoie[1] de venir aussi.

Encadré par ses deux amis, Fernand gravit quelques jours plus tard les majestueuses marches de l'immeuble dans lequel loge l'Union internationale des ouvriers du vêtement pour dames[2]. La réceptionniste, une francophone, les annonce en anglais à Bernard Shane. Les trois compères doivent poireauter près d'une demi-heure avant que ce dernier ne vienne les inviter à le suivre dans la grande salle où se réunit normalement le comité exécutif du syndicat.

Une *Kangaroo Court*

En y pénétrant, ils sont frappés par le caractère solennel de la rencontre. Au bout de la table sont assis, lugubres, Maurice Silcoff, Saul Linds et Hyman Reiff, son patron. Shane va les rejoindre. Il y a aussi une secrétaire installée pour prendre des notes. Fernand ne peut s'empêcher de glisser à l'oreille de Gérin-Lajoie : « Une *Kangaroo Court*[3]... »

Gérin-Lajoie le calme à voix basse : « Dramatise pas... attends de voir... »

Sans doute pour briser le caractère trop formel de la rencontre, Fernand et ses assesseurs s'assoient de chaque côté de la table, à proximité des membres du tribunal.

Shane prend la parole en anglais[4] :

Confrère Daoust. Comme vous le savez, notre communauté a été profondément blessée par la déclaration publique que vous avez faite à la fin du congrès de la FTQ. Spécialement venant d'un syndicaliste qui était connu jusque-là

1. Jean Gérin-Lajoie, qui a étudié à l'Université Oxford de Londres, maîtrise remarquablement bien l'anglais.
2. Au 259 de la rue Sainte-Catherine Ouest.
3. Tribunal fantoche où l'issue du procès est jouée d'avance.
4. Toute la scène qui suit se déroule dans cette langue puisque, du groupe des accusateurs, seul Saul Linds comprend et parle le français. Les propos de chacun sont reconstitués à partir des souvenirs de Fernand.

comme un défenseur des droits humains. Nous avons nous-mêmes consacré notre vie dans le mouvement syndical à défendre ces droits fondamentaux. Nous n'acceptons pas qu'un membre de ce mouvement tienne des propos racistes et antisémites.

Fernand s'apprête à répondre, mais Jean Gérin-Lajoie interrompt la diatribe d'un Shane sur sa lancée :

Pardonne-moi, Bernard. Nous sommes ici pour discuter et, si possible, nous entendre entre confrères syndicalistes. Pas pour subir un procès. Peux-tu nous dire exactement de quoi il s'agit, à quelle déclaration spécifique de Fernand te réfères-tu ?

Shane, nullement déstabilisé, conserve son ton solennel et inquisiteur :

J'étais sur le point de te le dire, confrère Lajoie. On nous a rapporté que le confrère Daoust a déclaré qu'il avait été défait aux élections par les leaders syndicaux juifs, nommément Bernard Shane, Saul Linds et Maurice Silcoff. En pointant du doigt les dirigeants juifs, il assumait que nous nous étions opposés à lui en tant que juifs.

Reiff et Silcoff marquent leur appui à Shane par de théâtraux signes de tête.

L'avocat de la défense

Fernand a maintenant la conviction que ses accusateurs n'ont jamais eu en main la transcription de son entrevue à Radio-Canada. Il veut intervenir, mais, à la manière d'un avocat de la défense, Gérin-Lajoie lui met la main sur le bras et prend la parole :

— Confrère Shane, pouvez-vous nous préciser dans quel média de presse Fernand a fait la déclaration que vous lui reprochez et qui vous a rapporté ses propos ?
— Là n'est pas la question... Nous avons été bien informés par des sources fiables. Je crois que la déclaration a été diffusée sur les ondes de la station francophone de Radio-Canada. Et vous devez tous savoir que nous considérons qu'une telle déclaration n'aurait jamais dû être faite par un syndicaliste digne de ce nom.
— Dis-moi Bernard, si je te comprends bien, ni toi ni aucun de tes collègues ici présents avez entendu Fernand prononcer ces mots. Et vous n'avez pas non plus lu une version écrite de sa déclaration.
— Il n'y a aucun doute dans notre esprit que la déclaration a été faite avec ces mots.

– Je suis convaincu que vous seriez intéressés à entendre la version intégrale de sa déclaration. J'ai justement apporté une copie de la transcription de ses paroles... Voyons voir... Oui, je l'ai. Fernand, interrogé par Roger Nantel, de la radio de Radio-Canada, commente ainsi sa défaite au poste de secrétaire général de la FTQ :
Jean lit le texte français et traduit fidèlement en anglais, phrase par phrase, puis conclut :

– Il vous identifie comme des leaders syndicaux qui ont voté contre lui. Je ne vois rien dans ses propos qui fait référence à la communauté juive.
Glacial et intransigeant, Shane demande :

– Pourquoi nous ? Pourquoi nous nommer nous et seulement nous ?
L'avocat du jour, pas du tout débiné, reprend :

– Oui, je peux comprendre que vous en ayez été vexés… Vous êtes tous des syndicalistes chevronnés, qui avez livré de nombreuses batailles au cours des dernières décades. Dis-moi Bernard, depuis combien d'années es-tu établi au Québec ?

– Tu dois bien le savoir, Jean, et Fernand aussi. J'ai été envoyé à Montréal par l'Union pour diriger la grève des midinettes en 1937…

– Presque trente ans… Ça fait pas mal d'années… Et toi, Maurice, depuis combien de temps es-tu ici ?

– Depuis 1911. J'avais trois ans, quand mes parents se sont installés à Montréal[1]… Fernand devrait le savoir. Roger Provost et moi lui avons offert son premier emploi dans le mouvement syndical, il y a une quinzaine d'années.

Un vrai Montréalais

Fernand acquiesce d'un grand signe de tête et s'apprête à parler, mais Gérin-Lajoie lui touche le bras et enchaîne : « C'est bien ce que je croyais. Et toi aussi, Hyman, tu es un vrai Montréalais ? »

Les trois acquiescent avec contentement et condescendance. Ils n'ont pas à prouver leurs états de service dans le mouvement. Fernand remarque que son procureur n'interpelle pas Saul Linds, pourtant nommé avec Shane et Silcoff dans l'entrevue. Sans doute le fait-il par déférence pour Reiff, plus vieux et directeur en titre du syndicat. Gérin-Lajoie enchaîne : « Confrères, vous vivez tous les trois au Québec depuis des décennies, vous dirigez des syndicats composés d'une majorité de travailleurs et de travailleuses francophones et, malheureusement, aucun de vous ne parle français… »

---

1. Fondateur de la première section locale du syndicat des chapeliers au Canada, il occupe les fonctions de président canadien jusqu'à sa retraite en 1988. Il décède le 18 mars 2013, à l'âge de 104 ans.

Fernand comprend maintenant pourquoi Jean n'a pas apostrophé Linds, le seul des quatre qui parle la langue de la majorité, au point qu'on a l'habitude de le surnommer amicalement le juif canadien-français. Agacé, Shane réplique : « Qu'est-ce que ça a à voir ? »

Gérin-Lajoie abandonne soudain son ton amical pour répondre plus froidement :

> Cela a à voir avec la déclaration que vous reprochez à Fernand. Lorsqu'il a parlé au journaliste de Radio-Canada, il n'a fait aucune référence à votre religion ou à votre origine ethnique. Il a seulement dit que vous étiez « loin d'être identifiés au Canada français et aux aspirations du Québec » qui, je vous le rappelle, est formé d'une population parlant français à 80 %.

Il se tait quelques secondes et, avant que ses interlocuteurs n'ouvrent la bouche, il conclut sèchement : « Je ne crois pas qu'il y ait autre chose à ajouter sur la question. Nous avons été heureux de clarifier la situation avec vous, confrères. Désolés pour ce malentendu. »

Il prononce ces dernières paroles en se levant et en mettant la transcription dans sa serviette. Shane, Silcoff, Reiff et Linds, restent bouche bée. Fernand et André Thibaudeau sont sortis de leur torpeur par un Gérin-Lajoie qui leur fait signe de le suivre. D'un pas ferme, arborant un sourire triomphant, il s'avance vers Shane, lui serre la main vigoureusement. Avant que ce dernier n'ait le temps de réagir, il répète le geste avec les trois autres, il tourne les talons et se dirige vers la porte. Fernand et André, qui l'ont imité comme des automates, lui emboîtent le pas. Une fois dehors, sur la rue Sainte-Catherine, Gérin-Lajoie, qui ne s'est toujours pas départi de son large sourire, est maintenant secoué de son rire nerveux : « T'en entendras plus parler, mon grand ! »

Fernand en doute, mais après quelques semaines de calme et de silence, il se rend à l'évidence : sa carrière syndicale ne sera pas entachée par cette accusation d'antisémitisme. Il mesure alors, pour la première fois, le chemin parcouru par le fait français au Québec. Jamais auparavant les « patrons du syndicalisme », comme il les a appelés, ne se seraient écrasés de la sorte à la seule évocation de leur unilinguisme anglais. Il n'y a pas si longtemps, beaucoup d'assemblées syndicales réunissant une majorité de francophones se tenaient en anglais parce que c'était la langue de l'agent d'affaires de l'Union[1].

---

1. Dans les syndicats de métiers, notamment ceux de la construction, les conseillers syndicaux étaient nommés *business agent* en anglais et agents d'affaires en français. Dans les autres syndicats, on avait l'habitude de parler de représentants ou de permanents, deux termes tirés de l'expression anglaise *permanent representative* ou, plus communément, *permanent reps* et *union reps*.

Chapitre 3

Des percées cruciales (1965-1966)

L A RÉCENTE DÉFAITE de Fernand au congrès de la FTQ ne lui coupe pas les ailes. Réélu vice-président, il fait toujours partie du Bureau de direction de la centrale. Pas question pour lui de limiter son champ d'action. Au cours des mois qui suivent, les occasions de sortir de la routine de son syndicat se multiplient.

La grande campagne de syndicalisation du SCFP à Hydro-Québec mobilise des militantEs de plusieurs syndicats de la FTQ. Ami du directeur québécois de ce syndicat, Fernand est aux premiers rangs. Cette bataille est sans doute l'une des plus stimulantes auxquelles il a participé. L'issue de cette campagne constitue une percée cruciale, tant pour le SCFP que pour la FTQ.

La nationalisation de l'électricité, qui a été entreprise après l'élection des libéraux en 1962, est complétée. Onze compagnies d'électricité privées ont été nationalisées, dont les plus importantes sont la *Shawinigan Water and Power*, sa succursale *Quebec Power*, la *Southern Canada Power*, la *Northern Quebec Power*, la *Gatineau Power* et la *Compagnie de Pouvoir du Bas-Saint-Laurent* contrôlée par la famille Brillant[1]. Les autres sont de petites coopératives ou des sociétés municipales de production et de distribution électriques. Toutes ces entités sont donc maintenant absorbées par Hydro-Québec, la petite société d'État créée par le gouvernement libéral d'Adélard Godbout en 1944[2].

---

1. La Compagnie a été fondée en 1922 par l'homme d'affaires Jules-A Brillant. Desservant d'abord la vallée de la Matapédia, elle s'étendit ensuite dans le Bas-Saint-Laurent et en Gaspésie.
2. Voir Leclerc, *op. cit.*, p. 253.

La syndicalisation à Hydro-Québec

La grande société d'État issue de ces nationalisations compte maintenant quelque 10 000 salariéEs répartiEs sur tout le territoire québécois. L'intégration des compagnies nationalisées prévoit non seulement le raccordement de la distribution électrique à un seul réseau, mais aussi l'uniformisation des tarifs. Il est donc normal que, sur le plan des relations du travail comme sur le plan administratif, on procède à une intégration complète. Pourtant, sur ce plan, les choses traînent en longueur et le processus est long et pénible. En effet, provenant de toutes les anciennes compagnies d'électricité, subsistent des syndicats et des associations assujettis à des conventions collectives tout aussi disparates que l'étaient les services et les tarifs d'avant la nationalisation.

L'Union nationale des employés de services publics (UNESP), l'une des deux organisations ayant donné naissance au SCFP en 1963, avait commencé à s'implanter dans plusieurs sections de la vieille Hydro-Québec dès le début des années 1960. Elle a été le premier syndicat à obtenir une accréditation depuis l'interdit décrété par Duplessis en 1947[1]. Cet interdit affirmait que, comme employéEs de la Couronne, les salariéEs d'Hydro-Québec n'avaient pas le droit de se syndiquer. Toutes les tentatives subséquentes se sont butées à ce diktat du Cheuf servilement confirmé par la Commission des relations ouvrières (CRO). Cela a été notamment le cas en 1953, lorsque la Confédération des travailleurs catholiques du Canada (CTCC)[2] a présenté une requête en accréditation au nom d'un groupe de monteurs de lignes.

À l'abri du syndicalisme, Hydro-Québec avait permis, voire encouragé, la formation d'associations syndicales non accréditées. En 1960, lorsque l'UNESP commence ses premières campagnes, il existe quatre associations de salariéEs dans la compagnie d'État : une à la centrale de Beauharnois, deux à Montréal (l'une pour les employéEs de bureau, l'autre pour les employéEs de métiers) et une sur la Côte-Nord. Ce sont les membres de cette association à Labrieville que l'UNESP recrute d'abord en 1961. Devant la Commission, Me Guy-Merrill Desaulniers plaide qu'Hydro-Québec n'est pas le gouvernement, mais un agent de la Couronne et, qu'à ce titre, ses employéEs ont droit à la syndicalisation. La Commission reconnaît le bien-

---

1. Auparavant, la Fraternité internationale des ouvriers en électricité (FIOE), affiliée au CMTC, avait obtenu une accréditation pour représenter les hommes de métiers, mais elle s'était désintéressée du groupe et ne prenait même plus la peine de renégocier la convention collective. Voir Maurice Lemelin, *L'implantation du syndicalisme à Hydro-Québec. Motifs et conséquences des luttes intersyndicales*, Montréal, École des Hautes Études commerciales, avril 1969, p. 34.
2. Devenue la CSN en 1960.

fondé de l'argument et accorde une première accréditation, le 9 juin 1961[1]. Un an plus tard, touTEs les employéEs de métiers d'Hydro-Québec ont joint les rangs de l'UNESP.

Les employéEs de bureau de la région métropolitaine demandent à leur tour une accréditation et forment un syndicat indépendant, le Syndicat des employés de bureau (SEB).

En 1963, pas moins de 14 sections locales d'employéEs de la société d'État participent à la fondation du Conseil du Québec du SCFP. Elles sont regroupées dans le Conseil consultatif des syndicats locaux des employés d'Hydro-Québec. Le SCFP s'implante aussi à la *Northern Quebec Power,* dans le Nord-Ouest québécois et à la *Southern Canada Power,* dans le Sud-Est. Cette implantation précoce du syndicat dans ce secteur lui donnera un avantage certain sur ses concurrents syndicaux, dont la CSN, une fois la nationalisation de l'électricité complétée.

Dès le début, la CSN est en effet apparue dans le décor. En 1961, elle sollicite les salariéEs de l'important établissement montréalais de la compagnie hydroélectrique, le centre Jarry, mais elle est repoussée par l'UNESP. Au sein des compagnies d'électricité privées, la CSN représente déjà les employéEs de la *Saguenay Power* et elle s'installe dans la *Compagnie de Pouvoir du Bas-Saint-Laurent.* Après l'annonce de la nationalisation, en 1962, on retrouve nez à nez les deux organisations syndicales aux portes de chacune des compagnies nouvellement nationalisées.

La CSN commence aussi à courtiser les employéEs de la *Shawinigan Water and Power* en 1962 en concluant une entente avec l'exécutif de leur association indépendante non accréditée. Dans cette compagnie, l'UNESP recrute également les salariéEs, espérant obtenir pour eux une accréditation. Cette rivalité entre l'UNESP (puis le SCFP) et la CSN engendre une série de batailles juridiques. La saga va durer trois ans. La CSN multiplie les recours pour empêcher la Commission des relations du travail de trancher, refusant entre autres de se soumettre à un vote d'allégeance syndicale réclamé par le SCFP. Finalement, elle l'accepte et obtient l'adhésion des salariéEs par une faible majorité le 27 janvier 1965.

Lutte intersyndicale

À cause de cette lutte intersyndicale, pendant plus de deux ans, les employéEs de la *Shawinigan* sont privéEs d'un nouveau contrat de travail,

---

1. Evelyn Dumas, « Zones de turbulence. Les relations patronales-syndicales à Hydro-Québec (1963-1964) », dans Collectif, *Hydro-Québec, des premiers défis à l'aube de l'an 2000,* Montréal, Forces et Libre Expression, 1984, p. 84; voir aussi Lemelin, *op. cit.,* p. 38-42.

la compagnie prétextant le vide juridique pour refuser de négocier. Les syndiquéEs s'en souviendront. L'année suivante, le président de leur association affiliée à la CSN, Roger Thibaudeau, fait campagne en faveur du SCFP partout au Québec. Il affirme à qui veut l'entendre que « la CSN n'a tenu aucune des promesses qu'elle avait faites. [...] La CSN a été incapable de refaire l'unité syndicale parmi les employés de l'ancienne *Shawinigan*. [...] Il [l'organisateur de la CSN] n'a pas su tenir compte des réalités de la nationalisation[1] ». La défection de ce dirigeant local de l'unité la plus importante de la CSN a une influence déterminante sur le vote qui aura lieu à la grandeur de la société d'État.

Avant qu'on ne parvienne à l'unification de tous les salariéEs au sein d'une même unité administrative étatisée, le SCFP ne chôme pas. Avec tous ces syndicats locaux, répartis un peu partout sur le territoire, il parvient à signer avec Hydro-Québec une convention collective unique dès 1964, avec laquelle il commence à réduire sinon éliminer les disparités salariales régionales. En 1965, il réussit aussi à affilier le Syndicat des techniciens d'Hydro-Québec.

De son côté, le syndicat indépendant, qui représente les employéEs de bureau de la société d'État (SEB), évolue rapidement : au milieu des années 1960, il se dote d'une nouvelle direction combative qui veut rompre avec la mentalité de « syndicat de boutique ». Sous la direction de Jean-Claude Dion, Jean-Guy Dalcourt et Claude Mireault est déclenchée la première grève de l'histoire d'Hydro-Québec en 1965. Disposant de peu de moyens financiers et techniques, les dirigeantEs du syndicat demandent l'aide du SCFP et de la CSN. Le SCFP répond à la demande et s'engage à inviter ses membres, employéEs de métiers et technicienNEs, à respecter les piquets de grève. Ces syndiquéEs sont imitéEs en cela par les ingénieurEs, membres de la CSN. Le SEB signe alors une entente de services avec le SCFP. La grève se termine une semaine plus tard.

Le SEB fera désormais campagne aux côtés du SCFP.

En 1966, l'intégration administrative et technique de la compagnie d'État étant complétée, le problème de la représentativité syndicale demeure entier. En plus de la CSN et de quelques associations indépendantes, deux autres syndicats affiliés à la FTQ représentent des groupes d'employéEs : la Fraternité internationale des ouvriers en électricité (FIOE) à la *Gatineau Power* et l'Union internationale des travailleurs des produits chimiques (UITPC), le concurrent du SITIPCA de Fernand, dans la région de Québec.

Après de longues tergiversations, la CSN cesse de s'opposer à l'unification provinciale des salariéEs et accepte la suggestion du SCFP de tenir

---

1. *Le Réseau*, septembre 1966 (deuxième livraison), p. 3.

deux votes simultanés à la grandeur du Québec : l'un pour les employéEs de métiers, l'autre pour les employéEs de bureau. Le SEB invite ses membres à voter pour le SCFP. Le 25 août 1966, la Commission des relations du travail (CRT) décrète que les deux votes se tiendront le 30 septembre suivant.

Demeure le problème de la dispersion des effectifs entre trois syndicats affiliés à la FTQ. L'exécutif de la centrale mesure l'importance cruciale de cette campagne. Numériquement et symboliquement, l'adhésion ou la non-adhésion de ce groupe de syndiquéEs à la FTQ aura des conséquences déterminantes sur sa représentativité et sa crédibilité politique. Fernand est agréablement surpris de l'attitude de Laberge. Malgré ses affinités et amitiés avec les syndicats de métiers, très vite, le président de la FTQ se dit convaincu que la FIOE doit céder la place au SCFP, dont les chances de décrocher une majorité sont nettement meilleures. Il passe de la parole aux actes et réussit à convaincre la FIOE non seulement de se désister, mais de faire campagne aux côtés du SCFP. Il en va de même de l'UITPC.

Le SCFP a déjà la réputation d'un jeune syndicat dynamique. Il a le vent dans les voiles lorsque s'ouvre la grande campagne chez Hydro-Québec.

La FTQ fait campagne

La FTQ lance un appel à tous ses syndicats affiliés, les invitant à soutenir cette grande campagne. Comme lors de la mobilisation contre le projet libéral de réforme du Code du travail[1], deux ans plus tôt, la réponse des syndicats est exceptionnellement forte. Pour Fernand, c'est encore une occasion de constater qu'une véritable centrale syndicale prend forme au Québec. Il incite les permanentEs et militantEs de son syndicat à participer à la campagne. Claude Ducharme[2], avec qui il a développé de solides liens dans son syndicat, le SITIPCA, est au premier rang.

Avec plusieurs dirigeantEs et militantEs de la FTQ, Fernand participe à ce qui sera décrit plus tard comme l'un des événements fondateurs de la centrale. Il s'investit à fond, parcourant le Québec et mettant à profit ses talents d'orateur. C'est l'occasion pour lui de fraterniser davantage avec le personnel permanent, les militantEs du SCFP. Il y côtoie des gens qu'il connaît et estime déjà comme Bob Dean[3], alors adjoint de Thibaudeau ; comme Raymond Legendre, Yvon Forest, deux conseillers permanents du syndicat, et Roger Lampron, président des Cols bleus de la Ville de Montréal. Il

---

1. Voir, Leclerc, *op. cit.,* p. 292-295.
2. Voir la courte biographie de Claude Ducharme, dans Leclerc, *op. cit.,* p. 232.
3. Voir la courte biographie de Robert Dean, dans Leclerc, *op. cit.,* p. 142.

découvre aussi toute une pépinière de dirigeants œuvrant à Hydro-Québec même : André Asselin[1], Charles Cuerrier, Guy Beaudry, Normand Fraser et Jacques Brûlé, leaders syndicaux du groupe des travailleurs de métiers ; les Roger Laramée, Jean-Claude Dion, Jean-Guy Dalcourt, Claude Mireault chez les employéEs de bureau et tant d'autres, dont certainEs rejoindront bientôt l'équipe de conseillers permanents du SCFP. Ce sont des militants engagés, articulés et pour la plupart d'ardents nationalistes et même des indépendantistes. Avec tous ces syndicalistes, Fernand développe des liens de camaraderie et d'amitié.

Les résultats du vote tenu le 30 septembre 1966 sont réconfortants. Quelque 90 % des travailleurs et des travailleuses prennent la peine de voter. Le SCFP recueille une majorité confortable au sein des deux catégories de salariéEs : 60 % des salariéEs appeléEs à voter lui donnent leur appui, soit 59 % des employéEs de bureau et 61 % des employéEs de métiers[2]. C'est la première grande victoire d'un syndicat de la FTQ sur la CSN, après les percées spectaculaires et dévastatrices de cette dernière dans plusieurs fiefs des unions internationales. Fernand ressort de cette campagne plus déterminé que jamais à ne pas limiter son action dans son seul syndicat.

La famille s'agrandit

Lorsqu'il apprend que Ghyslaine est à nouveau enceinte, Fernand éprouve une grande joie. Ghyslaine et lui souhaitaient un deuxième enfant. Josée a maintenant huit ans. Enfant enjouée, active et débrouillarde, elle réclame depuis longtemps un petit frère ou une petite sœur, à l'exemple de la plupart de ses amies. Elle applaudit littéralement à l'annonce de cette naissance prochaine.

C'est une fille qui naît le 27 mars 1966 à l'Hôpital Saint-Joseph de Rosemont. Le couple la prénomme Isabelle. Fernand réussit à se libérer quelques jours avant et après la naissance. Cependant, il est à nouveau pris dans le tourbillon de ses engagements au SCFP et au SITIPCA. Pendant les premiers mois après la naissance, on installe le berceau d'Isabelle dans la chambre des parents. Josée occupe la deuxième chambre qui est petite.

Ghyslaine et Fernand se rendent compte que le logement du boulevard Pie-IX, au deuxième étage, est maintenant trop exigu pour la famille. Ils souhaitent s'établir dans une maison qui est la leur, leur première. La

---

1. Militant du SCFP de la première heure, André Asselin est, à cette époque, le président du Conseil consultatif des syndicats locaux d'Hydro-Québec. C'est un ardent nationaliste, membre du RIN. Il devient conseiller permanent du SCFP, puis directeur adjoint jusqu'à sa retraite. Il est décédé en décembre 1999.
2. Dumas, *op. cit.*

recherche est lente, Fernand disposant de peu de temps pour faire les visites d'usage en compagnie d'agents immobiliers. Le couple s'intéresse d'abord à une maison à flanc de montagne, sur l'avenue McCulloch, mais réalise qu'il n'a pas les moyens de l'acquérir. Il finit par jeter son dévolu sur une maison de Cartierville, qui est à cent lieues des milieux de vie de Fernand – il a été élevé aux abords du Faubourg à m'lasse et dans le Quartier Latin. Le couple est séduit par la présence d'un foyer et, surtout, par la cour arrière. Il s'installe en mai 1967 dans la maison de la rue Cousineau.

Josée est très heureuse de se retrouver dans une maison avec de nombreuses pièces, lesquelles constituent autant de cachettes possibles. Il y a cette grande cour, où elle a tôt fait d'entraîner les amies qu'elle se fait dès les premières semaines de son arrivée dans le quartier. L'hiver, Fernand y aménage une patinoire, l'été ce sont les balançoires. Ghyslaine s'acclimate à sa grande maison, qui lui permet de recevoir plusieurs amiEs. Elle apprécie aussi la proximité d'un train de banlieue[1] qui relie Cartierville au centre-ville.

Ce qui fascine particulièrement Josée, c'est un lieu merveilleux, à deux pas de la maison, le parc Belmont[2], le paradis des enfants de Montréal et d'une partie du Québec. De la maison, elle entend les cris des gens assis dans les wagons des montagnes russes, au moment où ils sont entraînés dans la descente de la pente la plus raide du manège. Adolescent, Fernand s'y rendait en tramway et en autobus avec ses copains. La traversée de l'île, du sud au nord, constituait une véritable expédition à une époque où de nombreuses zones de Montréal s'apparentaient plus à la campagne qu'à la ville.

L'été, la famille part toujours deux ou trois semaines à Ocean City, dans le Maryland. Elle y retrouve parfois des amiEs. Josée profite de la présence de son père, tout aussi curieux qu'elle lorsque surviennent des événements exceptionnels. Parfois, il l'entraîne en voiture pour suivre les camions de pompiers, qui vont combattre un incendie.

Radio-Canada, terreau CSN

Avant même de sortir de cette stimulante bataille à Hydro-Québec, Fernand trouve un autre prétexte pour se distraire de la routine de son syndicat. C'est à nouveau son ami André Thibaudeau qui l'appelle à la rescousse :

---

1. Cette ligne de train (aujourd'hui, disparue) partait d'une petite gare, située à l'angle des boulevards Gouin et Laurentien, pour aller vers le sud.
2. Ce parc d'attractions a connu une grande popularité à partir de 1937, lorsque le Parc Dominion (ouvert en 1906) a cessé ses activités dans l'est de la ville. Le parc Belmont a commencé à décliner en 1967, lorsque La Ronde a été ouverte sur le site de l'Exposition universelle. Il a fermé définitivement ses portes en 1983.

« Fernand, on a besoin de toi dans notre campagne à Radio-Canada. T'es le seul qui peut faire contrepoids aux gros canons de la CSN! »

Habitué aux débordements d'enthousiasme, voire à l'inflation verbale de son copain de toujours, Fernand le rassure. Bien sûr, il donnera un coup de main, prendra la parole à l'occasion dans des assemblées. Thibaudeau attend plus de sa part : « Je veux que tu prennes la direction de la campagne au Québec. Stan Little[1] est d'accord pour retenir tes services à plein temps. C'est notre Francis Eady qui sera ton vis-à-vis au Canada anglais. »

Fernand connait bien Eady, un Ontarien bilingue et francophile, mais il hésite. Il peut s'impliquer, participer à des réunions de stratégie, mais de là à coordonner la campagne, il verra. Thibaudeau se contente de cet accord mitigé. Il sait que de toute façon, son ami n'est pas du type à s'impliquer à moitié dans une cause.

De fait, il a raison. Fernand est bientôt happé par cette bataille et il en assume pratiquement la coordination. Il avise simplement son directeur, Cornelius (Neil) Reimer qu'il consacrera un peu de temps à cette campagne. Celui-ci est réticent, mais ne s'y oppose pas. D'autant plus que son directeur québécois lui décrit cette cause comme cruciale pour le mouvement syndical.

Depuis plusieurs mois, le SCFP mène une campagne pancanadienne pour recruter les employéEs de production de Radio-Canada[2], qui sont affiliéEs à l'Association internationale des employés de scène, de théâtre, techniciens de l'image, artistes et métiers connexes (AIEST)[3], mais l'insatisfaction et la grogne des membres à l'égard de leur syndicat sont de plus en plus manifestes. On répète partout qu'il s'agit d'une association pourrie qui signe des conventions collectives sans consulter ses membres. Au Québec, les technicienNEs sont incapables de communiquer en français avec leur syndicat. Un vaste mouvement de désaffiliation risque de permettre à la CSN de s'implanter dans la société d'État.

---

1. Le président canadien du SCFP. Militant syndical à Hydro Ontario, il devient président de l'Union nationale des employés des services publics (UNESP) en 1961 ; il est l'instigateur de la fusion avec sa rivale l'Union nationale des employés publics (UNEP) avec laquelle, l'UNESP allait former en 1963 le SCFP. Il en est le président de sa fondation jusqu'à sa retraite en 1975. Il est décédé en 2000, à l'âge de quatre-vingt-neuf ans.
2. Machinistes, décorateurs et décoratrices, régisseurs, régisseuses, script-assistantEs, etc.
3. L'AIEST est mieux connue sous son nom anglais de IATSE (*International Alliance of Theatrical Stage Employes*). Ce syndicat nord-américain est surtout reconnu pour sa forte présence et son efficacité dans l'industrie cinématographique. Au Québec, ce syndicat, toujours affilié à la FTQ, représente non seulement les technicienNEs de l'industrie du cinéma, mais aussi les projectionnistes dans les salles de cinéma et les employéEs de scène de grandes salles de théâtre.

La CSN mène de front deux campagnes musclées contre les syndicats que ses recruteurs désignent sous le nom peu sympathique d'unions américaines. En plus d'affronter l'AIEST, elle s'attaque aussi à l'*American Newspaper Guild*, qui représente les journalistes de la société d'État. La campagne est dirigée par Michel Bourdon[1], un journaliste coriace et vindicatif, qui ne répugne pas à user de démagogie. Il a l'ambition de former un grand syndicat des travailleurs et des travailleuses des communications, non seulement à Radio-Canada, mais aussi à l'Office national du film (ONF).

Fernand ne peut faire autrement que constater que les deux syndicats affiliés au CTC, mais très peu présents dans les instances de la FTQ, font peu de cas de l'identité québécoise de leurs membres francophones. D'ailleurs, très vite, la FTQ a pris position en faveur du SCFP contre l'AIEST, qu'elle qualifie de « plus américaine qu'internationale, à juste titre répudiée par les employés de Radio-Canada[2] ». Fernand apprécie l'engagement non équivoque de Louis Laberge, qui brave le CTC dans ce dossier. La centrale canadienne rappelle comme toujours qu'elle est, selon ses statuts, la seule habilitée à trancher les conflits entre syndicats affiliés.

Fernand sait qu'au Québec, Radio-Canada fourmille d'intellectuelLEs qui, comme lui, vivent avec enthousiasme la montée d'un nationalisme québécois moderne et progressiste. Il constate que c'est là un terreau favorable à l'implantation de la CSN, qui joue à fond la carte nationaliste dans ses campagnes de maraudage.

Scinder les unités

Comme la CSN a peu d'espoir de recueillir l'adhésion d'une majorité de syndiquéEs de Radio-Canada dans tout le Canada, elle réclame que les unités pancanadiennes de négociation soient scindées. Elle reçoit d'ailleurs le soutien sur cette question d'un ancien journaliste bien connu de Radio-Canada, René Lévesque. Elle tente le même coup de force dans le secteur des chemins de fer en maraudant les syndicats des *Ateliers Angus*. Elle réclame ce qu'elle appelle des unités naturelles regroupant les seulEs salariéEs québécoisES. Elle est déboutée par le Conseil canadien des relations ouvrières en ce qui concerne les travailleurs et travailleuses du secteur ferroviaire puis, à plusieurs reprises, à Radio-Canada : en janvier 1967, pour

---

1. Michel Bourdon (1943-2004) a été journaliste à Radio-Canada de 1966 à 1970. Président de la CSN-Construction de 1973 à 1979, il passe ensuite à la Fédération nationale des communications (CSN) de 1979 à 1989. Il est élu député du Parti québécois dans Pointe-aux-Trembles en 1989 et réélu en 1994. Atteint de sclérose en plaques, il démissionne de ses fonctions le 18 juin 1996. Il est décédé en 2004.
2. Mémoire de la FTQ sur le *Bill* C-186, à l'intention du comité parlementaire du Travail et de l'Emploi, 29 février 1968.

les employéEs de production; en juin 1967, pour les journalistes; en juillet et en août 1967, à nouveau pour les employéEs de production. Elle aura finalement gain de cause pour les seulEs journalistes en 1968.

La campagne dure plus de deux ans. Entreprise en janvier 1966, elle se concentre d'abord sur l'éviction de l'AIEST. Le SCFP fait campagne simultanément partout au Canada. Hors du Québec, à Toronto, à Vancouver ou à Halifax, le SCFP rencontre la même insatisfaction et le même désenchantement des salariéEs à l'égard de l'AIEST qu'à Montréal et à Québec. Les recruteurs du SCFP font valoir sa structure démocratique et décentralisée, ce qui le démarque radicalement de l'AIEST. Le syndicat, fort de son implantation récente dans les deux plus grandes sociétés hydroélectriques du Canada, en Ontario et au Québec, vante aussi son efficacité en négociation et l'excellence de ses services aux membres.

En peu de temps, le rythme de signatures de cartes d'adhésion annonce une victoire facile. Or, l'intervention de la CSN, qui espère toujours obtenir la scission des unités de négociation, vient perturber la progression du SCFP au Québec. Ayant fait signer un nombre significatif de cartes d'adhésion, le SCFP obtient du Conseil canadien des relations ouvrières la tenue d'un vote pour départager ses appuis et ceux de l'AIEST. Mais la CSN, qui n'est pas en lice, appelle au boycottage de ce scrutin, qui doit se tenir les 23 et 24 novembre 1966. Son mot d'ordre est partiellement suivi, suffisamment en tout cas pour priver le SCFP, par 17 voix, de la majorité absolue. Tout est à reprendre.

Gaulin convertit Jasmin... et affronte Bourdon

Des militantEs très dynamiques entourent Fernand dans cette campagne. Plusieurs conseillers permanents du SCFP y sont affectés à plein temps. Fernand les a pratiquement tous côtoyés pendant la campagne à Hydro-Québec et plusieurs sont devenus des amis.

Parmi eux, Maurice Gaulin[1]. Fraîchement nommé responsable du recrutement au SCFP, il est l'un de ses principaux organisateurs. C'est un allié

---

1. Maurice Gaulin est né en 1924, dans la paroisse Saint-Roch à Québec. Il a travaillé très jeune dans le commerce de détail avant d'entrer au service postal en 1950. Chez les Postiers, après avoir occupé plusieurs responsabilités syndicales, dont celui de président de sa section locale, il a été élu, en 1964, dirigeant national permanent, responsable pour l'ensemble du Québec. En janvier suivant, il devenait représentant du CTC à Québec, mais était « prêté » à son syndicat d'origine pour travailler à l'organisation de la grève des Postes de 1965. Il est passé au service de recrutement du SCFP en 1966, pendant la campagne d'Hydro-Québec. Il a par la suite été de toutes les grandes campagnes de recrutement du syndicat. Source : entrevue avec Maurice Gaulin réalisée par Léo Roback, le 24 août 1979.

indéfectible de Fernand qui a été l'un de ses partisans enthousiastes lors de sa lutte à la présidence de la FTQ après le décès de Roger Provost. C'est lui encore qui l'a mis en nomination au poste de secrétaire général lors du congrès de la FTQ en 1965. Venu au syndicalisme par l'entremise de la Jeunesse ouvrière catholique (JOC), il aime à raconter comment, à quatorze ans, lorsqu'il était un page[1] au magasin à rayons *Paquette* à Québec, il faisait signer des cartes d'adhésion syndicale au profit de la CTCC. Devenu employé des Postes, il ne tarde pas à occuper différentes responsabilités syndicales. Délégué par le Conseil du travail de Québec, il est élu directeur du Conseil exécutif de la FTQ en 1963.

Avec un physique à la Maurice Duplessis, c'est une véritable dynamo montée sur deux courtes pattes. C'est aussi un moulin à paroles, dont on dit « qu'il pourrait vendre des frigidaires aux Esquimaux ». À Radio-Canada, il prouve un jour sa capacité de conviction par un tour de force : il réussit à faire virer capot[2] à l'un des plus ardents partisans de la CSN, Claude Jasmin. Déjà écrivain, Jasmin est aussi un salarié de Radio-Canada à titre de concepteur de décor. Fort en gueule, il a la réputation d'être intraitable et les militantEs du SCFP n'osent pas l'affronter.

Maurice entraîne Jasmin dans un débat contradictoire devant quelques-unEs de ses collègues. En quelques minutes, usant d'une foule d'arguments de nature différente, mais mitraillés à une vitesse époustouflante, Gaulin l'étourdit. À court de répliques, Jasmin, qui n'en a pas l'habitude, rend les armes. Il accepte même de rédiger un texte d'appui au SCFP. Dans cet article publié en première page du journal du syndicat, il invite ses camarades à se réunir au sein du SCFP. « Nous comptons sur l'unité. Les meilleurs esprits combatifs du Syndicat général (CSN) sont attendus dans nos rangs reformés », écrit-il[3].

L'organisateur de la CSN dans cette campagne, Michel Bourdon, goûte aussi à la médecine de Maurice Gaulin. Ce dernier s'introduit dans l'un des fiefs de la CSN, au service du film de Radio-Canada, pour y prêcher la bonne parole du SCFP. Alerté, Bourdon rapplique avec quelques militantEs. Gaulin l'invective et le traite de menteur. Bourdon s'emporte et dit qu'il n'a pas le droit d'être là et le menace de le faire expulser. Gaulin trouve l'occasion trop belle. Il le défie de passer aux actes. Bourdon tombe dans le piège. Il quitte les lieux et revient avec le grand patron de l'information, François Péladeau, escorté

---

1. À l'époque, les grands magasins à rayons faisaient conduire par des jeunes hommes les clientes de la haute société vers les rayons de leur choix. Entrevue de Maurice Gaulin par Léo Roback.
2. Faire changer de camp. Un vire-capot est un transfuge.
3. « Appel à tous », *Le Réseau*, vol. 5, n° 12, novembre 1967.

par des policiers. Pendant qu'il se laisse conduire à l'extérieur, le recruteur du SCFP a beau jeu de gueuler à la collusion patronale et à l'antisyndicalisme de Bourdon. De l'ascenseur où l'entraînent les agents de la paix, il crie à l'intention des curieux attroupés : « Tes membres devraient avoir honte de toi! Si j'étais à leur place, je te délogerais de ton poste au plus sacrant[1]. »

Après l'AIEST, la NABET

Après un premier échec, le SCFP reprend le collier et soutient ses militantEs qui, cette fois, réclament le retrait de l'accréditation de l'AIEST par le Conseil canadien des relations ouvrières (CCRO). Un vote est ordonné, à l'issue duquel la faible représentativité de l'AIEST est établie et elle perd son accréditation. Le SCFP croit maintenant le chemin libre pour refaire une campagne de recrutement lorsque se pointe un autre syndicat FTQ-CTC, la NABET[2]. Ce syndicat, qui représente déjà les caméramans, les camérawomans et les technicienNEs de la société d'État, prétend pouvoir fusionner son unité syndicale avec celle des employéEs de la production. Assez rapidement, un débat a lieu au sein de la FTQ et du CTC et les deux centrales prennent position en faveur du SCFP. Leurs dirigeantEs, Louis Laberge en tête, tentent de convaincre la NABET de se retirer.

N'y parvenant pas, il y a à nouveau maraudage. La NABET continue sa campagne de recrutement et le SCFP recommence à faire signer les cartes. Pendant ce temps, la CSN continue de faire obstruction, invitant les employéEs québécoisEs de la production à attendre les changements législatifs qui reconnaîtront les unités naturelles de négociation. Manifestement las des querelles, les salariéEs de la production s'avèrent moins sensibles aux arguments de la CSN. Surtout, ces salariéEs sont outréEs des retards indus que ces conflits intersyndicaux imposent à leur négociation interrompue depuis deux ans. En quelques mois, le SCFP recueille 55 % des adhésions au Canada anglais et 63 % au Québec. Des contestations de la CSN et de la NABET retardent encore de quelques semaines la décision de la CCRO. Finalement, à la mi-février 1968, la Commission accorde l'accréditation de l'unité de production au SCFP.

Un autre groupe, l'Association des employés de la radio et de la télévision du Canada (mieux connue sous son sigle anglais, ARTEC), qui représente les employéEs de bureau et les annonceurs, adhère en bloc au SCFP. L'AR-

---

1. Incident raconté par Maurice Gaulin dans l'entrevue réalisée et enregistrée par Léo Roback, le 24 août 1979.
2. *National Association of Broadcast Employees and Technicians* (l'Association nationale des employés et techniciens en radiodiffusion), qui représentait alors les caméramans, camérawomans et technicienNEs de la radio et de la télévision. Ce syndicat affilié au CTC et à la FTQ est, malgré son nom, un syndicat nord-américain.

TEC et le syndicat de production formeront au sein du SCFP l'importante division de la télévision.

La victoire du SCFP ne tranche définitivement pas la question de fond du fractionnement des unités de négociation. Forte de l'appui de son ancien président, Jean Marchand, devenu ministre fédéral, la CSN a réussi entre temps à obtenir qu'un projet de loi, le *Bill* C-186, soit déposé à la Chambre des communes. Ce projet prévoit la possibilité de fractionner des unités pancanadiennes de négociation.

Sur cette question, la FTQ ne tarde pas à monter au créneau. Le directeur des communications, Noël Pérusse, prend un malin plaisir à rédiger un mémoire très polémique[1], dans lequel la FTQ met en contradiction les grands défenseurs du Canada que sont les « trois colombes », les accusant de s'adonner au « séparatisme syndical ». Dans le mémoire, on qualifie Jean Marchand de « patroneux de village », se demandant « s'il n'a pas conservé avec son ancien employeur des attaches sentimentales ou autres ». Plus tard, Pérusse se vantera d'avoir ainsi voulu accuser « Marchand d'être resté à la solde de son ancienne centrale et d'avoir entraîné ses collègues, du Canada anglais notamment, dans une entreprise d'automutilation et d'autodestruction[2] ».

Même si le projet de loi n'est pas adopté et que le déclenchement des élections fédérales en 1968 le fait mourir au feuilleton[3], la CSN fait tout de même une première brèche. En effet, la Commission assouplit ses positions concernant le fractionnement des unités pancanadiennes de négociation et le Syndicat général du cinéma et de la télévision (SGCT-CSN) obtient une première accréditation pour représenter quelque 200 employéEs des salles de rédaction française et anglaise de Montréal et de Québec formant, au jugement du CCRO, une unité naturelle de négociation. Cette décision sera suivie de plusieurs autres du même type au cours des décennies suivantes[4].

---

1. Mémoire de la FTQ sur le *Bill* C-186 à l'intention du comité parlementaire du travail et de l'Emploi, 29 février 1968. Pérusse admet que ce mémoire est « rédigé dans un style se situant parfois au ras du caniveau ». Noël Pérusse, *Mémoire d'un déraciné, tome II. Repenti de la Révolution tranquille*, Montréal, Varia, 2000, p. 126.
2. Pérusse, *op. cit.*, p. 126.
3. Le « feuilleton » étant la liste des affaires que les députés doivent aborder en cours de session, un projet de loi meurt au feuilleton lorsqu'il n'est pas abordé avant la fin des travaux de la session parlementaire. Voir sur le site de l'Assemblée nationale du Québec, *Le parlement de a à z*, < www.assnat.qc.ca >.
4. Le SGCT connaît par la suite des élargissements successifs de son accréditation. En 1983, les journalistes contractuelLEs des actualités et des affaires publiques, jusque-là représentéEs par l'Union des artistes (UDA), acquièrent le statut d'employéEs de la société d'État et adhèrent au syndicat des journalistes. Plus tard, lors d'une restructuration majeure des unités d'accréditation à Radio-Canada, décrétée par la CCRO, en 1995, le SGCT finit par représenter une partie des employéEs de

Des rapports de force adéquats

Au sein du Bureau de direction de la FTQ, Fernand, André Thibaudeau et Jean Gérin-Lajoie expriment leurs réserves quant aux accusations personnelles contre l'ancien président de la CSN, Jean Marchand. Mais ils se rallient volontiers à la dénonciation du projet de loi qui ouvrirait la porte au fractionnement des unités pancanadiennes de négociation. Ils savent par expérience qu'on n'affronte pas un employeur en ordre dispersé. Le syndicat de Fernand, le SITIPCA, de même que celui des Travailleurs unis de l'automobile (TUA), ceux des pâtes et papiers ou celui de l'industrie du tabac sont tous confrontés à des multinationales et s'efforcent d'établir des paramètres applicables à toute une industrie. C'est d'ailleurs cette nécessité de construire des rapports de force adéquats qui a donné naissance aux syndicats industriels dans les années 1930. Pour les mêmes raisons, il importe d'opposer à Radio-Canada une force syndicale unifiée, à la grandeur du Canada.

Fernand n'a aucun mal à s'expliquer sur cette question. Admettant que la thèse de la CSN peut paraître séduisante, il affirme :

> Je suis un fervent partisan de l'autodétermination du Québec. […] Mes idées sur le nationalisme québécois ont été rapportées dans les journaux et elles sont bien connues. […] Il n'y a ni contradiction, ni illogisme. […] À Radio-Canada, il s'agit uniquement d'une question d'efficacité syndicale qui n'a rien à voir avec la question nationale. Et il en sera ainsi tant que Radio-Canada n'aura qu'une seule administration. Face à une administration unique, seule une unité de négociation pancanadienne permettra aux salariés d'obtenir de bonnes conditions de travail[1].

André Thibaudeau résume la position de ses camarades nationalistes en affirmant qu'il « était injuste (de la part de la CSN) de vouloir faire payer par un seul groupe de travailleurs les frais d'une lutte nationaliste qui, si elle doit être livrée, doit l'être dans l'arène politique et par le plus grand

---

la production du Québec et du Nouveau-Brunswick qui avaient quitté le SCFP en 1976 pour former un syndicat indépendant. En même temps, son accréditation englobe la Société des auteurs, recherchistes, documentalistes et compositeurs (SARDEC), l'Association des correspondants à l'étranger (ACE), l'Alliance des artistes canadiens du cinéma, de la télévision et de la radio (ACTRA), et l'Association des professionnels et superviseurs (APS). En mai 2015, le Conseil canadien des relations industrielles (CCRI) regroupait toutes les unités de négociations dans une seule, à l'exclusion des réalisateurs qui conservent la leur. À l'issue d'un vote d'allégeance syndicale, le Syndicat des communications de Radio-Canada (SCRC-CSN) regroupe donc maintenant l'ensemble des salariéEs, sauf les réalisateurs et les réalisatrices.

1. *Le Réseau*, vol. 4, n° 7, septembre 1967.

nombre[1]. » Fernand renchérit : « Aucun syndicat, aucune centrale ne peut honnêtement demander à 750 employés de la production de Radio-Canada de livrer seuls la bataille de l'indépendance et de faire pendant des années le sacrifice de leur mieux-être[2]. »

Fernand est agacé par l'image nationaliste que se donne la CSN. Il considère qu'il y a là une méprise dans l'opinion publique. Bien sûr, il a toujours considéré ses dirigeantEs et militantEs comme des alliéEs du temps de la FUIQ et des luttes contre le régime Duplessis. Récemment encore, pendant l'aventure du PSQ, il a fait cause commune avec les Vadeboncoeur, Chartrand et L'Heureux. Il les considère comme d'authentiques nationalistes. Or, les positions officielles adoptées en congrès par la CSN, tout comme les déclarations de Jean Marchand, son président jusqu'en 1965, et de Marcel Pepin, son successeur, sont tout aussi fédéralistes que le sont les politiques officielles de la FTQ ou les déclarations publiques de son président. La CSN s'oppose au séparatisme avec la même vigueur que la FTQ[3].

Jean Marchand[4] a siégé à la Commission d'enquête sur le bilinguisme et le biculturalisme. Il affirme alors diriger une centrale canadienne et ouvre même un bureau à Toronto en 1964[5]. Puis, en 1965, conjointement avec la FTQ et l'Union catholique des cultivateurs (UCC)[6], la CSN commande à Pierre Elliott Trudeau la rédaction d'un mémoire constitutionnel qui condamne tout aussi bien la thèse des États associés que le séparatisme. Ce document n'est ni plus ni moins que le credo de Trudeau. Il en rédige la première version tout juste avant de s'envoler vers Ottawa avec ses amis-colombes, Gérard Pelletier et Jean Marchand[7].

---

1. *Ibid.*
2. *Ibid.*
3. Voir à ce sujet Jacques Rouillard, *Histoire de la CSN, 1921-1981*, Montréal, Boréal Express, 1981, p. 233-235.
4. Il quitte la CSN au moment de son passage au Parti libéral du Canada avec Gérard Pelletier et Pierre Elliott Trudeau, à l'automne 1965.
5. Jacques Rouillard, *Histoire du syndicalisme québécois*, Montréal, Boréal Express, 1988, p. 297.
6. Fondée en 1924, l'UCC deviendra l'Union des producteurs agricoles (UPA) en 1972.
7. Le mémoire peu remanié est présenté en avril 1966 au Comité de la constitution de l'Assemblée législative du Québec. On y prône un fédéralisme « adapté à la réalité actuelle [...] dans des conditions nouvelles qui lui permettraient peut-être de durer ». On y réclame une capitale fédérale bilingue et biculturelle, une réduction des pouvoirs centraux, plus de pouvoirs partagés entre le fédéral et les provinces, plus de consultation de ces dernières, mais pas le moindre statut particulier pour le Québec. En 1969, si la FTQ n'a pas encore beaucoup évolué sur le plan constitutionnel, la CSN non plus. Les deux centrales refusent pour des raisons identiques de participer aux États généraux du Canada français en 1967. Voir à ce sujet,

Avec les réalisateurs et réalisatrices de Radio-Canada

Pendant et après les deux grandes campagnes d'Hydro-Québec et de Radio-Canada, Fernand continue son travail au SITIPCA, mais répond spontanément à différentes demandes d'implication ailleurs. Ainsi, quand son ami Jacques Thibaudeau[1], le frère d'André, devenu réalisateur à Radio-Canada, l'invite à négocier pour l'Association des réalisateurs de la radio, dont il est le président ; Fernand accepte.

Cette association a été formée au milieu des années 1960 et, même si elle n'a jamais détenu d'accréditation syndicale formelle, elle a été reconnue par l'employeur. Il faut croire qu'après la grève spectaculaire des réalisateurs de la télévision en 1958, la société d'État n'a pas voulu s'exposer à un nouvel affrontement et a accepté de négocier avec la nouvelle association. Au moment où Fernand est réquisitionné par son ami, cette dernière regroupe quelque 80 réalisateurs et réalisatrices des stations québécoises. Non affiliée à l'une ou l'autre des centrales syndicales, l'Association n'a pas de négociateur.

Jacques Thibaudeau n'a pas que de vieux liens d'amitié avec Fernand. Il fraie quotidiennement avec les syndicats dans le cadre de ses fonctions de réalisateur de l'émission *Capital et travail*. Il a des liens avec de nombreux syndicalistes depuis son passage au Comité contre l'intolérance raciale et religieuse et au poste de secrétaire exécutif à la FUIQ, puis de la FTQ à la fin des années 1950. Il est donc à l'aise lorsqu'il prend la relève de son ami Gilles Archambault à la réalisation de *Capital et travail*. Cette émission hebdomadaire d'affaires publiques tient l'antenne pendant plus de dix ans et constitue une tribune exceptionnelle pour le mouvement syndical québécois. Thibaudeau invite d'ailleurs la FTQ et la CSN à y déléguer chacun un chroniqueur. Jacques-Victor Morin y est le porte-parole des syndicats de la FTQ, alors que Paule Beaugrand-Champagne s'acquitte de cette tâche au nom de la CSN.

Lorsque Fernand accepte de négocier à Radio-Canada, les réalisateurs et les réalisatrices sont raviEs de bénéficier des services d'une personnalité connue du mouvement syndical. Selon Thibaudeau, ces syndiquéEs sont surtout étonnéEs d'apprendre que ça ne coûte rien[2]. Pour Fernand, comme pour la plupart des syndicalistes rémunéréEs à plein temps, il serait inconcevable de réclamer des honoraires.

François Cyr et Rémi Roy, *Éléments d'histoire de la FTQ. La FTQ et la question nationale*, Montréal, Éditions coopératives Albert Saint-Martin, 1981, p. 100.

1. Après son départ de la FTQ en 1960, Jacques Thibaudeau est embauché à Radio-Canada. D'abord chargé des relations avec l'auditoire, puis de la surveillance de l'application des règles de la société dans les messages publicitaires, il devient réalisateur en 1964 et cela jusqu'à sa retraite en 1990.
2. Épisode raconté par Jacques Thibaudeau en entrevue, en 2008.

À l'aise dans ce milieu intellectuel de l'information, Fernand s'attelle
à la tâche. Devant lui, le porte-parole patronal est l'ancien président des
employéEs de bureau de la société d'État, Paul Rousseau. Fernand, qui l'a
côtoyé pendant la longue campagne du SCFP auprès des employéEs de la
production, croit que les échanges avec lui en seront facilités. Sachant par
ailleurs que Radio-Canada a reconnu de bonne foi l'existence de l'Association, il croit que la négociation se fera en douceur. Toutefois, il doit vite
déchanter devant l'attitude intransigeante de Rousseau. Comme d'autres
ancienNEs syndicalistes passéEs du côté patronal, celui-ci se croit sans doute
obligé de prouver à son employeur que sa conversion est authentique. Il faut
de nombreuses séances de négociation, des pressions en coulisses auprès de
la direction et la menace de moyens de pression pour qu'enfin une entente
soit conclue. Jusqu'à la fin, l'ancien syndicaliste s'oppose à inclure dans la
convention collective le droit à l'arbitrage des griefs! Il cède finalement, sans
doute rappelé à l'ordre par la haute direction qui ne veut pas d'affrontement.

Chapitre 4

La Révolution tranquille au ralenti (1966-1967)

L'ESSOR exceptionnel du mouvement syndical québécois se situe para-
doxalement pendant une période où la Révolution tranquille connaît
un ralentissement certain. Les réalisations accomplies par les libéraux au
cours de deux mandats, de 1960 à 1962 et de 1962 à 1966, ont fait faire au
Québec un bond spectaculaire dans la modernité. Les libéraux sont en effet
responsables de l'assainissement des mœurs électorales, de la création de l'assurance hospitalisation, de la nationalisation de l'électricité, de la mise sur
pied du ministère de l'Éducation, de la récupération de points d'impôts du
gouvernement fédéral, de la création de la Régie des rentes du Québec et de
la Caisse de dépôt et placement.

Le 18 avril 1966, Jean Lesage annonce que les prochaines élections
auront lieu le 5 juin. Gonflé à bloc par les sondages et par un entourage
complaisant, le père de la Révolution tranquille se croit indétrônable. D'ailleurs, mis à part le quotidien *Montréal-Matin*, propriété de l'Union nationale, la presse en général le croit installé au pouvoir pour un autre mandat.

Le premier ministre ne partage pas les préoccupations des éternels pessi-
mistes qui le mettent en garde contre un triomphalisme un peu simpliste.
Il est tellement imbu de sa popularité personnelle qu'il décide d'être la seule
tête d'affiche de cette joute électorale[1]. Il fait une campagne médiatique à

---

1. Jean Lesage avait été élu le plus bel homme du Canada en 1965, dans le cadre de
   l'émission *Place aux femmes*, animée par Lise Payette à Radio-Canada. Cet hommage
   n'a sans doute pas été étranger à sa décision de faire une campagne centrée sur sa
   personne à l'image des campagnes présidentielles états-uniennes. Ses stratèges, eux,
   parlaient davantage d'une campagne à la De Gaulle. Sur cette campagne de type
   gaullien, voir Pierre Godin, *René Lévesque, héros malgré lui,* Montréal, Boréal, 1997,
   p. 252-273.

l'américaine. Après tout, la Révolution tranquille, c'est lui. Tous les ministres vedettes, les René Lévesque, Paul Gérin-Lajoie et Eric Kierans sont appelés à se confiner autant que possible dans leurs comtés respectifs.

René Lévesque est un peu désabusé par ses derniers mois d'exercice du pouvoir. Au sein de l'équipe libérale, un certain nombre de politiciens plus traditionnels pressent leur chef de mettre la pédale douce sur les réformes. Lors de la mise sur pied de la Caisse de dépôt et placement, le premier ministre a même été tenté de céder la gestion du bas de laine des QuébécoisES au syndicat financier, ce réseau de grandes institutions prêteuses qui tient le Québec en laisse depuis des décennies[1]. Lévesque a dû batailler ferme avec son chef pour que la nouvelle compagnie de sidérurgie, Sidbec, soit une société d'État plutôt qu'une compagnie mixte contrôlée et gérée par le secteur privé.

Le mouvement syndical, qui a appuyé les réformes libérales, assiste à leur ralentissement et constate en même temps un durcissement du régime à son égard. Une grève des fonctionnaires fraîchement syndiquéEs est évitée de justesse. Des conflits très durs éclatent avec les enseignantEs ainsi qu'avec les ingénieurEs d'Hydro-Québec. Les syndicats de la nouvelle société d'État, affiliés en bonne partie au SCFP et à la FTQ, ont toutes les misères du monde à négocier des conventions collectives qui réduisent les grandes disparités de conditions de travail entre les régions autrefois desservies par des entreprises privées.

Le président du PSQ, Jean-Marie Bédard, affirme que les travailleurs et les travailleuses ne peuvent plus s'illusionner sur le progressisme du gouvernement Lesage. Il annonce que son parti fera campagne « sur le thème de la nécessité d'un parti des travailleurs face au parti des patrons[2] ». Fernand croit inopportune cette participation du PSQ à l'élection. Le parti n'a jamais dépassé la taille du groupuscule et n'a toujours pas d'organisation réelle dans les comtés. Mais par amitié pour Bédard, il participe à quelques assemblées électorales. Il prend la parole notamment lors d'un modeste rassemblement dans le comté de son ami le 3 juin. En compagnie de Michel Chartrand, il défend l'instauration d'un régime d'assurance maladie universel et gratuit et l'éducation gratuite à tous les niveaux[3]. Un peu amer devant la faiblesse du PSQ, qui n'a pas pu présenter plus de cinq candidats, il émet

1. *Ibid.*, p. 235.
2. *Communiqué du PSQ*, Montréal, 26 avril 1966. Outre Bédard, candidat dans Jeanne-Mance, le parti présente Henri Gagnon dans Maisonneuve et des candidats dans Bourget, Fabre et Jonquière-Kénogami.
3. Monique Perron-Blanchette, *Un essai de socialisme au Québec : le PSQ*, mémoire de maîtrise, département d'histoire, Université de Montréal, 1978, p. 112.

le vœu « que ce soit la dernière fois qu'à une élection provinciale les salariés du Québec ne puissent pas voter pour un candidat socialiste[1] ».

Égalité ou indépendance

Or, il n'y a pas que l'essoufflement de la Révolution tranquille. Il y a aussi ce nouveau nationalisme qu'elle a engendré et qui dépasse Lesage tout comme plusieurs de ses ministres. En face de lui, le chef de l'Union nationale, Daniel Johnson, un politicien aguerri et astucieux, mesure mieux l'importance de ce nouveau phénomène. C'est un personnage en mutation qui part de loin. Ancien émule de Duplessis, dont il a été l'adjoint parlementaire, il avait emporté la direction du parti contre Jean-Jacques Bertrand, reconnu comme réformiste et jouissant d'une réputation d'intégrité peu commune dans ce parti.

Johnson traîne avec lui l'image du duplessiste magouilleur. Il a entre autres trempé dans le scandale du gaz naturel[2]. À cette époque, le caricaturiste du *Devoir,* Normand Hudon, le représentait en cow-boy et le baptisait *Danny Boy.* Pendant les premières années de la Révolution tranquille, Johnson prenait un malin plaisir à stigmatiser René Lévesque en le décrivant comme un socialiste radical qui cache son jeu.

Mais son tour de force est de se refaire peu à peu une virginité et une crédibilité politiques pendant les deux dernières années du gouvernement libéral. Ses interventions sont souvent démagogiques, mais toujours cohérentes et bien documentées. Il acquiert une crédibilité certaine en développant des positions constitutionnelles proches de celles de Lévesque.

C'est l'époque où il flirte en secret avec le Rassemblement pour l'indépendance nationale (RIN). Il pond, en guise de programme, une sorte de manifeste politique au titre audacieux, *Égalité ou indépendance.* Conservateur, il critique les folles dépenses qu'entraînent les réformes libérales. Mais il a l'intelligence de ne pas remettre en cause le bien-fondé de ces réformes. Sauf pour celle de l'éducation, à propos de laquelle il déploie toute la mauvaise

---

1. *La Presse*, 4 juin 1966.
2. Le 13 juin 1958, *Le Devoir* publie en première page que des ministres sont impliqués dans une transaction de 20 millions de dollars, lors de la privatisation du réseau de gaz naturel par Hydro-Québec en 1958. Daniel Johnson, alors nouveau ministre des Ressources hydrauliques, avait acquis des actions de la nouvelle propriétaire, la *Corporation de gaz naturel,* dans ce qui semblait être un cas de conflit d'intérêts. En octobre 1960, quelques mois après son élection, le gouvernement Lesage confie au juge Élie Salvas le mandat d'enquêter sur l'administration de l'Union nationale, notamment sur les transactions entourant cette privatisation. Voir Pierre Godin, *Daniel Johnson, 1946-1964. La passion du pouvoir,* Montréal, Éditions de l'Homme, 1980, p. 102 à 104 et 193.

foi dont il est capable. Il parle de « l'inefficacité flagrante, de la confusion, du désordre et de l'autoritarisme » du ministère de l'Éducation. Il n'hésite pas à qualifier le sous-ministre et grand artisan de la réforme, Arthur Tremblay, de « grand prêtre de l'athéisme[1] ».

Contrairement à Lesage, Johnson ne mène pas une campagne centrée sur sa personne. Ses conseillers l'ont en effet prévenu que sa nouvelle image respectable est encore trop fraîche dans l'opinion publique. Elle n'a pas encore effacé totalement celle de l'émule de Duplessis. Il adopte donc un profil bas et mise plutôt sur les organisations locales bien implantées dans le petit peuple, spécialement dans les circonscriptions rurales et dans les quartiers populaires de l'est de Montréal. En ces temps d'assainissement des mœurs politiques, l'Union nationale ne peut plus se livrer systématiquement au patronage et au vol des votes. En organisateur expérimenté, Johnson sait que c'est comté par comté, en multipliant les contacts personnels, qu'on gagne une élection.

La carte électorale fait le reste. Comme les libéraux ne l'ont pas redessinée, il existe toujours une distorsion entre la représentation des campagnes et celle des villes. Or, l'électorat naturel des réformateurs est citadin et les libéraux ont pratiquement ignoré les agriculteurs[2]. Aucune de leurs grandes réformes ne concerne le monde rural. L'Union nationale y consolide donc son enracinement et, faisant quelques percées en milieu urbain, remporte une majorité de sièges, malgré le fait que les libéraux recueillent une plus grande proportion des votes[3].

Fernand, qui n'espérait plus grand-chose des libéraux, qui sait le PSQ moribond et ne croit pas que le RIN puisse sortir de la marginalité, est quelque peu désabusé au sortir de cette élection. Il craint que le Québec ne soit entraîné dans une période de régression politique. Il s'en trouve

---

1. Pierre Godin, *Daniel Johnson, 1964-1968. La difficile recherche de l'égalité*, Montréal, Éditions de l'Homme, 1980, p. 104. Cependant, tout comme pour la question nationale, il a suffisamment de lucidité pour reconnaître les changements que souhaite vraiment la population en matière d'éducation. Une fois élu, il ne remettra pas en question les grandes orientations de la réforme et son gouvernement poursuivra sa mise en œuvre.
2. Ils se sont contentés de fusionner les ministères de l'Agriculture et de la Colonisation et ont prévu des prêts à long terme pour les agriculteurs.
3. Avec 47,2 % des voix, les libéraux ne raflent que 50 comtés, contre 56 qui vont à l'Union nationale qui obtient 40,9 % du vote populaire. Le PSQ, avec ses cinq candidats, n'a l'appui que de 1 267 électeurs et électrices. Le RIN, parti indépendantiste de gauche qui en est à sa première campagne électorale, recueille 5,6 % des voix et le Ralliement national, fondé par des anciens créditistes et des souverainistes de droite, récolte 3,2 %. Pour la première fois de l'histoire du Québec, on peut quantifier l'influence du mouvement indépendantiste à 8,8 % des voix.

donc conforté dans sa décision de consacrer la plus grande partie de ses énergies à son action syndicale plutôt qu'à d'improbables mouvements politiques.

L'heure des interrogations

Les campagnes de recrutement qu'a vécues Fernand à Hydro-Québec et à Radio-Canada ont été des moments cruciaux de la construction de la FTQ. Elles marquent la fin des saignées de membres infligées à répétition par la CSN au cours des années précédentes. Elles démontrent aux syndicats affiliés de la FTQ que le resserrement de leurs rangs au sein de la centrale permet le renforcement de chacun.

Pendant la campagne de syndicalisation à Radio-Canada, et au-delà, Fernand doit manœuvrer en eaux troubles. Il doit se positionner, voire se justifier, sur la question du nationalisme syndical dont se réclame la CSN lorsqu'elle revendique des unités de négociation exclusivement québécoises. Identifié comme l'un des dirigeantes de l'aile nationaliste de la FTQ, il a dû justifier son opposition à cette revendication.

De savoir la CSN aussi fédéraliste que la FTQ est une bien mince consolation pour Fernand. Lorsqu'il fait le bilan de son action personnelle au sein du Bureau de direction de la centrale depuis 1965, il doit reconnaître que ses amis Lajoie, Thibaudeau et lui n'ont pas réussi à contrer les positions de Laberge et de Rancourt sur la question nationale.

Devant les attaques antiséparatistes de Louis Laberge en congrès, ses déclarations publiques et les articles de Pérusse dans le *Monde ouvrier*, Fernand et ses amis ne se sentent pas en position de force. Ils ne les dénoncent donc pas publiquement. Ainsi, ils ne s'opposent pas à l'embauche de Pierre Elliott Trudeau pour rédiger le mémoire constitutionnel. Il faut dire que si, rétroactivement, on peut trouver dans les écrits antérieurs de Trudeau l'essentiel de sa vision du fédéralisme, ses anciens compagnons d'armes de la FUIQ le perçoivent encore, au milieu des années 1960, comme un intellectuel qui s'interroge. Ils ne peuvent pas imaginer qu'il deviendra, une fois au pouvoir, l'idéologue inflexible du fédéralisme centralisateur.

La faiblesse du courant, qu'on qualifie « d'aile nationaliste et progressiste » de la FTQ, est aussi illustrée par son échec à imposer le PSQ comme expression politique des travailleurs et des travailleuses en général et de la centrale en particulier. Si Fernand et ses amis ne vivent pas une crise idéologique, ils n'en vivent pas moins un certain désarroi stratégique. Conséquemment, ils laissent faire, se disant que les militantes qui les appuient attendent comme eux que la conjoncture change. D'ailleurs, la société québécoise ne bouillonne-t-elle pas d'une ferveur annonciatrice de changements ?

Espoirs de changement

Même un Louis Laberge, tout pragmatique et allergique au séparatisme qu'il est, appelle au regroupement des forces syndicales et populaires lors du congrès de 1967. Il se prononce en faveur d'une action politique plus active qui pourrait déboucher sur la création d'un parti populaire[1]. S'il pourfend à nouveau le séparatisme, il ne s'oppose pas à l'adoption d'une résolution qui reconnait le droit « à l'autodétermination de la nation canadienne-française, allant jusqu'à et incluant son droit à la sécession ». Lors du même congrès, contredisant le mémoire constitutionnel de l'année précédente, la FTQ réclame un statut particulier pour le Québec.

Fernand ne s'illusionne pas. Il ne croit pas pour autant que Laberge est converti, mais se dit que si même le chef de l'Union nationale, Daniel Johnson, flirte avec l'idée de l'indépendance, c'est qu'il ne s'agit plus d'un concept marginal et farfelu. Le premier ministre ne va-t-il pas d'ailleurs donner toutes ses lettres de noblesse à cette idée en orchestrant la visite quasi royale du président français, le général de Gaulle, en juillet 1967 ? Fernand sera abasourdi, secoué, puis enthousiasmé par le cri du cœur du général sur le balcon de l'Hôtel de Ville de Montréal.

Un autre baromètre auquel des gens comme Fernand ou Jean Gérin-Lajoie accordent beaucoup de crédibilité est René Lévesque. Ce dernier a été au centre des réformes de la Révolution tranquille. Bien sûr, il a parfois déçu, appuyant par solidarité ministérielle des positions aussi indéfendables que la formule Fulton-Favreau[2]. Mais, après la défaite des libéraux, même s'il demeure député de ce parti à l'Assemblée nationale, Lévesque retrouve sa liberté d'expression. Et il en use de belle façon dans sa chronique heb-domadaire du *Dimanche-Matin*[3]. Fernand n'en manque jamais une. Il y voit le cheminement d'un homme qui s'engage dans une voie définitive sur laquelle il ne sera plus question de faire demi-tour.

De fédéraliste désenchanté, René Lévesque devient peu à peu souverai-niste. Il tente en vain de rallier les libéraux réformistes à sa vision mais, consta-tant l'impossibilité du débat dans ce vieil appareil politique, il quitte le bateau avant qu'on ne l'expulse[4]. Il fonde le Mouvement souveraineté-association

---

1. *Discours inaugural du Président,* 10ᵉ congrès de la FTQ, Montréal, novembre 1967.
2. Du nom des deux commissaires, David Fulton et Guy Favreau, chargés par le gou-vernement fédéral de proposer une formule d'amendement de la Constitution canadienne qui convienne à toutes les provinces. Si leur formule préserve le droit de véto cher au Québec, elle paralyse à l'avance tout changement éventuel réclamé par ce dernier.
3. Journal hebdomadaire fondé en 1954 et publié jusqu'en 1985. René Lévesque y tient une chronique hebdomadaire de 1966 à 1968.
4. Voir Godin, *René Lévesque, héros malgré lui, op. cit.*, p. 299 à 344.

(MSA) en novembre 1967, qui donne naissance au Parti québécois (PQ) en avril 1968, auquel se joint le Ralliement national de Gilles Grégoire. Le RIN de Pierre Bourgault quant à lui décide de se saborder et invite ses membres à se joindre au PQ. Fort de plus de 14 000 membres, le PQ est déjà, en 1968, une force politique attrayante pour les travailleurs et les travailleuses.

Fernand ne se contente pas d'observer la démarche de Lévesque. À l'automne 1967 et au début de 1968, il est invité à mettre la main à la pâte du premier programme politique du PQ. Il siège avec Camille Laurin, Maurice Jobin et Jean-Roch Boivin à l'atelier chargé de définir les positions sociales du parti. Au début, il est un peu agacé par le souci des apparatchiks du Parti, qui souhaitent que le modèle de société proposé n'obéisse à aucune idéologie de droite ou de gauche. Mais, à mesure que les travaux progressent, il est rassuré parce qu'on s'entend assez rapidement sur des mesures inspirées largement de la social-démocratie et des revendications traditionnelles du mouvement syndical.

Cette brève incursion dans les coulisses du parti en formation lui donne un regain d'espoir. Il a senti au contact de ce mouvement la présence d'une formidable énergie. On y voit affluer de partout des personnes de tous âges prêtes à s'investir, fières de le faire et, surtout, confiantes de construire ensemble une grande organisation qui leur appartient. Tout cela est bien loin des longues et stériles querelles idéologiques qui ont finalement eu raison du PSQ. Fernand sort de cette expérience avec le sentiment qu'une vague de fond se forme peu à peu et qu'elle balaiera bientôt le Québec. Il n'adhère pas encore au Parti québécois, mais il a la conviction que la base de la FTQ, composée d'hommes et de femmes de tous les métiers et de toutes les régions du Québec, ne peut être imperméable à ce vent de renouveau. La centrale devra tôt ou tard en prendre la mesure.

Une fièvre communicative

Sa fréquentation intense du SCFP pendant les campagnes d'Hydro-Québec et de Radio-Canada, l'effervescence et le dynamisme qui animent ce syndicat font que, aux yeux de Fernand, la perspective du repli dans son seul syndicat semble bien morne. À titre de vice-président de la FTQ, il participe bien sûr à toutes les mobilisations et activités de la centrale.

Aussi le trouve-t-on, le 28 février 1967, au premier rang de la grande manifestation en appui aux 106 grévistes de *Seven Up* à Mont-Royal (plus connue à l'époque par sa dénomination anglaise, *Town of Mount Royal*). L'appel à manifester est lancé par la FTQ. Il est appuyé par 15 organisations, dont le NPD, le MSA et le RIN, mais aussi par la CSN et la Corporation des instituteurs et institutrices catholiques de la province de Québec (CIC)[1]. Les leaders Robert Cliche, René Lévesque et Pierre Bourgault y sont présents avec des militantEs de leur mouvement respectif. En grève depuis huit mois, les syndiquéEs membres de l'Union internationale des travailleurs des brasseries et liqueurs douces mènent une lutte de reconnaissance syndicale depuis plus de trois ans. Comme dans bien des conflits à l'époque, les briseurs de grève défoncent quotidiennement les lignes de piquetage avec l'aide de la police.

Ce soir-là, dans les rues de Mont-Royal, en plus des organisations politiques officielles, des groupes plus ou moins structurés de jeunes militantEs beaucoup plus turbulentEs tranchent nettement avec les troupes syndicales mobilisées par la FTQ. Fernand est alors à même de mesurer à quel point le mouvement social se transforme au Québec. L'un des agitateurs dans la foule est François-Mario Bachand[2] qui crie dans un haut-parleur : « Regardez autour de vous, derrière les *bay-windows* de *Town of Mount Royal*, les exploiteurs du peuple québécois sont là qui nous regardent! » Bientôt, les fenêtres de résidences bourgeoises de Mont-Royal volent en éclats puis on lance sur les installations de la compagnie des cocktails Molotov. La police disperse la foule à coups de matraque et à l'aide de gaz lacrymogène. Elle arrête plusieurs manifestantEs, dont Pierre-Paul Geoffroy[3]. Le 11 mai suivant, une bombe revendiquée par le FLQ explose à proximité de l'usine.

---

1. Formée en 1945, la Corporation des instituteurs et institutrices catholiques devient la Corporation des enseignants du Québec en 1967. Elle abandonne son statut de corporation en 1972, devient Centrale des enseignants du Québec, puis Centrale de l'enseignement du Québec en 1974 et, enfin, Centrale des syndicats du Québec en 2000.
2. Bachand joint les rangs du FLQ en 1963. Il est emprisonné pendant vingt-deux mois (1963-1965) pour un attentat à la bombe. Il participe à l'organisation de la manifestation McGill Français en 1969, mais est arrêté quelques jours avant. Il s'exile à Cuba puis en France, où il est assassiné le 29 mars 1971. Une hypothèse suggère qu'il a été éliminé par une faction plus radicale du FLQ (émission *Enjeux*, Radio-Canada, 10 mars 1997) ; une autre hypothèse privilégie la thèse d'une intervention de la Gendarmerie royale du Canada, qui aurait supervisé le meurtre de Bachand en infiltrant la Délégation extérieure du FLQ à Alger. Michael McLaughlin, *Last Stop, Paris. The Assassination of François-Mario Bachand and the Death of the FLQ*, Toronto, Vicking, 1998.
3. Geoffroy est acquitté en juin comme les autres manifestantEs arrêtéEs (*La Presse*, 8 juin 1968). Arrêté à nouveau en mars 1969, il est reconnu coupable de plusieurs attentats à la bombe, dont celui de la Bourse de Montréal, le 13 février 1969. Il est condamné à 124 fois à la prison à vie, la peine la plus lourde jamais décernée dans un pays du Commonwealth. Il est libéré sous caution douze ans plus tard, le 15 février 1981.

Fernand constate qu'une fièvre communicative semble rassembler des groupes jusque-là étanches les uns aux autres. Il y a maintenant une convergence entre progressistes et nationalistes, les unEs et les autres semblant se radicaliser. Lui-même est secoué par la violence inattendue de la manifestation contre *Seven Up*. Il constate que Louis Laberge est carrément bouleversé. Entre ses condamnations répétées du terrorisme et ses réflexes de batailleur syndical, le président de la FTQ semble chercher ses repères. Les mois à venir seront encore plus déstabilisants. Fernand l'ignore encore, mais le cheminement accéléré de Louis finira par rapprocher les deux syndicalistes, ce qui semblait impensable auparavant.

Insatisfait de sa situation au SITIPCA, Fernand est à l'affût d'occasions lui permettant de briser son morne quotidien syndical. Il y a bien eu, l'espace d'un moment, au début de cette année 1968, une porte entrouverte du côté de la FTQ. Lors d'une réunion du Bureau de direction, le secrétaire général Gérard Rancourt annonce son intention de se porter candidat à l'un des postes de dirigeantEs permanentEs du CTC, lors du congrès à venir, en mai. Fernand tend l'oreille. Cependant, tout est bien ficelé à l'avance : sans discourir bien longtemps sur le départ de son secrétaire général, Louis Laberge annonce qu'il a trouvé quelqu'un pour assurer l'intérim jusqu'au prochain congrès. Il s'agit de Claude Mérineau, un conseiller permanent du SCFP, auparavant représentant des Ouvriers unis du textile d'Amérique (OUTA), le syndicat alors dirigé par Roger Provost[1]. Fernand connait Mérineau, il le sait méthodique, compétent et de rapport facile. Il n'a donc pas de raison de s'opposer à cette nomination.

De toute façon, il ne se voit pas accéder à la direction de la FTQ dans des circonstances semblables. Il n'est d'ailleurs plus certain de pouvoir ou simplement de vouloir former une équipe avec Louis Laberge. Son insensibilité par rapport aux débats sur la langue et à la question nationale les oppose trop. Fernand a aussi encore en mémoire le soutien de Laberge à Rancourt, en 1965, alors qu'il croyait son appui acquis. Placé à nouveau devant le fait accompli, avec l'arrivée de Mérineau, Fernand constate n'avoir jamais fait partie des plans de Louis Laberge.

---

1. Claude Mérineau a été embauché par Provost en 1952, lorsque ce dernier prend la succession de Madeleine Parent et Kent Rowley chez les OUTA. Il y reste jusqu'en 1958, alors qu'il est embauché par les Teamsters avec lesquels il travaille jusqu'en 1961. De 1961 à 1965, il passe à l'Union internationale des boulangers et confiseurs, revient chez les OUTA de 1965 à 1967, participe à la campagne du SCFP à Hydro-Québec, pour être ensuite embauché au SCFP où il devient conseiller des syndicats d'Hydro-Québec. À la fin de son bref séjour au secrétariat général de la FTQ, il sera sous-ministre adjoint au ministère du Travail. Après sa retraite du ministère, il est nommé arbitre de grief pendant plusieurs années. Il est décédé en février 2012.

Le renforcement de la FTQ

Il doit admettre cependant que, depuis quelque temps, les relations quotidiennes avec Laberge sont correctes. Ils se sont retrouvés à maintes reprises sur les mêmes tribunes, lors des grandes assemblées à Hydro-Québec. Ils y faisaient figure de véritables alliés, sinon de coéquipiers. Tout se passe assez bien également au Bureau de direction de la centrale, où les discussions sont franches. Mis à part la question nationale et le statut de la langue française, ils s'entendent relativement bien sur les grandes orientations. Ainsi, la FTQ a décidé, sans grand débat, d'entreprendre des négociations avec la CSN et la CEQ en vue de signer un pacte de non-maraudage. Un accord de principe est même conclu en mars 1968[1]. Plus important encore, sur l'enjeu prioritaire du renforcement de la FTQ, il y a maintenant unanimité au Bureau. Laberge en fait même son cheval de bataille.

En 1966, le CTC crée une commission sur les statuts et les structures, où Gérard Rancourt représente la FTQ. En janvier 1967, la centrale présente un mémoire[2] dans lequel elle ne réclame rien de moins que la fermeture du bureau du CTC au Québec et le transfert de l'ensemble de ses responsabilités à la FTQ. Elle y qualifie de « parallélisme structurel » l'action du CTC sur les territoires provinciaux. Elle réclame donc que les fédérations provinciales assument désormais le service aux Conseils du travail et aux locaux chartrés[3] de même que la coordination de l'éducation syndicale et des grandes campagnes de recrutement. La FTQ demande enfin que le CTC octroie aux fédérations le droit de chartrer les Conseils du travail et des conseils de métiers ou industriels[4].

Dans le mémoire, on précise que la FTQ fait « la lutte à une centrale rivale (la CSN) qui dispose de revenus douze fois plus élevés » que les siens. On soutient que « le CTC devrait exiger que toutes les unions soient tenues de s'affilier à leur fédération et à leur Conseil du travail respectif ». On prône aussi une hausse de la cotisation de dix cents par membre à être redistribuée aux fédérations selon une formule de péréquation. La nouveauté de ce mémoire : on y réclame ces mesures pour l'ensemble des fédérations pro-

---

1. Cet accord, encore non approuvé par les instances de chacune des centrales, va provoquer un affrontement majeur avec le CTC.
2. *Mémoire de la Fédération des travailleurs du Québec à la commission du CTC sur la constitution et les structures*, Montréal, 25 janvier 1967.
3. Sur les locaux chartrés, voir Leclerc, *op. cit.*, p. 136-138.
4. Par exemple, le Conseil provincial du Québec des métiers de la construction détient alors une charte du *Building Trade Department de l'AFL-CIO,* plutôt qu'une reconnaissance par la FTQ..

vinciales dont la taille le permet. La philosophie qui sous-tend le mémoire est que le renforcement du CTC passe par sa décentralisation. La FTQ ne revendique donc plus un statut particulier comme elle l'avait fait au congrès du CTC en 1966.

Fernand sait que ces enjeux majeurs, qu'il défend lui-même depuis longtemps, feront l'objet d'un débat au prochain congrès du CTC. Déjà, les dirigeantes québécoises des syndicats fourbissent leurs armes tout en s'efforçant de sensibiliser les directions canadiennes afin qu'elles appuient les revendications de la FTQ. Fernand sait cependant qu'il n'obtiendra que très peu de soutien de la part de son propre syndicat, le SITIPCA et, en tout cas, pas de la part de son directeur Neil Reimer!

Chapitre 5

À la direction du SCFP (1968)

AU PRINTEMPS DE 1968, un appel de son ami d'enfance, André Thibaudeau, vient lui ouvrir de nouveaux horizons :

– Il est temps de faire un *moove* mon grand! L'arrivée des nouveaux membres de Radio-Canada permet au SCFP d'ouvrir un poste de coordonnateur et de négociateur du secteur radiotélévision à Montréal. Stan Little me l'a confirmé. T'es l'homme de la situation.
– Es-tu sérieux? Un poste à plein temps?
– Ça c'est déjà dans le sac! Quand j'ai mentionné ton nom à Stan, il a dit : « *Your best choice!* » Ton engagement pendant les campagnes de recrutement à Hydro-Québec et à Radio-Canada t'a donné beaucoup de visibilité dans la boîte. Les membres vont t'accueillir à bras ouverts. Toute l'équipe des permanents du SCFP au Québec est d'accord. Ils te considèrent déjà comme un des leurs.

Cette invitation réjouit Fernand. Sa fréquentation des militantEs de ce syndicat dynamique l'a beaucoup stimulé. Bien sûr, il a développé de solides amitiés dans son Syndicat du pétrole et de la chimie et, instinctivement, il éprouve plus d'empathie à l'égard des travailleurs et des travailleuses d'usine qu'envers ceux et celles du secteur public. Il a pourtant appris en les côtoyant à estimer les militantEs jeunes et dynamiques qui animent le SCFP. D'ailleurs, au sein de la FTQ, ce syndicat devient un joueur majeur dont l'influence est de plus en plus reconnue. Fernand a un attachement sentimental pour l'une des organisations fondatrices de ce syndicat, la section locale 301, qui regroupe les cols bleus de la Ville de Montréal. Il a une affection et une admiration particulières pour l'un de ses dirigeants historiques, Léo Lebrun[1].

---

1. Sur Léo Lebrun, voir Leclerc, *op. cit.*, p. 138-139.

Sa seule réticence réside dans l'abandon de son poste de vice-président de la FTQ qu'entraîne nécessairement son passage au SCFP. En effet, si les sièges de dirigeantEs éluEs de la centrale ne sont pas réservés à des syndicats spécifiques[1], une entente tacite veut qu'on essaie d'équilibrer la provenance des candidatEs, de manière à assurer une représentation équitable des différents secteurs professionnels. Il ne serait pas acceptable que deux vice-présidents proviennent du même syndicat. Entendant son ami réfléchir à haute voix sur cette réalité, Thibaudeau, mystérieux, marmonne :

— Si c'est juste ça ton problème, y a des chances que tu te morfondes pas trop longtemps...
— Qu'est-ce que tu veux dire ?
— Je vais t'en reparler bientôt. Pour l'instant, c'est OK pour le poste ?
— Tu me prends un peu de court, faut au moins que j'en parle avec Ghyslaine, avec les gars du syndicat, avec Jacqueline Lavoie... Je pense que ce sera oui... Il faudrait aussi que je donne un préavis à Reimer. On est en avril, disons que je pourrais entrer en fonction en juin.
— C'est tiguidou, mon grand !

Comme l'entourage de Fernand, Ghyslaine est emballée par cette nouvelle. Ils l'ont tous soutenu dans ses tentatives d'accéder à la direction permanente de la FTQ. Claude Ducharme, qui lui voue une grande admiration, l'encourage fortement à accepter ce défi qu'il dit être à sa mesure. Jacqueline Lavoie, quant à elle, est un peu attristée de le voir partir. Ils ont développé une telle complicité pendant toutes ces années, d'abord au CTC, puis au SITIPCA. Mais elle est d'accord avec Claude : pour elle, Fernand est sous-estimé et sous-utilisé dans son syndicat. Elle, qui a des amies à Radio-Canada, le taquine gentiment : « Il était à peu près temps que tu rejoignes ton fan-club, le grand ! Depuis ton passage, c'est plein de filles pâmées qui menacent de se suicider dans cette boîte-là ! »

Dès le lendemain matin, Fernand écrit au directeur canadien du SITIPCA. Il annonce qu'il quitte son poste de directeur québécois le 1er juin.

Les événements se précipitent

Quelques jours plus tard, alors qu'il n'est toujours pas entré en fonction, les événements se précipitent. Fernand comprend alors pourquoi son ami avait cet air mystérieux le jour où il a sollicité ses services. André le croise

---

1. Ils le deviendront en 1993, lorsque les statuts de la FTQ seront amendés pour prévoir que tout syndicat comptant plus de 8 000 membres peut désigner un vice-président qui le représente au Bureau de direction de la centrale.

dans le corridor et, à sa manière chaleureuse et enveloppante, il lui met la main sur l'épaule et l'entraîne dans son bureau en lui disant : « Faut que je te parle, mon grand. »

Fernand se demande ce qui se passe. Pourquoi ne lui parle-t-il pas tout de suite ? « Y a-t-il quelque chose de changé concernant l'offre que tu m'as faite ? »

Thibaudeau tire lentement une bouffée de sa pipe et, affichant un petit sourire bizarre, il finit par se lancer dans une de ces explications alambiquées dont il a le secret : « Ça marche plus ! En fait, ça marche toujours, mais pas comme je t'ai dit. Tu pourrais venir au SCFP, mais ça serait pas le même poste, en fait, ça serait mieux… »

Mi-amusé mi-agacé, Fernand s'impatiente :

— Ben voyons, explique-toi clairement. Qu'est-ce qui marche et qu'est-ce qui marche pas ?

— Tu sais que j'ai passé plusieurs examens en cardiologie. Le médecin dit qu'il faut que j'arrête, autrement il me donne pas deux ans à vivre… Puis là, ça tombe bien, je pourrais avoir un poste de professeur aux HEC. Ça fait qu'au lieu de prendre la *job* de coordonnateur des syndicats de Radio-Canada, tu pourrais être directeur québécois du SCFP. En tout cas, si tu acceptes, c'est dans le sac. Stan Little est prêt à te nommer et, ici, toute l'équipe des permanents est d'accord.

— Tu me déballes ça tout d'un coup ! T'aurais pu m'en parler avant… C'est plus la même chose.

— Ben oui, c'est la même chose, mais en mieux ! Pis, j'sais pas si tu y as pensé, mais, comme ça, tu pourras rester vice-président de la FTQ.

Fernand n'est pas insensible à cet argument, mais il éprouve tout de même le besoin de réfléchir.

— Réfléchis si tu veux, le grand, mais pour nous autres, c'est tout décidé !

Directeur du SCFP

Ainsi, en quelques jours, Fernand passe d'une petite déprime causée par la perspective d'un repli sur son petit syndicat à l'excitation d'un nouveau défi professionnel à Radio-Canada, puis à l'appréhension de se retrouver du jour au lendemain directeur de l'un des plus grands syndicats de la FTQ.

Tout va très vite ensuite. Fernand est invité par Thibaudeau à une réunion des conseillers québécois du SCFP. La rencontre, qui est cordiale, confirme à Fernand qu'il est le bienvenu à la direction du syndicat. Thibaudeau et les membres de l'équipe permanente révisent avec Fernand les défis auxquels fait face ce syndicat, en passe de devenir le plus important de la FTQ. Les Jacques Brûlé, André Asselin, Roger Laramée et compagnie le font un peu marcher. Dans le style qui lui est propre, Asselin le met en garde : « Tu vas voir que ça brasse en crisse icitte mon grand ! J'sais pas si tu vas être capable de nous suivre. » Brûlé en rajoute : « Va falloir que t'apprennes à sacrer, si tu veux que les cols bleus te comprennent. »

Fernand sort gonflé à bloc de cette réunion. Il sait qu'il est entouré de permanentEs débordant de dynamisme. Des gars fiers et deux filles fières[1] de vivre quotidiennement l'essor d'un grand syndicat. Les défis à venir sont d'ailleurs nombreux. Outre les grandes négociations en préparation à Hydro-Québec, à Radio-Canada et dans le secteur hospitalier, le SCFP entreprend de grandes campagnes de recrutement auprès des employéEs de soutien de l'Université Laval et de l'Université de Montréal. Il poursuit également sa consolidation comme première organisation syndicale du secteur municipal.

En découdre avec le CTC

Avant d'entrer en fonction au SCFP, Fernand est mobilisé par la crise des relations de la FTQ avec le CTC. La 7e Assemblée statutaire de la centrale canadienne doit s'ouvrir dans quelques jours à Toronto (mai 1968) et les esprits s'échauffent. Louis Laberge vient d'ailleurs de faire parvenir sa démission comme membre du Conseil exécutif du CTC. Comme lui, les membres du bureau de la FTQ estiment avoir reçu une véritable gifle du CTC lorsque son président par intérim[2] a interdit à la centrale québécoise de négocier un pacte de non-maraudage avec la CSN et la CEQ.

Dans des termes cassants et peu fraternels, Donald MacDonald a en effet rappelé à la FTQ qu'elle n'est qu'un *subordinate body*[3]. La FTQ a beau avoir renforcé ses statuts pour y affirmer son autonomie politique en 1965, cette autonomie n'a jamais été reconnue par la « maison-mère » canadienne. Au congrès du CTC, à Winnipeg, en 1966, les propositions de transfert de res-

---

1. À cette l'époque, on compte une seule conseillère dans l'équipe, la responsable de l'éducation, Nicole Leclerc. Sa sœur, Marcelle, rédige le journal *Le Réseau* à titre de contractuelle. Au moment de l'arrivée de Fernand, les permanents du SCFP sont André Asselin, Jacques Brûlé, Jean-Claude Dion, Yvon Forest, Normand Fraser, Maurice Gaulin, Michel Grant, Marcel Laplante, Roger Laramée, Gilles Lépine, Gilles Pelland, Jean Savoie et Pierre Valois. Claude Ducharme et André Leclerc s'ajoutent à l'équipe peu après l'arrivée de Fernand.
2. Victime d'une embolie en 1967, devenu invalide, Claude Jodoin a été remplacé à la présidence par le secrétaire-trésorier Donald MacDonald.
3. Organisme subordonné. Statutairement, la FTQ est l'une des fédérations provinciales du CTC.

ponsabilités mises de l'avant par la FTQ n'ont même pas été discutées. Le président, Claude Jodoin, proposa à la place la mise sur pied d'une Commission des statuts et des structures, qui ferait rapport au congrès suivant en 1968.

Jean Gérin-Lajoie ne cachait pas son amertume, lançant en direction du président de la centrale : « Si le Congrès du travail du Canada considérait un peu moins la Fédération des travailleurs du Québec comme une centrale rivale, les choses iraient mieux. » Fernand a été outré de cette indifférence manifeste à l'égard de la réalité québécoise. Robert Bouchard[1] des Métallos intervenait à son tour pour critiquer l'exécutif du CTC, qui semblait ignorer le caractère binational du Canada. À sa suite, Fernand avait renchéri en affirmant :

> Le statut binational doit se traduire dans les relations entre la FTQ et le CTC afin qu'on fasse en sorte que la FTQ ne soit pas une fédération comme les autres, qu'elle ait un statut particulier à l'intérieur des structures syndicales de notre pays. Il est bien beau de faire de grands appels à l'unité nationale, de se gargariser dans ce domaine-là, mais tant qu'on n'aura pas le courage d'admettre que le Canada est constitué de deux majorités, que le Canada français constitue une nation et que ces principes-là doivent être traduits sur le plan syndical, on n'aura atteint aucun objectif et on aura à mon sens, dans une certaine mesure, leurré les syndiqués canadiens[2].

Deux ans plus tard, Fernand est heureux de constater que sa frustration est partagée par tous les membres du bureau. Tous semblent déterminés à en découdre avec le CTC. Louis Laberge est catégorique : « La FTQ est prête à aller jusqu'au bout. C'est une lutte à finir[3]. »

Le journaliste de *La Presse*, Jacques Lafrenière, prévoit le pire. Il parle d'une sortie éventuelle des déléguéEs du Québec s'ils sont battus au congrès sur cette question. Il évoque même la suspension ou la mise en tutelle de la FTQ par le CTC. Il affirme qu'en pareil cas, « l'histoire syndicale connaîtrait

---

1. Ancien journaliste à *La Frontière* de Rouyn-Noranda, il rejoint l'équipe des Métallos en 1953. Il est l'un des principaux partisans de Jean Beaudry dans sa lutte contre Jean Gérin-Lajoie à la direction du syndicat en 1965 et 1968. Il devient conseiller permanent de la National Association of Broadcast Employees (NABET) en 1968, puis il prend la direction québécoise du Syndicat des travailleurs canadiens des communications avec lequel il entreprend la syndicalisation des employéEs de Bell Canada. Il est nommé directeur du Service de la santé et de la sécurité du travail de la FTQ, en remplacement d'Émile Boudreau en 1982. Il prend sa retraite dans les années 1990.

2. Congrès du travail du Canada, *Compte rendu des délibérations de la 6e assemblée biennale*, Winnipeg, 25-29 avril 1966, p. 119.

3. Christian Coutlée, *Le Soleil*, 6 mai 1968.

l'une de ses crises les plus pénibles[1] ». Le même journaliste a d'ailleurs publié la semaine précédente une analyse dans laquelle il affirme que les relations entre le CTC et la FTQ se sont « gabonisées[2] ».

La délégation de la FTQ se présente donc à Toronto avec une résolution d'urgence qu'elle espère faire débattre par les déléguéEs. Dans ce texte intitulé *Appel*, la FTQ conteste l'interprétation de la direction du CTC selon laquelle elle n'a pas la compétence juridique nécessaire pour signer le pacte de non-maraudage. La veille du congrès, les trois dirigeants permanents du CTC, Donald MacDonald, William Dodge et Joe Morris, en rajoutent. En conférence de presse, ils soutiennent que la position de la FTQ n'est pas connue de ses propres membres et qu'elle ne représente l'opinion que d'une minorité[3].

Une médiation de dernière heure est entreprise entre la direction du CTC et celle de la FTQ. Elle est menée par des dirigeants de syndicats[4] bien connus de Fernand. Elle porte essentiellement sur la négociation du pacte de non-maraudage. Dans un premier temps, le CTC laisse entendre que ce sont les déléguéEs qui trancheront, d'abord en acceptant ou non de débattre de la résolution d'urgence de la FTQ. Pour cela, il faut un vote des deux tiers des déléguéEs. C'est ce qui se produit dès le premier jour du congrès et la résolution d'urgence de la FTQ sera débattue dès le lendemain.

Entre-temps, la médiation se poursuit et, dans l'après-midi, elle porte ses fruits. L'affrontement est désamorcé. Un compromis honorable prévoit que le CTC et la FTQ négocieront conjointement avec la CSN et la CEQ. La FTQ peut donc retirer sa résolution d'urgence. L'accord conclu entre le CTC et la FTQ est entériné par plus des deux tiers des déléguéEs.

Pour la décentralisation

Cette pomme de discorde écartée, deux autres enjeux majeurs portent cependant les déléguéEs du Québec à fourbir leurs armes. Le premier concerne le rapport de la Commission du CTC sur les statuts et les structures qui a totalement ignoré les demandes de la FTQ. Gérard Rancourt a

1. Jacques Lafrenière, *La Presse*, 6 mai 1968.
2. Il compare ainsi le désaveu de la FTQ par le CTC à celui qu'a subi le gouvernement du Québec de la part du fédéral alors qu'il participait à une conférence internationale sur l'éducation à Libreville, au Gabon, en février 1968.
3. *Le Soleil* et *La Presse*, 6 mai 1968.
4. Bernard Shane de l'Union internationale du vêtement pour dames, Harry Lautman des Travailleurs amalgamés du vêtement d'Amérique, Maurice Silcoff du Syndicat international des chapeliers et Louis-Henri Lorrain de la Fraternité internationale des ouvriers des pâtes et papiers.

dû rédiger un rapport minoritaire et, à la veille du congrès, on craint que ses propositions ne soient exclues du débat.

Si le rapport minoritaire de Rancourt n'est pas débattu en congrès, tout au moins pourra-t-on le faire circuler. Les déléguéEs du Québec devront ensuite s'efforcer de faire battre les propositions centralisatrices ou d'obtenir quelques amendements qui vont dans le sens des revendications de leur centrale.

Les syndicats dits conservateurs ont compris que, sans une FTQ forte, ils sont, à terme, menacés par la CSN ou même par l'un ou l'autre des syndicats du CTC. De leur côté, les syndicats plus progressistes réclament depuis longtemps qu'une FTQ bien enracinée en sol québécois canalise et coordonne, à la manière d'une vraie centrale syndicale, l'action syndicale et politique des syndicats nord-américains et canadiens au Québec. Fernand et ses collègues croient le temps venu de rendre la structure bureaucratique et sclérosée de la centrale canadienne plus adaptée aux défis actuels.

Le second enjeu concerne l'élection à la direction de la centrale. La FTQ n'a pas réussi à convaincre les dirigeantEs du CTC d'appuyer Rancourt, son candidat. L'*establishment* de la centrale canadienne lui préfère Roméo Mathieu, absent depuis quelques années des instances de la FTQ. Les différends sur le pacte de non-maraudage et les velléités autonomistes de la FTQ y sont pour beaucoup. Les dirigeants du CTC ont aussi été indisposés par le ton et le contenu d'une lettre de Rancourt qui leur reproche d'exclure la FTQ de la coordination des Conseils du travail au Québec[1]. La candidature de Rancourt revêt une importance capitale pour la centrale. La FTQ souhaite ainsi faire reconnaître son droit à une représentation au sein de l'équipe de direction du CTC, sinon statutairement, tout au moins dans les faits.

La session du mercredi doit être entièrement consacrée à l'étude du rapport du comité des statuts. La journée risque d'être longue. Les déléguéEs sont appeléEs à se prononcer sur 35 propositions d'amendements aux statuts proposés par la Commission. Le rapport minoritaire de Rancourt n'étant pas soumis à la discussion, les déléguéEs du Québec se préparent à intervenir lorsqu'on étudiera la 32ᵉ proposition, qui traite des rapports du CTC avec les fédérations provinciales et les Conseils du travail. La recommandation retenue par le comité se limite à inciter le CTC à « améliorer ses rapports avec les fédérations et les Conseils... », laissant de côté toute remise en question des responsabilités et des ressources mises à la disposition de ces organismes.

---

1. Lettre de Rancourt à MacDonald, datée du 1ᵉʳ décembre 1967, et réponse de ce dernier, datée du 27 décembre 1967, Fonds du CTC, Archives nationales du Canada, Ottawa.

Éviter le fractionnement

La journée se déroule sans grand affrontement. Les débats, généralement ternes, sont un peu plus animés lorsqu'ils touchent à des questions comme les champs de compétence des syndicats, les fusions que le CTC est invité à encourager plus fermement, l'arbitrage des luttes entre syndicats affiliés. Les syndicats nord-américains sont toujours vigilants lorsque leur autonomie risque d'être remise en cause, même indirectement. Fernand, comme la plupart des déléguéEs québécoisES, est d'accord avec toutes les mesures qui vont dans le sens d'une réduction des structures concurrentes. Robert Bouchard, du Syndicat des métallos, intervient longuement pour dénoncer les effets néfastes du fractionnement du mouvement syndical en une multitude de petits syndicats concurrents. Une autre mesure positive pour Fernand assure une représentation des fédérations provinciales au sein du Conseil exécutif du CTC. Ça ne changera pas grand-chose pour la FTQ, qui y détient déjà un siège, mais cela va dans le bon sens.

Avant le débat fatidique sur les relations entre le CTC et ses fédérations vient la question de l'affiliation obligatoire aux fédérations provinciales et aux Conseils du travail. C'est une revendication chère à la FTQ. Sur cette question, le comité des statuts propose un compromis : incapable de franchir le pas de l'obligation, il recommande que les syndicats membres du Congrès exigent désormais de leurs sections locales qu'elles s'affilient aux fédérations et aux Conseils, plutôt que de se limiter à faire pression sur elles, comme le stipulent jusque-là les statuts. Les représentantEs de plusieurs syndicats sont outréEs de cette nouvelle fermeté du CTC et voient là une atteinte à leur autonomie, qui est sacrée, et soutiennent qu'elle est inapplicable. Les esprits s'échauffent, le débat dégénère. Louis Laberge prend la parole et rappelle que la FTQ va plus loin dans ses demandes ; il juge néanmoins que, compte tenu des difficultés d'application que cela créerait dans certains syndicats, le compromis proposé par le comité semble acceptable.

Tout de suite après son intervention, on met fin au débat. Bill Dodge, qui préside l'assemblée, s'apprête à prendre le vote quand quelqu'un propose que chaque délégué se lève pour signifier son choix. Un vote « assislevé » en jargon syndical. Dodge met cette proposition aux voix. Il estime qu'elle est rejetée. Des cris de protestation se font entendre. Dans la confusion, il prend tout de même le vote sur la recommandation et il la déclare adoptée. La salle explose. Les cris et les injures fusent de toute part. Quelqu'un propose qu'on reprenne le vote de façon nominale[1]. Déconte-

---

1. Procédure exceptionnelle où chaque délégué doit voter l'un après l'autre. Il s'agit

nancé, Dodge accepte de soumettre la procédure aux voix. Des déléguéEs protestent bruyamment. Mais avant qu'il ne prenne le vote, le secrétaire du comité intervient. Il dit vouloir éviter les divisions et suggère de ramener le sujet controversé en comité, de rediscuter de la proposition et de la représenter le lendemain matin. Des protestations s'élèvent à nouveau. Bill Dodge tente de calmer le jeu et propose d'accepter la suggestion. Il tente de prendre le vote là-dessus, mais quelqu'un suggère à nouveau un vote nominal, ce à quoi il semble consentir. Mais un autre délégué suggère plutôt un vote « assis-levé » et il acquiesce encore. C'est finalement la formule retenue et, malgré l'opposition bruyante, la recommandation du comité recueille plus des deux tiers des appuis.

Rancourt lyrique

Ce n'est finalement qu'en toute fin d'après-midi, à cinq heures moins dix, que la résolution concernant les relations entre le CTC et ses fédérations est soumise à la discussion. Sachant les esprits encore survoltés, Louis Laberge tente en vain de faire reporter le débat en soirée. Bill Dodge l'ignore. Pendant la présentation de la proposition, la majorité des micros est déjà occupée par des déléguéEs du Québec. Fernand est du nombre. C'est Rancourt qui intervient le premier. Lui, que Fernand a toujours jugé terne et réservé, étonne par son ardeur. Qualifiant de centralisatrice la proposition du comité, il admet que la sienne peut paraître extrême. Il appelle donc les déléguéEs au compromis :

> Je demande aux dirigeants du Congrès et aux délégués d'envisager la question dans le même esprit de compréhension, de collaboration, d'unité et de sérieux que celui dont ils ont fait preuve mardi matin lorsqu'il s'est agi d'étudier la question de la CSN.

Puis, il devient lyrique :

> Comment expliquer ce froid subit, surtout en un aussi beau jour de printemps ? [...] Nous redoutons tous le changement, mais le monde dans lequel nous vivons évolue et l'important n'est pas de suivre le courant, mais de prendre nos destinées en main. Nous devons reconquérir les avant-postes du progrès et de la réforme socio-économique. Ouvrons les fenêtres de notre parlement syndical ! Il faut que l'air y circule. Quelques-uns contracteront peut-être le rhume, mais d'autres verront s'ouvrir de nouveaux horizons[1].

---

d'un mode de votation très long qu'on utilise lors de votes très contestés, quand il est impossible de départager les voix à vue de nez.

1. *Compte rendu des délibérations de la 7ᵉ Assemblée statutaire du Congrès du travail du Canada*, Toronto, 6 au 10 mai 1968.

Fernand est amusé et un peu fasciné par ces propos qui tranchent avec le style plutôt fonctionnaire et quasi « Frère du Sacré-Cœur » de Rancourt. Il n'est cependant pas convaincu que cette prose poétique va convertir aux thèses québécoises beaucoup de sceptiques anglophones. Pourtant, contre toute attente, les déléguéEs probablement agréablement surprisES par la modération de ce discours, qui appelle au compromis, applaudissent avec enthousiasme. Fernand se dit qu'après tout, les syndicalistes du reste du Canada sont probablement plus ouverts aux revendications du Québec qu'il ne l'avait cru.

Le vice-président Joe Morris, qui est aussi président du comité des statuts, répond à Rancourt que le changement ne l'effraie pas. La preuve : les fédérations seront toutes représentées au Conseil exécutif, où elles compteront pour le tiers des membres. Il vante la souplesse des nouvelles structures et invite les récalcitrants à faire confiance au Conseil exécutif pour améliorer les relations du CTC avec ses fédérations.

Louis Laberge suit au micro et précise qu'il est conscient que les revendications de la FTQ ratissent large. Il propose de les ramener aux deux seules responsabilités de l'éducation et de l'encadrement des conseils du travail. Fernand a le sentiment qu'il jette trop vite l'éponge, mais sait qu'il est peu probable qu'on obtienne davantage lors de ce congrès. Toutes les consultations effectuées par les déléguéEs auprès de leurs collègues du reste du Canada indiquent que bien peu comprennent le bien-fondé des revendications de la FTQ. Les déléguéEs qui leur sont sympathiques ne semblent pas disposéEs à monter au créneau pour les appuyer. De toute façon, le temps court. Après l'intervention de Laberge, le président d'assemblée suspend les travaux jusqu'à dix-neuf heures en promettant aux déléguéEs en attente aux micros de les reconnaître[1] en soirée.

MacDonald le dur

À l'ouverture, c'est Donald MacDonald qui préside l'assemblée. Fernand sait que ce Néo-Écossais est beaucoup moins sympathique aux revendications du Québec que ne l'est le Montréalais Bill Dodge. Il est aussi beaucoup plus expéditif dans sa gestion des débats. Il est peu probable qu'on assiste à nouveau au cafouillage de la fin d'après-midi quand le pauvre Bill ne savait plus où donner de la tête.

D'entrée de jeu, MacDonald propose une procédure inhabituelle. Plus d'une vingtaine d'orateurs et d'oratrices attendent aux micros. Constatant sans doute que les déléguéEs québécoisES en ont le quasi-monopole, il suggère

---

1. Dans le jargon syndical, le président d'assemblée dit reconnaître les déléguéEs, lorsqu'à l'ouverture d'une session ou à sa reprise, les déléguéEs reprennent la place qu'ils occupaient au microphone au moment de l'ajournement.

d'attribuer la moitié des micros aux opposantEs à la recommandation du Comité et l'autre moitié à ceux qui veulent l'appuyer. Pris au dépourvu, les ténors de la FTQ n'ont pas le temps de réagir. La proposition de MacDonald est appuyée. Les déléguéEs en faveur de la recommandation du comité sont si peu nombreux que l'un des micros des « pour » demeure libre. Aussitôt, quelqu'un propose qu'il soit dévolu aux déléguéEs neutres ou à l'éventuel proposeur de la question préalable[1]. Le président MacDonald accepte sur le champ.

Les discussions reprennent. Le premier intervenant est André Plante, de l'Association internationale des pompiers. Il affirme : « Les fédérations devraient constituer en quelque sorte le Congrès du travail du Canada dans leurs territoires respectifs[2]. »

Suit André Thibaudeau qui soutient que l'enjeu n'est pas la question des pouvoirs, mais celle de l'efficacité. Il parle des ratés occasionnés par le dédoublement des structures notamment dans le domaine de l'éducation syndicale. Lui qui vient de traverser les campagnes épiques d'Hydro-Québec et de Radio-Canada, il évoque la concurrence de la CSN :

> Nous sommes les seuls à coexister avec un organisme syndical qui compte 200 000 membres et qui offre une très forte protection à ceux-ci, grâce à un régime parfaitement coordonné. Au Québec, nous ne voulons qu'une chose : qu'on nous confie les responsabilités qu'il importe que nous assumions, puisque nous sommes en mesure de coordonner nos efforts et d'éviter les pertes de temps[3].

Le président de la Fédération des travailleurs de Colombie-Britannique se dit irrité par le rapport minoritaire de Rancourt, selon lequel les vues de la FTQ seraient partagées par d'autres fédérations, dont la sienne. Il se dit satisfait de la recommandation du comité des statuts. Il affirme avoir « foi en un organisme central fort » et dit avoir confiance dans la commission des statuts qui poursuivra sa tâche.

Vient le tour de Fernand. Rappelant l'accord de compromis survenu la veille au sujet de la négociation d'un pacte de non-maraudage avec la CSN et la CEQ, il affirme sur un ton solennel :

---

1. Dans les procédures d'assemblées, la question préalable est une invitation à clore les débats. Si le président le juge à propos, il peut la soumettre au vote des déléguéEs. Si elle est adoptée, personne ne peut désormais intervenir et la proposition jusque-là débattue est soumise au vote.
2. *Compte rendu des délibérations de la 7e assemblée statutaire du Congrès du travail du Canada*, Toronto, 6 au 10 mai 1968.
3. *Ibid.*

Monsieur le président, je suis d'avis que nous avons écrit une page d'histoire du syndicalisme. Un affrontement entre la FTQ et le CTC, qui aurait pu être désastreux pour la survivance même du syndicalisme au Canada, s'est terminé au mieux grâce sans doute au tact des médiateurs [...] et grâce à la largeur de vue des délégués, à leur maturité et à leur très grande compréhension des réalités syndicales au Canada. J'espère que le même climat régnera au cours de la présente discussion. La FTQ n'a pas d'autres ambitions que d'être au service des travailleurs syndiqués du Québec. Ne nous prêtez pas de sombres visées ; ne nous accusez pas de favoriser le séparatisme syndical. Ce que nous désirons, c'est édifier un syndicalisme puissant au Canada et dans la province de Québec, avec l'appui de tous les syndicalistes du pays[1].

Comme pour son ami Thibaudeau, c'est au nom de l'efficacité qu'il réclame de nouvelles responsabilités pour la FTQ. Lui qui a été président du comité d'éducation de sa centrale depuis sa fondation, il rappelle que les militantEs de la FTQ étaient invitéEs à définir des orientations en matière d'éducation syndicale et des politiques, mais que les militantEs n'avaient pas leur mot à dire sur les programmes mis en œuvre. Il termine par une mise en garde : « Telle est la réalité syndicale et telle est la réalité canadienne. Si l'on perd cette réalité de vue, il se produira éventuellement une confrontation malheureuse entre le CTC et la FTQ[2]. »

Un débat avorté

À la suite de Fernand, le directeur canadien des Métallos, William Mahoney, affirme qu'à la lumière du rapport du comité, on voit bien que le CTC « s'efforce d'assurer une liaison plus étroite entre les fédérations et lui-même ». Il fustige les propositions du rapport minoritaire de Rancourt :

On semble croire qu'en morcelant le présent Congrès en dix, il deviendra plus efficace. [...] Dieu sait que ce n'est pas là ce que nous avons cherché à instaurer au pays en consacrant toute notre vie au syndicalisme. J'exhorte les délégués à souscrire au rapport du comité[3].

Fernand, qui était retourné s'asseoir avec la délégation de son syndicat, est soufflé par de tels propos. Il se remet immédiatement en file derrière les nombreux collègues québécois pour rétablir les faits. Il s'y prépare quand il entend un délégué anglophone poser la question préalable. Fernand dit à Émile Boudreau qui le précède : « C'est pas possible ! Le débat vient de commencer... »

Émile n'a pas le temps de répliquer que MacDonald dit d'une voix forte : « Un délégué a posé la question préalable avec l'appui d'un autre. Êtes-vous

1. *Ibid.*
2. *Ibid.*
3. *Ibid.*

prêt à vous prononcer ? Que ceux qui sont pour, veuillent bien lever la main droite. Ceux qui sont contre[1] ? »

D'un ton sec, ponctué du traditionnel coup de marteau, il crie : « La motion est adoptée. »

Le débat, lui, a avorté.

« *Welcome in our great and kind Canada* », murmure Émile à Fernand en regagnant sa place. Il reste une vingtaine d'orateurs aux micros des opposantEs à la motion et deux ou trois qui l'appuient. Personne n'a vu venir cette jambette. La plupart restent bouche bée, les bras ballants. Il est à peine vingt heures. Le débat aura duré moins de trente minutes. Les QuébécoisES se lèvent et protestent bruyamment. Un délégué des Métallos crie : « Si c'est ça votre sorte de démocratie, nous allons nous en construire une tout seuls[2] ! »

Laberge est furieux. D'un bond, il s'amène au micro et pose la question de privilège[3]. Il reproche à MacDonald d'avoir mis fin abruptement aux débats et laisse tomber amèrement : « Vous feriez bien, je pense, de signer une carte d'adhésion à l'un des syndicats d'employés de chemins de fer[4]. »

MacDonald, peu impressionné, lui rappelle que « l'amertume est mauvaise conseillère ». Il soutient que l'assemblée a décidé de réserver le micro numéro six à ceux et celles qui n'étaient ni pour ni contre la proposition, ou aux déléguéEs souhaitant poser la question préalable[5]. Pour lui, l'incident est clos. La FTQ repassera avec son quémandage capricieux…

Menaces de désaffiliation

Le journaliste du quotidien *Le Devoir* mesure l'ampleur de la défaite : « Ahuris, blêmes, les dirigeants de la FTQ ont quitté précipitamment le *Queen Élizabeth Building* pour tenir un caucus d'urgence à leur hôtel. » Dans les corridors, plusieurs déléguéEs affirment qu'ils quitteront le CTC. Louis Laberge dénonce « l'inconséquence et la stupidité » de certainEs dirigeantEs « qui ont modifié les règles du jeu au milieu d'un débat ». Il affirme :

---

1. *Ibid.*
2. Gilles Gariépy, *Le Devoir*, le 9 mai 1968.
3. La question de privilège est une demande de droit de parole alors que le débat est terminé.
4. *Compte rendu des délibérations de la 7ᵉ Assemblée statutaire…, op. cit.*, Laberge fait allusion à l'expression anglaise « *to railroad* », que les QuébécoisES ont francisée par l'expression « *railroader* », un anglicisme fréquemment employé à l'époque pour désigner l'action de faire pression, bousculer, imposer de force une décision.
5. À la lecture du procès-verbal, on constate que le président a bien pris le vote au sujet de la division des micros entre les pour et les contre, mais n'a pas fait de même pour l'octroi d'un micro aux neutres et à la question préalable.

« Nous acceptons que notre point de vue soit démocratiquement refusé par la majorité au cours d'un congrès syndical ; nous n'acceptons pas qu'on ait utilisé un rouleau compresseur pour empêcher les délégués de s'exprimer[1]. »

Le caucus des déléguéEs québécoisES est finalement reporté au jeudi matin. Le Syndicat des postiers du Canada annonce qu'il fera circuler au Congrès une protestation écrite contre les manœuvres de procédure de la veille. Dans cette pétition, on demande la réouverture des débats. Peu de déléguéEs évoquent encore une désaffiliation du CTC. Laberge, qui a recueilli la veille l'appui de tout le Bureau de direction de la FTQ, croit qu'il faut tourner la page, tout au moins d'ici la fin du présent congrès : « On a encore une *job* à faire. Il faut faire élire Gérard Rancourt à la vice-présidence du CTC. Avec un allié solide à l'intérieur de la boîte, nous arriverons peut-être à obtenir par des accords administratifs ce qu'on nous refuse en congrès[2]. »

Finalement les esprits se calment et la majorité se rallie. Les déléguéEs québécoisES suivent distraitement le reste des débats et interviennent très peu. Louis Laberge fait exception pour donner son appui à la résolution qui dénonce le Bill 186[3]. On prépare surtout les élections à la direction de la centrale.

Les déléguéEs du Québec font un travail de persuasion intense auprès des collègues anglophones membres de leur syndicat respectif. La côte est longue à remonter. Les paroles du directeur canadien des Métallos, William Mahoney, ont frappé les esprits au Canada anglais. Personne ne veut que le CTC soit morcelé en dix entités provinciales. Les déléguéEs québécoisES expliquent patiemment que la FTQ ne veut pas se séparer du CTC, mais assumer, en son nom, des responsabilités accrues. D'ailleurs, soulignent ces déléguéEs à leurs collègues, mise à part la candidature de Roméo Mathieu, la délégation du Québec appuie en bloc toutes les autres candidatures figurant sur la *slate*[4] de la direction du CTC. Dans le tract électoral en faveur de Rancourt, on affirme vouloir « contribuer à édifier un mouvement syndical uni au Canada, et non pas le voir déchiré par les dissensions internes. »

Le message semble porter. D'autant que l'attitude autoritaire et intransigeante de MacDonald en a choqué plusieurs, même parmi les moins sympathiques à la FTQ. Plusieurs ont envie de lui donner une leçon. Tellement que, pendant un moment, le bruit court qu'on pourrait lui opposer Laberge

---

1. Gilles Gariépy, *Le Devoir*, 10 mai 1968.
2. Propos reconstitués à partir des souvenirs de Fernand Daoust.
3. Ce projet de loi prévoyait de scinder des unités pancanadiennes de négociation. Le projet, qui n'avait pas été adopté avant les élections fédérales, risquait de refaire surface si les libéraux étaient réélus.
4. Liste officielle ou officieuse de candidats qui forment équipe lors d'une élection.

à la présidence! Ce dernier dément formellement la rumeur, affirmant sans rire : « Non, je ne veux pas la présidence du CTC, au cas où je serais tenté d'agir ensuite comme M. MacDonald[1]. »

De son côté, Fernand déclare au journaliste du *Devoir* : « Au fond, toute la question est de savoir s'il revient au reste du pays ou à l'*establishment* du CTC de désigner "l'homme du Québec" au sommet du Congrès, ou bien si, au contraire, cet homme doit émerger des forces québécoises elles-mêmes[2]. »

Fernand a la conviction que l'élection du candidat de la FTQ créera un précédent décisif dans les relations entre le CTC et sa fédération provinciale. Il doute toutefois que Rancourt, une fois élu, parvienne à convaincre ses collègues de la direction de transférer à la succursale québécoise l'une ou l'autre des responsabilités qu'elle réclame, et encore moins des ressources financières substantielles. Il sait qu'il faudra revenir à la charge. Il entend profiter de son nouveau poste de directeur québécois du SCFP pour faire la promotion de ces transferts dans le reste du Canada.

Au dernier jour du congrès, les déléguéEs du Québec sont généralement optimistes. Fernand parle à Stan Little, directeur canadien de son nouveau syndicat, le SCFP, qui lui confirme qu'une bonne partie de cette importante délégation appuiera le candidat Rancourt. Les choses sont plus difficiles chez les Métallos ontariens, tentés de se ranger derrière leur directeur canadien. Mais les Bouchard, Boudreau et Gérin-Lajoie les travaillent au corps, sachant exploiter machiavéliquement les dissensions qui sévissent dans ce syndicat au Canada anglais.

L'homme de la FTQ élu

Vient le moment de l'élection. Donald MacDonald et William Dodge sont élus respectivement président et trésorier par acclamation. Puis on procède à l'élection des deux vice-présidents exécutifs. Comme prévu, Joe Morris, Gérard Rancourt et Roméo Mathieu sont sur les rangs. Au moment où Laberge met Rancourt en candidature, une ovation éclate dans plusieurs coins de la salle. Fernand en conclut que le soutien à Rancourt ne provient pas des seulEs déléguéEs québécoisEs. En comparaison, la candidature de Mathieu provoque quelques applaudissements timides et des sifflements. Le résultat du vote est à l'avenant : Morris est élu et Rancourt l'emporte sur Mathieu, récoltant 362 voix de plus que lui.

Cette victoire met du baume sur les plaies des militantEs de la FTQ. Mieux, un regain d'espoir et d'enthousiasme traverse toute la délégation. Rancourt jubile à la sortie de la salle du congrès : « L'unité du CTC à

---

1. Gariépy, *op. cit.*
2. *Ibid.*

l'échelle du Canada est une chose possible, mais elle ne doit pas être confondue avec l'uniformité[1]. »

Laberge martèle : « Nous avions des revendications importantes et nous les maintiendrons. Nous n'attendrons pas deux ans pour revenir là-dessus. La discussion va se poursuivre maintenant[2]. »

Fernand n'est pas totalement gagné par l'euphorie de ses camarades. Il aimerait bien partager l'espoir de Laberge qui croit qu'avec « notre loup dans la bergerie », la FTQ pourra faire des gains significatifs dans un avenir rapproché. Toutefois, Rancourt risque de se sentir bien seul dans l'équipe dirigeante. Il aura, bien sûr, la collaboration bienveillante de l'autre Québécois, Bill Dodge, mais il ne faut pas s'attendre à ce que ce dernier monte aux barricades pour défendre les revendications de la FTQ. Quant à MacDonald et Morris, Fernand les sait carrément hostiles à tout changement.

---

1. *Ibid.*
2. *Ibid.*

Chapitre 6

L'ébullition sociale (1968-1969)

A U DÉBUT de juin 1968, Fernand prend la direction du SCFP. Il y arrive enthousiaste, mais conscient que de grands défis l'attendent. Plusieurs négociations importantes sont en cours ou sur le point de démarrer. Il sait que de grands dossiers vont mobiliser une partie de l'équipe et qu'il devra lui-même mettre la main à la pâte. Les nouveaux membres à Radio-Canada se préparent à négocier leur première convention collective depuis leur adhésion au SCFP. Ceux d'Hydro-Québec s'engageront sous peu dans leur deuxième négociation provinciale. Les travailleurs et les travailleuses du secteur de la santé et de l'éducation, où le SCFP a commencé à s'implanter, font face à l'État dans une première grande négociation sectorielle.

C'est d'ailleurs en prévision de la formation d'un front commun des salariéEs du secteur public que la FTQ s'est engagée dans la négociation d'un protocole de non-maraudage avec la CSN et la CEQ, au grand dam du CTC[1].

En 1968, la planète entière semble en ébullition. Un fort vent de changements attise la flamme. Depuis deux ans, la Révolution culturelle qui bouleverse la Chine[2] fascine beaucoup de jeunes militantEs un peu partout en

---

1. Une fois l'imbroglio dénoué avec le CTC, les négociations ont repris, mais les centrales syndicales ne sont pas arrivées à faire entériner un accord par toutes leurs instances, notamment en raison de conflits intersyndicaux persistants dans le secteur de la construction. Il n'y a donc pas eu de front commun lors des négociations du secteur public en 1969. Le premier grand front commun syndical dans ce secteur sera formé en 1971.

2. Lancée par Mao Zedong en 1965 et mobilisant des millions d'étudiantEs – les gardes rouges –, cette remise en question des mandarins au pouvoir, des élites et de la bureaucratie enthousiasme la jeunesse occidentale, qui ne connaît pas encore les excès et les dérapages auxquels cette révolution donne lieu ; à cette époque, on ignore généralement qu'elle est l'instrument d'une lutte de pouvoir visant à rétablir l'hégémonie du « Grand Timonier ».

Occident. En Tchécoslovaquie, Alexander Dubček[1] brave le maître soviétique et ouvre le Printemps de Prague en adoptant les premières réformes « du socialisme à visage humain[2] ». La contestation de la guerre du Vietnam[3], née sur les campus états-uniens, gagne bientôt toute la planète. En France, cette contestation pacifiste est la bougie d'allumage de la révolte des étudiantEs en mai 1968. Ce mouvement, qui remet en question les valeurs bourgeoises et toutes les formes d'autorité traditionnelles, prend une ampleur inattendue lorsque des millions de travailleurs et de travailleuses se mettent en grève et rejoignent les étudiantEs dans la rue. Pendant que le mouvement hippie du *Peace and love* révolutionne les mœurs, l'assassinat de Martin Luther King[4] radicalise le mouvement d'émancipation des NoirEs donnant une légitimité à des groupes comme les *Black Panthers*. À quelques semaines d'intervalles, Robert Kennedy[5] subit le même sort que le dirigeant pacifiste noir. Espoir et consternation s'entrechoquent.

Trudeau s'invite à la fête

Fernand, qui est resté marqué par la manifestation de *Seven Up*, constate la montée d'une effervescence sociale tangible au Québec. Il a d'ailleurs l'occasion, malgré lui, de se retrouver au cœur de cette agitation. Invité à représenter la FTQ lors du défilé annuel de la Fête nationale, la Saint-Jean-Baptiste, il s'y rend, accompagné de Ghyslaine et de sa fille Josée, qui a maintenant près de onze ans. Ils ont pris place sur la tribune érigée devant la bibliothèque municipale sur la rue Sherbrooke, en face du parc Lafontaine. Devant eux, au premier rang de la tribune, il y a Pierre Elliott Trudeau, le chef du Parti libéral du Canada, qui deviendra premier ministre s'il est élu lors des élections fédérales du lendemain, le 25 juin. Fernand sait que le RIN a appelé les QuébécoisES à manifester contre la présence de celui qui incarne de plus en plus le fédéralisme centralisateur.

La manifestation de protestation des indépendantistes[6] en face de la tribune tourne à l'émeute, lorsque la police à cheval fonce dans la foule et matra-

---

1. Alexander Dubček (1921-1992), est premier secrétaire du Parti communiste tchécoslovaque en 1968.
2. L'expérience tourne court avec l'invasion des chars soviétiques le 21 août 1968.
3. Les États-Unis, agissant d'abord comme conseiller militaire du gouvernement sud-vietnamien à partir de 1961, s'engagent directement dans les combats à partir de 1964. Marginale au départ, l'opposition à l'engagement américain prend de l'ampleur et devient très médiatisée après l'offensive du Têt, menée par l'Armée nord-vietnamienne à partir de février 1968.
4. Tué le 4 avril 1968 à Memphis alors qu'il allait soutenir les éboueurs noirs en grève.
5. Assassiné le 5 juin 1968 alors qu'il venait de remporter les primaires en Californie et qu'il était le candidat favori à l'investiture du Parti démocrate.
6. Sur cette manifestation, lire Nadeau, *Bourgault, op. cit.*, p. 296-301.

que à tout va. Selon le journal *La Presse*, on dénombre 123 blesséEs et 292 arrestations, mais le nombre de blesséEs qui ont fui les lieux est plus considérable. La tactique d'intervention désordonnée des policiers et leur brutalité sont par la suite vertement critiquées de toutes parts. Le *post mortem* policier de cette échauffourée donne lieu, quatre mois plus tard, à la création d'une escouade antiémeute et à la révision des stratégies de contrôle des foules.

Inquiet pour la sécurité de Ghyslaine et de Josée, Fernand tente de les entraîner à l'intérieur de la bibliothèque. Ghyslaine y entre, mais Josée, curieuse, tient à rester dehors. Elle est juchée sur une chaise pour ne rien manquer du spectacle. Debout à ses côtés, Fernand a juste le temps de la déplacer pour lui éviter d'être frappée par une bouteille de Seven UP qui éclate sur le mur de l'immeuble derrière elle. Au même moment, Fernand aperçoit Trudeau qui, toujours assis au premier rang, brave la foule. Il repousse même sèchement les agents de la GRC qui essaient de l'entraîner hors de portée des projectiles. Le Trudeau intellectuel un peu désincarné qu'il a connu dans les sessions d'études de la FUIQ est devenu un politicien frondeur et arrogant. À la veille de son élection, il a tenu à venir trôner sur la tribune d'honneur à l'occasion de la fête nationale. Ce politicien, qui nie ouvertement l'existence de la nation québécoise et qui se dit opposé à toute forme de statut particulier pour le Québec, veut à tout prix montrer au reste du Canada et aux fédéralistes qu'il tient tête aux séparatistes.

Il n'hésite pas à faire preuve de démagogie pour dénigrer les nationalistes. Hué par quelques dizaines de manifestantEs lors d'une assemblée publique à Rouyn-Noranda quelques semaines auparavant, il a affirmé : « Robert Kennedy [...] a été assassiné par des colporteurs de haine comme vous[1]. »

Le 25 juin, le lendemain de sa visite contestée aux célébrations de la Saint-Jean-Baptiste, l'intransigeance de Trudeau à l'endroit des séparatistes est récompensée par une victoire triomphale. La FTQ, une fois encore, s'est mobilisée pour soutenir le NPD dirigé par Robert Cliche. Le leader beauceron a du bagout et les gens boivent ses paroles dans les assemblées publiques. Vingt-cinq syndicalistes de la FTQ sont candidats, dont Gérard Docquier des Métallos, Julien Major du Syndicat du papier, Roland Morin des Travailleurs unis de l'automobile, Georges Saint-Amour de l'Union des employés de service et Mendoza Bellemare[2] du Syndicat du papier.

Fernand, qui a été approché quelques mois plus tôt, a décliné l'offre. Depuis l'aventure du PSQ, le cœur n'y est plus. De plus, malgré la

---

1. *La Presse*, 8 juin 1968.
2. Le père d'Yvon Bellemare, directeur québécois des Travailleurs unis de l'alimentation et du commerce (TUAC) et vice-président de la FTQ au cours des années 1990 et 2000.

sympathie que lui inspirent Robert Cliche et son chef Tommy Douglas, il sent que le NPD ne prend pas en compte la transformation radicale et accélérée du Québec. Il participe tout de même à certaines assemblées électorales où il prend la parole au nom de la centrale. Mais c'est la débandade, le NPD ne récolte que 7,5 % du suffrage populaire, soit moins qu'en 1965 et à peine plus qu'en 1962[1]. Trudeau rafle 53,6 % des votes au Québec et 45,5 % dans l'ensemble du Canada, porté par l'euphorie collective de la *trudeaumanie*.

Contestation à Terre des hommes

Le mouvement étudiant québécois est aussi en état de mobilisation. Avec quelques mois de retard sur les grandes contestations étudiantes qui bouleversent la France, son action culmine en une série de débrayages et d'occupations à l'automne 1968. Bien avant la rentrée scolaire, les dirigeantEs étudiantEs québécoisEs, dont le jeune vice-président de l'Union générale des étudiants du Québec (UGEQ)[2], Claude Charron[3], se mettent en voix en dénonçant la Ville de Montréal.

Fernand, qui n'est au courant de rien, apprend que son nouveau syndicat, le SCFP, est en cause. Au lendemain de l'Exposition universelle de Montréal de 1967, le maire Jean Drapeau veut faire durer le plaisir et il annonce que sa ville municipalise le site et les installations de Terre des hommes[4]. On en fera une exposition permanente, la plupart des pavillons et le parc d'attractions de *La Ronde* rouvrant tous les étés. Cela signifie du coup la création de plusieurs centaines d'emplois saisonniers qu'il faut gérer. Ces salariéEs temporaires sont en très grande majorité des étudiantEs qui occupent les fonctions de guides ou de préposéEs à la surveillance, à la propreté, aux manèges, aux jeux d'adresse, au monorail, à la perception et au contrôle des billets.

Quelques jours après son entrée en fonction, Fernand lit dans les médias les dénonciations de l'UGEQ concernant les conditions précaires des étudiantEs, la gestion arbitraire du personnel, les horaires de travail tronqués et même les comportements sexistes de la direction de Terre des hommes. La

---

1. Le NPD avait récolté 12 % des votes en 1965 et 7,1 % en 1963.
2. Fondée en 1964, l'UGEQ aura une existence très brève. Dès l'année qui suit les événements ici décrits, elle se sabordera. Voir Alexandre Leduc, *UGEQ, centrale syndicale étudiante : l'idéologie syndicale au sein du mouvement étudiant québécois des années 1960*, mémoire de maîtrise, département d'histoire, UQAM, mars 2010.
3. En 1968, le futur député et ministre du Parti québécois partage la vice-présidence de l'UGEQ avec Louise Harel et Gilles Duceppe.
4. C'était le nom donné à l'Exposition universelle de Montréal en 1967 et c'est le nom qu'allait porter l'exposition permanente (de 1968 à 1981).

dénonciation a pour conséquence de faire congédier le responsable du personnel, Jacques Hurtubise[1]. Là où le bât blesse, c'est que les victimes de ces traitements répréhensibles sont syndiquées. Chaque semaine, une cotisation syndicale destinée au SCFP est prélevée sur leur chèque de paie.

Fernand se renseigne en vitesse et ce qu'il apprend lui laisse un goût amer. Le SCFP s'est entendu avec le maire Drapeau pour intégrer dans l'unité de négociation des cols bleus de la Ville de Montréal (la section locale 301) touTEs les employéEs temporaires de Terre des hommes. Jusque-là, rien à redire. Mais, pour faciliter l'acceptation par l'employeur de sa requête, le syndicat a accepté que des conditions spéciales s'appliquent à ce groupe. Une lettre d'entente (qui ne compte que dix articles) prévoit que les quelque 2000 employéEs toucheront un salaire horaire de 1,75 dollar, soit à peu près la moitié du salaire moyen des cols bleus syndiqués[2].

Choqué, Fernand tente d'obtenir des explications auprès de son prédécesseur. André Thibaudeau ne semble pas comprendre son indignation[3].

– Voyons le grand, t'as déjà vu neiger… C'est Roger Lampron[4] qui en a passé une vite à Drapeau. Tout le monde s'est retrouvé syndiqué d'une claque.
– Ouais… syndiqué, mais pas couvert par la convention collective!
– Y a une lettre d'entente qui prévoit leurs conditions de travail.
– Tu veux rire… Il paraît que la lettre d'entente enlève tout ce que contient la convention collective, même la clause de grief.
– Non, non, ça c'est la prétention de la ville. La convention s'applique.
– C'est un peu gros, André. Si la Ville agit comme ça, avec le service de contentieux qu'elle a, il doit bien y avoir dans cette entente une ambiguïté qu'elle exploite.
– Les employés de Terre des hommes ont droit au grief. La Ville le reconnaît pas, mais je suis sûr qu'on va gagner en arbitrage. Appelle Roger… Il va t'expliquer.

Fernand comprend alors qu'André Thibaudeau a été mis au courant de l'entente et l'a approuvée. Il se tait un moment pour encaisser le coup.

---

1. *La Presse*, 8 juin 1968.
2. Leur rémunération est cependant supérieure à celle de la plupart des emplois d'été normalement occupés par des étudiantEs. Le salaire minimum, cet été-là, est de 1,05 dollar et va passer à 1,25 dollar en novembre 1968.
3. La conversation qui suit est reconstituée à partir des souvenirs de Fernand.
4. Roger Lampron, président de 1963 à 1972 de la section locale 301, regroupant les cols bleus de la Ville de Montréal. Il avait succédé à Léo Lebrun. Roger Lampron a été l'un des premiers organisateurs du SCFP, notamment dans les campagnes de recrutement dans les compagnies d'électricité privées, puis à Hydro-Québec. Il a été président du Conseil du Québec du SCFP de sa fondation en 1964 jusqu'en 1972.

Thibaudeau mesure sans doute la désapprobation de ce silence. Il reprend sur le ton rassurant que Fernand lui connaît trop bien :

- T'en fais pas mon grand! Les étudiants s'énervent, ils montent aux barricades... C'est la mode, la contestation, par les temps qui courent... Mais ça va passer... Dans quelques semaines, ils retournent aux études... On va gagner leurs griefs, ils seront dédommagés et ils seront très satisfaits de notre travail.
- C'est vraiment tout ce que t'as à me dire?
- Prends pas ça de même, le grand, c'est pas si grave.
- Ouais... Faudrait que je te dise merci, je suppose.

Fernand raccroche, attristé de découvrir son ami aussi désinvolte. Thibaudeau ne semble aucunement gêné que son syndicat ait conclu une telle entente avec l'administration Drapeau. Fernand sait que son ami est un homme de compromis qui ne cherche pas les affrontements.

Fernand se rappelle pourtant que son ami a fait preuve d'une grande détermination et d'une rare constance dans la construction de ce grand et dynamique syndicat qu'est le SCFP. À son arrivée à l'Union nationale des employés des services publics (l'UNESP), qui ne comptait que 400 membres du secteur municipal du Nord-Ouest québécois, Thibaudeau a entraîné avec lui quelque 5 200 membres des locaux chartrés du CTC, dont les 4 000 cols bleus de la Ville de Montréal[1]. Au moment où Fernand en prend la direction, le SCFP compte quelque 20 000 membres. On ne peut pas dire qu'André Thibaudeau a chômé ces dernières huit années. Il a su également obtenir de ce grand syndicat canadien qu'il reconnaisse à son entité québécoise une grande autonomie politique. Celle-ci allait permettre au SCFP de bien s'enraciner au Québec et d'en devenir l'une des plus importantes organisations syndicales.

Thibaudeau, qui n'est pas un homme de conflit, a su s'entourer de militants compétents et batailleurs, qui ont déployé toute la combativité nécessaire à l'occasion des grandes campagnes de recrutement et pendant de durs conflits de travail. Avoir su déléguer, c'est probablement le plus grand mérite de Thibaudeau. Fernand a trop connu de ces dirigeants qui s'adjoignaient des collaborateurs plus faibles qu'eux, de peur qu'ils leur fasse ombrage.

---

1. L'adhésion massive des salariéᴇs d'Hydro-Québec, de Radio-Canada, du secteur hospitalier et le recrutement régulier dans les municipalités et les commissions scolaires expliquent cette progression exceptionnelle du nombre de membres. Voir *Le Réseau*, mai 1968 et Jean Lapierre, *Histoire des Cols bleus regroupés de Montréal, tome I. De ses origines à 1963*, Montréal, Syndicat canadien de la fonction publique, 2008, p. 215.

Cette histoire de Terre des hommes laisse tout de même un souvenir amer à Fernand. Cet événement et quelques autres plus personnels ont contribué à l'éloigner peu à peu de son ami d'enfance. Ils ne seront jamais officiellement en brouille, mais un certain refroidissement de leurs rapports s'installe.

Une culture de contestation

En prenant les rênes du SCFP, Fernand ne s'attend pas à cette tuile de Terre des hommes. Surtout qu'il s'agit d'un conflit syndical hors du commun : voilà un groupe de syndiquéEs temporaires qui réagissent spontanément à l'injustice, sans s'appuyer sur leur organisation syndicale. L'autre élément inhabituel est cette intervention médiatique de l'UGEQ qui s'autoproclame représentante des salariéEs et négocie sur la place publique. Il mesure une fois de plus à quel rythme les mentalités se transforment et à quel point la nouvelle culture de contestation s'éloigne des traditions de luttes ouvrières. Les modes d'action changent rapidement au Québec.

« Les cols bleus » ont du mal à manœuvrer avec le dossier de Terre des hommes. Ils sont carrément débordés par la contestation étudiante. La section locale 301 a pourtant une longue tradition de lutte. Elle n'a jamais été complaisante avec la Ville de Montréal. Au cours des décennies précédentes, son action syndicale s'est appuyée sur sa structure de délégués, l'action de ses comités, la mobilisation de ses membres et sur une convention collective que ses négociateurs se sont efforcés de blinder. Ces syndiqués déploient parfois des moyens de pression pouvant aller jusqu'à la grève, mais ils le font à la suite de l'épuisement des recours normaux. Les raccourcis que prennent les étudiantEs et l'utilisation qu'ils font des médias prennent le syndicat de court.

Installé dans un bureau attenant aux écuries de la police de Montréal, sous le pont Jacques-Cartier, Pierre Gagné, un militant du syndicat est libéré pour la saison estivale et chargé de soutenir les membres affectés à Terre des hommes. Ce n'est que sur place, alors que les dénonciations médiatiques de Claude Charron font les manchettes, qu'il est mis au courant de l'existence de la lettre d'entente régissant les employéEs temporaires.

Il reçoit l'assistance de Michel Grant, un jeune permanent du SCFP, fraîchement sorti de l'université. Grant est plus familiarisé avec la culture étudiante. Quelques mois auparavant, il avait d'ailleurs prévenu Thibaudeau que l'entente qui allait régir les conditions des employéEs temporaires était ambiguë et prêterait probablement à litige.

Fernand fait le point avec Michel Grant et le charge de prendre contact avec les responsables de L'UGEQ. Des rencontres avec le président Paul Bourbeau, les vice-présidents Claude Charron et Michel Sabourin ont lieu au bureau du SCFP. Au début, le ton est agressif et peu propice à la collaboration. Mais peu à peu, Fernand réussit à convaincre les leaders étudiants que le syndicat n'entend pas se défiler.

Une grande assemblée est même convoquée conjointement par l'UGEQ et le SCFP. Fernand s'y présente accompagné du permanent du SCFP affecté au service de cette section locale, Jacques Brûlé, de Pierre Gagné et de Michel Grant. Ce dernier se souvient de l'atmosphère survoltée de l'assemblée : « Les leaders étudiants occupaient la scène, nous prenions place sur la première rangée, dans la salle. Pendant un bon moment, nous avions l'impression d'être sur le banc des accusés[1]. »

Finalement, l'intervention ferme de Fernand, qui s'engage au nom du SCFP à tout faire pour que les droits des syndiquéEs étudiantEs soient respectés, calme le jeu. Peu à peu, les leaders étudiants découvrent qu'ils n'ont pas affaire à un vieux syndicat américain, mais à un syndicat dynamique, bien inséré dans la réalité québécoise.

Démobilisation et grief

Michel Grant devant s'absenter pour cause de voyage de noces et devant être ensuite affecté à la préparation des négociations à Hydro-Québec, Fernand cherche une personne capable de reprendre la situation en main à Terre des hommes.

Il procède à l'embauche d'un jeune conseiller[2]. Compte tenu de l'intransigeance de l'administration municipale, il le charge d'explorer les moyens de pression à mettre en œuvre. Il lui fait comprendre que même un débrayage illégal serait soutenu par le syndicat.

Malheureusement, cette intervention arrive trop tard : les syndiquéEs les plus contestataires ont déjà quitté le travail pour profiter de quelques semaines de vacances avant la reprise de leur session d'étude… Toute mobilisation semble impossible. On tente donc de régler à l'amiable, mais sans grand succès. Seules quelques plaintes concernant des erreurs sur les fiches de paye ou des mesures disciplinaires jugées injustifiées donnent lieu à quelques correctifs de la part de la direction.

Quelques semaines plus tard, le 16 octobre, le syndicat dépose un grief collectif concernant l'interprétation de la lettre d'entente. L'arbitre attitré de la convention collective des cols bleus, Me Victor Melançon, entend la cause. Pendant l'audition, la Ville prétend que les conditions prévues à la

---

1. Entrevue avec Michel Grant, septembre 2013.
2. Il s'agit de l'auteur, qui a été recommandé à Fernand par Philippe Vaillancourt. À l'issue de son mandat, il se voit offrir le poste de responsable des communications du SCFP-Québec, assumant notamment la rédaction du journal *Le Réseau*.

convention collective des cols bleus ne s'appliquent pas aux employéEs temporaires de Terre des hommes et que l'annexe de deux pages est leur seul contrat de travail.

Pourtant la Ville doit reconnaître qu'elle ne s'est pas opposée à l'extension de l'accréditation syndicale des cols bleus, ce qui a pour effet d'englober les employéEs temporaires de Terre des hommes. Elle a ensuite signé la fameuse annexe à la convention collective qui, à l'article 2, affirme : « À moins de stipulations contraires, les clauses de la convention collective [...] s'appliquent aux employés couverts par la présente annexe. » Or, les seules stipulations contraires de l'annexe ne concernent que les salaires et les clauses d'ancienneté. Elles n'excluent donc en rien les avantages sociaux ou la clause de grief de la convention collective.

L'arbitre accueille donc le grief du syndicat et ordonne à la Ville de verser aux employéEs léséEs tous les bénéfices prévus par la convention collective. En avril 1969, quelques semaines après la sentence arbitrale, la situation est clarifiée pour de bon par la signature d'un accord particulier pour les salariéEs de Terre des hommes. On y trouve des jours de congé, une clause concernant le travail en temps supplémentaire, un boni de 5 % qui s'ajoute au 4 % pour les vacances et une clause de grief formelle.

Un vice-président incontournable

Fraîchement arrivé à la direction de l'un des plus importants syndicats de la FTQ, Fernand voit en même temps s'accentuer le poids politique de son poste de vice-président de la FTQ. Il est de plus en plus sollicité pour représenter la FTQ sur diverses tribunes. Il est déjà considéré par les médias comme une personnalité syndicale, et son assise au SCFP fait de lui un vice-président incontournable.

En septembre 1968, le Conseil provincial du Québec des métiers de la construction (CPQMC)[1] organise une manifestation à laquelle la FTQ convoque tous ses affiliés. Le SCFP y est bien représenté, notamment par plusieurs dizaines de cols bleus de la Ville de Montréal, par des syndiquéEs d'Hydro-Québec et par la majorité des permanentEs du syndicat. Fernand, pas très familier avec le milieu de la construction, est tout de même aux premiers rangs de la manifestation avec Louis Laberge et les autres vice-présidents de la centrale. La marche est longue, des bureaux de la Commission des relations de travail au centre-ville jusqu'au parc Maisonneuve. Plus de

---

1. Le CPQMC regroupe alors toutes les sections québécoises des syndicats de métiers de la construction membres de l'AFL-CIO aux États-Unis, du CTC au Canada et de la FTQ au Québec. Roger Perreault en est le directeur. Il sera remplacé par André Desjardins lorsqu'il deviendra le premier directeur de la Commission de l'industrie de la construction créée en vertu de la Loi 290.

10 000 travailleurs de la construction et militantᴇs de la FTQ sont dans la rue et défilent sous la pluie battante.

Cette manifestation est le point fort de la campagne que mènent les syndicats de la construction-FTQ pour l'obtention d'une réforme de la législation du travail dans leur secteur. Pour réduire les tensions et les affrontements intersyndicaux qui opposent la main-d'œuvre régionale, majoritairement membre de la CSN, et les travailleurs des métiers mécaniques[1] affiliés à la FTQ, la centrale réclame des dispositions législatives spécifiques au secteur de la construction. Le gouvernement de l'Union nationale a promis de régler le problème. Le ministre du Travail est Maurice Bellemare. C'est un ancien membre d'un syndicat des chemins de fer et un ami de Louis Laberge. Il a déposé un projet de loi qui satisfait en partie la FTQ, mais qui remet en cause les bureaux de placement syndicaux. La manifestation a été convoquée pour hâter l'adoption d'une loi qui garantirait ce droit syndical. La Loi 290[2] est finalement adoptée quelques mois plus tard, en décembre 1969. Cette législation, unique en Amérique du Nord, prévoit la syndicalisation obligatoire, la négociation provinciale et la pluralité syndicale partout au Québec[3].

Le débat linguistique

Le débat sur la langue passionne particulièrement Fernand. Saint-Léonard vient d'exploser. En septembre 1968, voulant éviter que leur école[4] ne devienne anglaise, les élèves francophones se barricadent à l'intérieur. Le Mouvement d'intégration scolaire (MIS) les appuie et s'oppose ainsi à une partie de la communauté italienne de cette ville de l'est de Montréal. Se prévalant du libre choix de la langue d'enseignement, cette communauté réclame le droit de faire éduquer ses enfants en anglais. Le MIS tient une assemblée publique où une bagarre éclate, faisant des blesséᴇs, dont le président du mouvement, Raymond Lemieux. Au moins deux autres altercations ont lieu dans les rues de Saint-Léonard et, à nouveau, plusieurs

---

1. On nommait « métiers » mécaniques certains métiers spécialisés comme ceux des électriciens, des plombiers, des mécaniciens de chantier et quelques autres, alors qu'on classait les manœuvres, les menuisiers, les plâtriers parmi les métiers généraux.
2. Loi des relations de travail dans l'industrie de la construction du Québec.
3. Jusque-là, les syndicats tentent de s'imposer sur les chantiers et, lorsqu'ils dégagent une majorité suffisante, ils négocient des conditions de travail qu'ils font promulguer sous forme de décret régissant tous les chantiers d'une région donnée. Il existe quatorze décrets régionaux au Québec, avec tout ce que cela engendre de disparités.
4. L'école Aimé-Renaud. La Commission des écoles catholiques de Montréal (CÉCM), qui avait, dans un premier temps, voulu faire du français la seule langue d'enseignement à Saint-Léonard, s'est ravisée devant le lobby italien et a annoncé que l'anglais sera la langue d'enseignement de cette école.

dizaines de personnes sont blessées. Le Québec s'émeut de ces affrontements qui prennent l'allure d'un conflit ethnique.

Fernand est de ceux qui rappellent que ce qu'entraîne ce libre choix des parents, c'est l'assimilation accélérée des immigrantEs à la minorité anglophone du Québec. C'est aussi la régression irréversible de la majorité francophone. Dans les grandes et moyennes entreprises, il est impossible, si l'on est francophone, de gravir les échelons sans être parfaitement bilingue. De leur côté, les unilingues anglaisES sont confortablement installéES à tous les niveaux supérieurs d'emplois. Très peu de francophones, même bilingues, parviennent à des postes de cadres intermédiaires. C'est pourquoi de plus en plus de QuébécoisES francophones choisissent d'envoyer leurs enfants à l'école anglaise.

Fernand soutient qu'il est urgent que le gouvernement réagisse, qu'il légifère pour protéger et promouvoir le français. Daniel Johnson, malgré sa bravoure nationaliste exprimée dans le manifeste *Égalité ou indépendance*, hésite à garantir les droits linguistiques de la majorité dans une loi. Il semble privilégier les joutes diplomatiques avec Ottawa : il l'a fait lors de la visite historique du Général de Gaulle l'année précédente et, en janvier 1968, en envoyant une forte délégation québécoise, malgré l'opposition d'Ottawa, à une conférence de la Francophonie sur l'éducation à Libreville, au Gabon. Il s'apprête d'ailleurs à faire une visite officielle à Paris où, paraît-il, il sera reçu en grande pompe par le président français[1].

Fernand croit fermement que le bilinguisme mur à mur, imposé aux francophones, mais pas aux anglophones, et le libre choix de la langue d'enseignement engendrent une assimilation irréversible des francophones coincéEs dans une mer anglophone nord-américaine. D'autant plus qu'aucune mesure législative ne contraint ou même n'incite les employeurs à faire du français la langue du travail. À l'exécutif de la FTQ, le débat est bloqué. Seuls Jean Gérin-Lajoie et lui insistent pour que la FTQ adopte une politique linguistique claire. Laberge résiste, invoquant la proportion importante de membres anglophones dans la FTQ[2]. Il rappelle qu'en 1961, la FTQ était déjà allée très loin en revendiquant que le français soit la langue du travail au Québec. Il dit à Fernand et à Gérin-Lajoie :

> Vos amis de la CSN viennent juste de se réveiller en réclamant une législation sur la langue de travail[3]. Même Johnson, qui flirte avec l'indépendance, n'est même

---

1. Pierre Godin, *Daniel Johnson, 1964-1968, op. cit.*, p. 314-333.
2. On parle à l'époque de 20 %, mais il s'agit de l'amalgame des anglophones d'origine britannique, écossaise et irlandaise et de la quasi-totalité des travailleurs et des travailleuses immigrantEs (de l'Italie, de la Grèce et du Portugal), qui s'expriment davantage en anglais qu'en français.
3. La CSN se prononce sur le sujet lors de son congrès de 1968, sept ans après la FTQ.

pas capable d'adopter une position claire sur le statut de la langue. Je le comprends un peu, la langue c'est un facteur de division. Si ce l'est pour le gouvernement du Québec, ce l'est encore plus pour une organisation comme la FTQ[1].

On ne saura jamais si Daniel Johnson aurait eu le courage de faire adopter une politique linguistique digne de ce nom. Il meurt le 28 septembre 1968 et est remplacé par son ancien rival Jean-Jacques Bertrand, un fédéraliste convaincu.

Les étudiantEs remontent aux barricades

En ce début d'automne en 1968, au Québec, les étudiantEs rentrent de vacances et remontent aux barricades, en occupant plusieurs Collèges d'enseignement général et professionnel (cégeps)[2] ainsi que l'Université de Montréal. L'afflux massif et grandissant des élèves du niveau secondaire qui accèdent au niveau collégial entraîne un engorgement des universités. Montréal compte trois universités, dont deux anglophones[3]. Les étudiantEs francophones réclament la création d'une grande université publique, laïque, décentralisée et accessible à touTEs.

Le mouvement, coordonné par l'Union générale des étudiants du Québec (UGEQ), s'est construit en faisant la jonction entre les associations universitaires et les nouvelles organisations syndicales étudiantes dans les cégeps. Cette mobilisation se situe nettement dans la mouvance du Mai-68 français. À l'occasion d'une session d'étude réunissant les militantEs universitaires et cégépienNEs, on invite l'un des leaders du mouvement français, Jacques Sauvageau, vice-président de l'Union nationale des étudiants de France (UNEF). Comme les contestataires françaisES quelques mois plus tôt, les étudiantEs québécoisES confèrent une dimension plus large à leur lutte et tentent de s'allier aux militantEs des groupes populaires et des syndicats.

Fernand est appelé à prendre la parole dans différentes réunions étudiantes. Cette atmosphère de contestation festive le captive et l'intrigue à la fois. Il encourage les permanentEs du SCFP à participer à ces *meetings-happening*. L'un de ces événements tenus à l'Université de Montréal est présidé par un

---

1. Propos reconstitués d'après les souvenirs de Fernand.
2. Les cégeps ont été créés à la suite de l'adoption de la Loi 21 en 1967. Inspirés du rapport Parent, ils prennent la relève des collèges classiques privés et des écoles de formation professionnelle. Ils rendent l'enseignement de niveau collégial accessible à touTEs.
3. McGill University et Sir-Georges-Williams University. Cette dernière créée par le YMCA au début du siècle, est invitée par le gouvernement en 1968 à fusionner avec le Loyola College (créé par les jésuites d'abord comme une section du collège Sainte-Marie, puis comme une entité autonome) ; la fusion complétée en 1974 donne naissance à l'Université Concordia.

blond barbu à l'accent français, Henri-François Gautrin[1]. À cette réunion, les permanentEs du SCFP retrouvent leur ancien collègue, « le grand Legendre ». Raymond Legendre avait participé très activement, en tant que conseiller du SCFP aux campagnes de recrutement d'Hydro-Québec et de Radio-Canada. En 1968, il avait joint le Syndicat de la construction de Montréal (CSN), attiré par le radicalisme de Michel Chartrand[2].

Devant les étudiantEs, Legendre intervient de façon articulée et radicale, appelant à l'unification des mouvements étudiant et syndical. Ses propos sont bien accueillis. Les étudiantEs ratissent très large dans leur remise en question. Plusieurs sont d'avis que syndicats et étudiantEs doivent non seulement abattre le système capitaliste, mais changer fondamentalement les valeurs qui régissent les rapports humains! On entend un slogan repris comme un mantra par plusieurs : « Dialoguer, c'est se faire fourrer! »

Les jeunes militantEs sont rappeléEs à l'ordre par la voix forte de Legendre :

Faut pas tout mêler les *boys*! Nous autres, dans les syndicats, on négocie tous les jours. Ça veut pas dire qu'on se fait fourrer. On est conscient que nos intérêts sont opposés à ceux des *boss*. Mais on essaie de leur arracher le maximum en négociant. C'est comme ça qu'on les affaiblit. Quand viendra le temps, on ne négociera plus, on les congédiera, parce que le peuple sera au pouvoir! Faut savoir faire la différence entre la stratégie et la tactique[3]!

Cette leçon de pragmatisme, qui est d'abord huée, puis écoutée, est finalement applaudie avec enthousiasme par les jeunes militantEs.

McGill français

Quelques mois plus tard, la contestation étudiante, en jonction avec le mouvement indépendantiste et le Mouvement pour l'intégration scolaire, se mobilise pour la grande manifestation : « Opération McGill français[4]. » Les manifestantEs veulent dénoncer l'absurdité du généreux soutien en fonds

---

1. Le futur député libéral a en effet été auparavant contestataire étudiant avant de devenir président du Syndicat des professeurs de l'Université de Montréal et président du NPD-Québec.
2. Florent Audette, directeur général du Syndicat, avait ramené Michel Chartrand à l'action syndicale. Celui-ci avait quitté la CSN quelques années plus tôt pour fonder une imprimerie, les Presses sociales. Il s'était aussi consacré aux activités politiques au sein du Parti social démocratique (PSD), du NPD et du PSQ. Chartrand ne sera resté que quelques mois au Syndicat de la construction puisqu'il devient le président du Conseil central de Montréal en 1968 et occupe ce poste pendant dix ans. Raymond Legendre revient au SCFP dans les années 1970 après avoir fait un court séjour en Afrique, sous mandat du Bureau international du travail (BIT).
3. Propos reconstitués par l'auteur qui participait à cette réunion.
4. 28 mars 1969. Cette manifestation a été mieux connue après coup sous l'appellation de McGill français, l'un des principaux slogans scandés ce soir-là.

publics à cette université fermée à la majorité francophone du Québec. Plusieurs syndicalistes se joignent aux groupes nationalistes et aux étudiantEs
pour dénoncer cette situation inadmissible.

Fernand participe à cette manifestation qui se veut pacifique. Il est
impressionné de voir un tel rassemblement, qui est disparate, mais déterminé,
marcher vers ce symbole par excellence du pouvoir de l'élite anglophone. Lui
qui a vécu l'année précédente les manifestations de *Seven Up* et de la Saint-
Jean-Baptiste, il constate à nouveau que la fébrilité devient une caractéristique
dominante de toutes les manifestations.

Arrivé devant l'Université[1], Fernand est pris dans la tourmente. Le cor-
tège n'a pas fini de défiler que la police commence à disperser la foule.
Lorsque quelques centaines de manifestantEs décident spontanément de
faire un *sit-in*, les policiers interviennent brutalement et commencent à faire
des arrestations. C'est le début du grabuge et de l'émeute. Les pétards et les
cocktails Molotov fusent. La police réplique en tirant des gaz lacrymogènes.
La foule est scindée et refoulée, une moitié à l'est, l'autre à l'ouest. Fernand
se laisse entraîner lentement vers l'est et s'arrête momentanément pour voir
ce qui se passe. Deux grands gaillards en civil passent devant lui en traînant
un manifestant et, arrivés à sa hauteur, lui font un bref salut de la tête, puis
passent leur chemin. Fernand a même l'impression que l'un des deux, qui
sourit, lui fait un clin d'œil. Quand il revient de ses émotions et qu'il aperçoit sa silhouette dans la vitrine d'un magasin, il comprend que ces deux
policiers en civil l'ont pris pour un des leurs. Son allure posée, sa haute
stature et l'imperméable foncé qu'il porte[2] tranchent radicalement avec les
jeans et les chemises à carreaux de la majorité des manifestantEs.

Toute cette agitation étudiante et nationaliste aux allures anarchisantes
a une influence directe sur la création de l'Université du Québec, annoncée
par le gouvernement de Daniel Johnson dès avril 1969.

Réflexions sur le syndicalisme

Pendant cette période, Fernand vit avec fébrilité l'importante vague de
remise en question qui ébranle le Québec. Cette atmosphère de contestation stimule sa réflexion sur l'avenir du syndicalisme québécois. Lui qui,
depuis les années 1950, souhaite ardemment voir le renouvellement et la
dynamisation du mouvement, il sent le temps propice à l'accélération du
changement. Identifié à l'aile la plus progressiste de sa famille syndicale, il

---

1. Sur la rue Sherbrooke, entre les rues University et Peel.
2. Insensible aux modes, Fernand continue de se vêtir de cette façon sobre et quasi
   sévère tout au long de sa carrière syndicale. Près de vingt ans après sa retraite, il se
   présente chaque matin à son bureau du Fonds de solidarité en veston cravate.

sent que le syndicalisme, comme la société québécoise dans sa totalité, est à la croisée des chemins.

Invité à prononcer un discours[1] au congrès du Syndicat des fonctionnaires provinciaux du Québec (SFPQ) affilié à la CSN, il en profite pour exprimer quelques-unes de ses convictions. Sachant entre autres qu'un courant important à l'intérieur de ce syndicat favorise le syndicalisme indépendant[2], il ne cède pas à l'opportunisme en tentant de racoler ces membres potentiels. Il a plutôt des mots très durs à l'égard de cette tendance :

> Isolés, vous risqueriez de verser rapidement dans le syndicalisme de boutique, égoïste et corrupteur, auquel cas la fonction publique aurait probablement tôt fait de se retrouver dans les ornières bien connues du patronage et du favoritisme, dans le marécage de la suspicion et du discrédit populaires[3].

Il consacre l'essentiel de son discours à une critique d'un certain syndicalisme de consommation qui, en retour de leur allégeance, promet « la lune aux travailleurs » plutôt que requérir leur solidarité. Il s'interroge aussi sur la capacité du mouvement syndical à provoquer des changements profonds sans remettre en cause les acquis matériels des travailleurs et des travailleuses :

> Plusieurs prétendent qu'il est impossible de remettre radicalement en question une société tout en y vivant. Je ne le crois pas. C'est bien sûr une entreprise difficile et souvent délicate, mais je la crois nécessaire. À mon sens, c'est la santé de notre société qui en dépend. Il va falloir s'habituer dans ce monde en perpétuel changement, en cette époque de révolution culturelle mondiale, à développer un nouveau sens, celui de la remise en cause, celui de la rénovation profonde et permanente. Il va falloir avoir la révolution facile. [...] Il doit y avoir place chez nous pour le maintien des droits en même temps que pour un changement radical des structures. [...] Un changement voulu par la masse des travailleurs, fait avant tout pour les servir. Il doit y avoir place pour cela chez nous, sinon, nous signons l'échec de la démocratie sur notre petit coin de terre[4].

Quelques semaines plus tard, à l'occasion du congrès du Conseil du Québec du SCFP[5], Fernand fait part de ses réflexions dans son rapport. Il évoque

---

1. *Non au syndicalisme de consommation*, texte de l'allocution prononcée par Fernand Daoust, directeur québécois du SCFP et vice-président de la FTQ, au congrès du SFPQ, à Québec, le 19 mai 1969.
2. Ce courant s'impose d'ailleurs quelques années plus tard, à la suite des négociations du front commun du secteur public en 1972. Les fonctionnaires quittent la CSN et deviennent alors indépendants de toute allégeance à une centrale.
3. *Non au syndicalisme de consommation, op. cit.*
4. *Ibid.*
5. Créé en 1964, le Conseil du Québec du SCFP est l'instance politique québécoise du syndicat. Fernand, directeur québécois désigné du SCFP, est aussi le secrétaire général élu du Conseil.

le climat d'intense remise en question, les grandes manifestations, la contestation étudiante. À nouveau, il parle de la nécessité de dépasser l'action revendicative traditionnelle qu'il qualifie de nécessaire mais d'incomplète. Il réitère l'urgence pour le mouvement syndical de s'investir dans une action politique. Il rappelle que les syndiquéEs de la fonction publique et parapublique partagent le sort commun de l'ensemble des travailleurs et travailleuses :

> Le machiniste de plateau, l'infirmière auxiliaire, l'opérateur de sous-station, l'employé de bureau, le chauffeur de camion appartiennent à la classe ouvrière, à ce groupe socio-économique caractérisé par l'absence de participation aux décisions qui déterminent la politique de l'entreprise et la non-possession des moyens de production. [...] La négociation collective répond à une tâche immédiate et urgente, celle d'obtenir au moins le minimum pour la classe ouvrière. [...] L'action politique suppose la conscience d'appartenir à une classe sociale, la classe ouvrière, et suppose aussi le désir de mener des actions collectives au niveau du pouvoir politique[1].

Lors de ce congrès, comme à celui des fonctionnaires, Fernand déplore que le mouvement syndical québécois soit incapable de former un front uni pour faire face à la politique salariale du gouvernement : « Comment voulez-vous qu'il existe une conscience de classe lorsque les centrales syndicales ne réussissent même pas à s'entendre au niveau des intérêts strictement syndicaux qui se rattachent au milieu de travail[2] ? »

La grève tournante? Non merci!

À la direction du SCFP, Fernand doit suivre sinon mener plusieurs dossiers de négociation importants : à Radio-Canada, dans le réseau hospitalier et à Hydro-Québec. C'est dans ce dernier dossier qu'il s'investit davantage. Les syndiquéEs de la société d'État négocient leur deuxième convention collective. La précédente était la première négociation provinciale de la nouvelle compagnie nationalisée. Elle avait permis de faire passer de vingt-quatre à trois le nombre de conventions collectives régissant les conditions de travail des salariéEs d'Hydro-Québec, membres du SCFP. Le travail avait été colossal et la négociation avait abouti à des moyens de pression innovateurs : plutôt que d'imposer aux citoyens des black-out[3] partiels ou généraux, le syndicat avait choisi d'embêter l'administration de la compagnie en faisant des grèves tournantes, sans préavis, dans les diverses régions.

La tactique astucieuse, inspirée par des expériences syndicales européennes, avait été saluée par la presse comme par les universitaires spécia-

---

1. *Rapport du Secrétaire général du Conseil du Québec (SCFP)*, 7ᵉ congrès du Conseil, Montréal, les 13 et 14 juin 1969.
2. *Ibid.*
3. Coupure de courant électrique.

lisés dans les relations de travail; mais elle avait été source de frustration pour bon nombre de militantEs. Pendant toute la durée du processus de nationalisation, des campagnes de recrutement syndical et des votes d'allégeance, les syndiquéEs d'Hydro-Québec avaient accusé un retard dans la mise à jour de leurs conditions de travail. On a d'abord négocié des conventions collectives provinciales, qui reconnaissaient des droits et des avantages uniformes, effaçant ainsi les disparités régionales. On s'est en même temps efforcé d'améliorer les conditions salariales. Il était évidemment illusoire que les salariéEs effectuent tout le rattrapage désiré en une seule négociation, mais plusieurs estiment qu'ils auraient obtenu davantage de gains en usant de moyens de pression plus radicaux.

En 1969, à la demande des syndicats d'Hydro-Québec, Fernand devient leur négociateur en chef. Lors des premières assemblées générales auxquelles il participe, Fernand fait face à des militantEs très déterminéEs. Les employés de métiers de la station Jarry sont particulièrement agressifs : « En tout cas, venez pas nous proposer des niaiseries comme les grèves tournantes. On va encore faire rire de nous autres. C'est des actions syndicales sérieuses qu'on veut. Un vrai rapport de force, je sais pas si vous comprenez ce que ça veut dire, vous autres dans les unions américaines[1]. »

Fernand ne s'attendait pas à une réception chaleureuse des gars de Jarry, comme on les appelle, mais il est étonné du ton de certaines interventions. Il constate qu'un certain nombre de militantEs qui favorisaient la CSN avant que le SCFP ne l'emporte ne sont toujours pas acquisES au syndicat, trois ans après avoir joint ses rangs. S'ils sont minoritaires à la station Jarry, dans quelques régions du Québec, ils n'ont pas tourné la page. La critique de la grève tournante fait partie de leur argumentation pour convaincre leurs camarades de travail que la CSN aurait mieux fait. Aujourd'hui leur message est clair : « Si la négociation débloque pas, on niaise pas, on tire *la plug*[2] ! »

Les applaudissements et les cris d'approbation qui suivent indiquent à Fernand que le sentiment de frustration et de colère est généralisé. Ce sentiment est partagé par les partisanEs du SCFP, tout autant que par ceux et celles qui ont la nostalgie de la CSN. Il comprend qu'il faut tenir les troupes en état de mobilisation et savoir miser sur ce rapport de force, tout en tentant d'éviter les escalades et les dérapages. Fernand sait que des débrayages

---

1. Intervention reconstituée à partir des souvenirs de Fernand et de ceux de l'auteur, puisqu'il assistait à cette assemblée à titre de responsable des communications du SCFP. Certains militants pro-CSN continuaient de narguer ainsi les représentants du SCFP en assimilant ce syndicat aux syndicats nord-américains; ils imitaient en cela les recruteurs de la CSN qui qualifiaient ainsi leurs adversaires dans leurs tracts pendant les campagnes de recrutement.
2. Propos reconstitués à partir des souvenirs de Fernand et de ceux de l'auteur.

sauvages, tout comme un débrayage général, même légal, entraîneraient automatiquement l'adoption d'une loi spéciale ordonnant le retour au travail.

C'est ce qu'a fait le gouvernement de l'Union nationale contre les enseignants, en février 1967. Non seulement a-t-il suspendu leur droit de grève et leur a-t-il imposé des conditions de travail, mais il a écarté les commissions scolaires des négociations et instauré un régime provincial de négociation collective. L'État employeur devenait un patron coriace.

La négociation entreprise en novembre 1968 progresse à pas de tortue. Outre les questions salariales, une mésentente profonde sur la question de l'évaluation des emplois subsiste depuis les dernières négociations. La direction ne semble nullement prête à faire des pas significatifs au cours de la présente ronde. Le SCFP demande finalement l'intervention d'un conciliateur en août 1969. Le ministère nomme une équipe de trois conciliateurs. La négociation se poursuit péniblement, donnant peu de résultats. Il faut faire rapport périodiquement aux instances du syndicat qui est divisé en trois grandes sections locales provinciales[1], elles-mêmes décentralisées en sections régionales calquées sur les régions administratives d'Hydro-Québec. Les assemblées de l'instance réunissant tous ces dirigeants locaux et nationaux sont souvent houleuses. Plus la négociation traîne, plus le climat est tendu. La très grande majorité des dirigeantEs des syndicats locaux sont de fidèles militantEs du SCFP, mais subissent des pressions très fortes de la part de leur base et les expriment dans ces assemblées.

L'air du temps explosif

Pour Fernand, il n'est pas question d'ignorer cette colère collective. Il souhaite que des moyens d'information exceptionnels soient déployés. Il demande qu'on rédige et distribue largement un bulletin spécial, moins lourd à publier que le journal habituel. Au cours des dernières semaines de négociation, avant l'acquisition du droit de grève, ces bulletins prennent la forme d'un dramatique compte à rebours. Ces bulletins sont illustrés par une photo du siège social d'Hydro victime d'une explosion[2].

La tension monte de quelques crans au cours des heures qui précèdent l'acquisition du droit de grève. Après une intervention de médiation du sous-ministre du Travail, une recommandation de règlement soumise par les conciliateurs est remise aux parties. Le problème de l'évaluation des tâches des

---

1. Les sections locales 1500 (employéEs de métiers), 2000 (employéEs de bureau) et 957 (technicienNEs).
2. Cet attentat graphique, qui serait considéré de très mauvais goût après les événements du 11 septembre 2001, n'a pas suscité d'émois publics à l'époque. Autres temps, autres mœurs.

employéEs de métiers n'y est pas entièrement réglé, mais la proposition prévoit un processus devant mener à la mise en vigueur d'un nouveau plan d'évaluation en juillet 1970[1]. Après analyse, le comité syndical de négociation, tout comme Fernand, juge qu'il s'agit d'un compromis honorable dans les circonstances. TouTEs sont conscientEs que s'il y a débrayage, une loi d'exception tombera dans les heures qui suivent et il y a bien peu d'espoir que les conditions contenues dans la recommandation des conciliateurs soient bonifiées.

Le comité décide d'en recommander l'acceptation aux dirigeantEs des régions et des provinces. Ces syndicalistes rechignent, prédisant une forte contestation sinon un rejet par les membres. Fernand dit qu'on doit simplement bien expliquer le projet de règlement et qu'on vivra avec les conséquences s'il est rejeté. Les dirigeantEs finissent par se rallier, conscientEs qu'on est allé aussi loin que l'on pouvait dans les circonstances.

On tient alors une série d'assemblées générales de ratification à travers la province. Un peu partout, le climat est surchauffé. Surtout à Montréal où, en ce 7 octobre 1969, dans les rues de la métropole, 3 700 policiers et les 2 400 pompiers de la ville sont en grève illégale[2]. Le maire Drapeau fait appel à l'armée et à la Sûreté du Québec pour maintenir l'ordre. Le Mouvement de libération du taxi (MLT) appelle à manifester le soir même contre le monopole de *Murray Hill* sur le transport à l'aéroport de Dorval[3]. Des rumeurs alarmantes veulent que des incendies incontrôlés soient allumés dans les quartiers de l'est de Montréal. Il semble que l'armée et la SQ soient impuissantes à contrôler les vols, les hold-up et les agressions qui se multiplient. Ces événements, comme ceux des manifestations de la Saint-Jean-Baptiste l'année précédente et de McGill français quelques mois plus tôt, sont invoqués pour justifier l'adoption d'un règlement municipal qui interdit les manifestations dans les rues de la ville[4].

---

1. Dumas, « Zones de turbulence... », *op. cit.*, p. 91.
2. Les policiers comme les pompiers se sont fait formellement retirer le droit de grève en 1944. Lorsqu'ils ne parviennent pas à un accord en négociation, leurs conditions de travail sont décrétées par une sentence arbitrale. À quelques jours d'avis, les deux groupes s'étaient vus imposer des conditions qu'ils jugeaient injustes. Il faut dire que, sous l'administration Drapeau, les relations de travail s'étaient détériorées au cours des dernières années, l'employeur ayant notamment obtenu du gouvernement un congé de cotisation au régime de retraite des policiers. La grève des policiers et pompiers fut interrompue par une loi spéciale.
3. Ce soir-là, sur le toit des installations de *Murray Hill*, dans le quartier Griffintown, dans le sud-ouest de Montréal, des gardes armés tirent sur la foule. Au milieu des manifestantEs, un agent de la Sûreté du Québec atteint par balle décède. Personne ne sera accusé pour ce meurtre.
4. Règlement municipal adopté le 12 novembre 1969.

La grève évitée

À l'assemblée des employés de métiers de la région de Montréal, Fernand prend place sur la tribune avec les dirigeants locaux et d'autres membres du comité de négociation. Claude Ducharme, affecté au service des syndicats d'Hydro-Québec, se tient debout dans l'allée latérale au bas de la tribune. Dans cette salle bondée, l'assemblée à peine ouverte, les militants les plus radicaux crient qu'on doit rejeter ces offres et rejoindre les policiers, les pompiers et les manifestantEs dans la rue. « C'est le temps de frapper dur! On va les mettre à genoux! »

Le président des employés de métiers de la région de Montréal, Jean Campeau, une pièce d'homme de plus de six pieds, mais réputé doux et jovial, tente d'apaiser les plus excités : « Laissez parler Fernand. On va prendre le temps qu'il faut, il va vous expliquer l'offre patronale en détail. »

Il n'a pas le temps de finir sa phrase qu'il reçoit un œuf sur l'épaule. Fernand regarde le jaune d'œuf dégouliner sur la veste de Campeau. Ce dernier, qui n'en croit pas ses yeux, reste bouche bée, interloqué. Fernand a du mal à contenir un fou rire nerveux, tout en réalisant que l'atmosphère devient de plus en plus tendue. Les plus bouillants quittent leur siège et marchent vers l'avant de la salle en vociférant. L'un d'eux, qui interpelle Fernand, semble vouloir monter sur la tribune. Il est stoppé net par l'ami fidèle de Fernand, Claude Ducharme. Ce dernier, plus petit d'une tête que le militant enragé, lui fait face, bedaine contre bedaine, les yeux dardés dans les siens. Il lui dit d'un ton ferme : « C'est ici que tu t'arrêtes, bonhomme! »

Mi-inquiet, mi-amusé, Fernand assiste à la scène. Le gueulard reste muet et fige sur place. Puis, il fait demi-tour et regagne sa place. Fernand, qui n'a pas entendu ce que Claude disait au militant enragé, n'en croit pas ses yeux. Le gars avait pourtant l'air sur le point d'éclater et Claude Ducharme, avec sa tête blonde et sa figure poupine, n'a pourtant rien d'un fier-à-bras. À Fernand qui lui demande après l'assemblée s'il n'a pas eu peur devant ce taupin, il répond : « Collés l'un sur l'autre comme nous l'étions, s'il levait les bras, il pouvait difficilement m'atteindre, tandis que moi j'avais le genou prêt à lui écraser les couilles. »

Il n'y a probablement pas de rapport entre cet incident et la suite de l'assemblée, mais un revirement s'opère en douceur. Les plus virulents s'étant vidés de leur agressivité en début d'assemblée, les plus modérés reprennent le dessus, réclamant qu'on poursuive dans le calme et le respect si l'on veut être bien informé. Il appert qu'ils sont très majoritaires et que les plus bruyants ne sont qu'une poignée. Finalement, le projet de règlement est accepté un peu partout au Québec et la grève est évitée.

Chapitre 7

Le vent tourne à la FTQ (1969)

L A PRÉSENCE de l'armée dans les rues de Montréal, à l'occasion de la grève des policiers et des pompiers, a dramatisé la fin des négociations à Hydro-Québec. Avant ces événements, le climat social est déjà exceptionnellement chaud, notamment à cause des revendications populaires sur la langue et les manifestations qu'elles engendrent. Le mouvement syndical, qui n'est pas un corps étranger, mais souvent un reflet accentué de la société, est traversé par l'humeur populaire. Il va donc être interpellé par ce débat de société et devoir se positionner. À la FTQ, comme ailleurs, le vent tourne.

Après Saint-Léonard et McGill français, le gouvernement de l'Union nationale de Jean-Jacques Bertrand ne peut plus assister passivement au débat. Au printemps 1969, il accouche du projet de loi 85 qui semble dicté par le lobby anglophone. Le tollé de protestations publiques que déclenche ce projet de loi, qui officialise le droit au libre choix de la langue d'enseignement, pousse le ministre Jean-Guy Cardinal à le retirer quelques semaines plus tard, en l'absence de son chef malade. Cependant, en octobre, Jean-Jacques Bertrand revient à la charge et présente une nouvelle mouture de projet de loi linguistique : le *Bill 63*. Il s'agit en fait d'une claire confirmation, voire d'une consécration des droits linguistiques de la communauté anglophone, un sauf-conduit pour l'anglicisation des communautés culturelles de toutes origines. Loin de calmer le jeu, le projet de loi Bertrand met le feu aux poudres.

Le Front du Québec français (FQF)[1] est mis sur pied pour conduire l'opposition au projet de loi. Il rallie quelque 250 organismes de toutes origines. Aux premiers rangs, figurent la Société Saint-Jean-Baptiste et la

---

1. Il change ensuite de nom pour devenir le Mouvement Québec français (MQF).

Société nationale des Québécois, le Mouvement d'intégration scolaire, le Parti québécois et les associations étudiantes ; la CEQ adhère rapidement et, à la suite d'un débat houleux en congrès, la CSN se joint aussi au mouvement. Du côté de la FTQ, le SCFP et les Métallos emboîtent le pas, mais la centrale s'abstient. Fernand et Jean Gérin-Lajoie tentent de convaincre leurs collègues du Bureau, mais tous se retranchent derrière la position de neutralité défendue par Louis Laberge.

Son avenir dans la FTQ

C'est dans ce climat, en septembre 1969, que Fernand Daoust entreprend à nouveau une réflexion sur son avenir à la FTQ. Le secrétaire général intérimaire de la centrale, Claude Mérineau, annonce qu'il occupera le nouveau poste de directeur général des relations patronales-ouvrières du ministère du Travail du Québec[1]. Jean Gérin-Lajoie encourage Fernand à se porter candidat au poste de secrétaire général, soutenant que la conjoncture est très bonne. Il est imité en cela par les collègues de Fernand au SCFP, dont Jacques Brûlé :

> On n'a pas envie de te voir partir de chez nous, le grand. Mais on a aussi besoin de toi à la FTQ. Avec tout ce qui se passe au Québec en ce moment, il faut un gars comme toi à la centrale. Ti-Oui[2] est ben bon, mais depuis quelque temps, il a l'air de se chercher. Faut pas attendre qu'un pas bon prenne la place[3] !

Fernand est bien tenté de se lancer, mais saura-t-il composer et travailler avec Louis Laberge ? Leurs positions sur la langue et sur la question nationale sont à des années-lumière les unes des autres. Le président l'a souvent pris comme cible lorsqu'il voulait dénigrer les intellectuels et « les petits bourgeois nationalistes ». Comment surmonter leurs différends au quotidien ?

D'autant plus qu'il ne connaît pas ses intentions. À deux reprises, Laberge lui a fait faux bond. En 1965, alors qu'il croyait avoir son appui, Louis avait sorti Rancourt d'un chapeau, puis, l'année dernière, en 1968, il avait mis tout le monde devant le fait accompli en imposant Mérineau comme successeur de Rancourt. Que prépare-t-il maintenant ? Le directeur des communications de la FTQ, Noël Pérusse, clame sur tous les toits que si

---

1. Louis Laberge a réussi à obtenir cette nomination de la part de son ami, le ministre du Travail Maurice Bellemare. Manière de faire contrepoids à la CSN, dont l'ancien secrétaire général, Robert Sauvé, a été nommé sous-ministre au même ministère. Claude Mérineau devient ensuite sous-ministre adjoint.
2. Contraction de Petit Louis qu'utilisaient un grand nombre de collègues et de militantEs de la FTQ lorsqu'ils parlaient de Louis Laberge.
3. Propos reconstitués à partir des souvenirs de Fernand.

Fernand est candidat, il le sera lui-même. Louis, qui lui doit une bonne partie de sa notoriété publique, ne sera-t-il pas tenté de l'appuyer?

Deux membres du service de la recherche de la FTQ, Jean-Guy Frenette et Yves Dulude[1], rencontrent Fernand à sa maison pour lui arracher une décision. Le premier, que Fernand a connu au PSQ, lorsqu'il y a occupé brièvement le poste de secrétaire, est sociologue et a travaillé au SCFP avant de joindre les rangs de la minuscule équipe de permanentEs de la centrale; le deuxième, un économiste, a été embauché grâce à une entente avec quelques syndicats affiliés qui défraient son salaire.

Contre le réactionnaire cynique

Les deux sont paniqués par la candidature probable de leur collègue Pérusse. Pour eux, l'élection de celui qu'ils qualifient de « réactionnaire cynique et antinationaliste » au poste de secrétaire général serait une catastrophe pour la FTQ. Frenette est particulièrement outré :

> Pérusse dit qu'il va tout faire pour te barrer la route. Tu sais comme nous qu'il a déjà une très mauvaise influence sur Louis. Une fois secrétaire général, il va pas se priver. Il va faire endosser par la FTQ des positions de plus en plus rétrogrades et fédéralistes. Pérusse, c'est un gars qui travaille tout seul dans son coin, sans tenir compte des instances ou des syndicats affiliés. En tout cas, on a prévenu Laberge que, s'il le soutenait, nous allions démissionner[2].

Devant Frenette et Dulude, Fernand s'inquiète de sa capacité éventuelle à s'entendre avec Laberge. Pourraient-ils seulement travailler ensemble? Les deux conseillers se lancent dans une description détaillée du désarroi politique dans lequel se trouve leur président.

– Il continue de fanfaronner contre l'extrême gauche et les séparatistes, mais il sent que le vent tourne. Il se rend compte que la FTQ risque de manquer le bateau s'il reste sur ses positions.

Fernand émet des doutes :

– Vous le dites vous-mêmes, Laberge est très influencé par Pérusse. Il reste convaincu que le nationalisme est une affaire de « petits bourgeois ».

– Ça aussi c'est en train de changer. Le fait qu'il a refusé jusqu'à maintenant de donner un appui officiel à Pérusse indique bien son malaise. Même s'il fait toujours siennes les déclarations antinationalistes qu'il lui prépare, il se rend bien compte que ça ne fait plus l'unanimité. Laberge est un gars

---

1. Yves Dulude a fait partie du personnel de la FTQ de 1968 à 1971. Il a alors été nommé directeur du nouvel Institut de recherche appliquée sur le travail (IRAT), mis sur pied par les centrales syndicales en partenariat avec les universités.
2. Propos reconstitués par Jean-Guy Frenette en entrevue.

d'instinct. Il va aller là où le monde va. Nous autres, on sait que même dans les syndicats les plus conservateurs, les mentalités changent. De plus en plus de militants de la FTQ s'identifient ouvertement au PQ. On le voit dans les Conseils du travail, dans les réunions des comités statutaires de la FTQ, dans les sessions de formation et au Conseil consultatif.

– Oui, c'est le cas des militants les plus actifs et de certains permanents, mais plusieurs syndicats me semblent insensibles sinon hostiles à tout ça. Il paraît que Pérusse a l'appui des syndicats de la construction et de ceux du papier. Les syndicats du vêtement et du textile ne vont certainement pas m'appuyer.

– N'oublies pas que tu pars avec l'appui des Métallos et de ton syndicat, le SCFP. Ton ancien syndicat, le SITIPCA, des syndicats comme ceux des TUA et des Postiers vont t'appuyer aussi. Laberge sait compter. Il va devoir tenir compte de tes soutiens.

Ghyslaine, qui a assisté avec intérêt à l'entretien, se dit convaincue que cette fois-ci est la bonne. Fernand fait une dernière vérification auprès de quelques syndicalistes de son entourage à qui il laisse entendre qu'il sera probablement candidat. À part Pérusse, qui laisse courir la rumeur de sa candidature, personne d'autre ne le fait.

Quelques jours plus tard, Fernand annonce à ses collègues du Bureau de direction qu'il évalue la possibilité de se porter candidat au poste de secrétaire général. À leur réunion du 30 septembre, en l'absence de Fernand, qui est en séance intensive de négociation avec Hydro-Québec, les vice-présidents s'impatientent. Ils adoptent une résolution qui l'exhorte « à faire connaître sa décision avant la fin de la journée de demain[1] ». Louis l'appelle le jour même et lui dit qu'il aura l'appui unanime du Bureau.

C'est finalement à la réunion du 20 octobre, qu'il est désigné secrétaire général intérimaire et qu'on décide de recommander sa candidature au Conseil général, ce qui est fait le 25 octobre.

En désaccord avec Laberge

Devenu secrétaire général intérimaire, Fernand s'oppose toujours à Louis Laberge sur la question de la langue. Le président croit éviter les chicanes en attendant que la poussière retombe et que les esprits se calment. Il soutient que les membres de la FTQ sont indifférentEs à ce débat d'intellectuelLEs. Il déclare aux journalistes : « On ne peut pas dire que ça intéresse la masse des travailleurs[2]. »

---

1. Procès-verbal de la réunion du Bureau de la FTQ, 30 septembre 1969.
2. *La Presse*, 30 octobre 1969. Fournier, *Louis Laberge, op. cit.*, p. 49.

Cette déclaration choque plusieurs militantEs qui le lui font savoir. Laberge est donc obligé de nuancer ses propos dans un communiqué.

En prévision du congrès qui débute le 19 novembre, la FTQ reçoit plusieurs résolutions portant sur la question de la langue. Presque toutes demandent une prise de position ferme de la centrale pour le français langue d'enseignement et même pour sa reconnaissance comme seule langue officielle du Québec. Fernand et Jean Gérin-Lajoie reviennent à la charge au Bureau de direction prédisant qu'on ne pourra pas très longtemps couper court à ce débat. Louis n'en démord pas, il s'objecte fermement à ce que le Bureau se prononce sur la question : « Si nous embarquons là-dedans, c'est la division qui s'installe dans nos rangs. Oubliez pas qu'on a des dizaines de milliers de membres anglophones[1]. »

Fernand lui rappelle qu'une proportion importante de ces membres dits anglophones, sinon la majorité, sont des allophones poussés malgré eux à s'assimiler à la minorité anglophone. Il insiste : « C'est en l'absence d'une politique linguistique adéquate qu'ils font ce choix[2]. »

Les manifestations du Front du Québec français se multiplient et gagnent en importance partout au Québec. Elles culminent dans un rassemblement de protestation réunissant quelque 40 000 manifestantEs devant le Parlement de Québec le 31 octobre 1969.

La veille de cette manifestation, le Bureau de direction de la FTQ débat à nouveau de la question. Appuyé par René Rondou, Fernand réussit à faire accepter par le Bureau que la FTQ présente un mémoire à la Commission Gendron. Mais il ne réussit pas à convaincre ses confrères de condamner le *Bill* 63. En l'absence de Jean Gérin-Lajoie, retenu ailleurs, Fernand doit argumenter seul sur l'importance d'adopter une position linguistique ferme. Louis Laberge convainc facilement ses collègues que la centrale doit s'abstenir, surtout à la veille du congrès qui s'ouvre dans moins de trois semaines. Fernand sait très bien que Louis veut tenter de convaincre les déléguéEs de ne pas se prononcer sur cette question. Déçu, presque découragé, dans un geste exceptionnel au Bureau de direction, il fait inscrire sa dissidence au procès-verbal[3].

Ce n'est que partie remise. Quelques jours plus tard, le 11 novembre, a lieu une réunion conjointe du Bureau avec les présidentEs et les secrétaires des commissions du prochain congrès. Ces militantEs, qui proviennent des syndicats les plus représentatifs de la FTQ, sont d'avis qu'on ne peut pas faire l'économie d'un débat sur la langue. Émile Boudreau, qui préside le

---

1. Propos reconstitués à partir des souvenirs de Fernand.
2. *Ibid.*
3. Procès-verbal de la réunion du Bureau de direction de la FTQ, 30 octobre 1969.

comité des résolutions, est catégorique : « Trop de projets de résolutions envoyés par les affiliés réclament une position claire et ferme. Les délégués n'accepteront pas de rester neutres[1] ! »

Louis Laberge est définitivement ébranlé.

Le président cède

Il finit par céder. Lors d'une réunion éclair qui suit immédiatement la rencontre avec les présidents et les secrétaires des commissions, le Bureau de direction décide de faire préparer des documents sur la question et d'en disposer trois jours plus tard. Toutes les options sont sur la table, de l'unilinguisme intégral au bilinguisme institutionnel.

Le 14 novembre, c'est un Bureau restreint qui se réunit : Louis, Fernand, Saul Linds des Travailleurs amalgamés du vêtement et Jean Gérin-Lajoie. Ce dernier a préparé un texte dont le titre alambiqué, *Tentative préliminaire d'un projet provisoire de document de travail sur la politique de la langue*[2], indique la volonté de son auteur de ne pas bousculer Louis Laberge, tout en ironisant sur sa réticence. Si le titre est précautionneux, le texte, prudent et nuancé dans sa forme, est pourtant limpide dans ses revendications centrales : l'imposition par voie législative du français comme « la langue de travail normale et courante à tous les paliers de l'activité économique au Québec » ; l'abolition du libre choix de la langue d'enseignement. Le projet ne parle cependant ni d'unilinguisme ni du français comme langue officielle du Québec[3].

Après quelques modifications mineures réclamées par le président, le texte est adopté et rebaptisé *Projet de politique linguistique de la FTQ*. Il est décidé de le soumettre au Conseil général, qui précède le congrès, quatre jours plus tard.

La confusion est maintenue

La veille du congrès, le 17 novembre 1969, dans les hôtels et les motels de Québec qui abritent les déléguéEs, la confusion est à son comble concernant la position du président sur la question linguistique. Elle est alimentée par la diffusion d'une édition spéciale du *Monde ouvrier*[4], qui reproduit

---

1. Propos reconstitués à partir des souvenirs de Fernand.
2. Procès-verbal de la réunion du Bureau de la FTQ tenue à Montréal, le 14 novembre 1969.
3. *Ibid.*
4. Cette distribution devancée d'extraits du discours inaugural était inhabituelle. Noël Pérusse, anticipant sans doute une abdication de Laberge devant la pression des nationalistes, a voulu le placer en position de non-retour. En vain. Extraits du *Discours inaugural du président*, 11ᵉ congrès de la FTQ, édition spéciale du *Monde ouvrier*.

des extraits du discours que Louis Laberge doit prononcer à l'ouverture du congrès, le lendemain.

On y lit la réflexion d'un homme qui cherche ses repères. Il affirme que le mouvement syndical québécois...

> faute de réflexion et d'imagination, s'est laissé doubler au plan de la pensée comme de l'action par les animateurs en milieux défavorisés, les contestataires étudiants et enseignants, les journalistes, les hommes politiques et les grands commis de l'État, et même par les terroristes avec leur message désespéré.

Selon lui, la FTQ en serait réduite à jouer « un rôle d'observateur passif et d'arbitre impuissant. [...] Nous sommes en quelque sorte assis entre deux chaises, avec le risque évident de disparaître en dessous de la table ».

Il appelle les déléguéEs à la patience et à la prudence « devant les options d'ordre constitutionnel ou linguistique [...], il est possible que nous devions, pour sauvegarder la solidarité des travailleurs et l'intégrité du mouvement syndical, nous en tenir pour le moment à une attitude de neutralité sur certaines questions trop délicates dans le contexte surchauffé de l'heure ». Neuf paragraphes sur les vingt-huit du discours écrit portent sur les dangers de se prononcer dans le dossier de la langue.

Autre facteur de confusion : avant la réunion du Conseil général, les membres reçoivent deux documents produits par un mystérieux Comité pour une politique linguistique vraiment syndicale et démocratique à la FTQ[1]. Le premier texte rappelle la position traditionnelle de la FTQ sur le français langue de travail ; le deuxième, qui est plus agressif, assimile le projet de politique linguistique de la FTQ à une prise de position en faveur de l'unilinguisme.

Dans le climat de contestation et de méfiance qui sévit relativement à la décision tardive de la direction de la FTQ d'adopter une politique linguistique, les rumeurs les plus folles circulent. Certaines vont jusqu'à accuser le président de duplicité : « C'est Laberge qui est derrière ça. Il a avalé de travers la politique de Gérin-Lajoie et de Daoust. Il s'essaie encore. En semant la confusion, il espère que la politique va être battue[2]. »

« Deux torchons ! »

Pourtant, devant le Conseil général, Louis Laberge réagit très fermement à la suite de la diffusion des documents du comité clandestin. Il se dissocie totalement de ces deux « torchons ». Il affirme que sa position est claire, c'est celle

---

1. Voir *Québec-Presse*, 23 novembre 1969.
2. Propos tenus par Édouard Gagnon, permanent du CTC, la veille du congrès au Motel Aristocrate. Reconstitués à partir des souvenirs de l'auteur.

de la résolution soumise aux membres du Conseil général. Il invite les membres du Conseil à l'adopter et s'engage à la défendre en congrès. De mauvaise humeur, il lâche : « On ne me mettra pas une poignée dans le dos[1] ! »

Dans un court texte intitulé, « L'histoire de la lutte secrète contre le Bill 63 », Gérald Godin, qui couvre le congrès de la FTQ pour l'hebdomadaire *Québec-Presse*, soutient que « ce comité, c'était en fait un seul individu. S'agissait-il de l'un des membres du Conseil ou d'un permanent très près du Conseil ? Nul n'a pu l'affirmer avec certitude[2] ».

Avec certitude, non, mais plusieurs soutiennent avec conviction que ce comité fantôme, c'est Noël Pérusse. Lui qui voit Laberge le lâcher, jette un dernier pavé dans la mare. Le président présente alors la politique linguistique adoptée par le Bureau de direction de la FTQ. Il avoue d'emblée qu'il s'était lui-même d'abord opposé à ouvrir ce débat au congrès, mais qu'il s'est rallié à l'opinion de la majorité des vice-présidents. Le débat s'ouvre et se déroule rondement. Louis Laberge est alors obligé de constater qu'il avait bien mal jaugé son monde. Sans débat acrimonieux, la politique linguistique est adoptée par une très forte majorité des membres (53 contre 2) du Conseil général.

Le lendemain, à l'ouverture du congrès, Louis Laberge précise : « Ce discours inaugural a été préparé avant que nous réussissions à nous entendre sur un projet de résolution que nous vous distribuerons[3]. »

Il livre donc son discours en en biffant une bonne partie. Il dit qu'il appuie la politique linguistique qui sera étudiée par les commissions et débattue en assemblée plénière. Ces corrections de dernière minute apportées au discours ne dissipent pas le climat de méfiance. Certains parlent dramatiquement de « la mort du militantisme à la FTQ[4] ».

La plupart des représentantEs du CTC au Québec[5] stigmatisent Laberge comme l'homme des vieux syndicats de métiers de l'AFL, qu'ils qualifient de rétrogrades. Ces syndicalistes en viennent à oublier que Louis Laberge a beaucoup évolué depuis son accession à la présidence. Il a été de tous les combats les plus durs, à *La Presse*, aux Postes, à *Seven Up*. Il a soutenu le SCFP dans ses campagnes à Hydro-Québec et à Radio-Canada. Chaque

---

1. *Québec-Presse,* 23 novembre, 1969.
2. *Ibid.*
3. *Ibid.*
4. *Ibid.*
5. Ami d'Édouard Gagnon, l'auteur fraie pendant ce congrès avec ses collègues permanents du CTC, Maurice Hébert, André Noël, Jean-Jacques Jauniaux et Yvon Leclerc. La grogne contre Laberge est telle qu'en début de congrès l'équipe québécoise du CTC songe à contester sa présidence en lui opposant la candidature de Jauniaux.

fois, il adoptait le choix des syndiquéEs québécoisES, n'hésitant pas à affronter la direction du CTC. D'ailleurs, face au CTC, n'est-il pas devenu le grand défenseur de l'autonomie de la FTQ ?

La grogne des militantEs

La grogne de plusieurs militantEs contre Louis Laberge demeure vive. Si la plupart des déléguéEs ne vont pas jusqu'à remettre en question son leadership, plusieurs, les Métallos en tête, vont tout de même lui chauffer les oreilles. Le climat est d'autant plus tendu que c'est au beau milieu de la semaine de ce congrès que l'Assemblée nationale doit voter le projet de loi 63. L'obstruction des députés René Lévesque, Antonio Flamand, Jérôme Proulx et Yves Michaud ne peut durer éternellement. À deux reprises, des déléguéEs demandent que le congrès soit ajourné et que tous les congressistes aillent manifester devant le Parlement pour dénoncer cet affront à la nation québécoise.

Chaque fois, le président rappelle que l'ordre du jour du congrès est très chargé : « C'est par la réflexion au congrès que nous allons régler nos problèmes et devenir vraiment efficaces. Pas en manifestant dans la rue[1] ! »

Frustré, Théo Gagné, permanent des Métallos et héros de la grève historique de Murdochville, demande au président : « Est-ce que le sigle FTQ veut dire : "Ferme-toi Québécois"[2] ? »

Contre la volonté du président, une partie de la délégation des Métallos et quelques dizaines de militantEs vont manifester sur la colline parlementaire. Au retour, c'est avec beaucoup d'acrimonie que s'ouvre le débat sur la politique linguistique. La résolution du Bureau et du Conseil général est d'abord soumise à la discussion dans les commissions. Plusieurs déléguéEs dénoncent le fait que la résolution arrive aussi tard ; d'autres lui reprochent sa trop grande prudence, comme sa mise en garde contre « l'imposition trop soudaine ou arbitraire du français » qui « risquerait de briser ou du moins de freiner le dynamisme économique... » CertainEs, plus contestataires, s'opposent au maintien des écoles publiques anglophones. Plusieurs enfin reprochent à ce projet de politique de ne pas prôner clairement l'unilinguisme français au Québec.

Le texte soumis en assemblée plénière n'est renforcé qu'en ce qui concerne les mesures d'accueil des immigrantEs qui devront acquérir une connaissance suffisante du français dès leur arrivée. La plupart des interventions des déléguéEs constituent davantage une critique de la lenteur de la direction de la FTQ à s'engager qu'une opposition sur le fond de la question. Le jeune

1. Godin, *op. cit.*
2. *Ibid.*

permanent des Métallos de la Côte-Nord, Clément Godbout, est cinglant :
« Pendant qu'on votait la loi 63 à l'Assemblée nationale, le président de la
FTQ et ses acolytes se sont cachés[1]. »

Un autre affirme carrément : « Par manque de leadership, une fois de
plus la FTQ a manqué le bateau[2]. »

Théo Gagné n'est pas en reste non plus :

> Le sentiment qui domine ce congrès, c'est la peur. La FTQ arrive trop tard et
> trop prudemment. De plus en plus souvent sur les questions controversées,
> on devrait être à la pointe. Au lieu de cela, on se dissocie de gens qui se sont
> battus pour défendre la démocratie morceau par morceau, par exemple Michel
> Chartrand. Autant à la FTQ qu'à la CSN, il y a trop de leaders qui sont plus
> politiciens que syndicalistes. J'aime mieux un chef syndical qui fait des erreurs
> qu'un chef syndical qui est assis entre deux chaises. Les erreurs ça se pardonne,
> l'inaction ça ne se pardonne pas[3].

Son ami, Antonio Bruno, également un représentant des Métallos en
Abitibi, tient à rappeler : « Lorsqu'on est président d'une centrale syndicale,
il faut agir, pas jouer un rôle d'éteignoir. C'est un Italien qui vous le dit, un
compatriote de ceux de Saint-Léonard. Prenez position pour l'unilinguisme[4]. »

La politique linguistique adoptée

Finalement, au terme d'une journée éprouvante, la plus pénible que
Louis Laberge a eu à subir, dira-t-il plus tard, la résolution est adoptée par
une faible majorité. Peu de voix s'étant élevées pour réclamer le statu quo ou
l'abstention, on présume que ceux qui s'y opposent la voudraient plus radicale. La suite des choses confirme cette interprétation puisque jamais par la
suite on ne remettra ces principes en question. D'ailleurs, on ira un peu plus
loin au congrès suivant, en 1971, en réclamant que le français devienne « la
langue officielle du Québec ».

La politique linguistique adoptée par les déléguéEs préfigure l'esprit et la
lettre de la Loi 101. Elle prévoit :

- L'adoption par voie législative du principe que le français est la langue
  normale du travail et des communications à l'intérieur du Québec ;
- la création d'une régie ayant des pouvoirs d'évaluation, de modification et d'application des programmes de francisation lancés par l'entreprise ou un secteur économique ;

---

1. Fournier, *Louis Laberge, op. cit.*, p. 182.
2. Godin, *op. cit.*
3. Pierre Vennat, *La Presse*, 21 novembre 1969.
4. *Ibid.* Voir aussi Fournier, *Louis Laberge, op. cit.*, p. 183.

- la modification du Code du travail de façon à permettre au syndicat accrédité de choisir la langue de négociation, de rédaction et d'administration de la convention collective ;
- l'élaboration par le gouvernement d'une politique d'accueil afin que les personnes s'établissant au Québec acquièrent dès leur arrivée, la connaissance du français et l'obligation pour tout enfant néo-québécois de s'inscrire à l'école publique francophone ; tout immigrant désirant s'installer au Québec doit être avisé de ces exigences avant son départ ;
- le retrait de la loi 63, dans l'attente d'une véritable politique linguistique globale[1].

Élu par acclamation

La résolution adoptée, l'autre grande affaire est l'élection de Fernand. Noël Pérusse laisse courir la rumeur qu'il est toujours candidat. Il raconte dans son autobiographie[2] que, délaissé par Laberge, il savait qu'il n'avait aucune chance. Ses principaux partisans, Roger Perreault[3] en tête, semblent maintenant le fuir. Mais il éprouve un malin plaisir à laisser planer le doute sur ses intentions réelles. Il dit s'être fait apostropher pendant le congrès par André Asselin, permanent du SCFP. Cet ancien militant du RIN, qui a récemment adhéré au PQ, ne peut pas sentir l'arrogant scribe fédéraliste. Dans un bar où se retrouvent plusieurs déléguéEs, il lui crie :

– Et alors Pérusse, tu as peur de te présenter, hein. Si jamais tu te présentes, mon maudit Pérusse, tu vas prendre la raclée de ta vie. À partir de lundi prochain, c'est nous, c'est moi qui vais te dicter les éditoriaux et les communiqués et tu vas appuyer le PQ et le séparatisme, et René Lévesque. J'ai bien hâte de voir ça.
– Le jour, Asselin, où tu seras en position de faire ça, je ne serai plus là pour prendre ta dictée[4].

Effectivement, Noël Pérusse ne fera pas vieux os à la FTQ. Il quitte au mois de février, quelques mois après le congrès.

Tout comme Louis Laberge, Fernand est finalement élu par acclamation lors du congrès. Pour les militantEs nationalistes, la grogne et la hargne du

1. Extraits du condensé de la résolution. Tiré de Louis Fournier, *Histoire de la FTQ 1965-1992*, Montréal, Québec-Amérique, 1994, p. 50-51.
2. Pérusse, *Mémoires d'un déraciné, op. cit.*, p. 182-189.
3. Le directeur du Conseil provincial du Québec des métiers de la construction (CPQMC), qui va devenir, quelques mois plus tard, le premier directeur de la Commission de l'industrie de la construction, créée à la suite de l'adoption de la Loi 290.
4. Pérusse, *op. cit.*, p. 188-189.

début du congrès font place à l'optimisme. Près de la moitié du Bureau de direction s'identifie maintenant à la tendance incarnée par Fernand. Outre Jean Gérin-Lajoie, lui aussi réélu par acclamation, s'ajoutent maintenant Jacques Brûlé, qui a succédé à Fernand à la direction du SCFP, et Robert Dean, le directeur québécois des TUA. Ce dernier a battu le candidat de la *slate* du Bureau de direction, un vieil ami de Louis Laberge, Aldo Caluori des Machinistes.

Solidarité intersyndicale et action politique

Au cours de ce congrès, les déléguéEs donnent un appui très net au nouvel hebdomadaire populaire *Québec-Presse*. La FTQ est mandatée pour renforcer la solidarité du mouvement syndical en resserrant les liens avec la CSN et la CEQ. Une résolution demande même la tenue d'un référendum sur la fusion des forces syndicales. De façon plus réaliste, la FTQ est mandatée pour organiser des colloques régionaux intersyndicaux sur l'action politique où seront invitéEs également des représentantEs des groupes populaires. La centrale doit aussi créer un poste de responsable de l'action sociale, économique et politique. Lors de ce congrès, enfin, la FTQ s'engage à combattre par tous les moyens le règlement antimanifestation (Règlement 3926) de l'administration Drapeau-Saulnier.

Dans la foulée de cette prise de position, au lendemain du congrès, le 10 décembre, plusieurs militantEs de la FTQ participent à une manifestation de désobéissance civile pour célébrer le 21e anniversaire de la Déclaration universelle des droits de l'homme. La manifestation se déroule devant le Monument national, sur le boulevard Saint-Laurent, à Montréal. Quatre-vingt-quinze personnes (des universitaires, des écrivainEs, des artistes et des syndicalistes) sont arrêtées. Le lendemain matin, le nouveau secrétaire général de la FTQ vient à la Cour municipale payer les cautionnements des militantEs de la FTQ. Ce ne sont pas les seuls pots cassés que Fernand aura à réparer dans le cadre de ses nouvelles fonctions.

Chapitre 8

Les années de plomb (1969-1970)

A u moment où Fernand devient le secrétaire général de la FTQ, le tumulte des mouvements sociaux bat toujours son plein au Québec. Son élection à ce poste, étroitement liée au débat sur la langue, sera associée à ce combat tout au long des années à venir. C'est toute sa vie qui en sera marquée.

Lorsque Fernand, étudiant, vit ses premières expériences de travail l'été, il comprend que la vie, ça se gagne en anglais. Il ressent l'humiliation que subissent les ouvriers et les ouvrières francophones forcéEs de parler anglais au travail. Devenu syndicaliste, il subit personnellement à maintes reprises l'arrogance de négociateurs patronaux unilingues anglais. Il assimile l'imposition de l'anglais aux travailleurs et aux travailleuses québécoisEs à une injustice révoltante, au même titre que leur exposition à des conditions de travail insalubres ou leur rémunération minable.

Puisque la FTQ s'est dotée d'une politique linguistique claire, Fernand se sent mandaté pour porter avec force les revendications des salariéEs qui souhaitent travailler librement et gagner décemment leur vie dans leur langue.

La montée en force du PQ

Dans le paysage politique du Québec de la fin des années 1960, il y a peu à attendre de ce côté de la part des deux partis traditionnels, l'Union nationale et le Parti libéral du Québec. Le débat linguistique avorté autour du projet de loi 63 a illustré clairement leur incurie commune en cette matière.

À la fin de 1969, Fernand assiste à la montée en force du Parti québécois qu'il voit comme un instrument politique susceptible d'infléchir le cours de l'histoire du Québec, tout au moins en ce qui concerne le statut de la langue. S'il ne considère pas le PQ comme un parti des travailleurs et des travailleuses, il le perçoit comme un marchepied vers le progrès social. Après l'expérience décevante du PSQ, Fernand croit qu'il faut sortir de la marginalité. Le PQ semble en voie de devenir un parti populaire. Enfin, ses orientations fondamentales lui apparaissent comme des étapes essentielles, notamment avec la création d'un État souverain de langue française, avec l'instauration au Québec d'une authentique démocratie.

Fernand sait que la FTQ, comme la CSN, est encore réfractaire à l'idée de souveraineté. Pourtant, le courant en faveur de l'indépendance fait son chemin chez les travailleurs et les travailleuses syndiquéEs. Plusieurs militantEs des Métallos, du SCFP, des TUA, du SITIPCA et des métiers de la construction ou encore du Syndicat des débardeurs s'engagent ouvertement en faveur de ce parti. Sans mot d'ordre de la centrale, ils s'investissent spontanément dans le PQ, plusieurs assumant des responsabilités dans les organisations de comtés. Louis Laberge, qui reste en retrait de ce mouvement, n'en décide pas moins de voter pour le Parti de René Lévesque[1].

Fernand n'est pas membre du PQ, mais entretient de bons rapports avec des responsables de ce parti. Quand il devient secrétaire général de la FTQ, Claude Charron, conseiller exécutif du PQ, le félicite aussitôt[2]. Fernand lui répond :

> Je dois moi aussi te féliciter de ton élection au sein du PQ. Je suis sûr que le travail que tu entreprends sur le plan politique est le prolongement de ce rôle d'éveilleur de conscience que tu assumais déjà au moment où tu militais dans le milieu étudiant[3].

Risque de brouille

Quelques semaines auparavant pourtant, l'ouverture progressive de la FTQ à l'endroit du PQ a bien failli être contrée par une divergence majeure entre les deux organisations. En septembre 1969, en effet, le PQ adopte en congrès une politique du travail, qui prévoit que, dans un Québec souverain, les syndicats devraient être authentiquement québécois. Il s'agit là d'une gifle évidente à l'endroit des syndicats nord-américains et canadiens, c'est-à-dire de la totalité des membres de la FTQ. On voit là l'influence de certainEs partisanEs de la CSN qui ont investi le PQ. Émile Boudreau, qui participe à ce congrès, tente en vain de faire battre cette résolution.

---

1. Fournier, *Louis Laberge, op. cit.,* p. 190.
2. Archives personnelles de Fernand Daoust, lettre de Claude Charron à Fernand Daoust, 10 décembre 1969.
3. Archives personnelles de Fernand Daoust, lettre de Fernand Daoust à Claude Charron, 22 décembre 1969.

Quelques jours plus tard, à Trois-Rivières, le Conseil général de la FTQ est saisi de la question et dénonce cette politique. Dans un communiqué cinglant rédigé par Pérusse, on affirme :

> Pas plus que le clergé dans le passé, le PQ ne choisira leurs syndicats pour les travailleurs. [...] Hier, c'était l'Église qui tentait de nous imposer ses syndicats catholiques; demain, c'est le PQ, qui voudrait nous imposer à son tour, par la voie législative, ses syndicats nationaux québécois. [...] Dans un pays libre, ce n'est pas l'État, mais bien les travailleurs qui décident leurs affiliations, leur degré d'autonomie, leur mode de gouvernement et la citoyenneté de leurs dirigeants[1].

Pérusse termine son communiqué en mettant dans la bouche de Laberge cette menace : « Si le parti de René Lévesque persiste à piétiner ainsi les plate-bandes syndicales, nous ne nous gênerons pas pour aller jouer notre partie dans sa cour politique[2]... »

L'émission de ce communiqué comportant une menace de guerre crée une commotion au sein du Bureau. Jean Gérin-Lajoie la juge irresponsable. Il se dit convaincu que le PQ et ses dirigeantEs ont adopté cette politique sans en mesurer les conséquences. Il la qualifie plutôt « d'incompétente ». Il insiste pour que la FTQ réémette un communiqué tout aussi ferme mais moins hostile. Le Bureau finit par le mandater pour qu'il le rédige. Dans une version plus brève, il souligne que certains aspects de la politique du PQ « favoriseraient les syndicats de boutique[3] ».

Lajoie, qui est proche de Lévesque et qui sait que son syndicat compte plusieurs souverainistes partisanEs du PQ, veut à tout prix calmer le jeu. Il finit d'ailleurs par convaincre Laberge d'avoir des discussions de fond avec le leader du PQ sur la question. Un dialogue est amorcé après le congrès de la FTQ. C'est Émile Boudreau qui a l'idée d'un débat contradictoire entre Laberge et Lévesque. Lui et Lajoie organisent une assemblée publique dans la salle de l'auditorium du Plateau, au parc La Fontaine.

Cette assemblée, à laquelle participent quelques centaines de militantEs de la FTQ, commence un peu formellement par les discours de Lévesque et de Laberge. Le premier s'en tient au niveau des principes, affirmant que l'objectif du PQ est d'assurer aux travailleurs et aux travailleuses québé-coisEs le contrôle intégral de leurs organisations. Il affirme que son parti ne souhaite pas s'immiscer dans l'exercice de la démocratie syndicale.

1. Communiqué émis par la FTQ le 24 octobre 1969.
2. *Ibid.*
3. Communiqué daté également du 24 octobre 1969. Les deux sont archivés au centre de documentation de la FTQ. Il n'a pas été possible de savoir si celui de Pérusse avait été intercepté avant d'être émis.

De son côté, Laberge adopte un ton bon enfant. Il dit que, si les intentions du PQ sont bonnes, le moyen choisi est « à côté de la *track* ». Il fait une petite leçon d'histoire syndicale à l'usage de son « ami René, qui devrait savoir, depuis le temps qu'il nous fréquente, que nous sommes maîtres de nos syndicats ». Laberge et Lévesque adoptent un ton conciliant et, au final, le leader du PQ reconnait que la position adoptée en congrès témoigne d'une ignorance de la réalité du syndicalisme canadien et nord-américain. Jamais, par la suite, il ne sera question de mettre en œuvre une telle politique.

La victoire illégitime des libéraux

En vue des élections du 29 avril 1970, des militantEs péquistes de la circonscription de Jeanne-Mance sollicitent Fernand pour devenir leur candidat. L'association péquiste, qui compte 600 membres, prétend que son candidat ne doit pas être choisi parmi « les élites politiques traditionnelles » et estime « qu'un candidat issu du milieu syndical collerait plus à la population du comté[1] ». Fernand se réjouit que le PQ s'éloigne des procédures traditionnelles dans le choix des candidatEs, mais repousse l'offre qu'on lui fait. Par contre, il s'engage à les aider à trouver un autre candidat qui vient du milieu syndical[2].

Un peu partout au Québec, mais surtout dans la région de Montréal, on assiste à une véritable mobilisation populaire. MilitantEs des groupes communautaires, syndicalistes, étudiantEs mettent la main à la pâte. Dans les jours qui précèdent le vote, tous les espoirs semblent permis.

Pourtant, à l'issue du vote, les libéraux de Robert Bourassa accaparent 45,3 % des voix et font élire 72 députéEs. Le PQ, deuxième avec 23,06 % du suffrage exprimé, ne fait élire que sept députés. Pendant ce temps, le Ralliement créditiste, fraîchement créé par Camille Samson, rafle 13 circonscriptions, alors qu'il ne recueille que 12 % du suffrage. La carte électorale du Québec, qui donne toujours un poids démesuré aux circonscriptions rurales, ne favorise pas seulement les créditistes. L'Union nationale, qui est chassée du pouvoir lors de cette élection, fait tout de même élire 17 députés avec un appui populaire inférieur à celui du PQ, soit 19,65 %. Le NPD-Québec a bien tenté de faire une incursion sur la scène provinciale sous la direction de Roland Morin, un permanent des Travailleurs unis de l'automobile. La FTQ, qui s'est opposée à cette tentative, lui a refusé son appui et il n'a récolté qu'un maigre 0,15 % du suffrage[3].

---

1. Archives personnelles de Fernand Daoust, lettre de Marcel Clark à Fernand Daoust, 3 novembre 1969.
2. Archives personnelles de Fernand Daoust, lettre de Fernand Daoust à Marcel Clark, 30 décembre 1969.
3. Président général des élections, élections du 29 avril 1970.

La distorsion entre l'appui populaire et le nombre de sièges du PQ choque Fernand. Il constate tout de même avec satisfaction que le projet souverainiste sort de la marginalité. La présence syndicale s'affirme également au sein du parti. Charles-Henri Tremblay, militant du SCFP à Hydro-Québec, est élu dans le comté ouvrier de Sainte-Marie, tandis que Robert Burns, conseiller juridique à la CSN, devient le député de Maisonneuve[1].

Fernand est déçu des résultats de cette élection et enregistre des réactions similaires chez son président, Louis Laberge. Ce dernier, en effet, en est profondément choqué. D'autant que les libéraux ont mené une campagne de peur, agitant le spectre du séparatisme qui aurait été, selon eux, susceptible d'engendrer la fuite des capitaux et la catastrophe économique. Dans son discours, au congrès de 1971, Louis Laberge affirmera :

> Cette campagne électorale, plus que tout autre auparavant, nous a renseignés sur le rôle essentiel que jouent les puissances de l'argent dans la prise du pouvoir. Il ne faut pas être sorcier en effet pour se douter que les gros propriétaires, dont les actions ont fait des « tours » dans les camions de la *Brink's*[2], sont les principaux bailleurs de fonds de la caisse électorale rouge[3] et les artisans de la victoire amorale des libéraux en 1970[4].

Au lendemain de ces élections, Fernand constate que le PQ ne veut pas être trop étroitement associé au mouvement syndical. Il refuse par exemple que soit possible l'adhésion d'organisations syndicales[5], ce que des syndicalistes comme Émile Boudreau réclament. Le PQ devrait pourtant être conscient, comme le note Robert Burns, que ce sont les groupes populaires et les organisations syndicales qui ont permis sa percée spectaculaire à Montréal. Burns prédit que le PQ ne pourra faire autrement que de s'orienter à gauche. Quelques jours après son élection, il affirme : « Le PQ, de plus ou moins à gauche qu'il était, va être obligé de s'occuper autant des problèmes sociaux à

---

1. Les sept premiers députés du PQ sont Camille Laurin (Bourget), Guy Joron (Gouin), Marcel Léger (Lafontaine), Robert Burns (Maisonneuve), Lucien Lessard (Saguenay), Charles-Henri Tremblay (Sainte-Marie) et Claude Charron (Saint-Jacques).
2. Le dimanche, 26 avril 1970, la *Royal Trust*, expédie à Toronto sous haute surveillance armée neuf fourgons blindés de la *Brink's*. Les journaux évoquent une possible fuite des capitaux advenant l'élection d'un gouvernement souverainiste deux jours plus tard.
3. La couleur « rouge » était associée aux « libéraux » québécois ou fédéraux, alors que les conservateurs fédéraux et l'Union nationale étaient qualifiés de « bleus ».
4. *Un seul front*, discours inaugural du président Louis Laberge, Montréal, 12ᵉ congrès de la FTQ, du 30 novembre au 4 décembre 1971, p. 23-24.
5. Seuls des individus peuvent adhérer au PQ, contrairement au NPD, dont les personnes morales, notamment les syndicats, pouvaient devenir formellement membres. Jusqu'en 2006, ils détenaient même un poids constitutionnel dans le parti.

régler que de souveraineté. Le Parti québécois ne sera plus jamais le PQ bon et gentil qu'il était avant l'élection[1]. »

Il prétend que les sept députés péquistes élus seront la voix des travailleurs et des travailleuses à l'Assemblée nationale.

L'action politique syndicale

Ces débats sur l'orientation du PQ sont nourris par le bouillonnement du mouvement syndical et des groupes populaires à Montréal comme en régions. Pendant la même période, d'avril à mai 1970, le mouvement syndical affirme avec force sa volonté d'intensifier son action politique. On tient des colloques régionaux intersyndicaux[2] dans chacune des régions du Québec. Fernand se fait le promoteur de cette initiative au Bureau de direction de la FTQ.

La réalisation de ces colloques est le résultat du rapprochement constaté depuis quelques années entre les trois centrales syndicales. Leur planification a été entreprise en avril 1969, non seulement par des représentantes du mouvement syndical, mais aussi avec la participation des mouvements coopératif et agricole[3]. Il s'agit d'établir « un programme de travail pour organiser un colloque des forces de gauche[4] ». Les objectifs et le contenu sont définis en comité de travail. Deux grands thèmes sont ciblés : 1) La condition du salarié et du consommateur ; 2) Le salarié dans sa municipalité.

Au cours des travaux, le Conseil de la coopération du Québec (CCQ) désapprouve les actions dont la finalité est de faire élire des candidates des travailleurs et des travailleuses dans les villes et les commissions scolaires. L'Union catholique des cultivateurs (UCC) se désiste à son tour. Avec les retraits du CCQ et de l'UCC, le succès de l'opération repose exclusivement sur les épaules des organisations syndicales.

Dans chacune des régions, les participantes se répartissent dans les ateliers pour étudier les onze thèmes proposés assortis de recommandations[5].

---

1. Pierre Vennat, « Des députés du PQ dans les élections municipales », *La Presse*, 6 mai 1970.
2. Pour le détail du contenu des colloques, voir Henri Goulet, « Les colloques régionaux du printemps 1970 au Québec : un premier front commun intersyndical et populaire sur les conditions de travail et l'action politique », *Bulletin du RCHTQ*, vol. 23, n° 2, 1997, p. 29-39.
3. Le Conseil de la coopération du Québec (CCQ) et l'Union catholique des cultivateurs (UCC).
4. Cité dans la lettre de Laval Grondines à Raymond Laliberté, président de la CEQ, le 24 avril 1969, Université Laval, DAUL, Fonds de l'APM, (P250/12/6).
5. *Rapport sommaire des colloques régionaux FTQ-CSN-CEQ*, document préparé par Jean-Guy Frenette pour le Conseil général, 18 juin 1970, UQAM, SAGD, Fonds Philippe Vaillancourt (127P/630/11), p. 2.

Plusieurs de ces recommandations sont adoptées par de fortes majorités, qui réclament que les centrales syndicales constituent un front commun face au gouvernement québécois en prévision des négociations des salariéEs de l'État ; le front commun historique des travailleurs et des travailleuses du secteur public en 1972 en découlera.

Plusieurs revendications formulées lors de ces colloques inspireront les orientations les plus progressistes du programme du PQ. On réclame ainsi de nombreuses mesures de protection des consommateurs et des consommatrices, un régime public d'assurance-automobile, des logements sociaux, etc.

Au sortir de ces sessions régionales, le principe d'un colloque provincial intersyndical est adopté. On prévoit le tenir en septembre 1970. L'une des recommandations cruciales concerne la mise sur pied par les centrales d'un secrétariat permanent conjoint chargé d'encadrer et de coordonner les comités d'action politique.

Dans son rapport à la FTQ, Jean-Guy Frenette affirme qu'il est maintenant possible de procéder à l'élaboration d'un programme politique et à la mise en place de mécanismes pouvant permettre l'exercice du pouvoir des salariéEs dans les municipalités. Le rapport synthèse mentionne que 2 340 personnes ont participé aux débats et délibérations, dont 492 de la FTQ, 850 de la CSN, 356 de la CEQ et 411 des groupes populaires[1]. Fernand est déçu de la faible participation des syndicats de la FTQ et le notera dans son rapport au congrès de 1971.

Les colloques produisent pourtant des résultats immédiats et tangibles : les centrales syndicales ripostent conjointement au projet de loi prévoyant l'instauration d'un régime d'assurance-maladie au Québec[2], parce qu'il consoliderait le monopole des médecins. Elles déplorent aussi le fait qu'il n'offre pas une couverture suffisamment large des services. Enfin, elles réclament l'abolition de la rémunération du travail à l'acte des médecins ainsi que les privilèges accordés aux corporations professionnelles.

L'autre résultat mesurable est la décision de présenter des candidatures ouvrières dans les municipalités et les commissions scolaires. Des comités d'action politique intersyndicaux naissent dans plusieurs régions.

Le Conseil général de la FTQ accueille pourtant timidement le rapport. En juin 1970, le Conseil renvoie le document au Bureau pour discussions. En mars 1971, Fernand fait rapport et explique qu'il apparaît peu probable qu'un colloque national ait lieu. La direction de la FTQ craint en effet qu'un tel forum réclame du mouvement syndical la mise sur pied d'un parti

---

1. FTQ-CSN-CEQ, Comité central de coordination des colloques régionaux, Rapport des colloques régionaux, 1970.
2. Goulet, « Les colloques régionaux du printemps 1970... », *op. cit.*, p. 29-39.

ouvrier, qui entrerait en concurrence directe avec le PQ. Jean Gérin-Lajoie est particulièrement intraitable sur cette question. On ne tiendra donc pas un colloque national et le secrétariat d'action politique conjoint ne verra jamais le jour.

Campagne électorale à Montréal

Dans le sillage des colloques régionaux et des bons résultats du PQ aux élections d'avril à Montréal, les militantEs des syndicats et des groupes populaires fondent, en août 1970, le Front d'action politique (FRAP) qui entend faire élire des échevinEs contre l'équipe du maire Jean Drapeau lors des élections municipales prévues en octobre[1].

Cette administration est qualifiée de régime antidémocratique, favorisant les « trusts » et les grands commerces au détriment des travailleurs et des travailleuses. Le FRAP ne présente pas un candidat au poste de maire. Le maire Drapeau règne en maître sur « sa » Ville et, malheureusement, on l'estime indétrônable à court terme[2]. Tout au moins espère-t-on l'entourer de conseillers et de conseillères progressistes qui le forceront à prendre en compte les enjeux sociaux. Toutefois, le FRAP présente des candidatEs dans seulement 13 des 18 districts.

La première équipe dirigeante du FRAP est composée de Paul Cliche, Émile Boudreau, Jean-François Léonard, Louis Favreau, Jean Grenier et Jean-Claude Dubreuil. Le FRAP intervient sur trois fronts : consommation, travail et politique. Le parti se fait connaître rapidement. Du mois d'août à octobre 1970, il passe de 500 membres à 1 079. Il y a 200 déléguéEs au congrès de fondation. En ouverture, Pierre Vadeboncoeur lance : « C'est une psychologie de dictateur qui règne sur Montréal, exactement la même qui régnait sur le Québec au temps de Duplessis[3]. »

Parmi les candidatEs, il y a Marcel Bureau et Émile Boudreau du Syndicat des Métallos qui se présentent respectivement dans Maisonneuve et dans Ahuntsic. Ils reçoivent l'appui du député nouvellement élu du PQ, Robert Burns. Dans Saint-Henri, Philippe Hale du Syndicat de Lapalme (CSN)[4] et Adolphe Lapointe, du Syndicat des pompiers (FTQ), sont candidats.

---

1. Son manisfeste électoral s'intitule significativement : *Les salariés au pouvoir*.
2. Devant ce vide, la Ligue socialiste ouvrière (LSO), qui appuie le FRAP, présente une candidate à la mairie, Manon Léger, qui obtient 7 189 votes.
3. Marc Comby, « Le FRAP à Montréal », *Bulletin du RCHTQ*, vol. 27, n° 2, 2001.
4. Le gouvernement fédéral ayant retiré le contrat postal à l'entrepreneur Lapalme, les 450 camionneurs de la compagnie réclamaient le droit de conserver leur accréditation avec un syndicat distinct (CSN) et leur droit d'ancienneté. Voir, Pierre Vadeboncoeur, *366 jours et tant qu'il en faudra. Vive les gars de Lapalme*, Montréal, Beauchemin, 1971.

Le FLQ passe à l'action

Si les syndicalistes ont la réaction d'intensifier leur action politique au lendemain des élections provinciales de 1970, les militants radicaux du FLQ tirent une tout autre leçon de la prise illégitime du pouvoir par les libéraux. Pour eux, puisque tous les horizons de l'action politique légale sont bouchés, il faut poser des gestes révolutionnaires.

Le 5 octobre, alors que cette campagne électorale bat son plein, le diplomate britannique James Richard Cross est enlevé par des militants du FLQ.

Les événements dramatiques qu'on désignera plus tard sous le nom de Crise d'octobre vont marquer de façon déterminante l'évolution de la FTQ comme celle de bien des forces vives de la société québécoise. Fernand, tout comme Louis Laberge, vit cette période d'une façon particulièrement intense.

Apparu au Québec en 1963, le FLQ a été surtout formé à ses débuts par des militants radicaux du RIN, influencés notamment par les mouvements de libération nationale d'Afrique et d'Amérique latine. Les différentes factions du groupe révolutionnaire passent rapidement des attentats contre des symboles de la domination anglaise (monuments historiques, boîtes postales de Sa Majesté[1], casernes de l'armée) à des attaques contre les représentants du capitalisme, qu'ils identifient comme la cause fondamentale de l'oppression nationale[2]. Pour frapper le capitalisme, les felquistes placent des bombes à proximité d'usines où il y a des conflits ouvriers[3].

De plus en plus, le FLQ se définit lui-même comme l'avant-garde de la lutte de la classe ouvrière. Il identifie nettement son combat à celui de la libération et de l'émancipation des travailleurs et des travailleuses. Il fait aussi une critique très dure d'un mouvement syndical qu'il juge trop mou et trop conciliant. Il n'hésite pas à qualifier ses dirigeants de collaborateurs de classe. Ainsi, à la suite d'un conflit contre la compagnie *Noranda* à Valleyfield, Jean

---

1. À cette époque, le service postal canadien s'appelait « Poste royale du Canada », tout comme l'armée, la marine et l'aviation qui, après quelques décennies sans cette particule, viennent de la réacquérir grâce aux bons soins du premier ministre du Canada (2006-2015), Stephen Harper.
2. Sur l'histoire du FLQ, on lira Louis Fournier, *FLQ. Histoire d'un mouvement clandestin*, Outremont, Lanctôt, 1998.
3. 5 mai 1966 – Le FLQ pose une bombe à la manufacture de souliers *Lagrenade* (à Montréal) dont les employéEs sont en grève ; cet attentat fait une victime, une secrétaire de la compagnie. Le 14 juillet 1966, explose une bombe dans les mains d'un membre du FLQ (Jean Corbo, seize ans) près du local de la *Dominion Textile* à Montréal ; le 27 février 1968, lors de la manifestation organisée par la FTQ en solidarité avec les grévistes de *Seven Up* des cocktails Molotov sont lancés sur l'usine, qui échappe de justesse à l'incendie ; quelques jours plus tard, une bombe explose près de l'usine. Voir Jean-François Cardin, *La crise d'octobre 1970 et le mouvement syndical québécois,* Montréal, collection RCHTQ, études et documents, 1988.

Gérin-Lajoie est dénoncé par le FLQ comme un vendu, « traîtreusement respectueux des lois des patrons », et accusé d'avoir forcé les travailleurs à « marcher sur leur conscience d'ouvriers exploités et à rentrer au travail[1] ».

Déjà, en 1963, le syndicat des Métallos expérimente cette « solidarité terroriste » non sollicitée, alors qu'une bombe est placée devant le siège social de la compagnie *Solbec Copper*[2], pendant que les 209 mineurs sont en grève. Le syndicat, qui recrute ses membres dans les secteurs industriel et manufacturier, sera souvent « aidé » contre son gré par le FLQ. En 1968 et en 1969, lors de conflits aux compagnies *Lord, Canadian Structural Steel* et *Noranda Mines,* six bombes sont posées[3].

La plupart des syndicalistes ne reconnaissent aucune légitimité au FLQ et soutiennent que son action donne une justification rêvée à la répression policière et patronale[4]. Cependant, pour les syndicalistes, il ne suffit pas seulement de se démarquer de la violence terroriste, il faut en identifier les causes et réclamer fortement qu'on s'y attaque. C'est cette conviction qui va guider le mouvement syndical dans sa réaction à la Crise d'octobre.

À la fin des années 1960, même s'il est toujours numériquement faible en terme de « membres actifs », dans le climat de contestation généralisée, le FLQ recueille une certaine sympathie de la part des milieux étudiant, intellectuel et, dans une moindre mesure, ouvrier. Ses dernières cellules comptaient tout de même un plus grand nombre de militantEs issuEs de milieux ouvriers et populaires.

Le manifeste du FLQ et l'enlèvement de Laporte

Après l'enlèvement du diplomate britannique, la cellule Libération du FLQ exige la libération de 23 prisonniers politiques (dont plusieurs militants du FLQ), la diffusion du *Manifeste du FLQ* et un avion pour amener les kidnappeurs vers Cuba ou l'Algérie. Le lendemain, le 6 octobre, le gouvernement fédéral refuse les conditions de « ces criminels ». Pourtant, le 7 octobre, Jérôme Choquette, le ministre québécois de la Justice, affirme qu'il est prêt à négocier avec les ravisseurs. Le même jour, la station de radio montréalaise CKAC fait la lecture du *Manifeste du FLQ*. Et, le 8 octobre, Radio-Canada diffuse à son tour le document.

Tout au long du texte, les références aux travailleurs et aux travailleuses, dont une grande proportion est membre de la FTQ[5], enracinent ces pro-

---

1. *La Cognée*, édition syndicale, vol. 1, n° 10, 17 avril 1966.
2. Mine située près de Stratford dans l'Estrie.
3. Cardin, *op. cit.*
4. *La Presse*, 12 octobre 1970.
5. Les travailleurs et travailleuses de *General Motors*, de la compagnie *Lord et frères*, de

pos dans une réalité très concrète. Il évoque des événements récents souvent vécus dans la douleur et la frustration.

Fernand n'en revient pas que Radio-Canada ait permis la télédiffusion du manifeste. Le style direct et irrévérencieux le surprend. Il le trouve dur, mais admet qu'il est efficace. Au cours des jours suivants, le manifeste bénéficie de la sympathie d'une frange importante de l'opinion publique. De nombreux syndicalistes reconnaissent la justesse de ses dénonciations. Fernand discute passionnément pendant des heures avec les jeunes permanentes de l'équipe de la FTQ[1]. Il veut comprendre comment les jeunes réagissent. S'il condamne sans ambiguïté les enlèvements, il s'interroge toutefois sur les motivations de ces cellules radicales et sur leur pénétration sociale.

Le 10 octobre, Jérôme Choquette revient sur sa décision et annonce que le gouvernement ne négocie pas avec le FLQ. Après cette annonce, la cellule Chénier du FLQ riposte en enlevant le ministre québécois du Travail, Pierre Laporte. Daoust est consterné. La FTQ s'abstient de faire des déclarations. Le premier à commenter est le directeur des Métallos, Jean Gérin-Lajoie. Lui, qui a souvent été confronté aux actions du FLQ lors de conflits dans lesquels son syndicat était engagé, craint un grand dérapage :

> On s'en va dans le délire. Le terrorisme risque d'entraîner la perte des libertés fondamentales. [...] Le résultat du terrorisme est que les gens sont prêts, après un certain temps, à n'importe quelle folie policière pour retrouver la paix. [...] Il existe d'autres moyens que l'extrémisme pour régler des conflits ouvriers[2].

Pendant ces événements tragiques d'octobre 1970, une réflexion aiguë traverse la FTQ et l'ensemble du mouvement syndical. Les syndicalistes constatent que ces violences prennent leur source dans un climat de frustration généralisé devant les injustices criantes que vit une partie de la population. René Lévesque[3] et Claude Ryan sont parmi les rares commentateurs publics à abonder dans le même sens. Ils réclament tous les deux que le gouvernement du Québec négocie avec les ravisseurs et échange la liberté des

---

Noranda Mines, ceux de Murdochville, de l'*Iron Or* et de la *Québec Cartier Mining* sur la Côte-Nord, de la pharmaceutique *Squibb*, les travailleurs et travailleuses du textile de *Ayers*, ceux de *Seven Up*, de *Victoria Precision Works*, de *General Electric*... Plusieurs autres groupes cités dans le *Manifeste*, comme les « gars » de *Lapalme*, les employéEs de la SAQ, les travailleurs des chantiers maritimes de la *Davie Ship Building* sont membres de la CSN. Voir Cardin, *op. cit.*

1. Notamment avec Mona-Josée Gagnon, contractuelle au service de recherche, Jean-Guy Frenette, également affecté à la recherche depuis 1968, et l'auteur, responsable des communications du SCFP, mis à la disposition de la centrale pendant la Crise d'octobre.
2. *La Presse*, 12 octobre 1970.
3. René Lévesque signait une chronique régulière dans le *Journal de Montréal*.

deux hommes contre celle de quelques prisonniers politiques, comme le réclame le FLQ.

Pour sa part, Lévesque est particulièrement préoccupé par l'attitude confuse du gouvernement Bourassa. Il affirme que la crise est québécoise et qu'elle doit être résolue par les instances politiques québécoises. Lévesque invite donc les centrales syndicales à participer à une intervention publique avec Claude Ryan et quelques personnalités universitaires. Il craint que le gouvernement Bourassa n'abdique ses responsabilités et cède aux pressions d'Ottawa qui, depuis le début, privilégie la ligne dure.

Fernand et Louis Laberge participent à une rencontre d'urgence le 14 octobre. Marcel Pepin, Yvon Charbonneau[1], Claude Ryan, Alfred Rouleau[2], Jacques Parizeau et Camille Laurin sont présents. Une déclaration commune en résulte :

> L'Affaire Cross-Laporte est avant tout un drame québécois. [...] Les gens du FLQ sont [...] une fraction marginale du Québec. [...] Devant toute menace à l'équilibre des structures qu'elles sont chargées de maintenir, il est normal que les autorités établies aient toujours à faire un effort surhumain pour accepter de traiter et de faire des compromis [...], nous tenons à donner notre appui le plus pressant à la négociation d'un échange des deux otages contre les prisonniers politiques – et ce, envers et contre toute obstruction de l'extérieur du Québec, ce qui implique nécessairement le concours positif du gouvernement fédéral[3].

Cette déclaration est accueillie favorablement dans les rangs de la FTQ. Le Conseil du travail de Montréal et le Conseil du Québec du SCFP notamment l'appuient publiquement[4]. De nombreux syndicats et organismes régionaux de chacune des centrales signifient aussi leur accord. Des organismes comme la Société Saint-Jean-Baptiste, des associations étudiantes, le NPD-Québec et même le Centre des dirigeants d'entreprise font de même.

Le 15 octobre, un encan populaire destiné à financer la campagne électorale du FRAP a lieu au Centre Paul-Sauvé. Vers 21 heures, une masse d'étudiantEs se présente parce que la direction de l'Université de Montréal leur a refusé l'accès au stade universitaire pour une assemblée. Dans ces circonstances, l'encan est écourté. Dans cette salle archibondée, Pierre Vallières et Charles Gagnon prennent la parole. Ils sont suivis par Michel Chartrand,

---

1. Nouveau président de la CEQ.
2. Alfred Rouleau (1915-1985) est un dirigeant du Mouvement Desjardins. Il en sera le président de 1972 à 1981.
3. Reproduit dans Cardin, *La crise d'octobre 1970 et le mouvement syndical québécois, op. cit.*
4. *La Presse,* 16 octobre 1970.

Robert Lemieux[1], Alonzo Leblanc et Jacques Larue-Langlois. Tous ces orateurs adoptent un ton beaucoup plus offensif que les personnalités réunies autour de Ryan et Lévesque.

Robert Lemieux fait allusion à la déclaration des chefs syndicaux, des universitaires et des hommes politiques. Il y voit la démonstration que le gouvernement « vient de se couper de la quasi-totalité de la population ». Un moment intense est atteint lorsque le poète Michel Garneau fait la lecture d'extraits du *Manifeste du FLQ*. Il est clair que, dans cette salle, touTEs endossent chacune des lignes de ce texte.

Tout au long de leurs interventions, les orateurs sont interrompus par les cris de l'auditoire qui scande : FLQ! FLQ! FLQ! « Comme si tout à coup, pour cette foule composée majoritairement d'étudiants et de jeunes, mais aussi d'un assez grand nombre de gens plus âgés, le mot FLQ avait cessé d'être tabou », souligne la journaliste de *La Presse*, Lysiane Gagnon[2].

Malgré la présence de policiers aux portes du Centre Paul-Sauvé, la foule quitte l'assemblée dans la discipline. Quelques jours plus tard, le maire Drapeau déclare aux journalistes qu'il existe un lien entre le FRAP et le FLQ. Il en veut pour preuve la présence de Vallières et Gagnon durant l'activité du FRAP.

L'armée occupe le Québec

Pendant cette assemblée, l'armée sort de ses casernes et commence à occuper le territoire de Montréal. La Loi sur les mesures de guerre est proclamée. Le matin du 16 octobre, c'est l'état de siège. Les libertés civiques sont suspendues et la police procède à des arrestations sans mandat. En quelques heures 457 personnes sont arrêtées et des milliers de perquisitions sont effectuées. Toutes les personnes détenues sont confinées en isolement, sans droit d'accès à un avocat et sans avoir à comparaître dans un délai déterminé.

À mesure que les noms des personnes détenues sont divulgués, la consternation grandit. Daoust trouve farfelu que des dizaines de personnes qu'il connaît de longue date soient associées au FLQ. Aux côtés de militantEs considéréEs comme extrémistes, figurent les poètes Gaston Miron, Michel Garneau et Gérald Godin, sa conjointe, la chanteuse Pauline Julien, le journaliste Nick Auf der Maur, le président du FRAP et syndicaliste de la CSN Paul Cliche, plusieurs de ses collègues de la CSN, dont Michel Chartrand et Florent Audette ; le président du nouveau Syndicat d'employés de

---

1. Avocat arrêté le 11 octobre pour « entrave au travail des policiers » et libéré le 13 octobre à la demande du premier ministre Bourassa, afin d'assumer le rôle de « négociateur du FLQ ».
2. *La Presse,* 16 octobre 1970.

soutien de l'Université de Montréal (SCFP), Robert Lachance, est aussi du nombre. D'autres sont professeurEs d'université et de cégep, journalistes, travailleurs et travailleuses communautaires.

Fernand constate que le régime ne tente pas seulement de frapper le FLQ, mais d'intimider touTEs les opposantEs. Il affirme que les autorités se livrent à une « chasse aux sorcières ». Le mouvement syndical qui, jusque-là, a été prudent et modéré dans ses déclarations publiques sent que cette néga-tion des droits démocratiques risque de l'atteindre directement dans ce qu'il a de plus fondamental.

Dès la nuit du 16 octobre, les trois centrales tiennent une réunion conjointe de leurs instances exécutives. Fernand participe à la rédaction d'une déclaration commune. Les centrales s'expliquent mal « la soumis-sion totale » du gouvernement Bourassa au pouvoir fédéral et dénoncent « le coup de force » de Trudeau, qui instaure un « régime militaire » digne d'une « république de bananes » : « Les centrales syndicales sont consternées devant cette suppression des libertés civiles qui menace davantage la démo-cratie que le terrorisme [...], il y a beaucoup plus de maux sociaux à corri-ger que d'anarchie à réprimer[1].

Fernand considère que de remettre la totalité du pouvoir québécois au gouvernement fédéral et à son armée est une sorte d'abdication inacceptable[2].

Le communiqué déplore tout autant les méthodes radicales du FLQ et demande aux auteurs des attentats de relâcher James Richard Cross et Pierre Laporte. Les centrales annoncent aussi la convocation d'une réunion plénière extraordinaire de leurs instances suprêmes entre leurs congrès le 21 octobre. En prévision de cette réunion extraordinaire, les dirigeants des centrales s'entendent sur cinq points qui devront faire l'objet de résolutions à soumettre à chacune de leurs instances :

1. Une condamnation ferme de l'action du FLQ ;
2. le retrait des mesures de guerre ;
3. la défense des droits des détenus ;
4. la création d'un cartel syndical ;
5. la formulation d'un programme politique d'urgence.

Fernand est celui qui, dans la FTQ, insiste le plus pour qu'un programme politique d'urgence soit proposé. Il s'agirait d'une contribution positive de

---

1. Déclaration commune des centrales, Québec, 17 octobre 1970.
2. Guillaume Tremblay-Boily, *Front commun contre le gouvernement. Portrait des rela-tions entre le Parti libéral du Québec, le Parti québécois et les syndicats du secteur public lors des négociations de 1972 à 1983*, Fondation Jean-Charles-Bonenfant, avril 2011, < www.fondationbonenfant.qc.ca/stages/essais/2011Tremblay-Boily.pdf >.

touTEs ceux et celles qui croient que la crise trouve sa source dans les injustices et les iniquités sociales. L'idée est de s'attaquer rapidement aux pires maux.

Mort de Laporte et démagogie

Le 17 octobre, en soirée, le corps du ministre Pierre Laporte est découvert dans le coffre d'une voiture abandonnée. La nouvelle prend tout l'espace médiatique. La déclaration des centrales est aussitôt reléguée au second plan.

Les exécutifs des trois centrales se réunissent d'urgence le 18 octobre. Claude Ryan et René Lévesque sont de la partie. La mort du ministre bouscule toute la stratégie d'intervention publique des centrales. La condamnation du meurtre est sans équivoque : « Pierre Laporte a été assassiné, nous condamnons avec véhémence cet acte barbare[1]. » Même si le texte écrit du communiqué ne fait pas allusion aux mesures de guerre, les chefs syndicaux n'en dénoncent pas moins verbalement l'attitude du gouvernement Trudeau.

Avant même la mort de Laporte, Pierre Elliott Trudeau a justifié son coup de force par une « insurrection appréhendée ». Au premier jour de l'occupation militaire du Québec, son collègue Jean Marchand soutient :

> L'État même du Québec et l'État fédéral sont réellement en danger au Canada. [...] Il y a près de 3 000 membres du FLQ. [...] Ils se sont infiltrés dans tous les endroits vitaux stratégiques de la province de Québec, dans tous les postes où il se prend des décisions importantes. [...] Sans les mesures de guerre, l'insurrection aurait été déclenchée. Nous savons certainement une chose : c'est qu'il y a une organisation qui a des milliers de fusils, de carabines, de *machine-guns*, de bombes et à peu près 2 000 livres de dynamite, ce qui est suffisant pour faire sauter la ville de Montréal. Voilà des gens qui sont prêts à l'assassinat, à l'enlèvement. Tout cela existe dans le cœur de notre pays[2].

Pour ne pas être en reste, le chef populiste des créditistes fédéraux, Réal Caouette, réclame qu'on mène sans procès les chefs du FLQ « devant le peloton d'exécution[3] ».

Dans ce climat trouble, Jean Drapeau, qui a réussi à diaboliser le FRAP en l'associant au FLQ, balaye les élections à la mairie le 25 octobre[4]. Le soir de son élection, il justifie rétroactivement l'intervention de l'armée demandée par le premier ministre Robert Bourassa, qu'il a lui-même appuyée. Il

---

1. *Position de la CSN, FTQ, CEQ, du Parti québécois et de M. Claude Ryan,* Montréal, le 17 octobre 1970.
2. Déclaration de Jean Marchand à la Chambre des communes, le 16 octobre 1976.
3. *Le Soleil,* 19 octobre 1970.
4. Néanmoins, les candidatEs du FRAP recueillent tout de même 15,6 % des voix exprimées.

affirme : « Un pouvoir parallèle était déjà formé et prêt à intervenir à la suite du renversement du régime[1]... »

Un journaliste de Toronto[2] soutient la même chose : le gouvernement fédéral aurait eu recours à la Loi des mesures de guerre parce qu'il était convaincu qu'un groupe de « personnalités » s'apprêtait à se substituer au gouvernement Bourassa en formant un gouvernement provisoire.

Qui sont ces « putschistes » qui ont failli profiter de « l'insurrection » pour s'emparer du pouvoir ? Nulle autre que ces « personnalités éminentes » réunies autour de Claude Ryan : les dirigeants du PQ et le président du Mouvement Desjardins, des professeurEs d'université, Pepin, Charbonneau, Laberge et Daoust lui-même ! Ces allégations ne seront prises au sérieux que par très peu de gens, mais participent à la dramatisation et au sentiment d'instabilité entretenu sciemment par ceux qui veulent justifier l'imposition du régime d'exception.

Le cartel syndical

Le 21 octobre, c'est un Conseil général élargi[3] qui s'ouvre en matinée dans le vieux « Temple du travail[4] » de la rue Bayard, dans le quartier ouvrier de Saint-Sauveur à Québec. La salle exigüe est bondée et l'atmosphère qui précède l'ouverture de l'assemblée est tendue. Un climat qui tranche avec la jovialité habituelle qui accompagne ces retrouvailles de syndicalistes de secteurs différents. On se parle à voix basse au sein de petits cercles en jetant des regards hostiles à d'autres groupes qui se concertent dans d'autres coins de la salle.

Laberge ouvre l'assemblée en faisant le point sur la crise. Il insiste dès le début sur la condamnation sans équivoque de l'action du FLQ. Il rappelle que le mouvement syndical a toujours rejeté le recours à la violence terroriste, y compris dans ses propres conflits. Il note enfin que le FLQ est un mouvement marginal, composé de quelques « excités », bien incapables de déclencher une insurrection nationale. Puis il passe à la critique des gouvernements qui violent « les libertés fondamentales et en profitent pour mater

---

1. *La Presse*, 26 octobre 1970.
2. Peter C. Newman, *Toronto Star*, 26 octobre 1970.
3. Cette réunion extraordinaire convoquée d'urgence réunissait les membres réguliers du Conseil général auxquels se joignaient les permanentEs (non éluEs) des syndicats affiliés. Il ne s'agissait pas à proprement parler d'une assemblée statutaire du Conseil.
4. Cet immeuble modeste, qui abritait autrefois l'école Desrochers, était devenu le siège des syndicats de métiers de la région de Québec en 1949. Après la fusion, en 1956, il continuait d'abriter le bureau du CTC et ceux de différents syndicats affiliés. L'immeuble a été vendu en 1983, alors qu'un certain nombre de syndicats affiliés se regroupaient dans un immeuble de location de l'avenue Des Replats.

toute forme d'opposition démocratique ». À ceux qui commencent à maugréer dans la salle, il rappelle que le mouvement syndical a toujours été à l'avant-garde de la défense des droits de la personne. Il fait la lecture ensuite des cinq résolutions sur lesquelles le Conseil général doit se prononcer.

À peine a-t-il terminé son intervention que les micros dans la salle sont pris d'assaut. Les premières interventions sont particulièrement belliqueuses. Le bouillant « Pit » (Joseph-François) Laroche, vice-président de la FTQ, représentant du secteur du papier n'y va pas par quatre chemins : il reproche le « dérapage » de la FTQ qui supporte les « crottés du FLQ ». Les représentantEs des syndicats du vêtement, des employéEs de service, de l'alimentation, des machinistes abondent dans le même sens. Parmi les représentantEs, il y a de vieux amis de Laberge, dont Aldo Caluori, son ancien collègue de *Canadair,* et Philémon Beaudin, des papetiers du Saguenay et du Lac-Saint-Jean. Plusieurs s'opposent aussi à la formation d'un front commun avec les frères ennemis de la CSN.

Laberge tient tête du mieux qu'il peut aux opposantEs. Heureusement, plusieurs militantEs font des interventions passionnées en appui aux positions énoncées par les dirigeants de la centrale[1]. À tour de rôle, les André Asselin et Maurice Gaulin du SCFP, Théo Gagné, Émile Boudreau et Antonio Bruno des Métallos, viennent faire valoir que, si on laisse faire, c'est l'action syndicale elle-même qui finira par être interdite. Les porte-parole des Travailleurs unis de l'automobile et de plusieurs Conseils du travail s'expriment dans le même sens. L'intervention de Bruno est particulièrement émouvante lorsqu'il évoque sa jeunesse : « Dans l'Italie où je suis né, j'ai vu les "chemises brunes fascistes" prendre le contrôle des rues et tuer la liberté. Je ne veux pas voir un état policier s'installer dans mon pays d'adoption, le Québec[2]. »

Laberge explique patiemment que c'est en parfaite conformité aux principes fondamentaux du mouvement syndical qu'il faut réagir à l'imposition des mesures de guerre. Finalement, les résolutions portant sur la dénonciation du FLQ, la défense des personnes détenues et le programme d'urgence sont adoptés sans véritable opposition. La condamnation des mesures de guerre est adoptée par un vote divisé et la formation du « cartel syndical » est finalement entérinée par un vote de 260 à 45.

La réunion conjointe des instances de la CSN, de la CEQ et de la FTQ s'ouvre le soir du 21 octobre, au Centre Mgr Marcoux à Québec. Elle prend

---

1. Il y a eu 33 intervenantEs ce jour-là, 14 favorables à la position de la direction de la FTQ, onze contre et huit ambivalentEs, selon une note manuscrite trouvée dans les archives de la FTQ par Cardin, *La crise d'octobre 1970 et le mouvement syndical québécois, op. cit.*
2. Propos reconstitués à partir des souvenirs de l'auteur.

l'allure d'un exceptionnel congrès inter-syndical.. Les militantEs y affirment leur volonté commune de défendre non seulement les droits des travailleurs et des travailleuses syndiquéEs, mais les libertés fondamentales de touTEs les citoyenNEs du Québec. Les dirigeants des trois centrales sont longuement ovationnés. Chacun livre un discours vigoureux. Laberge, qui connaît les réticences de certains de ses collègues à se retrouver dans cette salle, met l'emphase sur la gravité de la situation, qui commande une « unité sacrée » du mouvement syndical.

Au sortir de la réunion, Fernand partage sa satisfaction avec quelques permanents syndicaux, mais leur rappelle qu'ils ont tous du pain sur la planche. Pour lui, ceux qui ont exprimé leur désaccord au Conseil général reflètent fort probablement des craintes et des frustrations ressenties par une portion importante des membres de la FTQ. Fernand sait qu'il va falloir aller expliquer, dialoguer et convaincre les récalcitrants de la justesse des positions de la FTQ.

La FTQ contestée

Dès le lendemain, douze syndicats[1] affiliés prétendant représenter 37 % des effectifs de la FTQ se dissocient publiquement des positions de la centrale sur les mesures de guerre et de son engagement dans le front commun. Ils soutiennent que la condamnation du FLQ par les centrales ne va pas assez loin comparativement au « blâme qu'on attribue au gouvernement ». Pour ces syndicats dissidents, « les différents gouvernements n'avaient pas beaucoup d'alternatives et ont dû recourir à une législation déjà existante visant à prévenir autant que possible l'escalade de la violence[2] ».

Dans les semaines qui suivent, les sections locales de ces syndicats dissidents et de quelques autres répercutent les mêmes protestations dans des lettres et des télégrammes adressés à la centrale. L'opposition s'exprime aussi dans des interventions plus ou moins véhémentes au cours des réunions spéciales organisées par la FTQ et les Conseils du travail dans toutes les régions du Québec.

Laberge est présent dans quelques grandes assemblées, tandis que Fernand intervient dans la plupart des réunions en régions[3]. Or, plus on

---

1. Les Machinistes, les Teamsters, les deux syndicats du vêtement, les travailleurs et travailleuses du textile, les Chapeliers, les travailleurs et les travailleuses de l'alimentation, des boulangeries, les employéEs de services, les deux syndicats des pâtes et papiers et les Marins.
2. Cardin, *La crise d'octobre 1970 et le mouvement syndical québécois, op. cit.*, p. 175.
3. Il en sera souvent ainsi. Fernand assume, avec des permanentEs de la centrale, les tournées régionales, alors que Louis participe surtout aux grands rassemblements, auxquels participe également Fernand.

s'éloigne de Montréal, plus la tâche est ardue et Fernand doit user de toute sa patience pour répéter un à un à plusieurs reprises les arguments développés par le mouvement syndical. Il rappelle que la FTQ dénonce la violence et le terrorisme de façon ferme et non ambiguë. Il affirme qu'en s'opposant aux mesures de guerre, les dirigeants de la FTQ assument le rôle de leadership que leur ont confié successivement plusieurs générations de travailleurs et de travailleuses : défendre le respect intégral des droits et libertés publiques :

> Tenter de faire croire à la population du Québec qu'il y a eu, à un moment donné, un état d'insurrection appréhendée est une vaste fumisterie. [...] À aucun moment [...], les travailleurs syndiqués n'ont réagi dans le sens de vouloir descendre dans la rue et renverser le pouvoir[1]. Il n'y a jamais eu de situation catastrophique comme on a voulu nous faire croire. [...] Tous ces mensonges grossiers [...], c'est la façon la plus hypocrite, mais aussi la plus efficace pour discréditer toute forme d'opposition. [...] Encore un peu de temps à ce régime et il ne sera plus possible de critiquer les forces du statu quo sans passer pour quelqu'un qui entretient des intentions extrémistes. [...] Après le climat de panique provoqué et entretenu par l'appareil politique, une deuxième phase commence, celle du fascisme civilisé [...] pour étouffer la liberté d'un peuple[2].

À Sherbrooke, où l'on trouve une importante concentration de membres de l'Association internationale des Machinistes, Fernand sent l'hostilité dès qu'il pénètre dans la salle. Comme à Trois-Rivières, au Saguenay et à Québec, le vote final d'appui aux positions de la FTQ est divisé lorsqu'il n'est pas acquis de justesse. Fernand n'en renverse pas moins la tendance un peu partout. Sa tâche est plus facile dans des assemblées comme à Saint-Jérôme, où des militantEs plus politiséEs (ceux de la *Regent Knitting* notamment) expliquent la nécessité de combattre les mesures de guerre.

Finalement, le mouvement de dissidence des syndicats de la FTQ se résorbe peu à peu. Si la tournée des régions effectuée par Fernand n'a pas convaincu tout le monde, elle a eu l'effet de dédramatiser la crise. Aucun mouvement de désaffiliation significatif n'est enregistré.

L'opinion publique elle-même évolue. Dans les mois qui suivent, beaucoup de citoyenNEs comprennent que la loi d'exception est clairement abusive : la grande majorité des personnes incarcérées et privées de leurs droits fondamentaux sont relâchées sans qu'aucune accusation soit portée contre elles. Celles qui comparaîtront, notamment pour appartenance au FLQ ou sédition, seront acquittées. Il devient clair qu'il s'agissait d'une vaste entreprise d'intimidation dirigée contre les mouvements progressistes et nationalistes.

---

1. Communiqué de presse de la FTQ, 10 novembre 1970.
2. Communiqué de presse de la FTQ, 18 novembre 1970.

Fort de cette conviction, Fernand participe le jour de Noël à une manifestation appelée par le Mouvement de défense des prisonniers politiques québécois devant le centre de détention Parthenais. Plusieurs centaines de personnes bravent le froid ce jour-là. Parmi elles, René Lévesque et Pierre Bourgault.

Quelques semaines plus tard, le 19 janvier, les centrales reviennent à la charge en dénonçant le refus des autorités de libérer sous caution des personnes qui ne sont toujours accusées de rien. Pourtant, depuis le début de janvier les juges ont recouvré leur pouvoir (suspendus par la Loi des mesures de guerre) d'octroyer des cautionnements.

Le programme d'urgence

La Crise d'octobre 1970 a renforcé la légitimité de l'action politique au sein de la FTQ. Fernand, qui revendique une telle action depuis ses premières années de syndicalisme, juge important que le mouvement syndical devienne un acteur social incontournable. C'est pourquoi il s'est fait le promoteur d'un programme d'urgence[1] qu'il souhaitait voir endossé par tous les alliés sociaux. La production de ce programme par la FTQ constituait un premier effort dans la définition d'un projet de société, tout embryonnaire fut-il.

Le programme a pour objectif d'enrayer les causes de la violence « qui poussent des gens désespérés à sympathiser avec les terroristes ». Rédigé sous la direction de Fernand Daoust, le programme est divisé en neuf thèmes : chômage et développement économique, les non-syndiquéEs, le logement, la vie sociale, l'administration de la justice, le statut du français, le régime électoral, la constitutionnalité et la participation populaire.

Le programme vise à améliorer la planification des investissements et de la création d'emplois. Il veut rejoindre les non-syndiquéEs au moyen d'une plus grande reconnaissance du droit d'association, une hausse du salaire minimum et l'amorce d'un revenu minimum garanti. On y réclame la mise en chantier d'un vaste programme de logements subventionnés, la fin de la spéculation sur les terrains et l'élaboration par le gouvernement du Québec d'une politique globale de l'habitation qui reconnaîtra le logement comme un bien social. On prône des politiques de rénovation urbaine, de lutte à la pollution de l'air, de protection des consommateurs, un régime d'assurance-maladie, l'amélioration de l'assistance sociale et de l'aide juridique ainsi qu'une réforme du système électoral.

Concernant le statut de la langue, le programme réclame que le français soit la langue normale et courante du travail, que le système scolaire per-

1. La rédaction d'un programme d'urgence faisait partie des cinq positions adoptées par le cartel syndical, mais seule la FTQ a donné suite à cette proposition.

mette la francisation progressive des Néo-Québécois, que le gouvernement québécois adopte une politique linguistique. En matière constitutionnelle, on veut s'assurer que le Québec jouit des ressources fiscales dont il a besoin pour mener à son terme les mesures préconisées.

Ce programme d'urgence est généralement bien accueilli dans les rangs de la FTQ. Des militantEs mentionnent au passage quelques oublis comme l'assurance automobile ou l'ambiguïté des positions constitutionnelles de la centrale. D'autres en profitent pour souhaiter qu'on mette fin aux luttes intersyndicales. Certains universitaires progressistes sont plus critiques et dénoncent « l'énormité de demander gentiment au gouvernement d'appliquer ces mesures » au lieu de prendre les moyens pour le renverser[1].

Le gouvernement libéral ignore totalement le programme d'urgence de la FTQ. Les réponses des milieux politiques proviennent surtout de membres du PQ (associations de comtés, députéEs, candidatEs battuEs aux élections, fonctionnaires du parti). Ceux qui réagissent reconnaissent au programme d'urgence une parenté politique avec le programme du PQ. Ils font remarquer cependant que nombre de mesures ne pourraient pas être mises en œuvre dans le contexte constitutionnel actuel.

---

1. *Rapport du secrétaire général,* Montréal, 12e Congrès de la FTQ, du 30 novembre au 4 décembre 1971, p. 25.

Chapitre 9

Les affrontements (1971-1973)

A<small>U SORTIR</small> de la Crise d'octobre, les grandes entreprises tout comme les maîtres de la finance ont raison d'être contents de ceux qui gouvernent à Ottawa comme à Québec. Intraitables avec les terroristes, ces derniers sont sourds aux appels à la réforme lancés par le mouvement syndical, les nationalistes et plusieurs éditorialistes. Leur liberté d'action est on ne peut mieux protégée. Et ils en usent.

Lock-out à *La Presse*

En 1971, la FTQ est entraînée dans le conflit le plus dur de son histoire depuis Murdochville en 1958. En juillet, *Power Corporation*[1], le nouveau propriétaire du journal *La Presse*[2], impose un lock-out aux 350 salariéɛs des métiers de l'imprimerie. L'employeur, qui souhaite introduire de façon accélérée l'informatisation de sa production, a décidé de faire fi des « juridictions de métier[3] » et des emplois.

La complexité de la riposte syndicale tient au grand nombre de syndicats – onze de la FTQ et de la CSN – qui représentent les 1 400 travailleurs et travailleuses. Les syndicats de métiers en conflit proviennent de la FTQ. Ils représentent les travailleurs de la production : typographes (170 membres), expéditeurs (50 membres), pressiers (70 membres), clicheurs (20 membres), photograveurs (40 membres).

---

1. *Power Corporation*, un holding financier créé en 1925, passé sous le contrôle de Paul Desmarais en 1968, année où il fait l'acquisition du journal *La Presse*.
2. Quotidien fondé en 1884 et acquis par le typographe Trefflé Berthiaume en 1894. La famille de ce dernier en sera propriétaire jusqu'en 1968.
3. Le champ de compétence de chaque métier. Par exemple, le travail des typographes était nettement défini et ne pouvait être exécuté par unɛ salariéɛ qui n'était pas membre de la section locale 145, l'Union typographique Jacques-Cartier.

Ces syndicats ont une longue tradition de défense de leur métier. Ils ont ainsi réussi, depuis la fin du siècle dernier, à protéger leur champ de compétence. Ils imposent même aux employeurs un régime d'atelier fermé[1] et, jusqu'au coup de force de la *Power Corporation,* ils se croient à l'abri de toute remise en cause de leur statut. D'ailleurs, aux premiers jours du lock-out, ils se contentent de faire du piquetage symbolique devant l'immeuble, convaincus que le journal ne pourra pas se passer de leurs services pendant plus de quelques jours. Ils ne s'opposent donc pas à ce que les journalistes, qui sont membres de la CSN, rentrent au travail.

Pourtant, le quotidien est publié chaque jour et est distribué normalement à Montréal et en province. Ayant préparé de longue date cet affrontement, la direction a doublé le nombre de ses cadres non syndiqués et a commencé à recruter un grand nombre de *scabs.* Au lendemain du lock-out, l'employeur obtient des injonctions de la Cour, qui ordonne aux syndicats de limiter à quatre le nombre de piqueteurs devant chacune des portes de l'entreprise. C'est dire que le piquetage devient symbolique.

À la demande de ces syndicats affiliés à la FTQ, Louis Laberge multiplie les interventions publiques pour dénoncer le geste radical de l'employeur. Il profite de ses rencontres avec les dirigeantEs des syndicats lock-outés pour leur faire comprendre que leur stratégie attentiste risque de les maintenir sur le trottoir pendant des années.

Les négociations sont au point mort. Finalement, conscients qu'il faut développer un rapport de force plus large, les syndicats demandent l'intervention de la FTQ. Cette dernière délègue l'avocat Jean-Pierre Bourduas[2], comme conseiller à la table de négociation et l'auteur[3] à la mobilisation. La négociation étant totalement bloquée par l'attitude intransigeante de l'entreprise, c'est dans la rue, devant les maisons des contremaîtres et des

---

1. En vertu de ce régime, l'employeur est tenu de recruter sa main-d'œuvre dans les rangs du syndicat.
2. Jean-Pierre Bourduas avait été embauché quelques mois plus tôt grâce au soutien financier de quelques syndicats affiliés, dans le but de mettre sur pied un embryon de contentieux à la centrale. Après le conflit de *La Presse,* faute d'un financement suffisant, la FTQ dut le remercier de ses services. Il allait être nommé juge à la Cour du Québec en 1980.
3. Pendant la Crise d'octobre, le SCFP avait prêté ses services à la FTQ. En décembre, 1970, l'auteur était embauché à la centrale comme responsable de l'action sociale, économique et politique. Cependant, il n'a pratiquement pas exercé ces fonctions puisqu'il était affecté aux communications à la FTQ-Construction de janvier à juin 1971 et, au cours des mois suivants, à la mobilisation pendant le conflit de *La Presse.* En 1981, le service de l'action sociale économique et politique allait être renommé service de soutien aux luttes, ce qui correspondait davantage au travail quotidien de l'auteur.

scabs, dans les commerces qui vendent le journal, ainsi que dans l'opinion publique que la partie va se jouer.

La FTQ entreprend une vaste campagne de boycottage du quotidien. Le nombre d'exemplaires invendus augmente, mais les négociateurs patronaux demeurent inflexibles. À l'automne, les syndicats décident qu'ils ne respecteront plus les injonctions et qu'ils installeront des lignes de piquetage massives devant les portes du journal. PrévenuEs, les journalistes, qui entraient au travail tous les matins depuis le début du conflit, annoncent que dorénavant les piquets de grève ne seront plus franchis. Les quelque 400 journalistes, membres de la CSN, sont aussi en négociation et décident par la même occasion de rentrer au travail uniquement lorsque tous les syndicats du journal auront signé une convention collective. C'est, dans les faits, le premier front commun des employéEs de *La Presse.* L'éditeur, qui ne semble pas avoir prévu le coup, décide le 27 octobre de fermer le journal pour une période indéterminée. Alors commence la véritable négociation.

C'est Fernand Daoust qui appelle à manifester le 29 octobre. La mauvaise foi de *Power Corporation* à la table de négociation a convaincu les travailleurs et les travailleuses de *La Presse* que leur problème n'est pas strictement syndical et « qu'il nécessite un combat d'envergure[1] », affirme Fernand. Dès cette annonce, toutes les centrales syndicales et de nombreux organismes politiques, dont le PQ, des groupes communautaires annoncent leur participation.

Fernand décrit l'enjeu en ces termes :

> Les empires comme *Power Corporation, Noranda Mines, General Telephone and Telegraph* et autres canalisateurs de capitaux jouissent d'une force économique et d'une connivence politique automatique, qui rendent le dialogue avec les associations de salariés ridicule. [...] Le conflit à *La Presse* est historique parce qu'il fait partie de ces batailles qui transforment profondément les attitudes syndicales. Il ne s'agit pas simplement d'aménager des conditions de travail, mais de mettre en cause les finalités de la technologie qui, dans le système capitaliste, asservit au lieu de libérer les travailleurs[2].

Cette décision de manifester est prise malgré le règlement antimanifestation de l'administration Drapeau. En vertu de ce règlement municipal, un vaste quadrilatère du centre-ville comprenant le siège social de *La Presse* est interdit aux manifestantEs. La direction de la FTQ tente de discuter du parcours avec l'état-major de la police municipale, mais ce dernier est inflexible : on ne déroge pas au règlement.

---

1. Fonds d'archives FTQ, Fernand Daoust, *Le conflit à la Presse : les travailleurs québécois politisés grâce au capital,* document ronéotypé, 1971.
2. *Ibid.*

Le jour même de la manifestation, en matinée, René Lévesque se rend au siège de la FTQ pour y rencontrer ses dirigeantEs. Le PQ, ayant préalablement donné son appui à la manifestation, remettait en question sa participation. Craignant des affrontements violents, il demande à Louis Laberge et à Fernand Daoust de contremander la manifestation et de tenir au lieu une grande assemblée publique. Trop tard, lui répond Laberge. Il tente de rassurer Lévesque :

> Nous allons manifester pacifiquement. Nous avons un bon service d'ordre. De toute façon, l'interdiction de manifester est un règlement municipal, pas un article du Code criminel. Quand j'enfreins un règlement municipal de stationnement, la police me donne un *ticket*. Ils feront pareil à soir[1] !

Lévesque, loin d'être rassuré, recommande à l'exécutif du PQ de se dissocier de cette manifestation. Les dirigeants du Parti décident alors, à six voix contre cinq, de ne pas participer. Le député de Maisonneuve, Robert Burns, marque sa dissidence en annonçant son intention de manifester.

Une confrontation voulue et planifiée

Le parcours vers l'immeuble de *La Presse* prévoit la descente de la rue Saint-Denis vers le sud, puis un virage sur Dorchester vers l'ouest. Arrivé à Dorchester, on constate que la voie est bloquée par des centaines de policiers et des autobus. Les policiers motorisés, qui sont devant les 15 000 manifestantEs, leur indiquent qu'il faut poursuivre leur marche vers le sud sur Saint-Denis jusqu'au coin de la rue Craig (rebaptisée Saint-Antoine en 1976). Là, les forces de l'ordre ont érigé une barricade derrière laquelle il y a des centaines de policiers casqués, armés de matraques et de boucliers.

Arrivé à la barrière, Laberge s'adresse à la foule et donne ordre aux manifestantEs de s'arrêter. À ce moment, il déclare qu'avec Marcel Pepin et Yvon Charbonneau, ils vont franchir symboliquement les barrières métalliques pour ensuite se laisser calmement interpeller par la police. La déclaration de Laberge n'est pas terminée que des projectiles sont lancés en direction des policiers et ces derniers chargent la foule[2].

La manifestation est brutalement dispersée. On dénombre 190 blesséEs et le décès d'une jeune femme, Michèle Gauthier[3]. Louis Laberge et ses

---

1. Propos reconstitués à partir des souvenirs de l'auteur.
2. Yves Ménard, « Le lock-out de *La Presse* et l'émeute du 29 octobre 1971 : un conflit d'envergure nationale », *Bulletin du RCHTQ (Regroupement des chercheurs en histoire des travailleurs du Québec)*, vol. 28, n° 2, automne 2002, p. 19. Lire aussi Fournier, *Louis Laberge, op. cit.*, p. 200-206.
3. Dans l'échauffourée provoquée par la charge brutale de la police, la jeune femme est soutenue par son copain et par Adèle Lauzon, alors responsable des communi-

deux collègues présidents ne sont pas arrêtés, mais bousculés et repoussés vers le trottoir. Laberge, qui tente d'aider son fils tombé par terre à se relever, encaisse un solide coup de matraque dans le dos.

Une demi-heure après la dispersion désordonnée de la manifestation, Fernand, qui a perdu la trace de Laberge, présume qu'il a été arrêté. Accompagné de Jean-Guy Frenette, il parlemente avec un officier de police, qui les fait accompagner par un constable jusqu'au quartier général de la rue Gosford. Le policier les fait pénétrer dans l'immeuble par le garage. Fernand et Jean-Guy ont la surprise d'y voir débarquer des dizaines de gars en jeans et veste à carreaux, qu'ils prennent pour des manifestantEs. Certains portent même des pancartes… Mais quelque chose cloche. Ils circulent librement parmi les policiers avec qui ils échangent familièrement et reçoivent même des accolades. Ce sont des policiers qui avaient infiltré la manifestation. Ceux-là mêmes qui ont lancé les premières pierres sur leurs collègues ? N'était-ce pas une façon de justifier la charge policière sur les manifestantEs et provoquer leur dispersion ? L'auteur a en tout cas été témoin d'une scène étrange dans les minutes qui ont précédé la fin abrupte de la manifestation : un manifestant qui venait de lancer un projectile vers les policiers est encerclé et réprimandé par des membres du service d'ordre syndical. Aussitôt, un commando de l'escouade antiémeute accourt et arrache le manifestant du contrôle du service d'ordre pour l'entraîner derrière les rangs des policiers.

Fernand a la certitude que « la police a provoqué délibérément l'affrontement sur des ordres venus de haut et à des fins politiques[1] ». Lors des pourparlers entre les dirigeantEs de la FTQ et l'état-major de la police avant la manifestation, jamais on n'a révélé que le « boulevard Dorchester était fermé en direction de l'ouest par une douzaine d'autobus disposés en barricades et 300 policiers prêts à intervenir[2] ». Fernand croit que les policiers avaient décidé d'entraîner les manifestantEs au coin de Craig et Saint-Denis, lieu prévu d'une confrontation voulue et planifiée.

Au lendemain de la manifestation, Michel Chartrand, le président du Conseil central de Montréal de la CSN, convainc les trois centrales de tenir une grande assemblée de protestation au Forum de Montréal. Quelque 17 000 personnes s'y rassemblent pour entendre des discours tous plus enflammés les uns que les autres. Louis Laberge n'est pas en reste. Il affirme : « Ce n'est pas des vitres qu'il faut casser, c'est le régime que nous voulons casser. »

---

cations à la FTQ. Michèle Gauthier, asthmatique, succombe dans leur bras. Voir Adèle Lauzon, *Pas si tranquille*, Montréal, Boréal, 2008, p. 288-291.
1. *Ibid.*
2. *Ibid.*

Dans son discours, Fernand salue pour sa part « la formidable unité syndicale qui est en train de se construire partout au Québec ».

Le conflit de *La Presse* dure encore quatre mois. Au terme d'une longue négociation, à laquelle Louis Laberge participe personnellement avec le président de la CSN, Marcel Pepin[1], les lock-outéEs ont finalement gain de cause, préservant pour la durée de la convention collective leurs emplois et le respect de leur « juridiction de métier[2] ». *La Presse*, qui se targuait depuis le début du siècle d'être le « plus grand quotidien français d'Amérique », a vu son tirage baisser radicalement pendant le boycottage. Le journal ne retrouvera jamais plus le lectorat d'avant le conflit.

Le conflit de travail au quotidien *La Presse* laisse des séquelles au PQ. Après que Robert Burns ait marqué sa dissidence en participant à la manifestation, il affirme que le PQ est « en passe de devenir une aile un peu plus avancée du Parti libéral ». L'aile gauche du parti veut que le PQ montre concrètement sa solidarité à l'endroit des travailleurs et des travailleuses. Le conflit à *La Presse* en est l'occasion. Pour eux, le PQ se détourne de l'action.

Furieux, Lévesque montre la porte à Burns. Il déplore aussi les positions des chefs syndicaux qui sont « en train d'éloigner les travailleurs de toute politisation véritable ». Les partisanEs de René Lévesque demandent : « Veut-on faire du PQ un autre FRAP ? » Se rappelant que Jean Drapeau n'a jamais cessé d'associer le FRAP au FLQ, Lévesque ne veut surtout pas qu'une telle chose arrive à son parti et qu'il soit balayé de la scène politique.

Malgré tout, au cours des mois qui suivent, l'aile gauche se rallie à Lévesque et le droit à la dissidence est balisé.

La radicalisation de la FTQ

La brutale répression policière lors de la manifestation de *La Presse,* tout comme la Loi sur les mesures de guerre en vigueur un an plus tôt, a radicalisé le discours politique de la FTQ. Le congrès de la centrale, qui a lieu quelques semaines plus tard, en novembre 1971, prend une allure dramatique.

L'ouverture du congrès a lieu le dimanche soir, plutôt que le lundi matin. Pour cette séance, on accueille non seulement les déléguéEs officielLEs, mais toutEs les militantEs qui souhaitent entendre le président Louis Laberge

---

1. Ils font face à l'avocat spécialisé en relations du travail, Brian Mulroney, futur membre de la Commission Cliche (1974-1975) et futur premier ministre du Canada (1984-1993). Pour une description de l'issue de cette négociation, voir Fournier, *Louis Laberge, op. cit.,* p. 208-210.

2. Les syndicats de la production ne s'opposaient pas fondamentalement aux changements technologiques. Ils les savaient inévitables. Cependant, ils réclamaient avec force qu'ils soient négociés alors que *Power Corporation* tentait de les imposer en bloc.

livrer son discours inaugural. À l'avant de la salle, quelque 400 militantEs des syndicats de la construction prennent place et manifestent bruyamment leur appui à leur président dont le discours s'intitule *Un seul front*.

Laberge rappelle les conflits très durs que les affiliés de la FTQ ont vécus dans de nombreux secteurs, la Crise d'octobre 1970 et la manifestation de *La Presse*, le 29 octobre 1971, réprimée sauvagement. Il dit :

> Les jeux sont ouverts. Des empires comme *Power Corporation* [...], nous disent froidement que pour répondre à leur objectif de rentabilité maximum, ils doivent se débarrasser des outils humains qu'ils utilisent depuis vingt-cinq ou trente ans. [...] Les organisations des travailleurs [...] sont des entraves. Les entraves, on les fait sauter. [...] Nous savons désormais que dès que le pouvoir politique est sollicité par des puissances d'argent, il n'y a plus de limite à son action dominatrice[1].

Lors de ce congrès, les déléguéEs adoptent un manifeste : *L'État rouage de notre exploitation*. Coiffant deux études économiques, préparées par le service de recherche de la FTQ, le manifeste brosse le tableau d'un régime économique brutal où l'État, les forces de l'ordre et les tribunaux sont réduits à une fonction de rouage du système qui exploite les travailleurs et les travailleuses. Dans ce manifeste, on affirme :

> Le système économique dans lequel nous vivons tend à nous écraser. Nous n'avons pas d'autre choix que de le détruire pour ne pas être détruit. [...] Nous devons viser à remplacer le système capitaliste libéral qui le soutient par une organisation sociale, politique et économique dont le fonctionnement sera basé sur la satisfaction des besoins collectifs par un pouvoir populaire qui remette les appareils de l'État et les produits de l'économie aux mains de l'ensemble des citoyens[2].

Ce texte écrit dans l'urgence, quelques jours avant le congrès, ne fait pas l'objet de larges consultations. Fernand en approuve les grandes lignes, tout comme il se dit d'accord avec le discours inaugural du président. *L'État rouage de notre exploitation* a été discuté avec passion au sein de la petite équipe permanente de la FTQ, mais pas au Bureau de direction où l'on s'est surtout attardé aux deux études économiques que le manifeste introduit. Jean Gérin-Lajoie, qui a lu le manifeste, laisse passer, mais ne partage pas l'enthousiasme des jeunes permanentEs. Social-démocrate orthodoxe et chaud partisan du PQ, il décèle dans ce texte radical, qui ne définit pas clairement le socialisme à instaurer, une négation non avouée des libertés par-

---

1. *Un seul front*, discours inaugural du président Louis Laberge, 12ᵉ congrès de la FTQ, Montréal du 30 novembre au 4 décembre 1971, p. 7 et 25.
2. *L'État rouage de notre exploitation*, document de travail, 12ᵉ congrès de la FTQ, Montréal, FTQ, 1971, p. 19.

lementaires. Il en fait la critique dans son rapport moral devant l'assemblée des Métallos à la veille du congrès. S'ensuivra un débat d'exégètes mené par Jean-Guy Frenette, inspirateur du manifeste[1].

Les bémols du directeur des Métallos sont toutefois peu entendus. L'urgence de l'action politique est au cœur des réflexions. Dans son discours, Laberge reprend, en termes moins théoriques, l'analyse du manifeste, mais il reste ambigu sur les choix politiques :

> Nous devrons porter au pouvoir des gens à qui nous pouvons nous fier parce qu'ils sont des nôtres et qu'ils sont mandatés par nous. S'il nous faut appuyer officiellement un parti à Québec, nous devrons le faire ; mais cet appui devra être réel et s'enraciner profondément chez nos membres. Et si aucun parti ne satisfait à fond les aspirations de la classe ouvrière, il ne faut pas exclure la possibilité d'en bâtir un à la mesure de nos besoins[2].

Une résolution est adoptée, qui reprend mot à mot les termes du discours sur la formation éventuelle d'un parti. Cependant, les journalistes constatent une certaine réticence des dirigeantEs de la centrale à l'idée de fonder un parti autonome de la classe ouvrière. Jean Gérin-Lajoie affirme :

> Ce parti-là [le PQ], nous l'avons bâti patiemment et il ne faut pas le jeter par terre tout de suite ! Dans mon esprit, il n'est pas encore question de former un parti ouvrier, qui serait en fait un parti syndical. Il ne faut pas se le cacher. Cela risquerait de nous éloigner de la population, pour le moment du moins[3].

Lors de ce congrès, la question nationale occupe une place jamais vue jusqu'alors. Une résolution adoptée par les congressistes réclame le droit à l'autodétermination du Québec, y compris le droit à la souveraineté, « sous réserve que ce processus doit s'accomplir (*sic*) en fonction des besoins et des aspirations des classes laborieuses[4] ».

Fernand affirme alors aux journalistes : « Le PQ a souffert de l'absence des travailleurs dans ses rangs. Sa position à l'égard des travailleurs en est la meilleure preuve[5]. » Il dit croire que la résolution adoptée au congrès va encourager les membres de la FTQ à s'investir dans le PQ. Il espère qu'avec une plus grande participation, les syndicalistes auront une influence sur le

---

1. En 2012, M Éditeur a réédité les trois manifestes des centrales syndicales : *Ne comptons que sur nos propres moyens* (CSN), *L'école au service de la classe dominante* (CEQ) et *L'État rouage de notre exploitation* (FTQ). Dans l'introduction de ce dernier, l'auteur en explique la genèse.
2. *Un seul front, op. cit.*, p. 93-94.
3. Louis Fournier et Gérald Godin, « La FTQ en congrès », *Québec-Presse*, 5 décembre 1971.
4. *Ibid.*
5. *Ibid.*

programme. Jusque-là, le PQ compte 37,2 % de ses membres issus des professions libérales, mais seulement 12,6 % des cols bleus[1].

Les militantEs progressistes de la FTQ sortent ragaillardiEs du congrès. Néanmoins, vus de loin, les prises de position radicales de *L'État rouage de notre exploitation* et les propos du président de la FTQ dans son discours inaugural engendrent incompréhension et mécontentement. Le président du CTC, Donald MacDonald, est furieux. Pour lui, la FTQ sombre dans le séparatisme et le marxisme. « MacDonald menaçait les permanents de leur couper la tête s'ils étaient trop nationalistes et trop à gauche », raconte Fernand.

Front commun et grève générale

En 1972, quelques semaines après ce congrès de la radicalisation, la FTQ est associée à la négociation entre les salariéEs des services publics et l'État. Louis Laberge siège lui-même à la table centrale de négociation assisté du directeur du SCFP, Jacques Brûlé. Le président de la CSN, Marcel Pepin, et le président de la CEQ, Yvon Charbonneau, y siègent également.

Le Front commun regroupe la CSN (100 000 membres), la CEQ (70 000 membres) et la FTQ (30 000 membres). Les syndicats de la FTQ qui participent à cette négociation sont surtout le SCFP et la section locale 298 de l'Union internationale des employés de service (UIES). Le premier représente notamment les employéEs d'Hydro-Québec, des employéEs du soutien scolaire et, comme la section locale de l'UIES, des salariéEs du secteur de la santé ; l'Union internationale des employés professionnels et de bureau (UIEPB) est aussi présente avec ses employéEs du soutien scolaire et d'autres petits groupes sont représentés par les Machinistes et les Métallos.

C'est dans la foulée des colloques régionaux, en décembre 1970, que les centrales syndicales ont convenu d'établir une politique salariale commune[2]. En janvier 1972, le Front commun FTQ-CSN-CEQ est formellement constitué. Malgré une grande disparité des emplois et des rémunérations[3], la multiplicité des structures syndicales, le Front commun est soudé autour des principes de négociation : combattre le travail précaire et assurer une plus grande sécurité d'emploi. Les syndicats demandent que la négociation sur le plan des salaires se fasse à une table centrale. Réponse gouvernementale : la politique salariale n'est pas négociable.

1. Cyr et Roy, *Éléments d'histoire de la FTQ, op. cit.*
2. « Un autre front commun : les trois centrales se liguent en vue de négocier la politique salariale », *Le Devoir*, 19 décembre 1970.
3. « Ça va de l'employé d'hôpital qui gagne 72 $ par semaine à l'enseignant qui fait jusqu'à 350 $ », affirme Louis Laberge. Dans Fournier, *Louis Laberge, op. cit.*, p. 216.

Le vote de grève est tenu le 9 mars. Avec un taux de participation exceptionnel de 86,5 %, 72,1 % des salariéEs de l'État rejettent les offres du gouvernement et donnent au Front commun un mandat de grève générale illimité[1]. À la suite de ce vote, le gouvernement accepte enfin de rencontrer les négociateurs syndicaux à une table centrale pour discuter des salaires, de la sécurité d'emploi, du régime de retraite et de l'assurance salaire.

Une grève générale d'une journée est déclenchée le 28 mars. Comme le gouvernement ne bouge pas, le Front commun donne un mot d'ordre de débrayage illimité pour le 11 avril. Très rapidement, le gouvernement obtient des injonctions (assorties de lourdes amendes), qui ordonnent le retour au travail d'une partie des grévistes, les 10 000 d'Hydro-Québec et 14 000 du secteur de la santé. Les syndiquéEs d'Hydro-Québec et certains syndicats d'employéEs d'hôpitaux rentrent au travail, mais d'autres résistent. Les trois présidents soutiennent ceux qui défient les injonctions.

Après dix jours de grève, le gouvernement adopte une loi massue, qui force le retour au travail. Le Front commun envisage un temps de défier la loi. Louis Laberge clame : « Nous vendrons notre peau très cher![2] » Après des votes pris à la hâte, où le taux de participation est faible, les présidents constatent que le mouvement de grève risque de s'effriter et ordonnent la suspension de la grève jusqu'au 30 juin 1972.

Les présidents emprisonnés

Le retour au travail ne calme cependant pas le jeu. Les présidents des trois centrales sont appelés à comparaître en Cour supérieure et accusés d'avoir encouragé, aux premiers jours du débrayage, les syndiquéEs à défier les injonctions. Louis Laberge, Marcel Pepin, Yvon Charbonneau et 34 autres militantEs sont condamnéEs pour outrage au tribunal. Les présidents écopent du maximum prévu pour une telle infraction : un an de prison. Louis Laberge affirme plus tard : « Au lieu de nous condamner à une amende de 50 dollars, ils ont fait de nous des martyrs[3]. »

Le 9 mai, les chefs syndicaux, accompagnés de 2 000 manifestantEs, se livrent aux autorités judiciaires pour purger leur peine à la prison d'Orsainville, dans la région de Québec. Cet emprisonnement, alors que les syndiquéEs du Front commun sont rentréEs au travail, a des répercussions inattendues. Dans un vaste mouvement de colère collective, sans mot d'ordre des centrales syndicales, près d'un demi-million de travailleurs et de travailleuses quittent leur lieu de travail le 12 mai[4].

---

1. Jean-Claude Tardif, *Le mouvement syndical et l'État,* Sainte-Foy, PUL, 1995.
2. *La Presse,* 22 avril 1972.
3. Fournier, *Louis Laberge, op. cit.,* p. 219.
4. Voir le récit de ces événements dans Fournier, *ibid.,* p. 222-225 et dans Fournier,

C'est un événement sans précédent dans l'histoire ouvrière québécoise. Toutes les régions du Québec et tous les secteurs d'activité sont touchés. Des villes sont littéralement paralysées, certaines routes fermées et des postes de radio réquisitionnés par les grévistes. Ce sont les syndicats de la FTQ qui se révèlent les plus actifs lors de ces événements. Les syndicats de la construction, les Métallos, les Machinistes, les débardeurs, les travailleurs de l'automobile, mais aussi ceux de l'imprimerie, de l'alimentation et de la radiotélévision et, bien sûr, les membres du SCFP débraient massivement.

Le gouvernement ébranlé demande au ministre du Travail, Jean Cournoyer, de prendre en main le dossier. Il semble ouvert au dialogue. Fernand lui écrit et lui rappelle qu'il ne saurait être question de négociations tant que les présidents et les militantEs incarcéréEs ne sont pas libéréEs[1]. Les syndiquéEs débraient pour des périodes variant d'un à neuf jours.

Finalement, conscients de la dégradation généralisée du climat social, les présidents décident de porter leur cause en appel. Ils sont alors libérés en attente de comparaître à nouveau. La crise est désamorcée. Les centrales syndicales demandent à tous leurs membres de rentrer au travail.

La négociation peut enfin reprendre en présence des présidents. Finalement, au terme de longs pourparlers, plusieurs objectifs sont atteints, dont un salaire minimum de 100 dollars pour touTEs les salariéEs de la fonction publique, une clause d'indexation avantageuse, une plus grande sécurité d'emploi et un nouveau régime d'assurance salaire.

Si beaucoup de militantEs croient que le grand soir est arrivé lors des débrayages spontanés, Fernand ne perd pas de vue que l'objectif ultime est la reprise des négociations et la signature de conventions collectives satisfaisantes pour l'ensemble des salariéEs de l'État. Il affirme : « On se devait d'être responsable, sinon c'était le chaos. Il ne fallait pas jouer avec le feu[2]. »

Dans la même veine, Louis Laberge explique : « Il fallait calmer les esprits et éviter les débordements. De toute façon, je n'ai jamais cru qu'on pouvait renverser le gouvernement par la grève générale[3]. »

Regent Kinitting Mills : le pouvoir patronal remis en question

Les remises en question des militantEs ne concernent pas seulement le rôle de l'État et sa connivence avec le patronat. De plus en plus, les salariéEs remettent en question le pouvoir absolu qu'exercent les employeurs sur

Histoire de la FTQ, 1965-1992, op. cit., p. 81-83.
1. Jean Cournoyer, *Dans le feu de l'action,* Montréal, Éditions de l'Homme, 2012, p. 147.
2. Fournier, *Louis Laberge, op. cit.*, p. 224.
3. *Ibid.*

les milieux de travail. Ce qu'on nomme « les droits de gérance » n'a plus un caractère sacré. Les 520 salariéEs de la *Regent Knitting Mills* en font la démonstration.

Dans cette usine ouverte en 1916, les ouvriers et les ouvrières cardent, puis filent la laine ou le coton, qui sont ensuite tissés ou tricotés, teints, taillés et cousus pour en faire des vêtements. C'est la seule usine pareillement intégrée au Canada. Depuis des dizaines d'années, les salariéEs négocient péniblement leurs conditions de travail avec cette entreprise qui se dit fragile et peu rentable. Les travailleurs et les travailleuses savent pourtant qu'il n'en a pas toujours été ainsi. L'entreprise a embauché plusieurs générations d'hommes et de femmes à qui elle a versé des salaires très modestes. Pourtant, la *Regent* a connu des années très profitables, en particulier pendant la Deuxième Guerre mondiale. Mais ses propriétaires ont toujours préféré empocher les profits ou les investir dans l'immobilier plutôt que de moderniser les équipements. Ils n'ont à peu près rien changé de leurs méthodes archaïques de production. Cette usine constitue néanmoins l'un des trois piliers de la structure industrielle de Saint-Jérôme[1], inchangée depuis plus de soixante ans.

Le syndicat a une longue tradition de lutte. Représentant les salariéEs depuis 1937, il a entrepris de nombreuses grèves, en particulier en 1956, 1960, 1963 et 1966. « Des grèves pour aller chercher 15 cents ou 24 cents d'augmentation. [...] C'est leur gagne-pain qu'ils allaient chercher. Ils étaient obligés de le faire », rappelle Paul-André Boucher, le président du syndicat à partir de 1970[2].

Entouré de jeunes syndicalistes politisés, dont le trésorier Jean-Claude Ménard, Boucher est également à la tête du Conseil du travail de Saint-Jérôme, où les débats sont intenses depuis quelques années.

Les militantEs de la *Regent Knitting* ont participé activement au tournage du documentaire *Saint-Jérôme,* de Fernand Dansereau[3]. Ces syndicalistes réfléchissent régulièrement à leur condition ouvrière et aux moyens collectifs d'améliorer leur sort, particulièrement avec le concours du prêtre-sociologue, Jacques Grand'Maison[4]. S'opposant aux mesures de guerre pendant la Crise d'octobre 1970, ces militantEs participent à toutes les mobilisations de la

---

1. Les deux autres étant la Compagnie de papier Rolland et la Dominion Rubber.
2. Témoignage de Paul-André Boucher, tiré du film *Tricofil, c'est la clé*, 1976.
3. Documentaire de 116 minutes produit par l'Office national du film en 1968. Film engagé, *Saint-Jérôme* met en scène des citoyenNEs qui cherchent collectivement une solution à la crise du chômage provoquée par les changements technologiques.
4. Né à Saint-Jérôme en 1931, Jacques Grand'Maison a œuvré en milieu populaire et ouvrier, tout en poursuivant une carrière de professeur et d'écrivain. Il est l'auteur de quelque cinquante ouvrages portant sur les grands enjeux de la société québécoise.

FTQ et seront très impliquéEs dans le front commun intersyndical de la région, lors de l'emprisonnement des chefs syndicaux, en 1972.

Mises à pied massives

À l'été de 1972, le syndicat est en conciliation depuis quelques semaines, lorsque l'employeur annonce le licenciement définitif de 310 salariéEs. Les syndicalistes exigent des comptes à l'employeur, sachant pertinemment bien que cette annonce risque d'être le prélude à une fermeture définitive. Le syndicat demande aussi au gouvernement la mise sur pied d'un comité de reclassement, comme la loi le prévoit en cas de licenciement collectif. D'autant que Saint-Jérôme est considéré par le gouvernement comme une « zone désignée », ce qui donne droit à des interventions spéciales de l'État.

Outre la formation d'un comité paritaire patronal-syndical, on prévoit aussi une participation des gouvernements fédéral et provincial. Dès le début des travaux, on s'entend pour repousser les mises à pied en avril 1973. On convient aussi de commander une étude technique et économique sur la réorganisation de l'entreprise. Le syndicat insiste pour qu'une étude « humaine » soit menée auprès des salariéEs. Cette étude prendra la forme d'une enquête psychosociologique et sera réalisée par Jacques Grand'Maison. L'étude technique est confiée à la firme d'experts-conseils Kurt and Salmon Associates (KSA). Pour réaliser une expérience pilote sur l'organisation du travail dans la section de la finition, la firme réclame qu'on embauche une vingtaine de couturières. Cette condition est acceptée par l'employeur. Tout semble bien fonctionner ; le syndicat garde espoir.

En décembre, le syndicat découvre que l'entente sur l'embauche des couturières n'a pas été respectée. Les dirigeantEs du syndicat rencontrent le grand patron, Marvin Grover, qui, contre toute évidence, prétend que les emplois ont été créés, mais que les personnes embauchées ont été affectées à d'autres tâches. InsultéEs par sa désinvolture, les dirigeantEs réunissent les syndiquéEs à la cafétéria de l'usine pour les informer de la situation. Réagissant très mal, les salariéEs décident de rester à la cafétéria aussi longtemps qu'il le faut pour obtenir la garantie que les emplois seront conservés. Non seulement le patron ne répond pas à leur demande, mais des travailleuses l'aperçoivent par une fenêtre s'enfuyant au volant de sa luxueuse Corvette. La réunion d'information se transforme alors en occupation !

L'occupation[1]

Cette occupation non planifiée, commencée dans l'improvisation, aurait pu ne durer que quelques heures. Pourtant, dès le lendemain, il devient

---

1. Le récit qui suit est un résumé des événements tels que narrés par Paul-André Boucher, dans *Tricofil tel que vécu*, Montréal, CIRIEC, 1982, p. 51-70.

évident qu'elle ne prendra pas fin rapidement. Habitué à affronter les situations de crise, le syndicat organise l'action en répartissant les responsabilités : gestion de la cafétéria, surveillance, entretien de l'usine, communications, etc. Événement exceptionnel dans la vie de ces hommes et de ces femmes, l'occupation crée des dynamiques nouvelles. Les travailleurs et les travailleuses visitent leur propre usine et, pour la première fois depuis leur embauche, ont accès à d'autres secteurs de production que le leur. On mesure alors l'isolement imposé par la compartimentation et la division du travail.

Ouvriers et ouvrières sont en assemblée permanente. Le conseiller du CTC affecté à leur service, Yvon Leclerc, incite les syndiquéEs à dégager les grands enjeux politiques de l'action dans laquelle le syndicat est engagé. Tout est débattu : la gestion autoritaire de la compagnie, son imprévision, l'injustice du système de rémunération à la pièce, les conditions de vie et de santé imposées aux salariéEs depuis des décennies. On y discute aussi des rapports économiques violents que subissent les salariéEs et du soutien de l'État à l'entreprise privée, complice ainsi de l'exploitation des salariéEs. Tout est envisagé pour sortir de l'impasse : ces hommes et ces femmes, qui ont trop longtemps gardé le silence, réclament un accès à l'information sur la situation financière réelle de l'entreprise, parlent de cogestion, de gestion coopérative, et d'autogestion.

Finalement, après trois semaines d'occupation, apparaît une possibilité de reprise des négociations sur de nouvelles bases. L'employeur refuse cependant que la négociation se fasse en présence d'Yvon Leclerc, qu'il estime intraitable. Édouard Gagnon[1], permanent du CTC, ancien ouvrier tailleur de l'usine et président du syndicat, est chargé de reprendre le dialogue. Après deux jours de négociations ardues, un projet d'entente est conclu. Il prévoit qu'au minimum 75 emplois (au lieu de 20) seront maintenus au département de la confection.

Un débat déchirant

Les salariéEs appeléEs à se prononcer sur l'accord de principe entreprennent un long et déchirant débat. Plusieurs ont radicalisé leurs positions pendant l'occupation. L'engagement de l'employeur à respecter l'entente sur

---

1. Édouard Gagnon a été embauché à la Regent Knitting Mills à l'âge de seize ans, en 1946. Il adhère au syndicat et devient rapidement un délégué. Il est élu président en 1956. En 1962, il est embauché en tant que négociateur par l'Union des travailleurs du textile, dont fait partie le syndicat de la Regent. Édouard devient permanent du CTC en 1964, mais, en vertu d'une entente avec l'Union, c'est lui qui continue d'agir comme conseiller du syndicat de Saint-Jérôme jusqu'en 1971, alors qu'il est remplacé par Yvon Leclerc. Il sera plus tard représentant régional de la FTQ en Mauricie et dans la région des Bois-Francs jusqu'à sa retraite, en 1988.

les emplois ne leur suffit plus. On exige la réouverture de la convention collective et des changements radicaux. Édouard Gagnon se contente de faire une présentation concise de l'entente. Il rappelle que la raison de l'occupation était la non embauche des 20 couturières et que ce problème est réglé. Il recommande son acceptation. Il se retire pour laisser les salariéEs décider.

Le permanent du CTC, Yvon Leclerc, prône le rejet de l'entente. Il affirme que si l'employeur n'a pas respecté son engagement pour 20 couturières, il ne le respectera pas non plus pour 70. Pendant plus d'une heure, il défend passionnément la nécessité de continuer l'occupation jusqu'à ce que les ouvriers et les ouvrières obtiennent le respect intégral de l'entente de la part de l'employeur. Il est difficile de savoir par quelle disposition concrète de la convention collective un tel objectif pourrait être atteint... Sans gaieté de cœur, une très forte majorité des occupantEs appuient l'entente. Yvon Leclerc quitte ses fonctions de représentant du CTC dans les jours qui suivent.

Même si les opposantEs à l'entente sont minoritaires, cette division est grave, car ce sont les membres les plus militantEs du syndicat qui l'ont rejetée. CertainEs ne digéreront jamais cette fin abrupte de l'occupation. Parmi les dissidentEs, il y a le trésorier, Jean-Claude Ménard, qui a démissionné de son poste. Quelques jours plus tard, il accepte de reprendre ses fonctions au comité exécutif du syndicat.

Vers la cogestion

La menace de fermeture écartée et la reprise du travail permettent au syndicat de se concentrer sur les travaux du comité de reclassement. Les deux études démarrent. L'enquête de Grand'Maison fait le portait de cette main d'œuvre vulnérable en ces termes :

> Quarante ans, petit salarié, moins de sept ans de scolarité, avec de grands enfants à l'école, tiraillé par un budget à la cent près, sans grande possibilité de rechange, le salarié moyen est prêt à investir beaucoup de lui-même pour trouver son pain et sa sécurité dans cette entreprise. Mais il a besoin de savoir où il va à court terme, de se sentir impliqué dans une démarche cohérente[1].

À la fin de janvier 1973, le rapport économique est déposé : on y décrit les déficits accumulés, les faiblesses administratives, le mode de production complexe, la vétusté des équipements... On affirme cependant que l'usine peut être rentable. Pour cela, le rapport recommande une réorganisation

---

1. *Rapport final. Comité d'étude et de reclassement de la main-d'œuvre, the Regent Knitting Mills, Saint-Jérôme*, Montréal, août 1973, p. 119.

du travail. Le syndicat est satisfait de trouver dans ce rapport une reconnaissance de l'expertise de la main-d'œuvre, ce qui est décrit comme un atout dans le cadre d'une éventuelle relance. En outre, la firme recommande qu'une nouvelle convention collective soit négociée avant que ne soit mise en œuvre la réorganisation de l'entreprise.

L'employeur semble avoir enfin compris où est son intérêt. Dans le cadre de cette réorganisation, il flaire l'occasion d'obtenir de généreuses subventions. Il s'engage donc positivement dans la négociation. Une clause de la nouvelle convention collective, d'apparence anodine puisqu'elle parle d'un « comité consultatif », revêt une importance capitale aux yeux du syndicat. Dans les faits, il s'agit d'un comité paritaire, où le syndicat détient un droit de véto sur toute décision concernant la réorganisation du travail. Il s'apparente à un comité de gestion, voire de cogestion. On fonde beaucoup d'espoir dans ce nouveau mode de relations patronales-syndicales. En quelques mois, les syndiquéEs ont transformé une situation désespérée en expérience innovante.

À la FTQ, les balbutiements de cette tentative de cogestion sont suivis avec un grand intérêt. Fernand s'informe constamment de l'évolution de cette expérience. Il demande que le service de recherche creuse la question de l'organisation du travail et des nouvelles stratégies syndicales pour y contribuer. Il en sort un document de travail qui est soumis à la discussion des déléguéEs au congrès de 1973, *Notre place dans l'entreprise*.

La difficile unité syndicale

Fernand dresse un bilan positif du premier grand Front commun intersyndical du secteur public. Il affirme : « L'expérience de mai 1972 se révèle un acquis positif pour le mouvement syndical. Nous avons fait un pas en avant au niveau de la solidarité, un pas d'autant plus important qu'il ne faisait pas suite à un mot d'ordre des dirigeants syndicaux[1]. »

Pourtant, ces événements de mai 1972, s'ils ne provoquent pas une division majeure dans la FTQ, ont des conséquences dramatiques à la CSN, qui perd près du tiers de ses effectifs. Quelque 30 000 membres, principalement du secteur privé, la quittent et forment la Centrale des syndicats démocratiques (CSD). En outre, le syndicat qui regroupe environ 30 000 fonctionnaires se désaffilie à son tour de la centrale et devient indépendant. Ils sont imités par les 6 000 travailleurs et travailleuses de l'aluminium, qui se regroupent dans la Fédération des syndicats du secteur de l'aluminium (FSSA)[2] et les 3 000 chauffeurs d'autobus

---

1. Rapport du secrétaire général, 13ᵉ congrès de la FTQ, 3-7 décembre 1973.
2. Les syndicats de l'aluminium ont conclu une entente de service avec le Syndicat

de la Commission de transport de la Communauté urbaine de Montréal, dont le syndicat devient aussi indépendant. En 1975, ce sont les
professionnelLEs du gouvernement, les infirmières et les employéEs de la
Société des alcools du Québec, qui quittent le bateau. Une autre saignée
de 20 000 adhérentEs[1].

Fernand s'inquiète des conséquences sur le mouvement syndical de
cette saignée à la CSN. Devant une assemblée de citoyenNEs du quartier de
Rosemont, il assure qu'à la FTQ, on exprime une réprobation générale des
« trois D[2] ». Il affirme que la création de la Centrale des syndicats démocratiques est née d'une collusion entre les fondateurs de la nouvelle centrale, les
« trois D » et des ministres fédéraux du Québec, dont Jean Marchand. Selon
lui, ils auraient encouragé cette scission parce qu'ils craignaient un rapprochement des centrales syndicales avec le PQ[3].

Fernand « trouve malheureux que des travailleurs suivent les trois D
dans leur aventure. Il est suicidaire de s'embarquer sur une galère où se réfu-
gient les mécontents […], les travailleurs et travailleuses en désaccord avec
les orientations de leur organisation syndicale « devraient livrer bataille à
l'intérieur de la structure officielle[4] ».

Partisan de longue date de l'unité syndicale, Fernand est à la recherche
d'enjeux qui peuvent unir les centrales plutôt que les diviser. Il affirme :
« Avec les expériences des fronts communs des dernières années, le mouvement syndical était rendu au point ou il aurait pu élaborer des mécanismes communs d'action et d'échange sur une base permanente[5]. » Il cite
l'exemple du Comité régional intersyndical de Montréal (CRIM). Il réunit le Conseil du travail de Montréal (FTQ), le Conseil central des syndicats nationaux de Montréal (CSN) et l'Alliance des professeurs de Montréal
(CEQ).

Si un tel organisme de coordination intersyndicale n'existe toujours
pas au niveau des centrales elles-mêmes, c'est que des rivalités très dures
opposent les syndicats de la construction de la CSN à ceux de la FTQ.

---

des métallos de la FTQ en 1996 et, en 2003, une partie y a adhéré formellement.
La même année, d'autres syndicats issus du même groupe joignaient les rangs des
Travailleurs canadiens de l'automobile (TCA), aujourd'hui UNIFOR, également
affilié à la FTQ.

1. Rouillard, *Histoire du syndicalisme québécois, op. cit.*, p. 331-337.
2. Ainsi nommé à cause du nom des trois fondateurs de la CSD, ex-dirigeants dissidents de la CSN, Paul Dalpé, Amédée Daigle et Jacques Dion.
3. Lise Lachance, « Selon Fernand Daoust : la nouvelle centrale syndicale est née de la
   collusion des 3 D avec des ministres fédéraux », *Le Soleil*, 14 juin 1972.
4. *Ibid.*
5. Pierre Richard, « Le bill 89 : le secteur privé aussi en souffrira », *Le Devoir*, 3 janvier
   1973.

Depuis quelques mois, en effet, ces rivalités ont pris une dimension média-tique quand l'ex-journaliste de Radio-Canada, Michel Bourdon[1], a entre-pris une campagne ultra belliqueuse contre les syndicats de la construction affiliés à FTQ. Ces derniers sont, selon lui, contrôlés par le crime organisé et maintiennent les travailleurs sous leur tutelle grâce à un régime de peur et de corruption.

Cette campagne a des répercussions directes sur l'image de la FTQ, sou-vent assimilée, dans l'opinion publique, au seul milieu de la construction. Les syndicats des autres secteurs affiliés à la centrale se sentent par le fait même éclaboussés. Conséquemment, ils deviennent de plus en plus aller-giques aux actions unitaires.

C'est pourquoi, en 1973, le Conseil général de la FTQ décide de ne pas participer à la manifestation intersyndicale du 1er mai. Pourtant, le CRIM, qui l'organise, a fait de la libération des chefs syndicaux le thème de la manifestation. Les présidents des trois centrales en effet, à la suite de l'appel de la sentence d'emprisonnement de 1972, ont porté leur cause jusqu'en Cour suprême. Or, en janvier 1973, cette dernière a rejeté leur requête et ils ont dû regagner la prison d'Orsainville le 5 février suivant.

Les militantEs du Conseil du travail de Montréal ne comprennent pas la décision de leur centrale de ne pas participer à une manifestation qui réclame la libération de son président. Ils demandent à la FTQ de révi-ser sa position. C'est le secrétaire du CTM, André Messier[2], qui intervient auprès de Fernand, alors qu'il est seul à la barre de la centrale. Messier se rend alors compte que le secrétaire général est très déçu de la décision du Conseil général. Devant l'insistance de Messier, il s'engage à faire une ten-tative. En fait, Fernand prend sur lui d'appeler chacun des membres du Bureau de la FTQ pour les convaincre de revenir sur leur décision. Il télé-phone ensuite personnellement à chacun des membres du Conseil général pour leur demander leur avis. Ce sondage téléphonique permet de ren-verser la décision : 28 membres votent en faveur de la participation, cinq contre et deux sont indécis. La FTQ participera officiellement à la mani-festation unitaire du 1er mai 1973.

---

1. D'abord affecté aux communications, il devient président de la CSN-Construction en 1973.
2. Ancien militant du secteur de l'alimentation, membre du syndicat des salaisons de 1958 à 1966, il entreprend alors des études en relations industrielles et en sociolo-gie à l'Université de Montréal. Il est embauché comme recruteur et négociateur au syndicat du bois (SITBA) de Jean-Marie Bédard en 1971. Il est élu secrétaire géné-ral du CTM en 1973 et vice-président de la FTQ en 1975. Il devient responsable des communications au SCFP, de 1981 à 1985, et directeur du service de l'infor-mation à la FTQ, de 1985 à 2002. Il est décédé en mai 2015.

La guerre aux *scabs*

On aurait tort de croire que le radicalisme est le seul fait des salariéEs du secteur public. En fait, plusieurs groupes de travailleurs et de travailleuses d'entreprises grosses et petites, qui font face à l'hostilité patronale, durcissent leurs moyens d'action. La présence de *scabs* dans de nombreux conflits et le recours patronal systématique aux injonctions pour limiter le piquetage les radicalisent particulièrement.

Depuis mars 1973, les 312 grévistes de l'usine de pneus *Firestone* à Joliette doivent se battre à coup de poing chaque jour pour empêcher des *scabs* de sortir la production de l'usine. La vigueur de la riposte des grévistes est accrue par une démocratie syndicale exemplaire. Ce que rappellera plus tard Fernand, qui citait le groupe en exemple : « Chaque semaine, 40 à 50 travailleurs se réunissaient pour faire le point sur les négociations ; ils décidaient des actions à mener et ils veillaient à informer les membres du déroulement du conflit[1]. »

Cette année-là, un grand nombre d'employéEs d'entreprises multinationales ou locales sont en grève depuis plusieurs mois. À Joliette, à la *Canadian Gypsum*, les syndiquéEs affiliéEs à la CSN ont débrayé un mois avant les syndiquéEs de *Firestone*. Constatant la similitude de leurs conditions de lutte, les grévistes des deux entreprises tissent des liens et élaborent des stratégies communes. Un front commun FTQ-CEQ-CSN est créé. Il organise une grande manifestation de soutien aux grévistes. En tête de la marche, on retrouve les présidents des trois centrales, qui sont fraîchement sortis de prison.

Ces syndiquéEs élargissent aussi leur solidarité à d'autres groupes également aux prises avec des *scabs*. Cet été là, des centaines de salariéEs, membres de syndicats affiliés à la FTQ, vivent de longs conflits : les travailleurs et travailleuses du *Foyer des Hauteurs* à Saint-Jérôme sont en grève depuis vingt-et-un mois, les salariéEs du *Pavillon Saint-Dominique* à Québec, depuis dix-sept mois ; ceux et celles de *Seven Up* à Québec, depuis douze mois ; ceux et celles du magasin *Polack* à Québec, depuis onze mois ; les salariéEs de *Radio-Saguenay*, depuis sept mois ; et ceux et celles de *Renault-Canada*, depuis trois mois.

Tous ces groupes, mis en rapport les uns avec les autres, forment un réseau plus ou moins formel de grévistes. Ils manifestent ensemble et s'échangent des piqueteurs, une tactique astucieuse pour contrer les injonctions. En effet, ces ordres de la Cour restreignent généralement le piquetage à un nombre ridicule de grévistes à la fois. Le non-respect des injonctions entraîne de

1. FTQ, communiqué, 13 janvier 1974.

lourdes amendes et, parfois même, des peines d'emprisonnement. Grâce au réseau de grévistes, des piqueteurs venus d'ailleurs débarquent par surprise devant une usine en grève, donnent quelques « leçons de savoir-vivre » aux *scabs* et disparaissent avant d'avoir pu être identifiés.

C'est ce réseau de solidarité entre grévistes qui prend l'initiative d'envahir le ministère du Travail, sur le boulevard Crémazie à Montréal, le 27 août 1973[1]. Quelque 400 grévistes d'une vingtaine d'entreprises de différentes régions du Québec occupent les lieux et réclament une rencontre avec le ministre Jean Cournoyer. Ses adjoints affirment que le ministre, en congé, est inatteignable. Ils tentent de convaincre les manifestantEs de former une délégation que le ministre rencontrerait dans les prochains jours. Les militantEs refusent et s'installent dans les salles et les corridors du ministère. Les autorités ferment la climatisation sur les étages occupés ; l'immeuble dont les fenêtres ne s'ouvrent pas devient vite un four, mais les grévistes tiennent bon.

De son bureau, Louis Laberge réussit à convaincre les autorités de faire venir le ministre. Finalement, en soirée, ce dernier arrive dans ses bureaux, accueilli par des militantEs exténuéEs, mais toujours déterminéEs à faire entendre leurs revendications. Dans une salle bondée, le ministre doit subir une description détaillée de chacun des conflits en cours par les porte-parole de chacun des groupes de grévistes. On lui fait aussi la lecture du manifeste des grévistes intitulé *Le travail, notre propriété*[2], dans lequel on décrit les conditions injustes dans lesquelles s'exerce le droit de grève au Québec :

> Nous n'avons en propre que notre capacité de travail. [...] Si nous ne pouvons retirer librement notre travail à celui qui l'exploite, ce travail ne nous appartient pas vraiment. Les travailleurs vont lutter pour reprendre le contrôle de ce seul bien que leur reconnaît officiellement la société capitaliste.

Dans ce manifeste, on dénonce le recours aux injonctions par les employeurs pour limiter ou interdire le piquetage lors des conflits de travail. Surtout, on réclame avec force une loi antibriseurs de grève.

Coincé, le ministre, qui a docilement écouté la description de chacun des conflits et la lecture du manifeste, admet que le recours aux *scabs* est inacceptable. Il affirme même : « C'est de l'aberration mentale que de croire que l'équilibre des forces existe lorsque les compagnies ont recours à de tels procédés[3]. »

---

1. Cette occupation a fait l'objet d'un documentaire réalisé par le cinéaste Robert Favreau et intitulé *Vous savez ça, monsieur le ministre?*, 51min., Vidéographe, 1973.
2. Manifeste conçu par le collectif des grévistes et rédigé par l'auteur.
3. Pierre Richard, « Cournoyer évoque la possibilité d'une loi anti-briseurs de grève », *Le Devoir*, p. 1, 28 août 1973.

Il s'engage même à présenter à l'Assemblée nationale un projet de loi pour l'interdire[1].

Le débat sur la grève générale

À la suite des débrayages généralisés de mai 1972, au Bureau de direction de la FTQ, les débats ont été vifs concernant le recours à la grève générale. Jean Gérin-Lajoie, dont le syndicat a pourtant été fort actif pendant les débrayages illégaux, parle de « déraillage » et de tendances « gauchistes et pseudo révolutionnaires ». Il reproche aux syndicats du secteur public d'avoir cru pouvoir « se mettre au-dessus des lois[2] ».

TouTEs ne partagent pas cet avis. Lors du congrès de la FTQ de 1973, des militantEs reprochent à la FTQ de ne pas s'être engagée à fond dans le grand mouvement de protestation qui a suivi l'emprisonnement des chefs syndicaux. Une résolution blâme ainsi les dirigeants : « La FTQ a joué un rôle passif durant les événements de mai 1972 et, face à l'ampleur du problème, elle aurait dû œuvrer directement à susciter et à organiser les débrayages[3]. »

Plusieurs résolutions prônent la désobéissance civile et le recours à la grève générale. Les Métallos s'opposent en bloc au concept même de grève générale, qu'ils jugent inapproprié dans notre régime de relations du travail. Malgré leur opposition et celle de quelques syndicats, deux résolutions sont tout de même adoptées : l'une prône la désobéissance civile « lorsque les recours légaux et légitimes de défenses sont épuisés », l'autre balise cette action exceptionnelle, l'associant « à une situation mettant en jeu l'existence même ou le fonctionnement démocratique du mouvement ouvrier[4] ».

L'enjeu de l'action politique refait surface lors de ce congrès. Compte tenu du refus du PQ de permettre l'adhésion des syndicats au parti[5], pour éviter toute possibilité de contrôle syndical, le CTM propose que le congrès de la FTQ soit autorisé à « organiser une conférence de représentants de

---

1. Il fait effectivement préparer un tel projet de loi, qu'il soumet au Conseil consultatif du travail et de la main-d'œuvre quelques mois plus tard, mais celui-ci est unanimement rejeté par les parties. Par les employeurs, pour qui toute restriction à leur liberté de briser les grèves est évidemment inacceptable, mais aussi par le mouvement syndical auquel le projet de loi imposerait une foule de contrôles étatiques de l'exercice du droit de grève en échange du bannissement des *scabs*.
2. Fournier, *Histoire de la FTQ, op. cit.*, p. 83.
3. Procès-verbal du 13ᵉ congrès de la FTQ, 3-7 décembre 1973.
4. *Ibid.*
5. Émile Boudreau a bataillé ferme dans les rangs du PQ pour faire accepter l'adhésion des syndicats au parti sur le modèle du NPD, mais la direction du PQ s'y est fermement opposée. Boudreau a même démissionné du PQ à cette époque… pour y revenir quelques mois plus tard. Dans l'intervalle, au congrès de la FTQ de 1973, il appuie la création d'un parti ouvrier.

toutes organisations intéressées à étudier la possibilité de former un parti politique fédéré des travailleurs ». Fernand et la majorité des membres du Bureau de direction sont opposés à cette résolution. Au cours des débats, il devient clair que les opposantEs à la création d'un parti ouvrier sont des partisanEs du PQ. Signe des temps, les tenantEs de la neutralité politique ou de l'apolitisme syndical restent muetTEs. Le congrès est très divisé et le vote en est témoin : c'est dans une proportion de 56 % que la résolution est rejetée.

Ce congrès a lieu un mois après les élections québécoises du 29 octobre 1973, qui ont reporté les libéraux au pouvoir. Fernand est consterné de voir le Parti libéral du Québec (PLQ) obtenir une majorité des sièges. Le mode de scrutin est responsable d'une distorsion pire qu'en 1970 dans la répartition des éluEs. La FTQ n'a jamais adopté de résolution en appui au PQ. Pour les élections d'octobre 1973, elle a simplement recommandé à ses membres de battre les libéraux en votant pour les « candidats issus du mouvement ouvrier ». Fernand croit que la FTQ aurait dû donner son appui officiellement au PQ. Une opinion que partage le président, qui affirme dans son discours inaugural que cela a été une erreur de stratégie parce que le PQ était « le seul parti qui répondait à certaines aspirations du mouvement ouvrier[1] ».

Les Métallos et le SCFP appuient officiellement le PQ. Deux permanents du syndicat sont d'ailleurs candidats lors de l'élection : Antonio Bruno, dans le Nord-Ouest québécois, et Clément Godbout, sur la Côte-Nord. Godbout obtient 43,15 % du suffrage populaire, alors que le candidat libéral en recueille 52 %. On estime généralement à la FTQ qu'une nette majorité des syndiquéEs votent pour le PQ. Fernand est d'avis que la FTQ aurait dû inviter ses membres à voter pour ce parti. Il estime qu'appeler à battre les libéraux sans offrir une alternative ne tient pas la route.

Le congrès de 1973 confirme le poids important du PQ dans la FTQ. La FTQ réalise d'ailleurs un sondage qui révèle que 76 % des déléguéEs au congrès ont voté en faveur du Parti québécois et 11 % pour le Parti libéral du Québec. Parmi les francophones, 85 % des déléguéEs ont donné leur vote au PQ ; parmi les anglophones, 53 % demeurent fidèles au PLQ[2].

---

1. *Le combat inévitable,* discours inaugural du président, 13ᵉ congrès de la FTQ, 3-7 décembre 1973.
2. *Le Monde ouvrier,* janvier 1974.

A vec 102 députéEs éluEs en octobre 1973, le Parti libéral de Robert Bourassa ne change pas d'attitude. Il donne la priorité au maintien, par tous les moyens possibles, d'un climat favorable aux investisseurs. Selon un rapport commandé à la firme américaine Fantus[1], le monde des affaires doit se sentir bien accueilli au Québec ; les revendications linguistiques et le militantisme syndical sont des facteurs d'insécurité, qui incitent les investisseurs à s'installer ailleurs. Le message est clair : l'État doit demeurer un rouage de l'économie et ne doit surtout pas se positionner comme un arbitre impartial.

Pour donner suite au rapport Fantus, le gouvernement entend mater les forces perturbatrices à l'aide du projet de loi 89. Ce projet de loi, qui vise d'abord à encadrer l'exercice du droit de grève des salariéEs de l'État, impose des restrictions et des encadrements si stricts que, dans les faits, le droit de grève est nié. Le mouvement syndical se sent d'autant plus attaqué que ces mesures coercitives risquent de s'appliquer à tous les secteurs, dont le secteur privé[2]. Le mouvement syndical est unanime dans sa dénonciation de

---

1. Le rapport Fantus a été commandé en 1971 par le ministère de l'Industrie et du Commerce du Québec (MIC) à la firme Fantus de Chicago, pour connaître l'opinion des industriels québécois, ontariens et états-uniens sur le Québec comme lieu d'investissement.
2. Les dispositions de la loi s'appliqueraient non seulement lorsque la santé ou la sécurité du public serait en danger, mais lorsque l'État jugerait que «le bien-être public» est en cause. Cette notion floue ouvre la porte à des interventions en tout temps, dans tous les secteurs. Ne pourrait-on pas soutenir que l'interruption de la fabrication de moteurs d'avion ou de produits alimentaires est une attaque au «bien-être public», au même titre qu'une grève dans le transport en commun ou dans une école? Voir *Bill 89*, édition spéciale du *Monde ouvrier*, 1973.

cette nouvelle attaque des libéraux. Finalement, devant l'imminence d'une large mobilisation syndicale contre ces mesures, le gouvernement Bourassa recule. Il laisse tomber son projet de loi. Mais personne n'est rassuré en ce qui concerne ses intentions.

Au cours des années 1974 et 1975, la FTQ fait face à trois événements majeurs : le conflit à la *United Aircraft*, le saccage de la baie James, suivi de la Commission Cliche, et la fermeture de la *Regent Knitting Mills*. Apparemment, ces événements semblent ne pas être liés les uns aux autres, mais chacun, à sa façon, illustre l'assujettissement de l'État québécois au pouvoir de l'argent.

Cette perception est très généralement partagée par les militantEs des syndicats. Rappelons que, pendant la même période (1974-1976), les salariéEs de tout le Canada sont engagéEs dans une lutte très dure pour protéger leur pouvoir d'achat contre une inflation excessive. La FTQ soutient sans réserve ses syndicats affiliés, dont certains ont recours à des débrayages illégaux pour forcer leur employeur à rouvrir leur convention collective. Le jour de la fête du Travail, au début de septembre 1974, le Québec compte quelque 12 000 grévistes, dont 7 000 sont membres de syndicats affiliés à la FTQ[1].

En octobre 1975, le gouvernement fédéral, imité par les gouvernements des provinces, impose un contrôle des salaires pour une durée de trois ans. La grogne des syndiquéEs prend de l'ampleur et, un an plus tard, le 14 octobre 1976, à la suggestion de la FTQ, le CTC donne un mot d'ordre de grève générale de 24 heures. Quelque 1,2 million de salariéEs y participent, dont 180 000 membres de syndicats affiliés à la FTQ[2].

Pendant cette période trouble, surchargé par la gestion quotidienne d'une centrale en pleine gestation, Fernand trouvera le moyen de s'investir très intensément dans le conflit de la *United Aircraft*, à la *Regent Knitting Millls* et auprès des syndicats de la construction.

United Aircraft

Le syndicat de la *United Aircraft*, à Longueuil, est l'un de ceux qui revendiquent l'indexation des salaires. Fernand connaît le dossier. Le directeur québécois des Travailleurs unis de l'automobile (TUA), qui est le négociateur dans ce dossier, Robert Dean, lui parle de l'attitude intransigeante de la compagnie – une adepte du *boulwarisme*[3]. Dès le départ, il anticipe un

---

1. *Montréal-Matin*, 31 août 1974.
2. Fournier, *Histoire de la FTQ, op. cit.,* p. 100-103 et 117-119.
3 C'est une stratégie patronale de négociation qui consiste à imposer un projet de convention collective à prendre ou à laisser par le syndicat. Jeune syndicaliste, Fernand a vécu cette expérience avec la compagnie Coca-Cola. Voir Leclerc, *op. cit.,* p. 151.

affrontement majeur avec le syndicat qui cherche à lui imposer une véritable négociation.

Le holding de l'avionnerie, propriétaire du fabricant de moteurs d'avions *Pratt & Withney*, est installé à Longueuil depuis plusieurs années lorsqu'un syndicat réussit à s'y implanter. Les TUA ont mis dix ans avant d'obtenir l'accréditation syndicale en 1963.

Au cours des années suivantes, trois rondes de négociations sont entreprises et, chaque fois, la multinationale a fait preuve d'une totale intransigeance. La négociation est pratiquement impossible avec elle. La compagnie ne fait aucune concession sur la question de la sécurité syndicale, refusant notamment toute discussion sur la formule Rand[1]. En l'absence de telles mesures, c'est la survie même du syndicat qui est en jeu. Il est obligé de recruter en permanence des syndiquéEs pour s'assurer de conserver la majorité absolue, faute de quoi il perd son accréditation. Dans de telles conditions, l'employeur serait dégagé de l'obligation de négocier.

En 1967, à la suite d'une grève qui a duré sept semaines, les salariéEs de Longueuil ont dû rentrer au travail après avoir laissé tomber la plupart de leurs revendications. Le syndicat a tout juste réussi à conserver une majorité d'adhérentEs à l'usine, évitant ainsi une probable disparition.

Renforcement du syndicat

En 1973, le syndicat reprend du poil de la bête. Il fait une campagne intensive de recrutement, multiplie les activités de formation syndicale et met sur pied, en renforcement de la structure des déléguéEs, un réseau de 260 militantEs motivéEs[2]. Ces personnes-ressources, qui représentent toutes les catégories d'employéEs, sont réparties dans toute l'usine. Avec les déléguéEs et les dirigeantEs éluEs du syndicat local, elles constituent une sorte de conseil syndical auquel on soumet les décisions importantes du syndicat. Les déléguéEs et les personnes-ressources sont la voix et les oreilles du syndicat dans l'usine.

---

1. Cette disposition des conventions collectives est ainsi nommée à la suite d'une décision du juge Ivan Rand, lors d'un conflit entre les Travailleurs unis de l'automobile et le constructeur automobile Ford à Windsor, en 1946. Selon cette formule, l'employeur est tenu de prélever sur les salaires et de remettre au syndicat accrédité l'équivalent de la cotisation syndicale pour l'ensemble des salariéEs couvertEs par l'accréditation, que ces salariéEs aient ou non adhéré au syndicat. Depuis des années, cette clause était généralement acceptée par les employeurs et inscrite dans la convention collective.

2. *Une grève, leur grève, notre grève, la grève*, recueil d'entrevues réalisées par Gisèle Tremblay, Fernand Robidoux et Guy Bisaillon, Longueuil, Travailleurs unis de l'automobile, section local 510, 1975.

Tous ces efforts consolident la structure syndicale de base. Des leaders combatifs exercent également une forte influence sur les membres. Parmi eux s'illustrent le secrétaire-trésorier, Jean-Marie Gonthier, et le coordonnateur des déléguéEs et des personne-ressources, André Choquette. À titre préventif, on lui attribue le titre de « directeur de grève ». Grâce à ce nouveau rapport de force, les dirigeants du syndicat croient pouvoir enfin faire des gains significatifs lors des négociations.

Les 2 500 membres de la section 510 se sentent appuyéEs par les TUA qui comptent, au début de 1973, plus de 107 226 membres au Canada et disposent d'un solide fonds de grève[1].

Pour bien préparer la négociation, le syndicat a fait appel, cette fois-ci, au service de la recherche de la FTQ. Le travail de ce dernier met à jour les tactiques de la *United Aircraft*. Elles s'insèrent dans une stratégie globale, qui s'articule ainsi : utilisation maximale des lois canadiennes et québécoises de soutien à l'entreprise privée, vente au rabais d'une partie de sa production à la société mère ou à ses succursales, maintien artificiel de la succursale québécoise en quasi-déficit, évasion fiscale par la rétrocession des profits au siège social, installé dans un paradis fiscal du Delaware[2].

L'affrontement inévitable

Outre la sécurité syndicale et l'indexation des salaires au coût de la vie, le syndicat réclame une procédure améliorée de grief et une bonification du régime de retraite[3]. La négociation entreprise à la fin août ne progresse pas de façon significative avant l'automne. Le 11 novembre, le syndicat obtient de ses membres un solide mandat de grève (95 %) « à exercer en temps opportun ». Le 9 décembre 1973, les salariéEs rejettent les offres patronales dans une proportion de 74 %.

Pendant ce temps, les relations du travail se dégradent. On sait que l'employeur met sur pied une centrale de renseignements et se prépare à remplacer les membres du syndicat en cas de grève par des employéEs non syndiquéEs. Les syndiquéEs multiplient les actions : ils refusent d'obéir aux ordres des contremaîtres, font des marches de protestation et occupent la cafétéria. L'organisateur de cette dernière action, André Choquette, refuse de quitter les lieux à la demande d'agents de sécurité. La pression monte, les ouvriers de la production quittent leur travail pour le protéger. Choquette est suspendu, puis congédié.

Au retour du congé de Noël, les événements se précipitent. Le 7 janvier, des syndiquéEs manifestent devant l'entrée principale de l'usine. Dès le len-

1. Michel Pratt, *La grève de la United Aircraft*, Sillery, PUQ, 1980, p. 24.
2. *Ibid.*, p. 8.
3. Yvon Roberge, *Histoire des TCA-Québec*, Montréal, Fides, 2008, p. 54.

demain, la compagnie obtient une injonction et met ses salariéEs en lock-out. Le syndicat déclenche la grève le 9 janvier 1974. Dès le lendemain, l'employeur obtient une nouvelle injonction qui limite à trois le nombre de piqueteurs devant les portes de l'usine.

La compagnie embauche quelque 200 agents de sécurité, dont certains sont des policiers de la Communauté urbaine de Montréal[1]. Ces fiers-à-bras patrouillent accompagnés de chiens et provoquent fréquemment les grévistes sur les piquets de grève. Le conflit dégénère, devenant de plus en plus violent. Plus tard, en mars, le syndicat apprend que la Sûreté du Québec a demandé à une dizaine de grévistes de devenir des indicateurs. D'ailleurs, le ministre de la Justice, Jérôme Choquette, reconnaît lui-même devant l'Assemblée nationale que sa police a infiltré les rangs du syndicat de la *United Aircraft*, comme elle l'a fait lors d'autres conflits. « Effectivement, la Sûreté du Québec se préoccupe des questions de nature à troubler l'ordre public. [...] Je ne vois pas pourquoi le député de Maisonneuve et les chefs syndicaux de la *United Aircraft* craindraient une action de la police », répond-il candidement au député péquiste Robert Burns[2].

Dès le début du conflit, les cadres et les ingénieurs sont immédiatement affectés à des tâches normalement accomplies par des syndiquéEs. La compagnie fait aussi pression sur les grévistes pour qu'ils retournent au travail, ce que quelques dizaines acceptent de faire lors des premiers jours du conflit. Plus tard, leur nombre grossit et du personnel supplémentaire est recruté à l'extérieur. L'usage de briseurs de grève, qui traversent les piquets de grève et qui sont escortés par la police, est ressenti comme une provocation quotidienne. Les actes de violence se multiplient. La voiture du leader syndical André Choquette explose, tandis que celle d'un contremaître est incendiée.

En janvier et en février, ni la conciliation ni la médiation ne font avancer les négociations. De nouvelles offres patronales sont présentées, mais elles ne répondent à aucune demande importante du syndicat. Les salariéEs les rejettent massivement. Le 7 mars, une trentaine de grévistes occupent le bureau du député libéral, Guy Leduc, pour qu'il demande au premier ministre Robert Bourassa d'intervenir personnellement dans le conflit. Le 23 mars, quelque 300 grévistes occupent les locaux montréalais du ministère du Travail.

Tout au long du printemps, les accusations d'outrages au tribunal s'accumulent contre les grévistes qui enfreignent les injonctions toutes les fois que

---

1. *Le Monde ouvrier*, septembre 1974.
2. *La Presse*, 5 avril 1974.

leur nombre est supérieur à trois devant l'une des entrées des usines[1]. Une nouvelle injonction interdit même tout piquet de grève aux abords des installations de la compagnie. Après des affrontements entre grévistes et *scabs*, *United Aircraft* intente une poursuite de 5 400 000 dollars contre le syndicat pour incitation à la violence.

Un coup fatal ?

Au cours des premiers mois du conflit, un grave problème financier a bien failli porter un coup fatal à la lutte des syndiquéEs. En juin, en effet, la direction internationale des Travailleurs unis de l'automobile (TUA), invoquant des malversations dans l'administration locale du fonds de grève, suspend abruptement le versement des prestations.

C'est la stupéfaction totale au sein de l'équipe dirigeante des grévistes. Elle sait que cette interruption peut avoir des conséquences désastreuses sur le moral et la solidarité des troupes. Après une longue traversée du désert et des années de simple survie, le syndicat local n'a été revigoré que récemment. Il est bien sûr animé par un grand nombre de militantEs déterminéEs, mais il compte aussi dans ses rangs des membres qui ont adhéré tardivement au syndicat. Les pressions exercées dès le début du conflit par la compagnie sur les grévistes s'intensifient. Des cadres les visitent à leur domicile pour les convaincre de rentrer au travail, faute de quoi, les menacent-ils, ils perdront définitivement leur emploi. Cette campagne d'intimidation porte ses fruits : par vagues plus ou moins importantes, des dizaines de salariéEs abandonnent la lutte et acceptent de franchir les piquets de grève.

Le secrétaire-trésorier du syndicat international, Emil Masey, commet ce geste radical à la suite d'un rapport de ses vérificateurs qui ont cru déceler une fraude dans l'encaissement des prestations de grève. Une pratique courante, mais officieuse, veut qu'un syndicat local en grève touche les prestations de grève des membres qui ne participent pas aux activités de grève. Les prestations des membres qui ont trouvé du travail ailleurs ainsi que de ceux et celles qui sont rentréEs au travail sont conservées par le syndicat qui peut ainsi mieux rémunérer certains grévistes dans le besoin. Ces sommes permettent aussi de défrayer une partie des coûts considérables des campagnes de mobilisation et de sensibilisation publiques que mène le syndicat. Naïvement, les dirigeants locaux croient que cette pratique est acceptée par la direction internationale et ils maquillent légèrement les rapports financiers.

Les personnes qui suivent de près le conflit savent qu'aucun détournement de fonds n'a été commis à des fins personnelles par l'un ou l'autre des responsables de la grève. Le trésorier du syndicat local, Jean-Marie Gonthier,

---

1. *United Aircraft* répartit sa production dans cinq usines à Longueuil.

est reconnu comme un homme intègre qui ne permettrait pas de tels actes. Les vérificateurs venus inspecter les livres de compte du syndicat local ne voient pas cela du même œil. Ils jugent que cette pratique est assimilable à une fraude.

Les dirigeants locaux croient que c'est le début de la fin. Le secrétaire-trésorier, Jean-Marie Gonthier, fait des pieds et des mains pour infléchir la décision des responsables du fonds de grève à Détroit. Le directeur québécois du syndicat, Robert Dean, a beau intervenir directement auprès des dirigeants internationaux, rien n'y fait. L'appareil est lourd et bureaucratique. On ne fait pas tourner un paquebot comme un canot ! Comble de malheur, Dennis McDermott, le directeur canadien des TUA et un allié indéfectible des grévistes de *United Aircraft*, est en voyage.

Entre-temps, la FTQ est alertée. Désespéré, Robert Dean demande à Fernand et à Louis Laberge d'intervenir. Il dit que, sans prestation pendant une ou deux semaines, le syndicat ne pourra pas tenir le coup. Depuis le début de cette grève, les deux dirigeants permanents de la FTQ considèrent ce conflit comme celui de l'ensemble du mouvement syndical. Ils répondent donc immédiatement à l'appel et conviennent d'agir sur-le-champ.

Ils le font sans même convoquer le Bureau de direction de la centrale. Fernand descend au rez-de-chaussée de l'immeuble de la FTQ, où est installée une succursale de la Banque Royale du Canada. Il demande à rencontrer le gérant qui, au grand amusement de Fernand, a un nom tout à fait approprié : il s'appelle Lacharité. Le gérant reçoit le secrétaire général avec empressement, souhaite visiblement accueillir un client qu'il croit très important[1].

– Que puis-je faire pour vous, monsieur Daoust ?
– Nous avons besoin d'un prêt à court terme pour faire face à une situation imprévue.
– Je crois bien que c'est possible, monsieur Daoust. On parle de quel montant ?

Fernand, étonné d'un accueil aussi positif, répond sur un ton qu'il veut anodin :

– À peu près 90 000 dollars.
– Ça ne devrait pas poser problème. Il suffirait que vous m'apportiez une copie de vos états financiers.

---

1. À cette époque, la FTQ fait affaire avec la Caisse d'économie des pompiers de Montréal envers qui elle a une lourde dette contractée pour venir en aide au journal *Québec-Presse*.

Fernand lui dit qu'il revient dans quelques minutes et file chercher les documents demandés au service de comptabilité. Claire Bruneau-Robitaille, la responsable de la comptabilité, prépare le tout en un rien de temps. Elle remet les documents à Fernand se disant cependant étonnée de l'accueil positif qu'il dit avoir reçu de cette institution financière.

Des maisons pour la grève

Le gérant reçoit à nouveau Fernand avec le sourire et dit qu'il le rappellera le jour même. Mais lorsqu'il le fait, une heure plus tard, le ton a changé. Lacharité avoue à Fernand :

> Je ne suis pas très familier avec vos structures. [...] Je croyais que vos revenus étaient pas mal plus considérables. [...] Je doute que nous puissions vous consentir ce prêt [...] à moins que vous puissiez nous fournir des garanties financières importantes.

La FTQ n'a ni fonds de réserve important ni actif immobilier. Pressés par le temps, le président et le secrétaire général ne font ni une, ni deux. Ils proposent de mettre en garantie leurs propres maisons. N'en croyant pas ses oreilles, le gérant accepte tout de même d'examiner leurs actifs personnels et, après enquête de crédit, accorde un prêt au montant réclamé.

Cette somme d'argent permet aux grévistes de souffler pendant quelques jours. Heureusement, le directeur canadien des TUA, Dennis McDermott, revient de voyage. Lorsqu'il apprend l'interruption du versement des prestations de grève, il fait une colère au président international, Leonard Woodcock. Celui-ci, qui n'avait pas été avisé de la décision du secrétaire-trésorier, reconnaît qu'il s'agit d'un geste malheureux. Dans les jours qui suivent, la trésorerie reprend le versement des prestations de grève à la section locale.

Elle ne rembourse pourtant pas la somme coupée en juin et comblée par la FTQ. C'est qu'aux yeux du trésorier, probablement forcé par le comité exécutif de rétablir le versement des prestations, le problème n'est pas réglé. Et, dans une lettre adressée aux grévistes le 10 août suivant, Emil Masey soutient que, pendant six semaines, 226 chèques de prestation de grève n'ont pas été encaissés par ceux et celles à qui ils étaient destinés[1]. Il réaffirme pourtant la volonté du syndicat international de continuer à soutenir la grève jusqu'à la victoire finale.

Cette lettre a l'effet d'une bombe. Elle indigne les dirigeants de la FTQ. Louis Laberge y voit « un coup bas[2] » comparable aux lettres de menaces envoyées aux grévistes par le président de la compagnie Thor Stephenson.

---

1. Gilles Francoeur, *Le Devoir*, 14 août 1974.
2. Jacqueline Blouin, *Montréal-Matin,* 14 août 1974.

Heureusement, dans les jours qui suivent, les dirigeants locaux ont l'occasion de s'expliquer avec la direction internationale du syndicat à Détroit. À l'issue de cette rencontre, il n'est non seulement plus question de fraude, mais on annonce que les prestations envoyées aux grévistes seront désormais majorées de 50 dollars par semaine.

Bob Dean dit à Fernand que le remboursement du syndicat à la FTQ ne tardera pas. Pourtant, les semaines et les mois passent et rien ne vient de Détroit. Au congrès de la FTQ suivant, en décembre 1975, Fernand doit le déplorer dans son rapport : « Nous avions l'engagement d'un représentant de la direction internationale que nous serions remboursés quelques semaines plus tard. Cela fait plus d'un an aujourd'hui[1]... »

Quelques mois plus tard, Jean-Marie Gonthier, à qui Fernand se plaint de n'avoir toujours rien reçu de Détroit, lui demande : « As-tu écrit à Masey pour lui demander de rembourser la FTQ? »

Fernand, gêné, répond qu'il ne croyait pas que c'était nécessaire, puisque tout le monde était au courant et que la direction internationale s'était engagée à le faire...

La FTQ de l'époque est tout, sauf bureaucratique. Fernand n'envoie sa demande de remboursement qu'en avril 1976[2], soit près de deux ans après l'emprunt. Dans sa réponse[3], trois mois plus tard, Masey a beau jeu de prétendre qu'il n'a jamais été informé de ce prêt de la FTQ à la section locale 510 et que l'Union internationale n'était aucunement impliquée dans cette transaction. Affirmant que l'Union n'avait aucune obligation légale à rembourser cette somme à la FTQ, il reconnaît néanmoins que son organisation a une obligation morale de le faire. Il joint donc un chèque de 103 281,10 dollars, le montant du prêt avec les intérêts encourus.

Impasse et solidarité

Le 12 juin 1974, le député du PQ, Robert Burns, dépose un projet de loi qui aurait pour effet d'amender le Code du travail afin d'y intégrer la formule Rand. Adopté en première lecture, le projet de loi sera reporté aux calendes grecques par la majorité libérale. Le 21 août 1974, le gouvernement nomme un enquêteur spécial, Pierre Dufresne, qu'il charge d'analyser les possibilités de règlement de ce conflit. Le 30 septembre, l'enquêteur spécial affirme dans son rapport que le syndicat est trop exigeant sur cinq points et la compagnie intransigeante sur la question de la sécurité syndicale. Il

1. *Rapport du secrétaire général*, 14ᵉ congrès de la Fédération des travailleurs du Québec, 1975.
2. Lettre de Fernand Daoust à Emil Masey, le 2 avril 1976.
3. Lettre de Emil Masey à Fernand Daoust, le 9 juillet 1976.

conclut que « la position des parties est irréconciliable par la voie de la négociation ou de la médiation ».

Les grévistes réagissent très mal à ce rapport qui ne propose aucune solution. Le lendemain une quarantaine de militantEs bravent une nouvelle fois les injonctions et manifestent aux portes de l'usine pendant plus de trois heures. Des voitures sont renversées, d'autres incendiées… Quatre personnes sont arrêtées[1].

Le nombre important des grévistes, leur combativité devant l'arrogance et l'intransigeance de la compagnie, la présence massive de *scabs* et la violence qu'ils provoquent ont pour effet d'attirer l'attention du public. Les syndicalistes sont particulièrement interpellés et, en grand nombre, ils manifestent rapidement leur solidarité. Dès les premières semaines du conflit, des groupes de syndiquéEs se mobilisent et prêtent main-forte aux grévistes sur les piquets de grève. Le 24 janvier, quelques centaines de militantEs du Conseil du travail de Montréal (CTM-FTQ), du Conseil central des syndicats nationaux de Montréal (CSN), de la CEQ et même de la CSD se réunissent au local de grève du syndicat à l'Église Notre-Dame de Fatima, près des installations de la compagnie. La rencontre est organisée à l'appel du Comité intersyndical de la Rive-Sud et de son principal organisateur Guy Bisaillon[2]. Ce dernier, qui est conseiller au Syndicat des enseignants de Champlain, sera très présent au côté des grévistes tout au long du conflit. Il sera l'organisateur de pratiquement tous les grands événements de solidarité pour les grévistes de la *United Aircraft*.

Fernand Daoust tout comme Louis Laberge mesurent très tôt l'enjeu majeur de cette grève. Dès janvier, ils affirment que le conflit de la *United Aircraft* met en lumière l'urgence d'une véritable loi antiscabs. Ils rappellent que « 300 travailleurs de Joliette viennent de prouver que, grâce à la solidarité, il est possible de faire reculer un géant comme *Firestone*. Les 2 600 travailleurs de la *United Aircraft* peuvent compter sur la solidarité de la FTQ et de tous les travailleurs syndiqués pour mettre au pas cette compagnie rétrograde[3] ».

Le 12 février, une grande assemblée intersyndicale de solidarité réunit les dirigeants des trois centrales. Louis Laberge étant retenu à l'extérieur de la

---

1. Pratt, *op. cit.* p. 39.
2. Président fondateur du Syndicat des enseignants de Champlain en Montérégie, Guy Bisaillon fut conseiller bénévole de la section 510 des TUA pendant tout le conflit. Élu député du Parti québécois en 1976, il siégea comme député indépendant de 1982 à 1985. Il fut par la suite chargé de projet à l'École nationale d'administration publique, animateur de radio et conciliateur à la commission d'appel en matière de lésions professionnelles.
3. Communiqué de la FTQ, 30 janvier 1974.

ville, c'est Fernand qui représente la FTQ. Il est particulièrement fier d'avoir convaincu René Lévesque d'y participer. À partir du conflit du journal *La Presse*, en 1971, et pendant le dernier Front commun du secteur public, Lévesque a pris une certaine distance avec le mouvement syndical, qu'il juge trop radical. Depuis la dernière élection, en octobre 1973, on ne l'a pas vu beaucoup sur les tribunes publiques. Sa présence à cette grande assemblée intersyndicale est interprétée par plusieurs comme une montée en force de « l'aile gauche du PQ, représentée à la tribune ce soir-là par le député de Maisonneuve, Robert Burns, le candidat dans Laporte Pierre Marois [...] et le candidat dans Taillon, Guy Bisaillon[1] ».

Lévesque adopte un style agressif, qu'on ne lui avait pas connu depuis longtemps, en affirmant que son parti devra toujours se rappeler qu'il doit « pencher du côté de ceux qui sont mal pris, pas du côté des exploiteurs[2]! » Il invite les grévistes à rendre aux *boss* les coups qu'ils ont reçus lors de la grève de 1967. « Vous êtes sortis ensemble, votre dignité exige que vous rentriez ensemble[3]! » Traitant au passage le premier ministre Bourassa de « commis » des multinationales, il affirme qu'un gouvernement du Parti québécois inclurait la Formule Rand dans la loi, tout comme l'indexation des salaires au coût de la vie et le français comme langue de travail[4].

Fernand affirme, quant à lui, que ce conflit nous ramène aux heures les plus sombres du régime Duplessis, notamment pendant la grève de Murdochville. Il soutient que la lutte des syndiquéEs de la *United Aircraft* commande une mobilisation exceptionnelle des forces progressistes et qu'on assiste présentement à la naissance d'un grand mouvement de solidarité.

En appui aux grévistes, le comité intersyndical de la Rive-Sud organise une manifestation le 29 mars qui regroupe 8 000 personnes. Fernand Daoust participe également à cette manifestation avec d'autres dirigeants de la centrale ; sont également présents les députés péquistes Claude Charron et Robert Burns.

L'actrice et militante états-unienne Jane Fonda[5], qui participe à une conférence sur le Vietnam à l'Université du Québec à Montréal, le 7 juin, en profite pour dénoncer la *United Aircraft* dont l'attitude dans le conflit la « dégoûte au

1. Louis Fournier, *Québec-Presse*, 17 février 1974
2. Jacqueline Blouin, *Montréal-Matin*, 13 février 1974.
3. Jules Béliveau, *La Presse,* 13 février 1974.
4. Jean-Guy Martin, *Le Journal de Montréal*, 13 février 1974.
5. Jane Fonda, qui avait été la cofondatrice de *Indochina Peace-Campain*, fut l'une des opposantes les plus actives du mouvement d'opposition à la guerre américaine au Vietnam. La conférence à laquelle elle participait célébrait le cinquième anniversaire de la formation du gouvernement révolutionnaire provisoire du Vietnam du Sud.

plus haut point[1] ». Des grévistes montent sur scène et lui mettent autour du cou le pendentif symbole de leur lutte. La vedette fait alors l'annonce qu'elle manifestera sa solidarité sur les piquets de grève le lendemain, à Longueuil.

Le comité de la Rive-Sud organise aussi l'Automne-Show, les 19 et 20 octobre suivants. Ce spectacle de vingt-quatre heures réunit une soixantaine d'artistes venus exprimer leur solidarité avec les grévistes. Quelque 20 000 personnes se relaient tout au long du spectacle pour applaudir les Pauline Julien, Denise Filiatrault, Louise Forestier, Claude Dubois, Claude Gauthier, Georges Dor, Jacques Michel et plusieurs autres.

Raymond Lévesque chante *Les Militants* et *Solidarité*, deux chansons qu'il a composées pour l'événement. Il convainc Fernand de faire financer par la FTQ la production d'un disque, dont les revenus des ventes seraient reversés au fonds de grève.

Lors du lancement du disque, Fernand déclare : « Raymond Lévesque chante avec des mots et une musique que les travailleurs comprennent et aiment. Il nous parle simplement de l'exploitation des travailleurs dans un système pourri et du réveil de la conscience populaire québécoise[2]. »

Au cours de cette même période, avec le soutien de la FTQ, les grévistes organisent dans toutes les régions du Québec une vaste tournée de financement auprès des syndicats. Témoignant d'un talent artistique certain, des grévistes fabriquent à l'aide de clous des pendentifs en forme de croix et de fleurs de lys, qui deviennent le symbole de leur lutte. Au cours de la tournée, les militantEs se les arrachent littéralement. Cette visite des grévistes de la *United* en région leur permet d'expliquer les enjeux du conflit et de faire pression sur les députéEs des différentes circonscriptions locales pour que ces éluEs convainquent le gouvernement d'intervenir[3].

Le 29 octobre, jour du troisième anniversaire de la manifestation de *La Presse*, la FTQ organise à Montréal une grande manifestation dont le slogan principal est « Contre la justice des boss ! » C'est l'occasion pour 40 000 manifestantEs de montrer leur appui aux grévistes de la *United Aircraft*, tout en protestant contre l'orientation de la Commission Cliche, à qui la FTQ reproche son acharnement à l'encontre de la FTQ-Construction.

Un gouvernement impuissant

Le gouvernement libéral répond enfin aux demandes répétées du syndicat et convoque une commission parlementaire du Travail et de la Main-d'œuvre, les 6, 7, 12 et 13 novembre 1974. Le syndicat espère que l'État, si

---

1. *Montréal-Matin*, 8 juin 1974.
2. Communiqué de la FTQ, 15 septembre 1975.
3. *Le Monde ouvrier*, septembre 1974, p. 11.

prompt à intervenir dans le secteur public, va mettre la *United Aircraft* au pas. Or, il apparaît très vite qu'aucun geste contraignant ne sera posé par ce gouvernement soucieux de ne pas contrarier les investisseurs étrangers. On met fin à cette commission parlementaire en renvoyant les parties à la table de négociation. Le ministre du Travail, Jean Cournoyer, assez sympathique aux demandes syndicales, est impuissant à rapprocher les parties. La négociation demeure au point mort.

Une fois de plus, les offres patronales sont rejetées le 15 décembre. À cette occasion, le directeur québécois des TUA, Robert Dean, habituellement assez modéré, incite les grévistes à s'en prendre aux députéEs du Parti libéral pour qui certainEs ont voté et qui leur « ont chié dans les mains. C'est à vous de vous en occuper ![1] »

En février, mars et avril 1975, des interventions directes du ministre du Travail lui-même et d'un médiateur semblent enfin ouvrir la porte à un règlement négocié. Mais les conditions de retour au travail bloquent toute possibilité d'entente. Depuis le début du conflit, la compagnie a embauché 1 200 *scabs* environ. Elle n'entend pas donner priorité aux grévistes à l'occasion d'un éventuel retour au travail. Le 6 mai, elle propose de n'en reprendre que 250.

Le syndicat passe à l'action

C'en est trop pour le syndicat qui décide de passer à l'action. Le 12 mai, quelques dizaines de militantEs se réunissent au local de grève. On ferme alors les portes, empêchant toute entrée et sortie pendant la réunion. Le directeur de grève, André Choquette, explique que l'on doit passer à des actions plus efficaces :

> Depuis le début de la grève on a dénoncé la compagnie dans les médias, on a fait campagne auprès des syndicats et du public pour obtenir leur soutien, on a réclamé l'action du gouvernement. [...] Mais on n'a pas vraiment fait mal à la compagnie qui continue à fonctionner avec les *scabs*. Le seul langage que les compagnies comprennent, c'est celui de l'argent. Pour ça, faut s'attaquer à sa production[2].

Il explique que l'objectif est d'occuper l'usine n° 2, sur la rue D'Auvergne, où sont installées des tours à commande numérique, lesquelles ont une importance stratégique aux yeux de la compagnie. Il dit que la participation à cette action risquée est volontaire, mais que ceux qui n'y participeront pas devront attendre dans la salle que l'occupation commence avant de quitter

---

1. Pratt, *op. cit.* p. 41.
2. Propos reconstitués à partir des souvenirs de l'auteur qui assistait à cette réunion.

les lieux. Une quarantaine de grévistes se portent volontaires. Un journaliste de la station de radio CKVL, José Ledoux, se joint à eux. L'idée est qu'il relaie en direct les revendications des occupants.

Ils sont dirigés vers un garage attenant à l'arrière de la salle où un camion les attend. Ils montent dans le hayon du camion dont on referme la porte coulissante. Elle ne sera rouverte que quelques minutes plus tard, sur le terrain de la compagnie, à proximité de la porte de l'usine n° 2. Les grévistes descendent du camion et envahissent la section de l'usine où sont installées les machines visées. En quelques minutes, ils ont pris le contrôle des lieux, les briseurs de grève ayant fui en les voyant arriver.

José Ledoux rend compte de la situation en direct sur les ondes de CKVL. Par sa voix, les occupants font connaître leurs revendications, dont la principale est le rappel au travail de touTES les grévistes. Pendant ce temps, Robert Dean tente de rejoindre les responsables de la compagnie qui refusent de lui parler. Vers une heure du matin, Louis Laberge essaie de trouver une solution auprès des autorités gouvernementales. La police refuse à Robert Dean et à Jean-Marie Gonthier l'entrée dans les locaux occupés. Finalement, le vice-président aux opérations de la *United Aircraft*, Elvie Smith, demande à la police d'intervenir par ces mots : « *Get them out!* »

Quelques minutes plus tard, une centaine de policiers de la Sûreté du Québec ainsi que des policiers de la Ville de Longueuil envahissent les lieux. Les grévistes ne résistent pas. Au contraire, ils montrent aux forces de l'ordre qu'ils sont prêts à se rendre. Or les policiers, particulièrement ceux de Longueuil, ne l'entendent pas de cette oreille. Plusieurs ont souvent affronté les grévistes sur les piquets de grève. Ils ont maintenant l'occasion de se venger. Ils le font en les matraquant sauvagement. José Ledoux décrit les faits en direct : « Les gars sont matraqués lâchement. Ils gisent par terre, le crâne fracassé. Ils sont entassés comme du bétail par la police. [...] C'est révoltant, effroyable, inimaginable, des scènes impensables[1] ».

Pendant la nuit, 34 grévistes ont été arrêtés et incarcérés. Dans les jours qui suivent, 30 seront libérés sous caution. On refuse de libérer les quatre grévistes qui ont des causes pendantes devant la Justice. Le directeur de grève, André Choquette, fait partie de ce groupe. Il sera détenu pendant douze semaines au Centre de détention de la Sûreté du Québec de la rue Parthenais.

La répression brutale de l'occupation révolte les milliers de militantEs qui, depuis plus d'un an, soutiennent les grévistes de la *United Aircraft*. Le

---

1. Pratt, *op. cit.*, p. 41.

lendemain, la FTQ réunit d'urgence son Bureau de direction et convoque un Conseil général spécial le 15 mai. Dans la colère, les membres du Conseil appuient unanimement la position du Bureau qui affirme : « Jamais, même en incluant le régime Duplessis, la liberté syndicale n'a été aussi menacée. » Un mot d'ordre de débrayage général est lancé. Le 21 mai, plus de 100 000 membres de la FTQ participent à cette grève historique[1].

Bourassa interpellé par l'occupation

Cette occupation et la violente répression policière qui y met fin perturbent l'opinion publique et secouent le gouvernement. La colère collective exprimée par le débrayage de dizaines de milliers de travailleurs et travailleuses a pour effet d'inciter le premier ministre, Robert Bourassa, à agir. Son conseiller, Gilles Laporte, intervient à nouveau dans le dossier et fait une proposition de règlement. Le syndicat et la compagnie l'acceptent, mais ils ne s'entendent toujours pas sur le retour au travail des grévistes. Même si seulement 742 souhaitent reprendre le travail, c'est encore trop pour la compagnie.

Le 14 août, le syndicat rencontre Robert Bourassa, qui soumet lui-même une proposition aux deux parties dès le lendemain :

1. L'entreprise doit réembaucher 504 grévistes, dans les douze semaines, suivant le retour au travail ;
2. elle rappellera 238 autres grévistes avant la fin de février 1976 ;
3. les deux parties confient à l'arbitrage le cas des 34 syndiqués impliqués dans l'occupation de l'usine, la nuit du 12 mai 1975 ;
4. les jours de grève seront comptés dans l'ancienneté ;
5. dans la mesure du possible, les grévistes seront rétablis dans leur échelon et leur taux salarial dans les 120 jours suivant leur retour au travail[2].

Les deux parties concluent un accord de principe qui est entériné, le 25 août, par 72 % des syndiquéEs. On n'a pas arraché la formule Rand à l'employeur, mais les grévistes rentrent au travail en ayant toujours un syndicat. Les membres décident également qu'une cotisation spéciale équivalente à une heure de travail par mois sera versée pour aider les familles des

---

1. C'est la première grève générale qui est appelée par la FTQ. En 1972, les débrayages de protestation contre l'emprisonnement des chefs syndicaux avaient été spontanés. La grève s'étale sur des périodes d'une heure à vingt-quatre heures. Fournier, *Histoire de la FTQ, op. cit.,* p. 116.
2. Prat, *op. cit.,* p. 50.

34. André Choquette, le directeur de grève, qui vient d'être acquitté de deux accusations, est encore en prison lorsqu'il appose sa signature au bas de la convention collective.

Le retour au travail n'est certes pas glorieux, mais le conflit aura une influence capitale sur la législation québécoise du travail. Fernand n'exagérait pas lorsqu'il affirmait que « l'issue de la lutte héroïque menée depuis dix-sept mois par les 1 000 grévistes de la *United Aircraft* aura des conséquences déterminantes sur les prochaines luttes qu'auront à mener des groupes de travailleurs au Québec[1] ». Porté au pouvoir l'année suivante, le PQ honorera la promesse faite par René Lévesque pendant le conflit. Des amendements au Code du travail adoptés par le gouvernement légalisent la formule Rand, le droit de retour au travail pour les grévistes et, mesure exceptionnelle en Amérique du Nord, interdisent l'utilisation de briseurs de grève pendant un conflit légal[2].

Le syndicat sera littéralement reconstruit. Pendant plusieurs mois, en effet, les TUA, avec l'appui de la FTQ et du Conseil du travail de Montréal, entreprennent un programme intensif de formation des déléguéEs et des militantEs. Des structures participatives sont mises en place, mettant l'accent sur l'information et la sensibilisation des membres. L'ex-directeur de grève, André Choquette[3], participe à cette opération, à la suite de laquelle une nouvelle direction prend le relais au syndicat.

Voulant sans doute redorer son image, *United Aircraft* adopte le nom de *Pratt & Whitney*, ce qui fait dire à Robert Dean : « Même si on change le nom d'un tas de fumier, ça sent toujours la même chose[4] ! »

---

1. Communiqué de la FTQ, 2 juin 1975.
2. La loi 45 est adoptée en janvier 1978 et entre en vigueur à partir de mars.
3. Les 34 perdront leur grief en arbitrage et ne seront jamais rappelés au travail par la *United Aircraft*. André Choquette a eu quelques mandats de la part de la FTQ. Il a entrepris des études en sciences juridiques. Il a été ensuite embauché à la CSN, de 1982 à 1987, et à la Commission d'appel en matière de lésions professionnelles en 1990. Il y fut chargé de mettre sur pied le service de conciliation.
4. Roberge, *op. cit.*, p. 57.

D ES CONFLITS comme celui de la *United Aircraft* canalisent l'unité syndicale. Pourtant, au même moment, des différends dans le secteur de la construction rendent difficiles les ententes entre les centrales syndicales. En septembre 1973, le Conseil général de la FTQ dénonce la « campagne de salissage » et remet en cause toute action conjointe avec la CSN[1]. Dans son rapport, au congrès de 1973, Fernand dénonce « ces pratiques qui [...] ont pour ultime conséquence d'hypothéquer tout le mouvement syndical dans l'opinion publique[2] ».

Il suggère à Louis Laberge de discuter avec la CSN des moyens à prendre pour réduire les tensions. Louis Laberge lui répond : « Tu peux ben essayer si tu veux mon grand, mais je pense qu'il y a pas de terrain d'entente. Va falloir que la CSN sorte de la construction. »

Avec l'aide de la CEQ, qui déplore les batailles publiques entre ses alliés naturels, Fernand entreprend des discussions avec la CSN. La CEQ joue le rôle de médiateur et son vice-président, Guy Chevrette, ainsi que les secrétaires généraux des deux centrales, Fernand et Jean Thibault de la CSN, ont le mandat de mettre sur pied un système de « règlement syndical des différends survenus sur les chantiers ».

Or, les membres du comité n'auront pas le temps de mettre en œuvre ce « système » de bonne entente. Le 21 mars 1974, le chantier de la Baie-James est le théâtre d'une explosion spectaculaire de violence. À la tête d'un groupe de travailleurs en colère, Yvon Duhamel, un représentant du local 791 de l'Union des opérateurs de machineries lourdes, qui vit depuis quelque temps

---

1. Fournier, *Histoire de la FTQ, op. cit.*, p. 107.
2. Rapport du secrétaire général, 13ᵉ congrès de la FTQ, 1973.

une pression insoutenable, a littéralement « perdu les pédales ». Comme il
était aux commandes d'un bulldozer, il a détruit une roulotte-dortoir, des
conduites d'eau et des citernes de combustible, lesquelles s'enflamment,
de même qu'une génératrice qui produit l'électricité pour une partie du
chantier.

Ces événements dramatiques surviennent après plusieurs mois d'agitation marqués par la guerre intersyndicale que se livrent la CSN et la FTQ
pour placer leurs travailleurs respectifs sur le chantier titanesque de la Baie-
James. Le Québec sort d'une période de chômage, des milliers de travailleurs et de travailleuses convoitent un travail à la Baie-James. Le site du
plus grand ouvrage hydro-électrique jamais construit est aussi un véritable
camp de concentration. Il est géré de façon autoritaire. Les revendications
syndicales concernant les conditions de vie sur le chantier sont ignorées. À
tout moment, les travailleurs sont menacés d'expulsion. Leur frustration est
généralisée. Duhamel subit une pression permanente. La veille du saccage,
un délégué de chantier de la FTQ a été expulsé. Pris entre des salariés en
colère et une direction de chantier sourde à toutes revendications, il « pète
les plombs » et provoque ce qu'on appelle désormais « le saccage de la Baie-
James ». Privé d'électricité, le chantier est paralysé. Plusieurs centaines de
travailleurs et de travailleuses sont évacuéEs. Le chantier sera fermé pendant
cinquante-cinq jours.

La Commission Cliche

En réaction, le 1er mai 1974, le gouvernement Bourassa annonce la création de la Commission d'enquête sur l'exercice de la liberté syndicale dans
l'industrie de la construction. Des personnalités bien connues de la FTQ
en sont les commissaires : Robert Cliche préside la Commission, assisté des
commissaires Guy Chevrette et Brian Mulroney. La FTQ est rassurée. Elle
a soutenu Cliche en tant que chef du NPD avant qu'il ne soit nommé juge ;
Guy Chevrette, le vice-président de la CEQ, a siégé brièvement avec Fernand
au sein du comité chargé de civiliser les rapports de la CSN avec la FTQ
dans la construction et a été nommé à cette commission avec l'approbation
des deux centrales ; Brian Mulroney est un avocat patronal avec qui Louis
Laberge a croisé le fer dans des dossiers chauds comme celui du Port de
Montréal en 1966 et *La Presse* en 1971. Laberge l'aime bien. Un ami intime
de Mulroney, Lucien Bouchard, est nommé procureur de la Commission.

Lorsqu'elle se présente devant la Commission d'enquête, le 10 septembre 1974, la FTQ est optimiste. Les dirigeants des syndicats de la
construction sont sûrs que les commissaires leur donneront l'occasion d'expliquer les raisons derrière les explosions de violence périodiques qui carac-

térisent l'industrie de la construction. Ils ont préparé à cette fin un mémoire intitulé *Pour les véritables travailleurs de la construction, le droit au travail*[1]. D'emblée, on affirme que « le problème des luttes intersyndicales n'est que l'une des conséquences pénibles d'une situation globale », c'est-à-dire du « fonctionnement anarchique d'une industrie qui constitue une caricature » d'un régime économique qui recherche « le profit maximum en exploitant au meilleur compte possible le matériel humain. [...] L'instabilité économique qui caractérise cette industrie est maintenue et encouragée par les pouvoirs publics qui y soutiennent avant tout les intérêts financiers des employeurs [...] un réservoir extraordinaire de fournisseurs aux caisses électorales[2]. »

> Les variations saisonnières et cycliques sont les principales caractéristiques de l'industrie de la construction. Les autres conséquences qui en découlent sont la féroce concurrence que s'y livrent les employeurs, le non-contingentement de la main-d'œuvre et, par voie de conséquence, la confrontation permanente des associations syndicales[3].

Le mémoire dénonce le surpeuplement de l'industrie par une main-d'œuvre non qualifiée et intérimaire. Pour les travailleurs non qualifiés, aucun permis de travail n'est nécessaire. Ainsi, on dénombre en 1973 quelque 144 000 salariés dans l'industrie. Ils rivalisent pour se partager un travail équivalent à 85 000 emplois à temps plein.

Dans le mémoire, on décrit de façon détaillée le monde patronal et ses comportements. À l'époque, il y a plus de 20 000 employeurs de la construction au Québec. On compte quelque 6 000 nouveaux entrepreneurs chaque année et 4 000 quittent l'industrie, souvent à la suite d'une faillite. N'importe qui peut s'improviser entrepreneur dans cette industrie, disparaître et réapparaître sous un nouveau nom, souvent au détriment des travailleurs pour qui les contributions patronales aux avantages sociaux n'ont pas été versées et qui doivent se battre pour récupérer des salaires non versés.

Les chantiers isolés

Puisque la Commission d'enquête a été créée à la suite du saccage du chantier de la Baie-James, le mémoire consacre un chapitre aux conditions de vie et de travail sur les chantiers isolés. On y affirme que c'est sur ces chantiers « que les problèmes qui caractérisent l'industrie de la construction atteignent les dimensions les plus tragiques et les plus désastreuses. C'est sur

---

1. Mémoire présenté à la Commission d'enquête sur la liberté syndicale dans l'industrie de la construction par le Conseil provincial des métiers de la construction et la Fédération des travailleurs du Québec, Montréal, septembre 1974.
2. *Ibid.*
3. *Ibid.*

des chantiers comme celui de la Baie-James et celui de *Mount-Wright* que la sécurité physique est la plus compromise, que les conditions de travail négociées sont les plus ouvertement violées et que l'exploitation de la main-d'œuvre atteint son plus haut degré[1] ».

Séparé de sa famille, en moyenne pour deux mois, le travailleur est obligé de partager une chambre exiguë et est privé de tout loisir : « Le travailleur ainsi conditionné sera souvent prêt à effectuer des tâches dont il n'accepterait ni la durée, ni la charge s'il était placé dans un contexte normal. Il s'ensuit une exploitation exceptionnelle des travailleurs dont on met très souvent en danger la santé et la vie[2]. »

La FTQ soutient qu'en l'absence de relations patronales-syndicales normales, ces conditions qui relèvent du « camp de concentration » produisent beaucoup de frustrations, ce qui rend la situation explosive. La révolte ouvrière et le saccage ont été causés par ce climat malsain. Bien sûr, il y a concurrence intersyndicale, mais on ne peut expliquer ces événements tragiques, comme le fait la CSN, par la seule ambition d'obtenir le monopole syndical.

On propose une série de mesures « pour réduire au minimum le sentiment d'isolement » des travailleurs. Surtout, on réclame que la loi soit modifiée « de façon à permettre aux parties représentatives de négocier ces questions avant l'ouverture des chantiers[3] ».

Le mémoire de 70 pages revendique que l'on s'attaque à l'instabilité cyclique de l'industrie par une meilleure planification des dépenses publiques[4], par le contingentement de la main-d'œuvre et par l'établissement d'un régime de sécurité du revenu et d'un minimum de sécurité d'emploi pour ceux qui y gagnent leur vie.

Avec ces arguments très étayés, le mémoire donne une vision globale de l'industrie qui explique les origines des violences. Loin de vouloir absoudre les comportements répréhensibles, voire criminels, de certains responsables syndicaux, Louis Laberge assure les commissaires que la FTQ est prête à faire le ménage si on lui fait la preuve de la présence d'indésirables dans ses rangs.

---

1. *Ibid.*
2. *Ibid.*
3. *Ibid.*
4. Dans cette partie du mémoire, on cite largement un rapport récent du Conseil économique du Canada, qui décrit l'instabilité exceptionnelle de l'industrie de la construction, soumise à des fluctuations cycliques, doublées de fluctuations saisonnières. « Si l'on tient compte de ces deux facteurs à la fois, on note que l'instabilité de l'emploi d'une année à l'autre est quatre fois plus forte dans la construction que dans l'industrie manufacturière », affirme le rapport. Le mémoire de la FTQ endosse les conclusions et les recommandations dudit rapport sur la nécessité d'une intervention coordonnée et planifiée des différents paliers de gouvernement.

Laberge confiant

Il est vrai qu'au début des travaux de la Commission, Louis Laberge ne mesure pas l'ampleur de la charge en règle sur le point d'être lancée à l'encontre de la FTQ. Devant Robert Cliche, Brian Mulroney et Guy Chevrette, il croit pouvoir discuter des causes fondamentales d'une violence syndicale qu'il estime insignifiante comparée aux tares profondes de cette industrie. Il a tendance à blaguer sur la question. Lorsqu'il est appelé à témoigner, il admet sur un ton bonhomme : « C'est vrai que nos gars dans la construction sont pas trop "feluettes[1]"... Mais c'est pas des fiers-à-bras, y sont fiers de leurs bras ! »

Rapportant un incident dont ont été victimes des syndiqués de la FTQ aux mains de militants de la CSN, lors d'une grève à Québec, il dit :

– Ça, c'était pas nous autres...

Quand le juge Cliche lui demande, inquisiteur :

– Dites-moi donc, quand c'est vous autres ?

Il répond, sur un ton badin, quasi espiègle :

– Bien, quand... Quand on se fait « pogner[2] »...

Une preuve orientée

Louis Laberge est étonné de l'agressivité des commissaires à son égard. Le problème, c'est qu'au moment où la FTQ présente son mémoire, les jeux sont déjà faits. Quelques mois plus tôt, dès la réception de leur mandat, les commissaires ont été submergés par une volumineuse preuve policière qui oriente les travaux de la Commission. En fait, bien avant le saccage de la Baie-James, depuis le début des années 1970, la police enquêtait sur les syndicats de plusieurs secteurs, dont ceux de la construction. Dès la formation de la Commission Cliche, cette dernière recevait une masse de documents : des centaines d'heures d'écoutes téléphoniques, des dizaines de témoignages de délateurs et de nombreuses plaintes de travailleurs et d'employeurs se disant intimidés ou extorqués. L'ampleur de cette preuve a un effet dévastateur sur l'opinion publique. Elle ébranle aussi beaucoup de syndicalistes, y compris dans les rangs de la FTQ.

Les commissaires sont nettement pris en otage par la preuve policière qui aiguille leurs travaux. Ils sont incapables de prendre du recul et de considérer autre chose que les gestes criminels. Aux yeux du juge Cliche et de ses collègues, aucun des problèmes évoqués par le mémoire de la FTQ n'a de

1. Fluets, efféminés.
2. Robert Cliche, *Rapport de la Commission d'enquête sur l'exercice de la liberté syndicale dans l'industrie de la construction*, gouvernement du Québec, 1975.

poids, comparé aux gestes « horribles » posés par les hommes violents et sans scrupule que leur dépeint la preuve policière. Scandalisés par les activités criminelles de quelques individus, ils concluent que le crime organisé contrôle des syndicats et que toute l'action syndicale est assujettie aux intérêts de quelques puissants caïds.

Les commissaires sont scandalisés par les comportements d'individus. Ils semblent n'avoir rien à redire sur les faillites frauduleuses, les violations régulières des conditions négociées, le travail au noir, l'insécurité physique – cause de graves blessures, de mutilations et d'accidents mortels – ni sur l'instabilité économique et l'insécurité d'emploi. Les réactions violentes que provoquent chez les travailleurs tous ces phénomènes sont perçues par les commissaires comme des délits criminels, aussi condamnables que les tabassages commandités par des *shylocks*[1].

Fernand tuteur

La médiatisation des audiences de la Commission Cliche cause un dommage épouvantable à la FTQ. Après sa comparution, Louis Laberge n'en mène pas large. Sévèrement écorché par les commentaires du juge Cliche, sa crédibilité en a pris un coup. Pour la presse, les milieux de gauche et même pour une partie des militantEs de la FTQ, il est coupable de laxisme sinon de complaisance à l'égard de ses « chums » de la construction, en particulier à l'endroit d'André Desjardins, directeur du Conseil provincial des métiers de la construction et vice-président de la FTQ.

D'ailleurs, Laberge n'est pas le seul défenseur de Dédé Desjardins. Depuis l'arrivée de ce dernier à la direction du Conseil provincial, il a montré une grande capacité de mobilisation. Dans toutes les grandes luttes de la FTQ, ses « gars » étaient là en grand nombre. Au pire des campagnes de dénigrement dirigées contre lui et ses amis, lors d'une assemblée du Conseil général de la FTQ, il a plaidé avec passion la cause des travailleurs de la construction. Il a récolté une ovation chaleureuse des déléguéEs de tous les secteurs.

Desjardins est considéré par la Commission Cliche comme le grand responsable de toutes les dérives du syndicalisme de la construction. Les commissaires affirment que c'est en grande partie grâce à la violence qu'il a pu édifier son « empire[2] ». Même si ce jugement comporte une grande part de fabulation, il s'impose dans l'opinion publique.

---

1. Prêteurs usuraires.
2. Cliche, *Rapport de la Commission d'enquête sur l'exercice de la liberté syndicale dans l'industrie de la construction, op. cit.* Malgré le jugement de la Commission sur Desjardins, qui serait à la tête d'un vaste système criminel contrôlant les syndicats de la construction, aucune accusation ne sera portée contre lui en rapport avec ces allégations.

À la fin de novembre, Desjardins propose à Louis Laberge et à Fernand de démissionner : « J'suis trop *hot* Louis. Tant que je reste là, ils vont pas vous lâcher. Si je m'en vais, la pression va baisser… »

Louis ne veut pas envisager cette possibilité. Il dit à Desjardins que la FTQ va continuer à le soutenir. Alors, Fernand intervient : « Je pense que tu as raison, André. En ce moment, tous les projecteurs sont braqués sur toi. J'apprécie ta décision, c'est tout le mouvement qui souffre de l'acharnement que tu subis. Je crois qu'il faut que tu quittes tes fonctions[1]. »

Louis Laberge, qui entretient depuis longtemps des relations d'amitié avec Desjardins, n'a pas pu lui demander de partir. Maintenant, il se tait. Son silence est une approbation des propos de Fernand. Desjardins se retire donc. Il avouera plus tard qu'il comprenait la position de Fernand, mais qu'il a très mal pris le silence de son ami Louis.

Le 23 novembre 1974, lors d'une assemblée générale du Conseil des métiers de la construction de la FTQ, les syndicats membres réclament que la FTQ exerce une tutelle sur leur organisation. Une semaine plus tard, c'est un congrès spécial du Conseil qui entérine cette décision par vote secret, dans une proportion de 89 %.

En conférence de presse, Louis Laberge fait une mise en garde :

> Le nettoyage et la réorganisation qui s'imposent dans les syndicats de la construction se feront jusqu'au bout. Nous invitons fortement la Commission Cliche à fouiller avec autant d'ardeur du côté des politiciens et des entrepreneurs qui sont à l'origine de la corruption dans la construction. […] Si elle ne le fait pas, elle aura failli à son mandat d'assainir l'industrie de la construction[2].

C'est Fernand qui hérite de la direction de cette tutelle. Rien ne le prédisposait à intervenir dans un milieu dans lequel il a peu frayé depuis le début de sa carrière syndicale. Aux yeux des membres, de la presse et de l'opinion publique, il incarne la droiture et l'intégrité. Il est clair que cette image positive qu'il projette sera exploitée par la FTQ pour redorer son image. Toutefois, il serait injuste et simpliste de croire que sa nomination ne repose que sur cela. On sait que Fernand Daoust est surtout un homme de vision qui persévère et mène ses tâches à leur terme.

Dès le début, il annonce ses couleurs en affirmant que si son travail consiste à assainir les rangs de l'organisation, son objectif principal reste de préserver et de renforcer cet instrument de lutte syndicale qu'est le Conseil.

---

1. Propos reconstitués par l'auteur, qui, avec le responsable des communications de la FTQ, Pierre Richard, était témoin de cette discussion.
2. Communiqué de la FTQ, 1er décembre 1974.

Avec ses collaborateurs[1], il élabore un plan de travail auquel il associe un très grand nombre de syndicalistes de la construction. À ceux et celles qui mettent en doute l'efficacité d'une telle tutelle, il rappelle que son mandat lui a été accordé sur une base volontaire par les syndicats de la construction eux-mêmes :

> Ce mandat donne au tuteur des pouvoirs d'investigation et de réforme sur le Conseil lui-même, des pouvoirs de réforme et d'investigation sur tous les affiliés et, finalement, des pouvoirs d'expulsion sur tout affilié qui refuserait de collaborer avec le tuteur[2].

Une organisation en plein essor

Fernand découvre rapidement que ce milieu n'est pas le ramassis de bandits qu'a bien voulu laisser croire la Commission Cliche. Pendant sa tutelle, Fernand apprend à connaître les principaux dirigeants. Il constate que pratiquement tous les dirigeants sont des hommes d'expérience, dévoués, au service de leurs membres. Il y a près de 200 permanents syndicaux au service de 23 syndicats de métiers. Tous sont d'authentiques travailleurs de la construction, qui ont œuvré des dizaines d'années dans l'industrie avant de devenir permanents[3]. À l'exception de quelques-uns, qui ont été écartés à la suite des révélations de la Commission Cliche, et trois ou quatre individus que Fernand a fait mettre à la porte par leur syndicat, tous ces dirigeants et permanents consacrent leur temps à la défense de leurs membres.

Au moment où Fernand en prend la direction, le Conseil des métiers de la construction est une organisation en plein essor. Cette mutation entreprise depuis près de quatre ans est exceptionnelle. En effet, dans la tradition des syndicats de métiers, ce Conseil avait jusqu'à récemment un rôle plutôt symbolique. Comme toutes les structures interprofessionnelles dans le syndicalisme nord-américain, les syndicats jouissent d'une entière autonomie. Ils se regroupent pour s'entraider en cas de coups durs et faire des représentations communes. Chaque syndicat protège jalousement sa « juridiction[4] ».

Or, au Québec, la Loi des relations du travail dans l'industrie de la construction, adoptée en 1969, a totalement changé la donne. En instau-

---

1. L'auteur et André Saint-Cyr, documentaliste à la FTQ occasionnellement affecté à la mobilisation, sont désignés adjoints de Fernand par la FTQ. Très tôt, Fernand met également à contribution des dizaines de dirigeants et de permanents des syndicats de la construction pour participer aux travaux des comités de la tutelle.
2. *Dans la construction, une tutelle pour renforcer,* rapport du tuteur, 24 avril 1975.
3. Dans FTQ, *Des bons sentiments à la dictature : réaction de la FTQ au rapport Cliche et aux lois répressives,* Montréal, 12 juin 1975. On y publie en annexe la liste complète de tous les dirigeants et permanents avec le nombre d'années d'expérience de chacun dans l'industrie de la construction.
4. Champ de compétence.

rant la négociation provinciale et le pluralisme syndical, le Conseil devient l'agent-négociateur et les syndicats de métiers sont obligés de se concerter.

Sous la direction d'André Desjardins depuis 1970, le Conseil se restructurait peu à peu, se dotant d'un service de communications, ouvrant des bureaux dans les régions et y installant des coordonnateurs. Avant de quitter son poste, Desjardins était en train de préparer la création d'un service d'éducation syndicale et d'un service de santé et sécurité au travail. En même temps, le Conseil faisait preuve d'une plus grande autonomie par rapport au *Building Trades Department* (AFL-CIO), en acceptant directement l'affiliation des syndicats qui avaient quitté leur « union internationale[1] ».

Desjardins prêtait flanc à de multiples soupçons de liens avec le crime organisé[2]. Il faut cependant reconnaître qu'à la direction du Conseil provincial, il avait réussi à construire une organisation combative et redoutable. Il ne pouvait l'avoir fait en terrorisant ses pairs. Les commissaires le décrivent d'ailleurs comme un meneur d'hommes, un stratège et un organisateur « aux qualités exceptionnelles[3]», Sous son leadership, peu à peu se développait une cohésion jamais vécue jusque-là entre les syndicats de la construction. L'efficacité des débrayages généralisés au moment de l'emprisonnement des chefs syndicaux et au cours de la bataille de l'indexation des salaires était due à cette cohésion exceptionnelle. Les commissaires ont eu tort de tout expliquer par l'intimidation ou la peur.

Fernand entend miser sur ces acquis. En intitulant son rapport *Une tutelle pour renforcer*, il veut décrire le sens réel de son intervention. Il ne s'agit pas seulement d'épuration, mais de développement et de renforcement. Et il entend le faire en construisant sur les bases déjà établies. C'est pourquoi il travaille avec les coordonnateurs régionaux pour bien cerner leur rôle, leurs besoins en soutien technique et en formation. Il crée aussi des comités pour préparer la prochaine campagne de recrutement et la négociation à venir. Il met en branle une réflexion sur un code d'éthique à l'usage des 2 000 délégués des chantiers. Il fait revoir par un autre groupe de travail tout le fonctionnement des bureaux de placement syndicaux.

Le rapport Cliche et la répression

Robert Cliche remet le rapport de la Commission au mois de mai 1975. L'essentiel de ses 134 recommandations porte sur le contrôle des syndicats.

---

1. Les opérateurs de machinerie lourde en 1971, les électriciens et les monteurs de lignes en 1972.
2. Il sera assassiné le 27 avril 2000. Selon des journalistes, il serait tombé en disgrâce auprès de ses partenaires d'affaires, des motards criminels.
3. *Rapport de la Commission d'enquête sur l'exercice de la liberté syndicale dans l'industrie de la construction*, Québec, Éditeur officiel du Québec, 1975, p. 73-88.

Il recommande notamment la mise en tutelle pour trois ans de syndicats de métiers (plombiers, électriciens, opérateurs de machinerie lourde et mécaniciens d'ascenseurs) qui représentent plus du tiers des membres du Conseil. Il propose aussi toute une série de mesures pour éliminer les « éléments indésirables », en rendant inapte à exercer des fonctions syndicales toute personne trouvée coupable de délits criminels.

Le gouvernement libéral, qui s'y est préparé, en rajoute. Il s'empresse de reprendre les recommandations qui matent les syndicats et d'en faire des lois : mise en tutelle indéfinie des syndicats[1] ; pour les personnes antérieurement reconnues coupables de délits, interdiction d'exercer des fonctions syndicales ; présomption de culpabilité en cas de débrayage illégal ou de ralentissement de travail, etc. Il décide aussi de remplacer l'organisme paritaire qui chapeaute l'industrie de la construction par une régie d'État.

Exclusivement assénés sur les organisations syndicales, ces coups de massue touchent également tout le monde, y compris les syndicats de la CSN. Cette centrale est obligée d'admettre que les commissaires n'ont pas été à la hauteur. Parlant du commissaire issu du monde syndical, Guy Chevrette, le président de la CSN, Marcel Pepin, déclare : « Je le croyais bien armé, ce gars-là, mais il s'est fait embarquer ! Mulroney l'a mis dans sa poche. Bouchard aussi[2]. »

La Commission d'enquête faisait aussi des recommandations au sujet des conditions de vie des chantiers isolés ainsi que sur les questions de santé et de sécurité au travail. Bien accueillies par les syndicats, ces recommandations laissent indifférent le gouvernement qui les ignore purement et simplement.

Avec les dirigeants des syndicats du Conseil, le 12 juin 1975, Fernand se rend à la Commission parlementaire sur l'industrie de la construction. Au nom de la centrale, il dépose un mémoire intitulé *Des bons sentiments à la dictature : réaction de la FTQ au rapport Cliche et aux lois répressives*, lequel fait une critique détaillée du rapport de la Commission d'enquête et des lois répressives : « On prétendait s'attaquer au banditisme, on enchaîne le mouvement syndical. On prétendait corriger des abus, on restreint la liberté de tous ceux qu'on prétend arbitrairement susceptibles d'en commettre[3]. »

Dans le mémoire de la FTQ, on note que « les commissaires n'ont pas inventé les mesures qu'ils proposent. [...] Ils ont copié quasi intégralement la loi Landrum-Griffin[4] [de] 1959. [...] Ces mesures s'inspirent d'une

---

1. Les tutelles dureront six ans dans le cas des électriciens, des opérateurs et des mécaniciens d'ascenseurs et douze ans dans le cas des plombiers. Voir Fournier, *Histoire de la FTQ, op. cit.*, p. 109.
2. Jacques Keable, *Le monde selon Marcel Pepin*, Montréal, Lanctôt, 1998, p. 275.
3. FTQ, *Des bons sentiments...., op. cit.*, p. 6.
4. Voir Leclerc, *Fernand Daoust, tome 1, op. cit.*, p. 87.

philosophie totalitaire qui consiste à frapper tout le monde pour toucher quelques coupables[1]. »

La FTQ reproche fondamentalement à la Commission d'avoir refusé d'examiner l'environnement économique chaotique et la brutalité patronale que subissent quotidiennement les travailleurs. Ils n'ont retenu que les comportements individuels, sans se demander ce qui les génère. Ils ont cru qu'en imposant un carcan aux organisations syndicales, toutes les manifestations de la violence disparaîtraient. Le mémoire de la FTQ, comme celui qu'elle avait présenté l'année précédente aux commissaires, est ignoré par le gouvernement, et les lois sont adoptées.

Une autre recommandation de la Commission, reprise par le gouvernement, est celle exigeant la tenue d'un vote d'allégeance syndicale à la grandeur de l'industrie. La FTQ réclame elle-même un vote depuis le début des années 1970, mais celui qu'ordonne le gouvernement est différent. À l'issue de ce vote, toutes les organisations syndicales seront maintenues, mais leur poids sera établi en fonction de l'ensemble des travailleurs inscrits sur la liste officielle, plutôt qu'en fonction de ceux qui ont exercé leur droit de vote. Plusieurs milliers de travailleurs, qui figurent sur la liste, sont des intérimaires dans la construction, qui n'ont effectué que quelques heures de travail. La FTQ voit là une tentative de minorer le poids réel des organisations syndicales et, conséquemment, de leur nier le droit à la négociation.

Reprendre des forces

Comme le vote d'allégeance syndicale est prévu pour le début de novembre 1975, le tuteur doit mettre les bouchées doubles pour terminer ses travaux, tout en se préparant pour cette date butoir. À la fin du mois d'août, Fernand convoque tous les syndicats du Conseil des métiers de la construction à une réunion d'orientation de deux jours à Sherbrooke. Les délégués sont appelés à discuter d'un nouveau projet de statuts et règlements, à préparer une tournée d'information dans toutes les régions, à adopter une stratégie en prévision du vote d'allégeance syndicale et à décider de la tenue d'un congrès devant adopter les nouveaux statuts et mettre fin à la tutelle.

La discussion sur le vote d'allégeance prend une forme inusitée. En temps normal, les campagnes de maraudage dans le secteur de la construction s'opèrent aux abords des chantiers où les syndicats font signer des cartes de membre. Le contact humain direct est alors essentiel. La tenue d'un scrutin de type électoral et les restrictions de mouvement imposées aux délégués obligent les syndicats à revoir leur stratégie. Le comité chargé de préparer la campagne de recrutement a décidé, en plus de recourir au mode traditionnel

---

1. FTQ, *Des bons sentiments…*, *op. cit.*, p. 20-21.

de sollicitation et d'information, de faire une campagne de publicité dans les médias.

L'agence de publicité BCP[1] présente un plan de relations publiques et de publicité à l'intention des médias qu'elle a conçu en collaboration avec le tuteur et le comité. Cette campagne rappelle aux travailleurs que les syndicats sont des outils de défense indispensables. Le slogan, « J'ai besoin de mes outils », est reproduit sur des affiches, dans des journaux, des tracts, des messages publicitaires conçus pour la télévision et sur des auto-collants. Il est accompagné d'une chanson-thème.

Les délégués font bon accueil au projet, parce qu'ils savent que, dans le contexte d'hostilité dans lequel ils évoluent depuis le début des travaux de la Commission Cliche, le travail de persuasion sera difficile. Au cours de la réunion, les échanges permettent tout de même de constater que le pire est passé et que le mouvement reprend des forces. Les délégués sont persuadés de pouvoir maintenir l'adhésion de la majorité des salariés.

Un outil fort et démocratique

Le 3 octobre, Fernand ouvre le congrès du Conseil provincial des métiers de la construction qui met fin à la tutelle de la FTQ. Le congrès prend l'allure d'une relance du Conseil. De nouveaux statuts et règlements sont adoptés. Ils comprennent des dispositions qui (a) entérinent le lien de la FTQ avec ses affiliés de la construction ; (b) définissent des normes morales et d'efficacité, dont le non-respect peut entraîner la suspension ou l'expulsion des syndicats fautifs ; (c) reconnaissent au Conseil un pouvoir d'enquête et de réforme sur ses affiliés ; (d) et confirment le droit du Conseil d'affilier les syndicats qui ont quitté les « unions internationales ».

Ces dispositions sont adoptées très majoritairement, contre l'avis des représentants des syndicats nord-américains de la construction qui participent au congrès. Elles confèrent au Conseil une autonomie que ne connaît aucun regroupement régional des syndicats de la construction en Amérique du Nord. Les « internationaux », comme on les nomme, prendront leur revanche quatre ans plus tard en faisant amender les statuts du Conseil par les instances nord-américaines. En vertu des amendements votés à San Diego, en octobre 1979, l'organisme québécois ne peut plus tolérer dans ses rangs des syndicats qui n'ont plus de liens avec les « unions internationales ».

Au Québec, une telle ingérence est considérée comme une offense inacceptable. Elle provoque une scission importante. En quelques semaines, la majorité des membres du Conseil rompt les liens avec les « unions internatio-

---

1. Fondée en 1963 par Jacques Bouchard, Jean-Paul Champagne et Pierre Pelletier.

nales » et crée des syndicats authentiquement québécois, qui se regroupent, au début de 1980, dans une nouvelle organisation, la FTQ-Construction.

Or, au lendemain du congrès de 1975, rien ne laisse présager une telle rupture dans les rangs des syndicats de la construction affiliés à la FTQ. C'est avec une confiance renouvelée que les syndicats mènent campagne en prévision du vote d'allégeance. Leurs espoirs ne sont pas déçus parce que, le soir du vote, les résultats vont au-delà des prévisions les plus optimistes. 70,4 % des 93 000 travailleurs qui se sont prévalus de leur droit de vote leur ont donné leur appui, ce qui représente un gain de 2 % de représentativité pour la FTQ. Et cela, malgré les campagnes de dénigrement, la Commission Cliche, les lois répressives du gouvernement Bourassa et les entraves à la circulation des délégués et des représentants syndicaux. Ce résultat ne peut pas s'expliquer par une quelconque intimidation qui aurait été exercée par la FTQ puisque le vote était tenu à bulletin secret.

L ORSQU'IL jette un regard sur les dernières années, Fernand est tenté de les résumer par des mots qui écorchent : agression, revers, survie… Ce qu'il vit pendant le conflit de la *United Aircraft* et pendant la tutelle des syndicats de la construction est marqué par l'adversité. Heureusement, certaines situations connaissent parfois des revirements heureux. Il est réconfortant de voir autour de soi de plus en plus d'hommes et de femmes qui relèvent la tête. Fernand décèle des signes encourageants, tant sur le plan syndical que sur le plan politique.

La lutte des travailleurs et des travailleuses de la *Regent Knitting Mills* est un dossier qu'il suit avec intérêt[1]. Après avoir subi la menace de fermeture de l'usine, les salariéEs de Saint-Jérôme ont transformé une situation précaire en une expérience unique de participation à la gestion de l'entreprise. Fernand l'estime très prometteuse. C'est aussi ce que croient les travailleurs et les travailleuses de la compagnie au début de 1974. Après avoir signé une convention collective, qui leur donne un rôle de partenaire dans la réorganisation de l'entreprise, les salariéEs ont bon espoir que l'entreprise soit désormais pérenne.

Le comité de reclassement embauche la firme Kurt Salmon[2]. Cette dernière aide d'abord à réorganiser des équipes de travail de l'atelier de finition. À la suite de négociations, le syndicat a obtenu que les salariéEs puissent

---

1. Pour tout ce qui suit sur l'expérience des travailleurs et des travailleuses de la *Regent Knitting Mills*, voir Boucher, *Tricofil tel que vécu, op. cit.*.
2. La firme états-unienne Kurt Salmon a été fondée en 1935. En 2013, elle compte 400 consultantEs dans 13 pays.

désigner le coordonnateur ou la coordonnatrice de leur équipe de travail, en remplacement des contremaîtres et des contremaîtresses. Les personnes qui occupent ces postes demeurent syndiquées et n'ont aucun pouvoir disciplinaire. On a choisi l'atelier de finition pour y mener une expérience-pilote. L'atelier de couture suivra.

La cogestion en panne

Il est prévu que la réorganisation de l'entreprise soit supervisée par le comité d'adaptation de la main-d'œuvre[1]. C'est ce comité qui a financé les études. Rapidement, le syndicat constate que l'employeur prend des décisions unilatérales. Ainsi, il embauche des cadres au marketing et un directeur d'usine sans en avoir avisé préalablement le comité. Pour le syndicat, ce mode de décision n'est pas conforme à l'esprit de l'entente, mais il ne s'en formalise pas trop.

Dans le but de donner corps à sa contribution à la réorganisation de l'entreprise, le syndicat réunit les salariéEs par secteur de production et entreprend une réflexion sur les changements à apporter au fonctionnement de l'usine. Le groupe de couturières rencontre des problèmes aigus : les salaires sont bas, elles se sentent lésées par un système de rémunération à la pièce qu'elles jugent injuste. Ensemble, elles conçoivent un système de travail par équipe, où les primes à la productivité sont collectives.

Lorsque l'employeur leur demande de répondre à une commande urgente en faisant des heures supplémentaires, elles croient que c'est l'occasion de mettre leur système en place. Malheureusement, la compagnie ne veut rien entendre. La firme Kurt Salmon propose plutôt un système amélioré de bonus individuel. En plus, elle suggère qu'on ajoute à la convention collective une disposition prévoyant que « si une clause de convention collective contredit une décision pour la réorganisation, ce sera la décision du comité d'adaptation de la main-d'œuvre qui prévaudra sur la convention ». Si le syndicat acceptait d'amender ainsi la convention collective, même le pouvoir du « comité consultatif[2] » serait remis en cause.

---

1. Une fois les mises à pied écartées du tableau et les opérations remises en marche, le comité de reclassement a été remplacé par le comité d'adaptation de la main-d'œuvre. Il est composé de représentantEs du syndicat, de l'employeur et des deux paliers de gouvernement. Il doit entre autres approuver et financer des programmes de formation dans le cadre de la réorganisation. Ces programmes donnent droit à des subventions qui défraient 75 % du salaire des personnes en formation.
2. Comme on l'a vu au chapitre 9, ce « comité consultatif » était, dans les faits, un comité de gestion au sein duquel le syndicat détenait un droit de veto sur la réorganisation du travail. Boucher, *Tricofil tel que vécu, op. cit.*, p. 68.

Retour aux relations conflictuelles

Dès lors, les relations du travail se détériorent. Les deux parties s'éloignent l'une de l'autre. Les couturières, qui s'estiment volées par le système de rémunération à la pièce, demandent au syndicat de déposer un grief collectif. On évalue à 100 000 dollars la somme que devrait leur verser la compagnie.

Le syndicat est prêt à discuter du fond de la question dans le comité d'adaptation de la main-d'œuvre, mais le comité juge qu'il s'agit d'un litige patronal-syndical et que cela ne relève pas de lui. D'ailleurs, le syndicat constate que le comité joue de moins en moins son rôle. Trop souvent, des problèmes se règlent sous la table.

L'année 1974 est caractérisée par une augmentation importante de l'inflation, qui atteint 10,7 %. Les faibles salaires de la Regent Knitting sont grugés par cette augmentation du coût de la vie. Puisque la concertation semble être le dernier des soucis de la compagnie et que la réorganisation en cours ne débouche pas sur une amélioration de la rémunération, le syndicat a recours aux moyens traditionnels utilisés par les syndicats pour se faire entendre. Comme le recommande la FTQ à tous ses affiliés, il demande la réouverture de la convention collective pour y inclure une clause d'indexation des salaires au coût de la vie. Jean-Guy Frenette, du service de la recherche de la FTQ, travaille alors avec le syndicat pour préparer la formule d'indexation.

L'employeur refuse de discuter du grief, lequel doit alors être soumis à l'arbitrage. Par la même occasion, il fait savoir qu'il n'est pas question d'indexer les salaires. En mai 1974, le syndicat constate que la compagnie délocalise une partie de sa production à Montréal. Il juge que c'est un lock-out déguisé. De son côté, l'employeur prétend que les salariéEs font une « grève perlée[1] ». Entre les deux parties, c'est désormais un dialogue de sourds. Sans préavis, le 7 juin 1974, la compagnie ferme l'usine.

Un crime

Fernand est choqué par cette fermeture brutale. L'expérience en cours à la *Regent* était un modèle en construction, une voie redonnant espoir aux milliers de travailleurs et de travailleuses confrontéEs à la calamité des licenciements collectifs. Il affirme :

> La fermeture de la *Regent Knitting Mills* de Saint-Jérôme est un crime commis par des patrons sans scrupule contre 425 travailleurs qui, pendant dix, vingt, trente et même quarante ans, ont donné le meilleur d'eux-mêmes pour faire

---

1. La grève perlée est un moyen de pression qui consiste à exercer son travail de façon moins productive ou moins efficace.

vivre cette entreprise. [...] Pendant que les travailleurs s'impliquaient dans la réorganisation de l'usine et se pliaient à des sacrifices importants, la compagnie les volait systématiquement en faussant les calculs du travail à la pièce[1].

Pas question de laisser tomber. Le cheminement collectif des derniers mois ne doit pas être vain. Dès les premiers jours, le syndicat annonce ses couleurs. Dans un premier temps, il décide de maintenir la cohésion du groupe en déposant une plainte au ministère du Travail contre l'employeur qui n'a pas respecté la loi concernant les préavis de licenciements collectifs. Il demande aussi la mise sur pied d'un nouveau comité de reclassement de la main-d'œuvre. Enfin, il convainc le président de ce comité de soutenir un « reclassement collectif », plutôt que d'aider les travailleurs et les travailleuses à se « reclasser » individuellement. On travaillera ensemble à la relance de l'entreprise.

Pendant l'été, plusieurs dizaines de salariéEs se réunissent au sous-sol de la cathédrale de Saint-Jérôme. On y définit un projet de relance de l'entreprise. Jean-Guy Frenette leur conseille la copropriété et la cogestion avec une société d'État[2].

Fernand organise des rencontres entre le syndicat et le ministre de l'Industrie et du Commerce, Guy Saint-Pierre, pour lui présenter le projet de réouverture de l'usine. Le ministre confie à la firme *Poly-Avis* de Québec le mandat de faire une étude de rentabilité. La firme conclut qu'il est possible d'exploiter l'usine de façon rentable, rejoignant en cela les conclusions de l'étude de la firme Kurt Salmon, déposée un an plus tôt. Fernand est persuadé que l'usine rouvrira ses portes au début de l'année 1975 pour une période de dix-huit mois[3]. Pourtant, le gouvernement refuse tout partenariat dans le cadre d'un projet de relance.

La période n'était pas propice pour entamer des discussions avec un ministre libéral. Selon le président du syndicat, Paul-André Boucher, « le climat des relations de travail était pourri, les chefs syndicaux venaient de sortir de prison ; les injonctions et les lois spéciales pleuvaient[4] ». Les dirigeantEs du mouvement syndical répétaient sur toutes les tribunes qu'il fallait se débarrasser de ce régime soumis au capital.

La corvée

Entre-temps, la *Regent* entreprend une démarche auprès du syndicat. Elle veut vider les stocks de tissus et de vêtements accumulés dans l'usine.

---

1. FTQ, communiqué, 12 juin 1974.
2. Il songe en particulier à La Salle Tricots, une manufacture, propriété de la Société générale de financement (SGF), mais la chose ne se concrétisera pas.
3. FTQ, communiqué, 10 octobre 1974.
4. Boucher, *op. cit.*, p. 136.

Pour cela, les travailleurs et travailleuses doivent achever leur fabrication. Le syndicat négocie alors un contrat de production avec l'employeur. En vertu de cette entente, le syndicat gère l'usine sans la présence des cadres de la compagnie, et livre les produits finis avant la fin de l'année. En retour, la compagnie verse 140 000 dollars au syndicat qui prend la responsabilité de l'usine pendant la réouverture temporaire[1].

Ce travail qu'on nomme « la corvée[2] » est entrepris en novembre 1974. Les salariéEs retournéEs au travail continuent de percevoir des prestations d'assurance-chômage grâce à une entente entre le syndicat et le bureau de la Commission d'assurance-chômage. Ce qui permet au syndicat de créer un fonds de relance et un fonds de dépannage. Le travail est effectué et livré dans les délais. Le propriétaire constate que la qualité est irréprochable. Les ouvriers et les ouvrières ont fait la preuve de leur capacité à opérer cette usine sans patron.

Lors d'une visite à l'usine, Fernand affirme qu'une telle expérience mérite qu'on lui accorde tout le soutien voulu. Il lance un appel au mouvement coopératif et au gouvernement Bourassa. Cet appel reste sans réponse tout comme les tentatives de convaincre les investisseurs privés d'injecter des capitaux dans l'usine. Ils voient d'un mauvais œil un éventuel partenariat avec un syndicat.

Cavalier seul

Au début de 1975, le syndicat décide de faire cavalier seul. Il entame alors des négociations pour louer l'usine. Les discussions sont longues et pénibles. La compagnie montre très peu d'ouverture. Les ancienNEs employéEs savent qu'elle réclame beaucoup trop pour ses locaux et ses équipements vétustes. Cependant, sans l'aide du gouvernement, les travailleurs et les travailleuses n'ont pas le choix, tout doit être fait pour en arriver à une entente. Finalement, en échange de l'abandon du grief collectif des couturières et de la plainte au ministère du Travail, la compagnie consent à louer ses locaux. Elle exige une garantie équivalent à trois mois de loyer, soit 51 000 dollars.

Le syndicat entreprend de faire signer une pétition dans la population pour appuyer une demande de subvention équivalente à cette somme. Les syndiquéEs ratissent la ville, vont dans les églises, se présentent aux portes des maisons, dans les bingos, aux joutes de hockey. Les syndiquéEs vont partout avec leur pétition. En quelques jours, on réunit 10 000 signatures, lesquelles sont remises au député, Bernard Parent, qui est aussi maire de Saint-Jérôme. Celui-ci sait que ses concitoyenNEs ne lui pardonneraient

---

1. FTQ, communiqué, 1er novembre 1974.
2. Boucher, *op. cit.*, p. 102.

pas de lâcher « le monde de la *Regent* ». Il s'engage à défendre leur cause à Québec. Pendant ce temps, Fernand joint au téléphone le ministre de l'Industrie et du Commerce, Guy Saint-Pierre, et plaide la cause des salariéEs de Saint-Jérôme. Quelques heures avant la date limite de la signature du bail, le ministre annonce qu'une subvention est accordée.

Le bail est donc signé. Avec quelques dizaines de militantEs, les dirigeantEs du syndicat préparent la relance de la production. On commence avec les moyens du bord : les prestations d'assurance-chômage de la « corvée », quelques dizaines de milliers de dollars pour la relance et le dépannage des « plus mal prisES ». On estime qu'il faut une somme de 600 000 dollars pour assurer le démarrage de la production.

On croit pouvoir obtenir la moitié de cette somme sous la forme d'un prêt de la part de la Société de développement industriel du Québec (SDI). On espère récolter 250 000 dollars d'une souscription publique qui s'ajoutera au 50 000 dollars d'apport du collectif des travailleurs et des travailleuses. Toutefois, les discussions avec la SDI s'avèrent ardues. Cette dernière consent un prêt qu'elle verse au compte-gouttes, à mesure que le syndicat lui apporte l'équivalent en argent (contribution publique). Cela exige une dépense d'énergie considérable de la part des militantEs, qui se lancent dans le porte-à-porte plutôt que de se concentrer sur la reprise des opérations. On réussit tout de même à récolter suffisamment d'argent pour débloquer les premiers versements du prêt. La production démarre tardivement. Cela a des conséquences négatives puisque les vêtements ne peuvent pas être livrés aux dates prévues. Il devient alors difficile d'écouler les marchandises.

La gifle du ministre

Le collectif des travailleurs et des travailleuses fonctionne comme une coopérative de production – et se perçoit comme telle –, mais pour ne fermer aucune porte à un éventuel partenariat privé ou public, il incorpore l'entreprise en tant que société par actions – donc il forme une société à but lucratif. La raison sociale de la nouvelle entreprise est Société populaire Tricofil Inc. Pour préparer le prospectus à l'intention des actionnaires, le collectif reçoit le soutien technique du dirigeant de l'Association coopérative d'économie familiale de Montréal (ACEF), Pierre Marois[1], de Jacques Parizeau, un ancien haut fonctionnaire québécois de premier plan pendant la Révolution tranquille[2], et de Jean-Guy Frenette de la FTQ.

---

1. Pierre Marois, ancien conseiller de la CSN, est associé au PQ – il a été président du parti et candidat. Élu en 1976, il a été ministre délégué aux Affaires sociales et ministre du Travail.
2. On doit à Jacques Parizeau la création de la Caisse de dépôt et placement et celle

Entre-temps, l'usine produit normalement. Elle a un très bon carnet de commandes, mais pour assurer un fonctionnement permanent, il lui faudrait obtenir une marge de crédit. Or, toutes les banques refusent de s'engager dans l'aventure. Même la Société d'investissement Desjardins. Le collectif s'adresse à nouveau au ministre de l'Industrie et du Commerce, Guy Saint-Pierre, pour qu'il intervienne auprès des institutions financières afin qu'elles leur octroient une marge de crédit. Fernand entame de nombreuses démarches. Il obtient finalement un rendez-vous avec le ministre le 17 février 1976.

Les représentantEs de Tricofil se présentent au rendez-vous avec Fernand et Jean-Guy Frenette. On constate alors que les dés sont pipés. La rencontre n'a rien de privé, elle prend l'allure d'une conférence de presse. Les journalistes y ont été convoquéEs. Le ministre remet un communiqué qui a l'effet d'une véritable douche froide. On y lit que le gouvernement « ne peut plus investir lui-même dans l'entreprise s'il veut jouer son rôle d'administrateur des fonds publics, les risques étant apparemment beaucoup trop onéreux[1] ». Paul-André Boucher le résume : « Le texte disait, en gros, que le gouvernement avait fait plus qu'il n'aurait dû faire là-dedans, qu'il avait la responsabilité des fonds publics[2]. »

Dans la conversation qui suit, le ministre assure qu'il était personnellement convaincu à l'avance que le prêt de 300 000 dollars consenti par la SDI était une créance à passer au compte des pertes et profits. Selon Boucher, « il venait de nous dire, à ce moment-là qu'il nous avait donné juste assez de corde pour nous pendre, mais jamais assez pour que notre projet réussisse[3] ». C'est une gifle cinglante infligée aux dirigeantEs de Tricofil.

Tricofil, le symbole

Le ministre Saint-Pierre n'en est pas conscient, mais il vient de commettre un faux pas aux conséquences imprévues. Sans le savoir, il a donné un coup de fouet bénéfique au projet. Il a mal évalué le capital de sympathie dont bénéficie l'expérience collective des travailleurs et des travailleuses de Saint-Jérôme aussi bien dans le milieu syndical et populaire que dans les médias et l'opinion publique.

Un grand nombre de personnalités se mobilise pour soutenir Tricofil. La populaire animatrice de télévision, Lise Payette, outrée par l'attitude du ministre du Commerce et très impressionnée par le courage des ouvriers

de la Société générale de financement (SGF). Il était alors l'un des principaux dirigeantEs du PQ.

1. Déclaration du ministre de l'Industrie et du Commerce du Québec, Montréal, 17 février 1976.
2. Boucher, *op. cit.*, p. 146.
3. *Ibid.*, p. 147.

et des ouvrières, propose spontanément ses services pour sauver Tricofil. Les évêques « sociaux », M[grs] Jean-Marie Lafontaine[1] et Bernard Hubert[2], le président du Mouvement Desjardins, Alfred Rouleau, mais aussi Marie-Paule Beauchamp[3], Jacques Hamelin[4] et, bien sûr, Fernand Daoust, Jean-Guy Frenette, Paul-André Boucher et le nouveau président du syndicat, Jean-Claude Ménard[5], forment avec Lise Payette le Comité de relance de Tricofil.

À partir de ce moment-là, tout change. Alors que la Société de développement industriel du gouvernement québécois avait refusé toute assistance technique au syndicat, sous la pression d'Alfred Rouleau, le directeur général de la Société d'investissement Desjardins (SID) négocie l'achat de l'usine au nom de Tricofil et la SID devient son premier prêteur hypothécaire.

Une vaste campagne de souscription présidée par Lise Payette est menée à la grandeur du Québec. Cette campagne reçoit un accueil enthousiaste dans toutes les régions, dans tous les secteurs d'activités. Dans cette période de troubles sociaux, de conflits de travail violents, le projet de Tricofil ravive les espoirs. Le PQ soutient ouvertement le projet. En conséquence, le projet prend une couleur nationaliste et Tricofil devient un symbole d'affirmation collective, une fierté nationale. De mai à novembre 1976, les souscriptions rapportent 350 000 dollars. Le rachat de l'usine peut être enfin conclu. Une expérience unique au Québec démarre alors. Propriétaires de leur usine, les travailleurs et les travailleuses de Saint-Jérôme se retroussent collectivement les manches. Ils n'ont plus à faire mille entourloupettes pour avoir leur mot à dire. Ils se donnent une structure de gestion, qui reflète leur conception de l'autogestion.

Cependant, la définition de nouveaux rapports de travail, dans un contexte où l'autorité devient collective et démocratique, ne s'effectue pas sans heurt. Quel rôle doit jouer le syndicat dans une entreprise autogérée?

Cette expérience de gestion collective, ils la vivent, la structurent, l'ajustent, la peaufinent, tout en affrontant quotidiennement mille difficultés. Ils doivent d'abord procéder à la réorganisation physique de la production dans cette vieille usine désuète. De plus, ils rencontrent des difficultés de mises en marché occasionnées notamment par les pressions négatives qu'exerce l'ancien propriétaire sur ses anciens clients.

---

1. Vicaire général du diocèse de Montréal et ancien conseiller de la CTCC et de la CSN.
2. Évêque de Saint-Jérôme et président du Comité des affaires sociales du Conseil des évêques du Canada.
3. Membre du conseil d'administration de Tricofil.
4. Agent d'information de Tricofil.
5. Trésorier du syndicat, il succède à Paul-André Boucher, lorsque ce dernier devient le président de la Société populaire Tricofil Inc.

Du début jusqu'à la fin de l'expérience, en 1982, Fernand est associé étroitement à Tricofil. Il est en permanence lobbyiste, promoteur, porte-parole et conseiller du groupe. Comme responsable du personnel de la FTQ, il facilite l'engagement très important de Jean-Guy Frenette dans le projet. Le directeur de la recherche travaille même à temps plein à Tricofil pendant un certain temps. De toutes les causes que Fernand Daoust a défendues au cours de sa carrière syndicale, Tricofil compte parmi celles qui lui ont le plus tenu à cœur.

Pour mesurer toute l'ingéniosité, la combativité et le courage que ces hommes et ces femmes ont déployés pendant les dix ans de l'aventure, il faut lire le témoignage chaleureux de Paul-André Boucher, dans son livre *Tricofil tel que vécu*, et entendre ceux de ses camarades dans le film de François Brault et Roger Lenoir, *Tricofil, c'est la clé*, tourné en 1976.

Le PQ au pouvoir

Pendant la grande campagne de souscription pour Tricofil de l'automne 1976, alors que les militantEs sillonnaient le Québec, non seulement le projet suscitait un intérêt pour ce qu'il est, mais aussi pour ce qu'il symbolisait : la prise en main de son sort. Celle, bien sûr des tisserandEs de Tricofil, mais aussi celle de tout un peuple qui affirme avec de plus en plus de force sa volonté d'émancipation.

À la veille des élections du 15 novembre, les échanges dans les milieux syndicaux et populaires indiquent que des changements profonds sont en gestation. On sent souffler un grand vent de changement au Québec. Paul-André Boucher et ses camarades constatent qu'ils ne sont pas les seuls à relever la tête. Fernand partage leur sentiment.

Toujours attentif aux signes précurseurs de progrès, Fernand s'est réjoui de l'élection de 18 candidatEs du Rassemblement des citoyens de Montréal (RCM) aux élections municipales de novembre 1974. Pour Fernand, la scène municipale est un terrain de collaboration des différentes forces vives de la société. Il déclare aux médias :

> Le RCM tire son origine d'une alliance sans précédent à Montréal des forces syndicales, des forces nationalistes les plus progressistes et des éléments progressistes du milieu anglophone. La rencontre des militants syndicaux, des militants péquistes et des militants des quartiers a permis au RCM de s'enraciner dans les divers quartiers de Montréal. [...] La classe des travailleurs montréalais pourra faire entendre sa voix pour la première fois à l'hôtel de ville de Montréal. [...] La percée du RCM est la défaite des intérêts financiers et des spéculateurs[1].

---

1. FTQ, communiqué, 12 novembre 1974.

En novembre 1976, Fernand est d'autant plus confiant en la victoire du PQ que, cette fois-ci la FTQ n'a pas été ambiguë. Elle s'est lancée entièrement dans la campagne en faveur du parti souverainiste. Lors des élections précédentes, la FTQ avait invité ses membres à battre les libéraux, sans soutenir une formation politique. Robert Bourassa avait été reporté au pouvoir et son parti a continué à promouvoir les intérêts des grandes compagnies plutôt que ceux des salariéEs et des plus démuniEs. Le conflit très dur de la *United Aircraft* et la crise dans le secteur de la construction ont été deux occasions de jauger la vraie nature de ce pouvoir politique. Les libéraux ont laissé faire la multinationale, qui tentait d'écraser le syndicat, et ont frappé les syndicats de la construction à coups de lois répressives. Dans le dossier de Tricofil, ils ont montré une insensibilité offensante.

Au cours des mois qui précèdent le congrès de 1975, Fernand plaide au Bureau de direction pour un appui officiel de la FTQ au PQ. Il n'a pas de difficulté à convaincre une majorité de ses collègues. À l'ouverture du congrès, Louis Laberge dissipe toute ambiguïté en ce qui concerne son option. Après avoir dénoncé les « charognards libéraux qui règnent à Québec et à Ottawa[1] », il invite les membres à appuyer formellement le PQ. Il reconnaît que cette formation politique n'est pas un « parti des travailleurs », mais c'est un parti de masse, qui est financé par des contributions populaires et qui a intégré dans son programme plusieurs des revendications importantes du mouvement syndical. Pour les gens qui seraient encore trop frileux à l'égard de l'option souverainiste du PQ, René Lévesque a su calmer leurs craintes en diluant le projet d'indépendance nationale et en promettant un référendum sur l'avenir constitutionnel du Québec.

L'appui de la FTQ au PQ est balisé. Il s'agit d'un appui tactique et conjoncturel. Il n'est pas question de tisser un lien permanent et définitif avec ce parti politique. La FTQ conserve sa totale autonomie politique. La résolution proposée spécifie que la FTQ insiste pour que les travailleurs et les travailleuses « exercent les pressions nécessaires pour que les changements recherchés par le PQ soient fondamentaux et afin d'empêcher que le parti ne porte au pouvoir des élites dont les intérêts ne sont pas les nôtres ». On donne enfin mandat à la FTQ de procéder « à la mise en commun de toutes nos revendications pour dégager un programme politique des travailleurs québécois qui servirait d'outil à nos militants à l'intérieur du PQ, et sur lequel nous baserions nos interventions et, éventuellement, nos appuis à une formation politique ou à des candidats[2] ».

---

1. Fournier, *Histoire de la FTQ, op. cit.,* p. 119.
2. *Ibid.,* p. 121.

La FTQ publie un bilan du régime libéral de Robert Bourassa et invite les membres à faire campagne pour le PQ. Ce que font avec ardeur des syndicalistes dans toutes les régions et dans la plupart des circonscriptions du Québec. C'est le premier appui sur la scène provinciale de la FTQ à un parti politique. S'il n'est pas le seul ni le principal élément qui contribue à la victoire du parti souverainiste, il n'est sûrement pas étranger à son ampleur. Le 15 novembre 1976, le PQ forme un gouvernement majoritaire avec 71 députéEs, les libéraux n'en ont plus que 26[1].

---

1. L'Union nationale ne fait élire que onze députés, le Ralliement créditiste, un député, tout comme le Parti national populaire, formé par Jérôme Choquette, qui a démissionné quelques mois plus tôt du gouvernement.

Chapitre 13

Une vie mieux équilibrée

U N PEU avant son élection à la direction de la FTQ, Fernand organise sa vie personnelle de façon à mieux l'équilibrer. Il ne ménage toujours pas ses heures au travail, mais, depuis la naissance de sa deuxième fille, Isabelle, il s'efforce de passer plus de temps en famille. Il mange plus régulièrement à la maison, avant le coucher des enfants. Il est présent auprès de ses filles lorsqu'elles connaissent de grands comme de petits malheurs. Un peu casse-cou, Josée se blesse parfois et son père doit passer de longues heures dans les salles d'attente d'hôpitaux. Immanquablement, Fernand l'accompagne. Isabelle vivra la même expérience lorsqu'elle sera victime d'un accident de voiture en 1982 ; il sera auprès d'elle pour la réconforter.

Lorsque Josée commence ses études secondaires, elle voit son père se préoccuper davantage de sa réussite scolaire. Elle le trouve alors bien strict. Fernand, qu'elle percevait surtout comme un compagnon de jeu pendant son enfance, devient à son adolescence un critique sévère. Josée trouve plus intéressant de s'amuser avec ses amiEs à l'extérieur de la maison. L'été, elle décroche de petits boulots, notamment au parc Belmont voisin. De huit ans sa cadette, Isabelle évolue davantage dans le cocon familial.

L'oncle Aimé, avec qui la mère de Fernand avait vécu dans la maison paternelle de l'avenue Des Érables, décède le 15 août 1972. Il laisse à chacun – Fernand et son frère André –, la moitié de la propriété paternelle et une modeste somme d'argent. Grâce à ce pécule, en 1973, Fernand achète une ferme ancestrale à Frelighsburg, près de la frontière avec les États-Unis. Érigée par une famille de loyalistes[1] à la fin du 18ᵉ siècle, la propriété comprend

---

1. Colons états-uniens restés fidèles à la Couronne britannique pendant la révolution

une grande maison, des bâtiments en bon état, un terrain avec verger et érablière. Fernand, Ghyslaine et Isabelle s'y retrouvent pratiquement toutes les fins de semaine et y passent un peu plus de temps l'été. Chaque été, il y a aussi les deux ou trois semaines quasi rituelles de vacances à Ocean City, dans le Maryland. Josée, moins assidue aux autres activités familiales, est habituellement du voyage. Isabelle accompagne aussi ses parents au cours de deux voyages en Europe, en 1976 et en 1985.

Josée fréquente moins la maison des Cantons de l'Est. Hébergée chez les parents d'une amie, elle préfère la vie en ville et, lorsqu'elle est en âge de fréquenter les bars, profite de l'animation du Vieux-Montréal. Elle adore la musique. Toutes les occasions sont bonnes pour assister à des spectacles. Dans les années 1970, les spectacles-bénéfices pour appuyer des grévistes ou la souveraineté du Québec sont fréquents. Fernand lui refile régulièrement des billets. Les rares fois où elle entraîne ses amiEs à la campagne, elle installe un système de son dans la grange, la transformant en discothèque.

Louis Martin, un catalyseur

La maison de Frelighsburg n'est pas seulement un lieu de repos pour le syndicaliste fourbu. Peu de temps après leur installation, Fernand découvre qu'une connaissance, le journaliste Louis Martin[1] et sa conjointe, Hélène Fillion, ont acheté une maison dans le voisinage. Le beau-frère de Louis, Pierre-Étienne Laporte[2] fait de même et, bientôt, ils sont imités par l'un de leurs amis, l'écrivain et cinéaste, Jacques Godbout. Accompagnés de leurs conjointes, ils forment avec Fernand et Ghyslaine une petite bande qui se réunit fréquemment, le plus souvent chez les Daoust ou chez les Martin,

---

américaine (guerre de l'Indépendance). Quelque 10 000 colons s'établissent en Ontario et au Québec. Au Québec, ils se regroupent principalement dans les Cantons de l'Est.

1. Louis Martin (1936-2008) journaliste à *La Presse* et au *Nouveau Journal*, il est embauché à Radio-Canada en 1960. Sauf pendant une courte période (1971-1975), au cours de laquelle il dirige le magazine *Maclean*, il reste à la société d'État. Grand reporter, redoutable en entrevue, il se démarque par sa rigueur et sa vivacité d'esprit. Il occupe le poste de directeur des programmes d'information à la radio de 1992 à 1997. Atteint d'une grave maladie, il quitte Radio-Canada.

2. Directeur de la recherche à l'Office de la langue française (OLF) en 1975, il quitte ce poste après l'arrivée au pouvoir du PQ. Il enseigne ensuite la sociologie à l'Université de Montréal et dans d'autres institutions universitaires, avant de devenir directeur de la recherche au ministère des Communautés culturelles et de l'Immigration de 1983 à 1986. Il est nommé président de la Commission de protection de la langue française en 1986 et président de l'OLF de 1987 à 1990 et du Conseil de la langue française de 1990 à 1995. Il a été élu député libéral dans Outremont à l'élection partielle du 10 juin 1996. Réélu en 1998. Il ne s'est pas représenté en 2003.

pour partager un repas ou fêter différents événements. Martin est le véritable catalyseur de ce groupe plus ou moins extensible au gré des circonstances. S'ajouteront plus tard les Frank Furtado, Michel Constantineau, Claude Ranalo. Josée et Isabelle apprécient particulièrement la présence du fils de Louis, Alexis Martin[1], qui deviendra comédien et dramaturge.

En groupe restreint ou en bande élargie, les amiEs passent de longs moments à discuter de politique. Martin montre un vif intérêt pour le syndicalisme et questionne sans arrêt Fernand sur les dirigeants, les syndicats, les structures, les courants de pensée. Il s'intéresse à tout, mais il émet peu d'opinions personnelles, ce qui ne manque pas de piquer la curiosité de Fernand et des autres convives. Parfois, pour le taquiner, ils le soumettent à des interrogatoires en règle sur ses opinions. Martin, qui a la répartie facile et un sens de l'humour très aiguisé, s'en tire la plupart du temps par une boutade. Les deux filles de Fernand le trouvent très amusant.

Véritable cordon-bleu, Ghyslaine passe des heures à cuisiner pour les amiEs. Les festins du temps des fêtes sont particulièrement réussis. De son côté, Fernand se charge de la décoration intérieure et extérieure. Il parsème le terrain de calèches et d'antiques brouettes tandis que la maison se remplit peu à peu de vieilles lampes à l'huile, dégotées dans la grange ou chez les antiquaires du coin.

Lorsqu'ils en font l'acquisition, la maison compte plusieurs vieux meubles. Ghyslaine et Fernand s'intéressent un temps aux antiquités. Ils sillonnent les environs à la recherche de perles rares. C'est d'ailleurs une activité assez populaire chez plusieurs de ces citadinEs fraîchement arrivéEs à la campagne. Est-ce Louis Martin ou Jacques Godbout qui ironise sur cet engouement pour les vieux meubles, les traitant de « bourgeois décapants » ?

Quoi qu'il en soit, le goût des vieilles choses a pour conséquence de remplir à ras bord la grange déjà encombrée d'objets laissés par les ancienNEs propriétaires. Au milieu des années 1980, Josée propose à Fernand d'y faire un grand ménage. Elle n'avait pas prévu la chose, mais pendant trois ou quatre jours, elle rattrape des dizaines d'années d'absence du père. Pendant ces journées, où elle se retrouve seule avec lui, elle a amplement le temps de revenir sur le passé. Dans la vie de Fernand, ce type d'échange est plutôt exceptionnel. S'il a beaucoup de facilité à raconter et à faire revivre des situations cocasses ou spectaculaires, la pudeur l'empêche généralement de s'épancher et de révéler des choses sur lui-même. Rétroactivement, Josée constate que ces journées consacrées au ménage de la grange ont été uniques dans ses rapports avec son père.

---

1. En 2011, Alexis Martin coréalise avec Louis Bélanger un documentaire sur la carrière de son père : *Louis Martin, journaliste.*

Dans les premières années à Frelighsburg, Fernand est passionné par la culture de la pomme et par le potentiel agricole de ses terres. Très tôt, il découvre qu'il n'a rien du *gentleman-farmer*. Il s'intéresse beaucoup au verger, mais découvre qu'il requiert un entretien régulier qu'il n'est pas en mesure d'assumer. Il donne donc son exploitation en concession. Chaque année, pendant la récolte, il se fait un devoir de rapporter à la FTQ de grandes « mannes[1] » de pommes pour les employéEs, les visiteurs et les visiteuses. Pendant deux ou trois semaines, la réception, où sont déposés les paniers, est envahie par une bonne odeur de pommes fraîches.

Il apprécie davantage la convivialité de la bande d'amiEs que la vie à la campagne. Les retrouvailles sont fréquentes et, par l'entremise de Louis Martin, le groupe s'élargit. Tellement qu'il faut parfois louer une salle municipale pour réunir tout le monde. Ce groupe très soudé, constitué autour de Martin, se dissout lorsque ce dernier est atteint d'une maladie dégénérative. Les Daoust perdent alors le goût de passer autant de temps à la campagne et s'y rendent de moins en moins.

Josée et Isabelle

Très protecteur, Fernand est satisfait de voir Isabelle développer son goût pour les études, mais s'inquiète de l'avenir de Josée, dont les choix sont plus imprévisibles. À vingt ans, elle part étudier l'espagnol pendant trois mois à Cuernavaca, au Mexique. Elle y prolonge son séjour, vivant de petits boulots d'enseignement du français, revient au Québec pour de courtes escales, puis repart au Mexique. Fernand n'est pas rassuré d'apprendre que son intérêt n'est pas que linguistique, car elle est tombée amoureuse. Il est encore plus perturbé lorsqu'elle lui annonce qu'elle va rentrer avec son amoureux qu'elle compte épouser pour faciliter son immigration. Moins inquiète, Ghyslaine est mise à contribution par Josée pour convaincre Fernand d'accepter cette situation. Cependant, l'idylle tourne court et, quelques mois après le mariage, une procédure de divorce est engagée.

Josée commence un baccalauréat en études hispaniques à l'Université de Montréal, mais ne le complète pas. Elle occupe divers petits boulots dans des commerces, puis devient préposée aux bénéficiaires dans les institutions de santé. Comme elle n'a pas de poste permanent, elle doit se mettre en disponibilité pour deux ou trois institutions à la fois. Elle fait parfois du travail de surnuméraire à l'imprimerie de la FTQ. Lorsqu'elle apprend qu'un poste est disponible, elle pose sa candidature et est embauchée en 1986. À vingt-neuf ans, elle a pour la première fois un revenu stable.

---

1. Paniers faits de minces lattes de bois.

Elle s'intègre facilement au personnel de la centrale, faisant oublier qu'elle est la fille du secrétaire général. Sauf le jour où, arrivée en retard à une réunion du personnel convoquée par son père, Fernand dit d'un ton détaché :

— Josée est en retard parce qu'elle ne pouvait pas savoir l'heure qu'il était.

Il sort alors de sa poche la montre de Josée qu'il lui tend.

— Elle est venue souper chez nous hier et l'a oubliée lorsqu'elle a fait la vaisselle.

Décontenancée, Josée prend place en silence.

C'est là une des rares occasions où Fernand laisse transparaître au travail que, dans la vie, il a des rapports père-fille en dehors de la FTQ. Lorsque Josée en prend conscience, elle est touchée par le geste de son père.

Fernand et Ghyslaine, qui étaient très proches d'Isabelle pendant son enfance et son adolescence, doivent aussi s'habituer à ses longues absences. À la fin des années 1980, alors qu'elle est inscrite en études françaises à l'Université Concordia, elle part souvent en Europe l'été et, après sa maîtrise à l'Université de Montréal, elle quitte plusieurs mois pour l'Océanie. À la fin des années 1990, elle décroche un premier emploi dans son domaine en Alberta, à l'Université de Lethbridge.

Lorsque son père apprend la nouvelle, il s'exclame au bout d'un instant : « Je connais Lethbridge. » Il a connu la petite ville albertaine lorsqu'il travaillait dans les trains, employé comme *fifth cook* l'été. Il s'en souvient d'autant mieux que le train transportait des prisonniers allemands vers des camps de travail situés près de Lethbridge[1]. Isabelle réalise alors que son père a eu une vie avant la FTQ.

---

1. Leclerc, *op. cit.*, p. 77.

En 1965, Fernand Daoust est élu vice-président de la FTQ, après avoir été défait de justesse au poste de secrétaire général par Gérard Rancourt (à sa gauche). Au microphone, le président de la FTQ Louis Laberge et, assis, le président du Congrès du travail du Canada, Claude Jodoin. (Fédéral photo)

Noël 1967. Fernand Daoust est à nouveau papa d'une fille, Isabelle. Dans l'appartement du boulevard Pie-IX avec Josée à ses côtés.

Grand rassemblement syndical et populaire contre le chômage au Forum de Montréal, le 28 février 1972. Y prennent la parole, entre autres, le président du NPD-Québec Raymond Laliberté, le secrétaire général de la FTQ, Fernand Daoust, le président du PQ, René Lévesque, le président de la CEQ, Yvon Charbonneau, et le président de la CSN, Marcel Pepin. (Photo *Québec-Presse*)

Après les révélations de la Commission Cliche en 1974, Fernand Daoust est nommé tuteur du Conseil provincial du Québec des métiers de la construction. À l'issue de son mandat, un vote d'allégeance syndicale est tenu à scrutin secret. La FTQ en ressort avec une majorité renforcée. (Photothèque de la FTQ)

Le 29 octobre 1974, 40 000 personnes descendent dans les rues de Montréal pour protester contre « La justice des boss ». EIles dénoncent la répression brutale que subissent les grévistes de la *United Aircraft* et l'orientation antisyndicale de la Commission Cliche. À la gauche de Fernand Daoust, Louis Laberge, Jean-Marie Gonthier, l'un des dirigeants des grévistes, et Robert Dean, le directeur québécois des TUA. (Photothèque de la FTQ)

Au début des années 1970, les représentants du PQ participaient fréquemment aux manifestations et rassemblements du mouvement syndical. Ici, aux côtés de Fernand Daoust, le député et whip en chef du PQ Marcel Léger, lors d'une manifestation contre les mesures fédérales de contrôle des salaires en 1975. (Photothèque de la FTQ)

Fernand Daoust avait une grande admiration pour Camille Laurin, « le père de la Charte de la langue française ». Nous les voyons ici en 1976, lors d'une manifestation de la FTQ. (Photothèque de la FTQ)

En 1977, le ministre d'État au Développement social, Pierre Marois, participe à un colloque de la FTQ sur la santé et la sécurité du travail. Il incite les syndicalistes à talonner le gouvernement et à exiger qu'il tienne ses promesses. La Loi sur la santé et la sécurité du travail sera adoptée en 1979. (Photo Michel Elliot)

Le 19 avril 1980, lors d'un congrès extraordinaire, la FTQ décide d'appuyer le camp du OUI lors du référendum québécois sur l'avenir du Québec. (Photo Serge Jongué)

Victoire du Syndicat des employéEs de la Fédération des caisses populaires Desjardins de Montréal et de l'ouest du Québec (SEPB). À la gauche de Fernand Daoust, Léo Drolet, président de l'unité des employéEs techniques et professionnelLEs et Monique Larocque, trésorière de l'unité des employéEs de bureau. À sa droite, Jacques Letendre, négociateur du SEPB et Réal Saint-Pierre, président de l'unité des employéEs de bureau. (Photo Christiane Pearson, novembre 1980)

Fernand Daoust, qui a manifesté plusieurs fois devant les installations de *Pratt & Whitney* pendant la grève de la *United Aircraft* en 1974, y revient pour faire signer une pétition en faveur de la paix, en 1984. À l'arrière plan, Claude Vincent, le président du syndicat, et Robert Demers, conseiller de la FTQ. (Photo Michel Cloutier)

Manifestation sur les conditions des retraitéEs canadienNEs devant le parlement d'Ottawa le 14 mai 1986. (Photo Features LTD)

Le 8 mars 1987, le CTM lançait *Cent ans de solidarité : histoire du CTM, 1886-1986*. Fernand Daoust, secrétaire du CTM au milieu des années 1950, assistait à l'événement en compagnie de Lauraine Vaillancourt, Fernand Boudreau, Shirley Carr et Michèle Brouillette. Devant L. Vaillancourt, la fille d'André Messier, Hélène. (Photo Serge Jongué)

Fernand Daoust a été le premier secrétaire Fonds de Solidarité-FTQ jusqu'en 1993, et le président jusqu'en 1995. On le voit ici avec le président fondateur, Louis Laberge, en 1987. En arrière-plan, le premier PDG du Fonds, Claude Blanchet. (Photo Serge Jongué)

Pendant la campagne de syndicalisation de l'industrie du taxi menée par les Métallos, le chauffeur Roland Robidoux (à la gauche de Fernand Daoust) entreprend une marche de Montréal jusqu'au parlement de Québec. Une manifestation d'appui salue son départ. À sa droite, le directeur adjoint des Métallos, Lawrence McBrearty et à gauche du marcheur, Clément Godbout, directeur québécois du syndicat. (Photo Paul Letherland, 1990)

Fernand Daoust présente le mémoire de la FTQ sur les services de garde en commission parlementaire, en mars 1989. Il est accompagné de membres du comité de la condition féminine : la présidente Lauraine Vaillancourt à sa gauche, Claude Grenier à sa droite, et Carole Gingras, la responsable du service. (Photo Serge Jongué)

En 1989, lors du congrès de la FTQ, on souligne les vingt ans de Fernand au secrétariat général et les vingt-cinq ans de Louis Laberge à la présidence. Sur la photo, l'ancien directeur des Métallos et vice-président de la FTQ, Jean Gérin-Lajoie. (Photo Serge Jongué)

Dans son combat pour le français, Fernand Daoust a souvent côtoyé François-Albert Angers, notamment au MQF. En 1991, ils se retrouvent en compagnie de Mona-Josée Gagnon, alors directrice de la recherche à la FTQ. (Photo, Serge Jongué)

En 1991, l'organe officiel de la FTQ, *Le Monde ouvrier*, fête ses soixante-quinze ans. Pour l'occasion, quatre rédacteurs sont réunis en présence de Fernand Daoust et de Louis Laberge : Pierre Richard (1973-1979 et 1981-1985), André Laplante (1980-1981), André Messier (1985-2002) et Noël Pérusse (1958-1969). (Photo Serge Jongué)

À la campagne, Fernand Daoust a beaucoup fréquenté le journaliste Louis Martin (à sa droite) et le beau-frère de ce dernier, Pierre-Étienne Laporte, ici accompagné de sa conjointe Liliane Fillion. (Photo anonyme, janvier 1992)

1er mai 1992. Le candidat à la présidence du CTC, Bob White (à la droite de Fernand Daoust), manifeste à Montréal avec ses camarades de la FTQ. Il accorde son appui à Guy Cousineau (à sa droite), candidat de la FTQ à la vice-présidence du CTC. À l'extrême gauche, Clément Godbout, secrétaire général de la FTQ. (Photo Serge Jongué)

Quelques amiEs que Fernand a beaucoup fréquentéEs dans les années 1960 et 1970. Ils se retrouvaient avec plaisir en 2009. De gauche à droite, Carmen Guérin, Fernand, Ghyslaine, Claire Pronovost, André Vadeboncoeur, Claire Bruneau-Robitaille, Mario Loschiavo et Nicole Aubry. (Photo Michèle Guérin)

En décembre 1993, Fernand Daoust vit son dernier congrès à titre de dirigeant de la FTQ. Il est entouré de sa conjointe Ghyslaine, de ses filles Isabelle et Josée. À droite, le conseiller politique de la FTQ, Jean-Guy Frenette. (Photo Serge Jongué)

La « souveraineté-association syndicale ». C'est ainsi que Fernand Daoust qualifie l'entente intervenue avec le CTC en 1993. L'entente est signée lors du dernier congrès de Fernand Daoust à la direction de la centrale. De gauche à droite, Clément Godbout, nouveau président de la FTQ, Bob White, président du CTC, Fernand Daoust et Dick Martin, trésorier du CTC. (Photo Serge Jongué)

L'un des nombreux repas champêtres partagés par Fernand Daoust avec Ghyslaine et ses deux filles, Josée et Isabelle, à la maison de campagne de Frelishburg. (Photo anonyme)

Fernand avec son ami Claude Ducharme, ancien collègue du SITIPCA et du SCFP, directeur québécois des TCA de 1981 jusqu'à son décès en 1995. (Photo Serge Jongué, 1993)

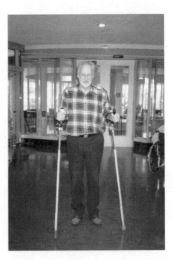

Le 28 novembre 1995, Fernand est victime d'un grave accident de voiture. Il passera plusieurs semaines en rééducation à l'hôpital Marie-Clarac. (Photo anonyme)

Fernand Daoust a ardemment souhaité que le référendum de 1995 donne au peuple québécois accès à sa souveraineté. Il n'hésita pas à s'impliquer activement dans la campagne. On le voit ici aux côtés du chef du PQ, Jacques Parizeau, et du futur premier ministre, Lucien Bouchard. (Photo anonyme)

Jeune retraité de la FTQ, Fernand Daoust se voit honoré par le Centre Saint-Pierre qui baptise de son nom l'une des salles de réunion fréquemment utilisées par les syndicats et les groupes populaires. Le président de la FTQ, Clément Godbout, lui présente la plaque, qui sera affichée à l'entrée de la salle. (Photo Alain Chagnon 1996)

En juin 2001, le premier ministre du Québec, Bernard Landry, remet à Fernand l'insigne de Chevalier de l'Ordre du Québec. Parlant de son engagement pour le français, langue de travail, le chef de l'État affirme : « Il n'est pas excessif de parler de votre action dans ce domaine comme d'un véritable apostolat. » (Photo, Daniel Lessard)

Chaque été, pendant plusieurs années, Fernand Daoust passait quelques semaines en famille au bord de la mer, à Ocean City, dans l'État du Maryland. Ils y étaient à nouveau réunis en 2003. De gauche à droite, Josée, Ghyslaine, Fernand et Isabelle. (Photo anonyme)

Le 28 janvier 2014, Fernand Daoust assiste à la remise du certificat de francisation décerné à l'avionneur québécois Bombardier. De gauche à droite, Jean-François Lisée, alors ministre des Relations internationales et de la Francophonie, Diane de Courcy, ministre responsable de l'Application de la Charte de la langue française et Hélène V. Gagnon, qui était alors vice-présidente affaires publiques chez Bombardier Aéronautique (Photo reproduite avec la permission de Bombardier inc.)

L'auteur et Fernand Daoust lors du lancement du premier tome de sa biographie, en décembre 2013. (Photo Normand Blouin)

Deuxième partie

**L'institutionalisation
(1976-1993)**

Chapitre 14

Deux hommes, une centrale

LES SIX PREMIÈRES ANNÉES de Fernand Daoust à la barre de la FTQ ont été tumultueuses. Ces moments intenses, il les a vécus dans une proximité peu commune avec Louis Laberge. Côte à côte ou dans des actions distinctes, les deux hommes garderont le cap sur l'organisation à bâtir. Chacun à sa façon, de manière parfois contradictoire, ils développeront un mode de gestion complémentaire. Il sera souvent difficile d'attribuer à l'un ou à l'autre le mérite de telle orientation ou de telle décision majeure. « Ils sont devenus interchangeables », dira Jean Gérin-Lajoie, qui les a côtoyés pendant des décennies.

Le tandem improbable

Leur long compagnonnage aura fait de ces deux leaders, issus de familles syndicales rivales, des alliés indéfectibles. Pourtant, quelques années auparavant, la présence de ce tandem à la direction de la FTQ semblait bien improbable. Pendant les années 1960, les positions de Laberge sur la langue et la question nationale étaient diamétralement opposées aux convictions de Fernand. Et elles semblaient immuables.

Malgré tout, pendant cette période, Laberge évoluait à vitesse grand V. On ne pouvait plus l'identifier à la vieille garde des « syndicalistes d'affaires des unions de métiers ». Il était sur tous les fronts et s'imposait avec assurance. Sa combativité déjà connue se doublait d'une volonté de changement étonnante. Défendant les affiliés de la FTQ contre les assauts de la CSN avec toute l'agressivité dont il était capable, il ne se faisait pas moins le critique intransigeant de certains syndicats affiliés, leur reprochant de ne pas « faire leur job ».

Sa relation avec le CTC a aussi radicalement évolué. Lui qui, au début des années 1960, désavouait les revendications autonomistes[1] défendues par Fernand, il est devenu l'ardent défenseur du renforcement et de l'autonomie de la centrale québécoise. Sur cette question, Fernand ne craint plus de revirements de la part de Louis. Lorsqu'il le rejoint à la direction de la FTQ, il trouve un homme en plein rattrapage idéologique. Une remise en question accélérée sinon fouettée par des événements qui marqueront Laberge au fer rouge : la Crise d'octobre, le conflit de *La Presse*, les grèves violentes, la répression policière et judiciaire, son propre emprisonnement…

Ces événements qui ont secoué le Québec au cours des mois et des années qui ont suivi l'élection de Fernand au poste de secrétaire général ont eu pour effet de rapprocher les deux hommes de façon exceptionnelle. Ils vont désormais non seulement être réunis dans l'action, mais ils vont partager une vision commune. Une vision qui englobe non seulement la centrale à bâtir, mais aussi le type de société dans laquelle la FTQ est appelée à jouer un rôle d'acteur social incontournable.

Contre toute attente, d'improbable, le tandem Daoust-Laberge deviendra exemplaire.

Pas frères jumeaux pour autant

Ce rapprochement des deux hommes, cet accord profond sur les objectifs, cette presque fusion dans leur gestion commune de la FTQ pendant vingt-deux ans, n'en ont pas fait pour autant des frères jumeaux. Les deux sont demeurés bien différents. Au fil des ans, on a eu tendance à les dépeindre de façon caricaturale :

Fernand, l'intellectuel idéaliste vs Louis, le bagarreur pragmatique ;
Fernand, le rationnel vs Louis, l'intuitif ;
Fernand, le discipliné vs Louis, le brouillon ;
Fernand, le mature vs Louis, le bébé gâté ;
Fernand, l'honnête homme vs Louis, l'affairiste qui tourne les coins ronds ;
Fernand, le discoureur vs Louis, le mobilisateur.

Comme tout cliché, ces formulations constituent une réduction injuste des personnages. Laberge et Daoust ont des personnalités à la fois plus riches et plus complexes que ces images ne veulent le laisser croire. Surtout,

---

1. Fernand, président du comité d'éducation de la FTQ, réclamait en 1961 le rapatriement de la responsabilité de l'éducation syndicale du CTC à la FTQ. Voir Leclerc, *op. cit.*, p. 239.

les deux ont évolué pendant toutes ces années, ils se sont adaptés l'un à l'autre, ont développé de la tolérance sinon de l'affection pour les travers de l'autre, rendant ainsi leur « couple » viable, malgré leurs différences de caractère et de mentalité.

Au-delà de ces traits de personnalité, ce qui va sûrement solidifier le lien entre les deux hommes, c'est l'évolution idéologique de Louis Laberge dans la première moitié des années 1970. En effet, il épouse peu à peu les idées qui tiennent à cœur à Fernand. Le moins qu'on peut dire, c'est qu'il y avait longtemps résisté. Pour un syndicaliste pragmatique comme lui, au début des années 1960, toutes ces idées, véhiculées par les intellectuelLEs du PSQ ou du RIN, sont assimilables à du délire utopique. Lui, il ne connaît que les rapports de force concrets, circonscrits dans le temps et dans l'espace, avec ce qu'ils rapportent en négociation, au terme d'un compromis. Les sauts dans le vide, très peu pour lui.

Pendant ses cinq premières années de présidence, de 1964 à 1969, aidé de son scribe Noël Pérusse, il ne se gêne pas pour attaquer de front ceux qu'il nomme les « petits bourgeois nationalistes ». Or, à la fin de la décennie, il se rend bien compte qu'il ne suffit pas de dénoncer les tenantEs d'un mouvement social pour l'enrayer. Un grand chambardement des idées gagne les rangs de sa centrale comme il le constate au congrès de 1969. C'est maintenant irréversible. Pragmatique, il enregistre. Un peu tard, bien sûr, mais juste à temps pour éviter le pire. Il n'a rien d'un Don Quichotte, il ne s'opposera pas à cette vague qui déferle.

CertainEs diront que c'est par opportunisme que Louis Laberge soutient Fernand à la direction de la FTQ et qu'il accepte de prendre position sur la question de la langue. Il faut cependant admettre que, si c'était à l'origine dans le seul but de se maintenir en poste, Laberge s'est fait prendre au jeu : il a finalement assumé sincèrement et a fait siens les objectifs émancipateurs affirmés par Fernand et ses alliés. Et c'est tout naturellement que le tandem s'est peu à peu soudé.

Plusieurs observateurs et observatrices extérieurEs, tout comme beaucoup de militantEs et de permanentEs des syndicats affiliés, versent tout le crédit de la construction de la FTQ à Louis Laberge. Pour ces personnes, Fernand n'aurait été qu'un loyal assistant. Mais les gens qui ont vécu d'un peu plus près cette époque savent que cette vision est injuste envers l'apport de Fernand.

D'ailleurs, la vérité est encore plus complexe. Elle ne peut être réduite à l'influence personnelle de ces deux hommes. Est-il besoin de rappeler qu'ils étaient à la tête d'un mouvement collectif? Qui dit mouvement collectif, dit interaction et influence mutuelle de la base avec la direction ainsi que pression sociale extérieure. Le mouvement est également marqué par les luttes internes entre courants de pensée ou, plus platement, par la concurrence entre syndicats affiliés. Il est aussi le fruit d'une conciliation constante entre mentalités, cultures et pratiques syndicales disparates. Tous ces éléments, tout autant que la personnalité et l'action des leaders, déterminent le développement et l'évolution de la FTQ.

Le pragmatique et le rêveur

Une caricature fréquente décrit Louis Laberge montant aux barricades pendant que Fernand donne libre cours à ses réflexions et aux discussions intellectuelles avec ses collaborateurs. On oublie tout le patient travail quotidien, toute la logistique qu'il faut déployer pour mobiliser dans de grandes assemblées ou dans la rue les dizaines de milliers de militantEs. La coordination du travail de l'ombre, c'est Fernand qui l'assume avec constance et application. Il rejoint ensuite Louis sur les tribunes et à la tête des manifestations. Seulement, naturellement, les caméras sont davantage braquées sur le spectaculaire président que sur le sobre secrétaire général.

Alors que Louis, se fiant à son sens aigu de la répartie, a un plaisir fou à improviser et à affirmer avec aplomb ses convictions (souvent récentes), Fernand semble avoir du mal à passer à l'action. Louis, intuitif et intempestif, semble agir plus vite que son ombre. Une fois l'action enclenchée, les deux hommes sont immédiatement sur la même longueur d'onde.

Il est vrai que Fernand adore les longues discussions au cours desquelles on analyse en détail les situations sociales et politiques du Québec ou du reste de la planète. Dans le travail quotidien, également, il aime bien discuter avant d'agir. Les projets de prises de position, comme les suggestions d'actions à entreprendre, sont pesés et soupesés. Il éprouve souvent un malaise à faire des déclarations publiques, s'il les sent peu ou mal étayées. Il souhaiterait avoir en main des études détaillées qui lui permettraient de prouver hors de tout doute ce qu'il avance. Il aime bien s'appuyer sur du solide.

Même pendant les grandes périodes de turbulences, ses conseillers du service de la recherche ou des communications doivent subir à maintes reprises ses questionnements « d'avocat du diable ». Surtout lorsqu'ils suggèrent des prises de position plus ou moins radicales. Alors que ses conseillers trépignent dans son bureau, pressés par l'urgence et l'envie de passer à l'action, Fernand retourne une à une chaque pierre, plutôt deux fois qu'une, avant de donner son aval à telle ou telle déclaration. Il a ce tic verbal d'affirmer que telle ou telle situation est « d'une complexité inouïe ». Ce qui lui vaut, bien sûr, les taquineries de son entourage. Les nouveaux conseillers peu familiers de son mode dialectique s'impatientent et sont prêts à jeter l'éponge, lorsqu'ils ont la surprise de le voir approuver leurs propositions. Il les soutiendra ensuite fermement au Bureau de direction et dans les instances de la centrale.

ChacunE aura sa façon de composer avec son attitude quelque peu tatillonne. L'unE refuse systématiquement de biffer telle affirmation ou de changer telle expression tant que Fernand n'aura pas suggéré une version de rechange. Une autre lui soumet des questionnaires à choix multiples sur lesquels il est invité à cocher l'un ou l'autre[1]. ChacunE comprendra avec les années que cette prudence, qui semble l'enliser parfois dans l'indécision, est aussi l'assise de l'assurance tranquille qu'il affiche publiquement, une fois ses dilemmes tranchés.

Les jeunes et les intellectuelLEs

Durant cette période de construction de l'équipe de base de la centrale, Laberge intervient peu dans le recrutement du personnel. Lorsqu'il le fera, plus tard, il favorisera la venue de militantEs issuEs des principaux syndicats affiliés. Il a parfois tendance à vouloir ainsi récompenser tel ou tel groupe de son soutien à la centrale. Fernand, lui, a le souci constant d'apporter du sang neuf à la FTQ. Il n'hésite pas à y accueillir de jeunes intellectuelLEs. Il facilite leur intégration dans ce milieu qui, sans leur être hostile, n'est généralement pas des plus accueillants pour cette catégorie de personnes. Il les initie, prend le temps d'expliquer les structures, les mentalités et les cultures propres à chacun des syndicats évoluant dans des secteurs d'activités différents. Il explique beaucoup, mais écoute tout autant, questionnant sans cesse ses interlocuteurs et interlocutrices sur leurs connaissances.

Toujours soucieux du bon usage du français, lors des entrevues d'embauche, il interroge systématiquement les candidatEs sur leur capacité d'écriture. Il fait lui-même passer l'épreuve de la dictée aux candidates à des postes de secrétariat. Ayant personnellement bénéficié de la compétence exceptionnelle de Jacqueline Lavoie[2] pendant dix ans, il sera toujours pointilleux et intransigeant sur la qualité du travail du personnel de secrétariat. Certaines, qui subiront ses remontrances répétées, s'estimeront sous-estimées par cet homme généralement affable.

Pourtant, plusieurs des personnes qui ont travaillé sous sa direction ont bénéficié de son ouverture et de ses conseils. Mona-Josée Gagnon, première

---

1. Selon les dossiers en cause, et à la suite d'une discussion, Mona-Josée Gagnon suggérait plein de choix de réponses : oui ou non ; on s'en reparle dans trois jours ; je propose qu'on change les mots suivants...
2. Sa secrétaire au SITIPCA et amie de la famille, décédée en février 1995.

femme embauchée dans l'équipe des conseillers de la FTQ, se sent soutenue dans son travail, mais aussi encouragée à prendre des initiatives. Fernand lui facilite les choses lorsqu'elle doit finir ses études. Les accommodements financiers que Fernand Daoust lui consent alors bénéficieront à d'autres collègues par la suite et seront inscrits comme des droits dans la convention collective des employéEs de la FTQ. Il la pousse aussi à sortir de son rôle traditionnel de chercheuse, en la déléguant sur diverses tribunes où elle apprend peu à peu à vaincre sa timidité.

Homme d'équipe, il sait se mettre au niveau de ses collaborateurs et collaboratrices. Il développe une sorte de direction collégiale. Du moins dans ses premières années à la direction de la centrale, avant que celle-ci ne se bureaucratise et ne s'institutionnalise. Évidemment, lorsque le personnel aura été multiplié par dix, la collégialité sera mise en veilleuse. Pourtant, Fernand demeurera toujours d'une grande disponibilité pour les personnes qu'il juge susceptibles d'enrichir intellectuellement le mouvement syndical.

Ainsi, à la suite du Sommet québécois de la jeunesse qu'il parraine en 1983, Fernand recrute le jeune président de l'événement, Pierre Noreau[1]. Il le charge d'abord de rédiger « un guide social du travailleur », puis d'animer un comité de travail sur l'immigration et, finalement, de préparer le colloque intitulé Rencontre Jeunesse-FTQ, à l'été 1985.

Pendant ses deux ans à la FTQ, Noreau trouve en Fernand un homme dont l'ouverture d'esprit gomme les différences d'âge et de statut. Il s'étonne de le voir si accessible, la porte de son bureau pratiquement toujours ouverte. Jeune intellectuel, dont la connaissance du mouvement syndical est pour le moins réduite, il découvre au contact de Fernand un monde dont il n'avait pas soupçonné l'importance sociale. Il affirme aujourd'hui que la fréquentation de Fernand a été déterminante dans les travaux qu'il allait entreprendre sur l'institutionnalisation des mouvements sociaux[2].

La culture ouvrière

L'admiration et le respect que Fernand voue aux intellectuelLEs, aux bonNEs communicateurs et communicatrices ainsi qu'aux personnes qui

---

1. Pierre Noreau est professeur à la Faculté de droit de l'Université de Montréal et chercheur au Centre de recherche en droit public, dont il a été le directeur de 2003 à 2006. De 2008 à 2012, il a été président de l'Association francophone pour le savoir (connue jusqu'en 2001 sous le nom d'Association canadienne-française pour l'avancement des sciences – ACFAS), puis directeur du Bureau des Amériques de l'Agence universitaire de la Francophonie (AUF) de 2009 à 2011, où il occupe le poste de vice-recteur à la programmation et au développement de 2011 à 2013. Il a fondé et préside depuis 2005 un organisme international, l'Observatoire du droit à la justice.
2. Entrevue avec Pierre Noreau, mai 2012.

ont la plume facile ne le détache cependant jamais de ses racines ouvrières. Il conserve en tout temps ce souci de ne jamais s'éloigner de ceux et celles pour qui il œuvre quotidiennement. Son lien, il ne l'exprime pas par des propos populistes, des blagues ou des jurons. Il le vit dans cette application qu'il met à communiquer clairement et à être entendu et compris par chacunE.

Aux personnes qui s'étonnent de le voir lire mot à mot et ligne après ligne l'intégralité des documents au Conseil général ou en congrès, Fernand explique : « Il y a des délégués qui ne savent pas lire, ou qui savent un peu lire[1]. Il faut s'assurer que tout le monde ait accès aux mêmes informations. »

Fernand évoque le cas de Léo Lebrun, le leader historique des cols bleus de la ville de Montréal[2]. Il rappelle aussi que, dans les années 1940, Émile Boudreau s'était retrouvé chef syndical dans une mine du Nord-ouest québécois, parce qu'il était l'un des seuls mineurs à savoir lire. Fernand a toujours eu la plus grande admiration pour cet ouvrier autodidacte, dont il appréciait particulièrement le jugement sûr, quoique parfois critique et sévère. D'autant qu'Émile avait une facilité d'écriture dont il usait abondamment.

Ses jeunes collaborateurs et collaboratrices du début des années 1970 se souviennent qu'au milieu de discussions sur les stratégies d'action ou les positions à énoncer publiquement, Fernand avait le réflexe spontané de se référer au travailleur moyen. Il s'interrogeait à voix haute : « Je me demande ce que Jean-Charles Jouvet[3] dirait de ça ? »

Il aimait aussi se remémorer ses expériences de recrutement. Jeune syndicaliste, il distribuait des tracts aux portes des usines et visitait les salariéEs à la maison. Chaque fois, c'était pour lui l'occasion de s'imprégner des modes de vie de ces hommes et de ces femmes. Souvent, ils arrivaient dans leur foyer brisés par le travail. Fernand pouvait lire tout leur accablement sur leur visage, l'entendre dans leur voix. Mais, en même temps, il découvrait leur courage, leur volonté d'en sortir.

Fernand voit encore aujourd'hui la poussière d'amiante dans les cheveux des hommes et des femmes employéEs par Atlas Asbestos[4] qu'il rencontrait pour les recruter, dans les années 1950. Quelque 500 salariéEs, dont plusieurs

---

1. On les qualifierait aujourd'hui d'analphabètes fonctionnels.
2. Léo Lebrun mémorisait intégralement la convention collective et, pour pallier son analphabétisme, il s'était fabriqué un système personnel de symboles graphiques. Voir Leclerc, *op. cit.,* p. 139.
3. Un militant syndical, ouvrier dans une usine de tabac.
4. Située à l'angle des rues Hochelaga et Dickson. On y fabriquait des plaques de frein, des tuyaux d'amiante-ciment et des bardeaux d'amiante. Cette usine était la propriété du géant britannique de l'amiante de *Turner & Newall*. Elle a été fermée en 1988.

immigrantEs, y travaillaient. Leur syndicat a d'abord été rattaché au CCT, puis il est passé au SITIPCA et Fernand fut longtemps le négociateur du groupe. C'est là qu'il a côtoyé Tony Pantaloni[1], le président du syndicat, et Charles Gauvin, qui lui a succédé.

L'image de ce dernier, authentique et sympathique militant, toujours très attentif aux besoins de ses membres, reste gravée à jamais dans la mémoire de Fernand. Gauvin est décédé prématurément. Fernand et les collègues de travail du défunt s'étaient réunis pour lui rendre un dernier hommage au salon funéraire. Quel choc ils eurent en l'apercevant dans sa tombe! Fier de sa condition de travailleur, Gauvin avait exprimé le vœu que sa dépouille soit exposée en salopette d'ouvrier.

Une loyauté à toute épreuve

Fernand, secrétaire général, chargé de la gestion financière de la centrale, fait toujours preuve d'intégrité et de rigueur. Préoccupé constamment par la pauvreté de la centrale, il n'engage jamais de dépenses inconsidérées. Ses dépenses personnelles sont toujours réduites au minimum.

Louis, plus brouillon et imprévisible, a le « compte de dépense » plus extensible. Il fait de temps à autre quelques entourloupettes financières et il ironise sur l'honnêteté un peu angélique de Fernand. Ce dernier prend comme un mal nécessaire le laxisme financier de son collègue et partenaire. Il sait que les militantEs de la FTQ pensent généralement que « Ti-Oui mérite bien ces petites compensations… » Fernand sera jusqu'à la fin d'une loyauté à toute épreuve envers celui auquel il a lié son sort. Il en sera globalement de même pour Louis envers lui.

La loyauté n'empêche cependant pas ce dernier de faire rire la galerie aux dépens de son secrétaire général. Il se prive rarement de faire des blagues sur celui qu'il surnomme « le grand ». Ainsi, lorsque Fernand revient d'un court séjour en France, Louis lance devant des permanents syndicaux : « Pendant que moi je me tape la Côte-Nord, Fernand, lui, se prélasse sur la Côte d'Azur ! »

Quoi qu'il en soit, l'un et l'autre ont tôt fait de reconnaître dans ces différences parfois profondes une complémentarité utile, voire féconde, dans la gestion et la construction de la centrale.

---

1. Leclerc, *op. cit.,* p. 209.

Chapitre 15

Agrandir de l'intérieur

L ORSQU'UN PROPRIÉTAIRE d'une maison a besoin de plus d'espace et qu'il n'a pas les moyens pour faire des rallonges, il est parfois imaginatif en « agrandissant par en dedans ». C'est un peu ce qui a été fait au cours des années 1970 pour doter la FTQ de moyens d'intervention plus efficaces. Ce tour de force, on le doit en grande partie au travail patient et persévérant du secrétaire général.

Des revenus faméliques

En 1969, la FTQ n'a pour tout revenu qu'une maigre cotisation mensuelle de 15 cents par membre. Votée en 1967, cette contribution demeure inchangée jusqu'en 1975[1]. Sa progression sera très lente et constituera toujours une fraction minime de ce que les syndicats perçoivent de leurs membres.

Dans son premier rapport en tant que secrétaire général, au congrès de 1971, Fernand sonne l'alarme. Il note que quelque 350 syndicats locaux représentant de 50 000 à 60 000 membres négligent de s'affilier. À cela s'ajoute la pratique courante de syndicats locaux qui « trichent la FTQ et déclarent un effectif inférieur au nombre de salariés dont ils perçoivent des cotisations[2] ». En tout, la FTQ est privée de la cotisation de quelque 125 000 membres. Fernand estime qu'elle enregistre bon an mal an un manque à gagner de quelque 30 %.

La sous-affiliation n'a pas pour seul effet de maintenir la FTQ dans l'indigence. Elle constitue aussi un frein à toute augmentation du niveau de la cotisation.

---

1. En janvier 1976, elle est portée à 0,30 cents, à 0,45 en 1979, à 0,60 en 1982, à 0,80 en 1988, à 0,90 en 1989, à un dollar en 1990 et à 1,10 en 1993.
2. *Rapport du secrétaire général*, 12ᵉ Congrès de la FTQ, Montréal, 1971, p. 17-18.

Fernand reconnaît qu'il « est hors de question que les sections locales affiliées à 100 % […] subventionnent indirectement des sections ou syndicats qui ne payent que pour une partie de leurs membres[1] ».

Un poids financier démesuré.

Parfois, dans le feu de l'action, engagéEs dans des coalitions ou fronts communs, les dirigeantEs de la FTQ plongent dans des aventures sans en connaître l'issue. La création du journal populaire *Québec-Presse*[2], mis sur pied avec le soutien enthousiaste du mouvement syndical en 1969, constituera finalement un poids financier démesuré pour la FTQ. L'hebdomadaire du dimanche, dirigé par Gérald Godin, diffuse une information nettement favorable aux mouvements syndical et populaire.

Dès le début, il obtient le soutien de la CSN, de la CEQ et de la FTQ, des représentantEs du mouvement coopératif, notamment la chaîne coopérative d'alimentation Cooprix et de la Fédération des Caisses d'économie. La FTQ, pour sa part, endosse un emprunt de 48 000 dollars contracté par *Québec-Presse*. Convaincue que les syndicats affiliés prendront le relais et investiront dans le journal, la FTQ emprunte elle-même 50 000 dollars et le prête au journal.

Québec-Presse fait œuvre utile, mais sa survie n'est jamais assurée. Trop peu de syndicats le soutiennent financièrement. Fernand multiplie les appels à l'aide. Certains affiliés lui reprochent même la véhémence de ses sollicitations. Il constate amèrement qu'il prêche dans le désert : « Ce sont toujours les mêmes individus, les mêmes locaux et les mêmes syndicats que l'on retrouve aux premiers rangs de ceux qui s'acharnent à défendre le droit à l'existence de *Québec-Presse*[3]. »

Dès 1973, les vérificateurs-comptables de la FTQ la mettent en garde sur les conséquences de son engagement financier envers *Québec-Presse* : « La FTQ peut perdre le recouvrement d'un prêt et être aussi appelée à honorer son engagement d'endosseur. Une telle éventualité mettrait en péril la capacité de la Fédération de continuer ses activités sans un important apport de fonds[4]. »

L'expérience de *Québec-Presse* prend fin en novembre 1974 par une décision conjointe du comité de rédaction et du conseil d'administration. Lors du congrès de 1975, Fernand rappelle aux déléguéEs que cette faillite laisse « la FTQ responsable du remboursement de 98 000 dollars. Les autres

1. *Rapport du secrétaire général*, 14ᵉ Congrès de la FTQ, 1975, p. 20.
2. Anne Filion, *Québec-Presse : cinq ans de liberté, bilan*, ICEA, 1981.
3. *Rapport du secrétaire général*, 13ᵉ Congrès de la FTQ, 1973, p. 27.
4. *Ibid.*, p. 38.

centrales se sont trouvées dans des situations similaires, mais leur budget d'opération n'est pas du tout comparable au nôtre. La FTQ rembourse donc à raison de 3 000 dollars par mois cette dette[1] ». L'emprunt de 98 000 dollars, contracté par la FTQ pour les grévistes de *United Aircraft* n'ayant toujours pas été remboursé, c'est une dette de l'ordre de 200 000 dollars qui pèse sur la FTQ. Cette situation financière force la centrale à doubler sa cotisation cette année-là.

La chasse aux cotisations

Tout au long de son mandat de secrétaire général, Fernand ne cessera de sermonner les syndicats sous-affiliés. Lui, dont les propos sont généralement modérés, n'hésite pas à parler de « vol des cotisations » lors de ses appels récurrents devant les membres du Conseil général. Au quotidien, le service de la comptabilité dirigé par Claire Bruneau-Robitaille[2] talonne les sections locales délinquantes. Ces efforts portent généralement leurs fruits à la veille des congrès, lorsque les syndicats souhaitent y participer avec une pleine délégation[3].

À la différence de Fernand, Louis Laberge ne semble pas angoisser sur la question du manque de ressources de la FTQ. Il croit que, voyant la multiplicité des interventions de la centrale et leur utilité, les syndicats constateront qu'elle leur est indispensable et finiront par s'affilier[4]. Faire la morale aux syndicats délinquants, très peu pour lui. D'autant plus que le président compte de bons vieux *chums* dans ces syndicats. Il préfère ne pas les ennuyer avec « ça », quitte à leur faire débourser des contributions extraordinaires lors de grandes campagnes, de rassemblements ou de conflits majeurs.

---

1. *Rapport du secrétaire général*, 14ᵉ Congrès de la FTQ, 1975, p. 19.
2. Embauchée à la FTQ en 1961, elle y assume la direction du service de la comptabilité jusqu'à la fin de 1976. Elle fait partie du premier comité de la condition féminine et est déléguée de la FTQ au sein du Conseil du statut de la femme (1973-1978). Elle assume la direction générale de la Fédération du Québec pour le planning des naissances en 1977 et celle de la section québécoise de la Commission canadienne des droits de la personne de 1978 à 1982.
3. Les statuts de la FTQ prévoient que les sections locales dont le paiement des cotisations retarde de trois mois ou plus n'ont pas droit à une délégation au congrès. Le nombre de déléguéEs est calculé au prorata des cotisations versées. Généralement, dans les mois qui précèdent les congrès, la FTQ bénéficie par enchantement d'importantes rentrées de fonds. Au lendemain cependant, les vieilles habitudes reprennent...
4. Sous le buste en bronze de Louis Laberge, dans le hall d'entrée de l'immeuble du Fonds de solidarité, l'épitaphe reproduit la phrase qu'il aimait répéter : « Plus on est disponible pour les membres, plus on se rend utile. À force d'être utile, on devient nécessaire et à force d'être nécessaire, on devient indispensable. »

De son côté, si Fernand a la préoccupation constante de renforcer et consolider les finances de la centrale, c'est bien sûr en vertu de ses responsabilités statutaires, à titre de secrétaire général. Mais c'est aussi parce que, depuis son enfance, il connaît la valeur de l'argent. Il éprouve une véritable aversion pour le gaspillage. Il est souvent agacé de constater l'insouciance de son collègue à l'égard des finances de la centrale.

Pendant longtemps, la FTQ et ses principaux affiliés ont réclamé que le versement de la cotisation aux fédérations provinciales soit rendu obligatoire dans les statuts du CTC[1]. Avec le temps cependant, la centrale acquérant une autonomie de fait et un plus grand poids politique, ses dirigeants ont cessé de réclamer de tels changements. Ils ont alors estimé que l'avantage financier que leur procurerait l'intervention du CTC aurait pour effet de consacrer la dépendance et la subordination de la FTQ à la centrale canadienne. À partir de 1975, la FTQ entreprend des actions plus systématiques auprès des syndicats. Plusieurs membres du personnel sont mis à contribution pour inventorier les niveaux d'affiliation. Les résultats sont ensuite compilés dans un rapport remis au Conseil général[2]. Ce travail porte ses fruits, plusieurs syndicats régularisant leur situation. En janvier 1976, lorsque la cotisation double, les récalcitrants sont encore plus difficiles à convaincre. Malgré tout, des rappels et des sollicitations sont effectués périodiquement par l'équipe permanente, le secrétaire général et le président. Les résultats ne sont pas spectaculaires, mais ils consolident peu à peu les effectifs et les finances de la centrale.

Une opération plus systématique et plus minutieuse est entreprise à la suite de l'embauche de Gertrude Boudreau[3]. Cette dernière est chargée de mener une campagne d'affiliation de juillet 1978 à novembre 1979. Au terme de son mandat, 26 490 cotisantEs s'ajoutent aux effectifs de la FTQ.

Sortie de la précarité

Cette obstination que met Fernand à améliorer les finances de la FTQ porte peu à peu ses fruits. La centrale touche, de façon plus stable, une plus

1. Rappelons que la FTQ est statutairement un organisme subordonné au CTC, auquel sont affiliés les syndicats internationaux et canadiens. Le mode d'affiliation au CTC est global pour les syndicats qui y versent en bloc la cotisation de tous leurs membres. L'affiliation aux fédérations provinciales se fait sur une base volontaire, section locale par section locale. Il aurait suffi que le CTC gonfle sa taxe par personne pour inclure la part des fédérations et la leur remettre ensuite. Or, les grands syndicats affiliés au CTC se sont toujours opposés à ces changements constitutionnels.
2. *Rapport d'étape, enquête sur le niveau d'affiliation des locaux à la FTQ*, Conseil général de la FTQ, 30 septembre et 1er octobre 1975.
3. Conjointe d'Émile Boudreau.

grande part des cotisations qui lui revient, des percées étant faites auprès de syndicats traditionnellement sous-affiliés[1].

Deux autres sources importantes de financement vont aussi garnir les coffres de la centrale et permettre d'augmenter son personnel permanent : le transfert de responsabilités de la part du CTC et l'accès à des subventions gouvernementales ponctuelles ou récurrentes.

En 1974, la FTQ fait une avancée majeure : une résolution adoptée au congrès du CTC à Vancouver lui confère la coordination des activités d'éducation syndicale et la responsabilité des Conseils du travail. Cela entraîne la négociation d'une péréquation et le transfert de la part du CTC du personnel québécois sous sa direction[2].

Les subventions gouvernementales vont aussi changer la donne. Tout au long de ses mandats, Fernand aura été un infatigable revendicateur du soutien financier de l'État au mouvement syndical. Il affirmait avec conviction qu'il ne s'agissait pas là de cadeaux ou de privilèges, mais bel et bien d'un droit. Les gouvernements devaient considérer les syndicats comme des partenaires. Pour jouer pleinement leur rôle d'acteurs sociaux, de chiens de garde du respect des droits collectifs, leurs militantEs devaient être forméEs et outilléEs.

La FTQ a d'abord droit à sa part d'une importante subvention fédérale versée au CTC à des fins d'éducation. Après l'adoption des réformes du PQ en matière de santé et de sécurité au travail et sur le statut de la langue, la FTQ bénéficiera également de subventions de la part du gouvernement du Québec. Elle touchera aussi de l'aide publique pour ses travaux sur la condition féminine et sur la condition des travailleurs et travailleuses immigrantEs. Enfin, au fil du temps, elle aura aussi accès à des soutiens financiers ponctuels pour diverses recherches.

Une équipe minuscule

Avant qu'elle ne sorte de la précarité, la FTQ fait beaucoup avec peu. Lorsque Fernand est élu secrétaire général en 1969, l'équipe permanente de la centrale est minuscule. Elle est composée de six personnes, dont quatre quitteront l'équipe au cours des trois premières années du mandat de Fernand[3].

---

1. Notamment quelque 30 000 membres de l'Alliance de la fonction publique du Canada. Un changement dans le mode de paiement des cotisations du secteur de la construction augmente aussi considérablement et de façon stable sa contribution aux finances de la centrale.
2. Voir chapitre 19, « La souveraineté syndicale ».
3. Noël Pérusse, le responsable des communications, est le premier à partir au lendemain du congrès de 1969. Il sera suivi des économistes Yves Dulude et Pierre Maheu en 1972. Gaétan Dufour, le rédacteur du *Monde ouvrier* sera le dernier à quitter l'équipe, en 1973.

Jean-Guy Frenette, à la recherche, et Robert Lavoie, au Service des accidents de travail sont les deux seuls qui resteront.

À la fin de 1970, Mona-Josée Gagnon est embauchée à mi-temps au service de la recherche, André Saint-Cyr à la documentation[1] et l'auteur, à l'Action sociale économique et politique. Ce dernier remplace aussi Gaétan Dufour à la rédaction du *Monde ouvrier* et aux relations de presse[2]; la journaliste Adèle Lauzon[3] est appelée en renfort à l'information en 1971, mais les finances ne permettent pas de prolonger son emploi plus de quelques mois.

En 1971, l'avocat Jean-Pierre Bourduas est chargé de mettre sur pied un service juridique. Dans ce cas, comme dans celui d'Yves Dulude avant lui, son embauche est rendue possible grâce aux contributions extraordinaires de certains syndicats affiliés. Un genre d'entente qui n'a pas souvent une longue espérance de vie. Au début, Bourduas consacre beaucoup de temps au service des syndicats de la construction, puis son emploi est prolongé à cause du conflit de *La Presse*, pendant lequel il assiste Louis Laberge à la table de négociation. Il devra quitter la FTQ en 1972, faute de contributions suffisantes des affiliés.

Si bien que, jusqu'en 1973, l'équipe des permanentEs de la FTQ ne dépasse jamais le nombre de sept personnes. Le personnel de bureau, que Louis Laberge a l'habitude d'appeler « les p'tites filles » est aussi minimal. Il est composé de femmes compétentes et déterminées, dotées d'une rare efficacité pour faire beaucoup avec peu[4].

Trop souvent, les permanentEs travaillent sur des dossiers qui n'ont rien à voir avec le mandat qui leur a été confié à l'embauche. Les employéEs de la recherche font de l'information, de l'éducation, des représentations

---

1. Il sera remplacé à ce poste par Robert Demers, à partir de 1975. Saint-Cyr est alors officiellement affecté au soutien aux luttes, tâche qu'il assumait déjà périodiquement. Il quitte la FTQ en 1978 et s'adonne à diverses activités artistiques, dont celle de chansonnier. Il est décédé en 2004.
2. Pendant quelques mois, Dufour est affecté à plein temps à l'administration de *Québec-Presse*, puis aux communications du front commun du secteur public, avant de devenir candidat du NPD dans le comté de Maisonneuve-Rosemont, lors des élections fédérales d'octobre 1972.
3. Journaliste dans divers quotidiens et périodiques, elle a notamment signé de grands reportages dans le magazine *MacLean* au cours des années 1960. Elle évoque ce passé intense de journaliste dans *Pas si tranquille,* paru en 2008 chez Boréal.
4. Au début des années 1970, le secrétariat est composé de Gisèle Roth, secrétaire du président, Thérèse Leblanc, affectée au secrétaire général, Claire Bruneau-Robitaille, responsable de la comptabilité, Claire Martin, aide-comptable, Carole Racicot et Denyse Brouillette, secrétaires, ainsi que Lise Gauthier, chargée de la documentation.

ou jouent les rôles d'adjointE à la direction; le responsable des Services sociaux (accidents du travail) assume l'organisation physique des congrès; le documentaliste fait de l'action politique et des mobilisations; le responsable de l'action politique fait des communications et coordonne des actions de grèves. En congrès, Fernand reconnaît que cette situation est intenable : « Il est sûr que la mesure de polyvalence que l'on est en droit d'attendre d'eux est souvent dépassée à la FTQ, et que c'est la continuité de notre action [...] qui en est la première atteinte[1]. » Dans les faits, jusqu'en 1973, la centrale ne dispose toujours pas de véritables services permanents et structurés.

Fonctionnement chaotique

Pendant la période de précarité, il n'y a pas que la minuscule équipe permanente qui s'éparpille dans la polyvalence. Le secrétaire général et le président sont tellement mobilisés par l'actualité syndicale que le temps leur manque pour s'occuper des affaires internes de la centrale. Fernand admet que c'est le prix à payer pour assurer une présence convenable de la FTQ sur la place publique[2]. Il est notamment le porte-parole du Mouvement Québec français pendant plusieurs mois. Accaparé par sa tutelle dans l'industrie de la construction en 1975, ce sont les permanentEs du Service de la recherche qui effectuent des tâches de nature administrative.

Responsable de la préparation des réunions du Bureau, Fernand est conscient de ces déficiences. Il est lui-même très insatisfait de ce fonctionnement brouillon. Pendant plus d'un an, il s'adjoint les services de Mona-Josée Gagnon, qui prépare les ordres du jour du Bureau, les documents d'appui et fait des comptes rendus détaillés des réunions. Seulement, Gagnon part en congé de maternité et les choses recommencent à se déglinguer.

En septembre 1976, le secrétaire du Conseil du travail de Montréal (CTM) et vice-président de la FTQ, André Messier, adresse un message sévère à ses collègues du Bureau de direction. Il dit ne plus « pouvoir travailler dans le fonctionnement chaotique » du Bureau, dont les réunions sont mal préparées, « sans documents préalables, sans propositions suggérées et surtout sans orientation au niveau des priorités[3] ». Il déplore aussi le manque de suivi et l'oubli fréquent de sujets « tablés[4] » lors de réunions précédentes. Jean Gérin-Lajoie appuie les critiques d'André Messier.

---

1. *Rapport du secrétaire général*, 13ᵉ Congrès de la FTQ, du 3 au 7 décembre 1973, p. 25.
2. *Ibid.*
3. Lettre d'André Messier aux membres du Bureau de la FTQ, 22 septembre 1976.
4. Points de l'ordre du jour dont on remet la discussion à plus tard.

À l'insistance de Fernand, Mona-Josée Gagnon reprend prématurément du service[1] et assume à nouveau la tâche d'adjointe du secrétaire général. Pendant cette période, elle remplit toujours des tâches de rédaction et de recherche. En 1978, elle demande qu'on la décharge de cette tâche d'adjointe qui lui pèse trop lourd.

Bureaucratisation et rébellion

Plutôt que d'affecter à nouveau un membre du personnel syndiqué à cette fonction d'adjointE du secrétaire général, comme le souhaiterait Fernand, Louis Laberge aime mieux que l'on embauche unE cadre comme adjointE à la direction. Depuis le milieu des années 1970, l'équipe des permanentEs a plus que doublé et Laberge trouve important de bien marquer que le poste d'adjointE fait partie de la direction. C'est finalement ce qui est fait avec l'embauche de Michel Grant[2].

Cette embauche marque le début d'une certaine bureaucratisation de la centrale. L'atmosphère plus ou moins collégiale (d'aucunEs diront collégienne) du début des années 1970 fait place à un fonctionnement plus compartimenté. La situation financière, si elle n'est pas devenue aisée, a tout de même changé fondamentalement. À la faveur de l'apport de nouvelles ressources, les services se consolident et on fait moins appel à la polyvalence des permanentEs. Ces changements ne se font pas sans heurt. Le personnel jusqu'à récemment restreint était habitué à baigner dans un climat familial, où la hiérarchie était presque ignorée. Les décisions étaient souvent prises dans les corridors à l'issue de courtes conversations entre dirigeantEs et permanentEs discutant sur un pied d'égalité. Avec la bureaucratisation interviennent les directives, les règles de fonctionnement et les décisions prises par la direction, sans égard aux opinions et sensibilités du personnel. D'où insatisfactions, frustrations et, exceptionnellement, rébellions.

La plus spectaculaire manifestation de cette dissension survient en 1978. Depuis quelques mois, la FTQ a accès à d'importants fonds fédéraux prévus à des fins de formation. Grâce à ces nouvelles ressources, elle est en mesure d'embaucher du nouveau personnel permanent à l'éducation et de créer plusieurs postes temporaires « d'encadreurs de formateurs[3] » et de rédacteurs

---

1. Sa fille est née le 25 juillet. Elle rentre au travail début septembre.
2. Adjoint de la direction de la FTQ de 1979 à 1981. Auparavant secrétaire exécutif du Conseil du Québec du SCFP, Michel Grant a été coordonnateur des syndicats de la FTQ au sein du front commun des secteurs public et parapublic pendant la négociation de 1976. De 1981 à 2007, il a été professeur au Département des sciences administratives de l'UQAM.
3. En 1978 et 1979, le service de l'éducation avait formé quelque 320 nouveaux for-

de manuels de cours. Ces salariéEs temporaires sont des militantEs issuEs de différents syndicats affiliés. En temps normal, tout le personnel de la FTQ, qu'il soit permanent ou temporaire, est systématiquement invité aux réunions du Conseil général et du Conseil consultatif de la centrale. Or, le grossissement subit des rangs du personnel remet cette pratique en question aux yeux de la direction.

Alors que la FTQ convoque une réunion conjointe extraordinaire du Conseil général et du Conseil consultatif, Fernand avise le personnel que les « temporaires » ne pourront pas assister à la réunion. C'est l'émoi au sein de l'équipe permanente qui n'a pas l'habitude d'être avisée aussi sèchement de décisions unilatérales. Plusieurs y voient une punition à l'encontre du personnel qui mène à ce moment une négociation collective quelque peu agressive. CertainEs, dont Jean-Guy Frenette et l'auteur, tentent de faire valoir auprès de Fernand l'utilité de la présence de ces salariéEs « temporaires » à la réunion. Dans les structures décentralisées de la FTQ, de telles rencontres sont des occasions uniques. C'est un rare moment où les conseillers et les conseillères de la centrale peuvent discuter des dossiers traités avec un grand nombre de syndicalistes œuvrant dans des secteurs différents. Fernand, visiblement inconfortable, fait comprendre que la décision de la direction est irréversible[1].

Le syndicat des employéEs de la FTQ réunit ses membres qui l'autorisent à assumer les frais de déplacement et de résidence[2] des salariéEs temporaires non invitéEs. Ces employéEs sont donc au rendez-vous quelques jours plus tard. Avant l'ouverture de la session, en soirée, ces salariéEs se réunissent dans le bar de l'hôtel et attendent qu'un permanent admis à la réunion[3] vienne les chercher pour faire leur entrée dans la salle.

Louis Laberge, qui préside la réunion, s'interrompt subitement lorsqu'il voit entrer la cohorte des « temporaires » rebelles. Il leur dit qu'ils ne sont pas invités et qu'il devra suspendre la réunion s'ils ne sortent pas. Le syndicat, qui a prévu la réaction colérique du président, a désigné Jean-Guy Frenette comme porte-parole. Ce dernier, doté d'une longue ancienneté et rarement identifié aux espiègleries des permanentEs plus turbulentEs, est considéré comme un allié indéfectible de la direction. Laberge accepte donc qu'il prenne la parole au nom du personnel.

---

mateurs et formatrices. Les « encadreurs » devaient assister et conseiller ces néophytes à l'occasion de leurs premières sessions.

1. Michel Grant, alors adjoint à la direction, rappelle en entrevue qu'il avait tenté de convaincre Louis Laberge de revenir sur sa décision. Il s'était montré intraitable.
2. La réunion de deux jours doit se tenir à l'hôtel de l'aéroport de Mirabel.
3. L'auteur.

Sur un ton posé et très rationnel, Frenette explique que ces salariéEs temporaires font un travail tout à fait nouveau au sein de la centrale. Il dit que ce travail est crucial dans le développement d'une démarche originale et novatrice en éducation syndicale. Les contacts privilégiés que ces employéEs pourront avoir avec des représentantEs des syndicats affiliés pendant les deux jours de réunion sont essentiels dans le développement de leur démarche. Spontanément, des représentantEs de différents syndicats prennent la parole pour appuyer l'exposé de Frenette. Quelques-unEs se disent d'accord avec le président, mais ne peuvent argumenter sur le fond sans connaître ses motivations. Impatient d'en finir, Laberge dit : « Bon, on a assez perdu de temps avec ces niaiseries-là. On va passer ça au vote ! Mais je vous dis d'avance que, quelle que soit votre décision, je ne tiendrai pas la réunion en présence de ceux qui n'y ont pas été invités… »

Sur ce, il demande aux participantEs de signifier leur vote en se levant. Son expression d'agacement se mue en colère froide lorsque le décompte lui apprend que les deux tiers des participantEs à l'assemblée souhaitent la présence des salariéEs temporaires. Parmi ceux et celles qui s'expriment ainsi, un vice-président ne se lève pas pour endosser la position du président. Il s'agit de Robert Bouchard[1], ancien permanent des Métallos et directeur du Syndicat des travailleurs canadiens des communications (STCC), le syndicat des employés de Bell Canada.

Le président reprend la parole et dit sèchement : « Si c'est comme ça, je déclare cette assemblée close. »

Sur ces mots, il quitte la salle d'un pas déterminé, ignorant ceux et celles qui tentent de l'arrêter sur son passage. La session de deux jours prend fin avant même d'avoir commencé.

Les relations du travail difficiles

L'expansion du personnel de la FTQ et la structuration des services vont avoir des répercussions sur les relations du travail. Les frustrations du personnel, nostalgique de l'esprit de famille des années passées, se manifesteront en négociation… et c'est Fernand qui écopera. C'est en effet le secrétaire général qui est mandaté par le Bureau de direction pour négocier le renouvellement de la convention collective. Et, chaque fois, le scénario est

---

1. Louis Laberge digère mal cet affront. Il s'en souviendra quand Bouchard sera candidat à la succession du directeur du service de la santé et de la sécurité du travail, Émile Boudreau. Même si ses pairs du réseau de la santé et de la sécurité sont unanimes à souhaiter que le poste soit accordé à Bouchard, le président met du temps à s'en laisser convaincre et ce n'est pas de gaîté de cœur qu'il finit par donner son feu vert à son embauche.

le même : dans un premier temps, se conformant aux directives du président et des membres du Bureau, il ne cède sur rien. L'exaspération des employéEs s'amplifiant et les premiers moyens de pression montrant le bout du nez, Louis Laberge rapplique à la table de négociation et règle le tout. Fernand subit ces humiliations avec une apparente sérénité.

Les relations du personnel syndiqué avec la direction de la FTQ sont particulièrement tendues au début des années 1980. Ainsi, en 1983, pour la première fois de l'histoire de la centrale, le syndicat des employéEs conteste une décision de la direction par un grief, qui doit être tranché par un arbitre. Il s'agit d'un litige sur le remplacement du responsable des accidents du travail, Robert Lavoie, qui prend alors sa retraite. Trente-quatre candidatEs, la plupart étant des militantEs ou des permanentEs de syndicats affiliés, ont manifesté leur intérêt pour le poste. Il y en a un, Jean-Marie Gonthier, qui est déjà membre du personnel. Louis Laberge juge d'emblée qu'il n'a pas l'expérience suffisante et écarte sa candidature.

Le syndicat tente d'ouvrir une discussion sur le sujet avec la direction, mais le président se montre intransigeant. Il laisse la procédure suivre son cours et doit faire face à un arbitre. Sans aucune préparation, il se présente avec Fernand et affirme qu'il n'y a pas matière à grief puisque le candidat n'a pas les compétences voulues. Il aurait dû lire plus attentivement la convention collective de ses employéEs. Le texte est limpide : le personnel syndiqué de la FTQ a priorité dans l'octroi de postes à combler. Le fardeau de la preuve de l'incompétence du candidat incombe à l'employeur. Or, la direction ne présente aucun élément de preuve à cet effet. Le syndicat, qui n'y est pas tenu, a des témoins à faire entendre pour attester les compétences de Gonthier en la matière.

L'arbitre est formel : en conformité avec la convention collective, le poste doit être accordé prioritairement à un membre de l'unité de négociation. Fernand accepte la décision de bonne grâce, mais Louis Laberge, qui a cru que sa seule autorité morale suffirait à convaincre l'arbitre, accuse mal le coup. Il en gardera un souvenir amer.

Toujours en 1983, les salariéEs de la FTQ souhaitent introduire dans leur convention collective des mesures de réaménagement du temps de travail. Ces salariéEs se croient d'autant plus justifiéEs de le faire que la FTQ prépare justement un colloque sur ce thème. Fernand annonce dès le début des négociations « qu'il n'y a aucune ouverture possible à ce chapitre ». Pour Louis Laberge, avec qui il en a discuté, il s'agit là de « caprices d'enfants gâtés ». La réduction du temps de travail, on l'envisage quand des emplois sont menacés… » Fernand s'en tient donc à une position de refus sur laquelle il argumente peu.

Revenant penauds devant leurs membres, les négociateurs syndicaux sont près de jeter l'éponge. Mais quelques permanentEs acceptent mal cette fin de non-recevoir de la direction et décident alors de mettre en œuvre un moyen de pression quelque peu outrancier. Sachant que Fernand doit prononcer un discours sur les nouvelles réalités du travail devant le Congrès des relations industrielles de l'Université Laval, ils décident d'y manifester.

Un certain nombre de permanentEs se rend sur les lieux du congrès, au Château Frontenac à Québec. EntréEs dans la salle quelques minutes après le début du discours de Fernand, ces employéEs de la FTQ distribuent un tract à l'auditoire, dénonçant les contradictions du secrétaire général, ouvert dans son discours aux nouvelles conceptions de réaménagement du travail, mais intransigeant sur les mêmes questions lors des négociations avec ses propres salariéEs.

Il va sans dire que ce geste belliqueux est vertement critiqué par Louis Laberge et le Bureau de direction. Aucune sanction disciplinaire n'est imposée aux rebelles. Toutefois, cette fois-ci, le président ne vient pas conclure la convention collective en « sauveur ». Les gains sur la flexibilité des horaires de travail seront remis à plus tard.

Avec le recul, l'auteur, qui fut l'un des protagonistes de ce « moyen de pression », estime injuste que Fernand en ait été la cible. Très loyal avec le président et le Bureau de direction, il n'en était en fait que le messager…

Chapitre 16

Premier jalon : l'éducation syndicale

F ERNAND est profondément convaincu que l'un des premiers jalons à poser dans le renforcement de la FTQ est celui de l'éducation syndicale. Pour lui, un mouvement collectif ne peut être constitué d'individus qui suivent aveuglément des leaders ou répondent en automates à des mots d'ordre. Le mouvement syndical n'est fort que lorsqu'il est poussé de l'avant par une base consciente de ses droits.

L'éducation syndicale doit informer et outiller les militantEs chargéEs de construire et maintenir un rapport de force adéquat dans chacun de leurs milieux de travail. En même temps, pour en avoir été le témoin à maintes reprises pendant sa carrière, Fernand est également conscient que la formation acquise et les expériences collectives vécues par ces hommes et ces femmes engagéEs les épanouissent et les grandissent sur le plan humain.

Pour lui, cette éducation syndicale doit être taillée sur mesure pour les travailleurs et travailleuses à qui elle s'adresse. Elle ne saurait être conçue et dispensée par une superstructure éloignée de leur réalité sociale et culturelle. C'est pourquoi, dès 1961, lorsqu'il préside le comité d'éducation de la FTQ, Fernand réclame du CTC qu'il confie à la centrale québécoise la coordination de ces activités[1]. Malheureusement, dix ans plus tard, le secrétaire général constate que c'est toujours le CTC qui en a la responsabilité.

Le directeur du service de l'éducation du CTC au Québec est Jean-Jacques Jauniaux. Il assure lui-même une partie des cours les week-ends dans différentes régions et, pendant de plus longues périodes, dans des sessions en résidence. Il est assisté par le directeur québécois, Philippe Vaillancourt et

---

1. Voir Leclerc, *op. cit.*, p. 238-239.

par les autres permanents du CTC au Québec, Jacques Chaloult[1], Édouard
Gagnon, André Noël ou Maurice Hébert.

En théorie, le service de l'éducation du CTC complète les activités de
formation syndicale déployées par les syndicats affiliés. Toutefois, une forte
proportion de syndicats nationaux et internationaux n'ont pas de service
de l'éducation au Canada. Au Québec, ce manque de ressources est encore
plus flagrant. À quelques exceptions près, les responsables canadienNEs de
l'éducation syndicale sont des unilingues anglophones et ont une action
limitée au Québec. Seuls trois ou quatre syndicats affiliés ont unE responsable québécoisE de l'éducation.

Le coup de pouce de l'UQAM

En 1971, l'Université du Québec à Montréal (UQAM), qui vient d'ouvrir ses portes et se veut une université plus démocratique et populaire, offre
au mouvement syndical ses services pour contribuer à l'éducation ouvrière
des travailleurs et des travailleuses[2].

Avec l'accord de la CSN, Fernand propose plutôt aux responsables de
l'UQAM d'embaucher unE agentE de recherche choisiE par les deux centrales syndicales. Cette personne serait chargée de prendre connaissance sur
le terrain des besoins et des pratiques syndicales et de formuler des recommandations. La candidature de Michel Lizée[3] est retenue par les deux centrales. Il est embauché par l'UQAM pour un mandat initial d'un an. Ce
mandat sera renouvelé par la suite jusqu'en 2011 !

Lizée rappelle qu'au moment de son entrée en fonction au printemps 1972, la CSN était en pleine crise. Le directeur du service de l'éducation de la centrale, Jean-Paul Hétu, était l'un des acteurs de la scission qui
allait donner naissance à la Centrale des syndicats démocratiques (CSD).
Il a donc été convenu que les six premiers mois seraient consacrés à plein
temps à la FTQ[4]. Profitant de la disponibilité provisoire de Lizée, Fernand

---

1. Ce dernier avait été collègue de Fernand, au CCT et au CTC dans les années 1950.
   Voir Leclerc, *op. cit.,* p. 125-126.
2. En fait, cette offre était faite alors que Fernand sollicitait le concours des universités québécoisEs pour mettre sur pied l'Institut de recherche appliquée sur le travail
   (IRAT). L'UQAM acceptait d'y participer, mais proposait en plus des ressources en
   éducation syndicale. C'est Yves Dulude qui allait prendre la direction de l'IRAT
   lors de sa fondation en 1974.
3. L'un des dirigeants du FRAP en 1970, il revenait d'un voyage de six mois au Chili
   pour voir de près l'expérience du gouvernement Allende. Il est alors chargé de cours
   à temps partiel en économie au cégep Ahuntsic. C'est Yves Dulude, qui l'a connu
   comme étudiant à l'UQAM et pour son implication au FRAP, qui propose sa candidature aux centrales syndicales.
4. Entrevue avec Michel Lizée, 2013.

décide qu'une première série de sessions de formation sera offerte dès l'automne 1972. En même temps, il annonce qu'un service de l'éducation est mis sur pied. Michel Lizée se voit décerner le titre de « directeur[1] ».

Lizée propose alors la tenue de sessions de formation relativement spécialisées (accidents du travail, arbitrage, problèmes nouveaux dans le syndicalisme, caisse de retraite, développement régional, évaluation des tâches) et utilise comme personnes ressources des permanentEs de la centrale et des syndicats affiliés. Les sessions connaissent un vif succès sur le plan de la participation, mais aussi lors de leur évaluation par les participantEs.

Conformément à son mandat, à la fin de l'automne, Michel Lizée va travailler avec la CSN. En 1973, il formule une série de recommandations qui donnent lieu, en 1976, à la signature d'un protocole d'entente UQAM-CSN-FTQ sur la formation syndicale. Jusqu'à ce jour, ce protocole est renouvelé chaque année. Il est administré par le Service aux collectivités de l'UQAM[2].

Fernand met sur pied un comité de l'éducation où siègent des représentantEs de quelques syndicats affiliés. Convaincu qu'un tel comité sera inopérant s'il ne bénéficie pas du soutien technique d'unE permanentE responsable du dossier, il sollicite donc l'aide financière du CTC. En janvier 1973, il s'adresse au vice-président Joe Morris. Silence radio ! Morris n'accuse même pas réception. Outré par cette attitude, Fernand prévient Morris que la question sera abordée au prochain congrès. Les déléguéEs seront alors appeléEs à « décider des moyens à prendre pour que cesse cette espèce de mépris qu'affiche le Congrès du travail du Canada à l'égard de revendications aussi importantes[3] ».

Sans l'appui du CTC

Entre-temps, sans l'appui du CTC, la FTQ passe à l'action et crée son service de l'éducation. En janvier 1973, Jean-Pierre Bélanger[4] est embauché

---

1. Ce titre était évidemment gonflé, puisque Lizée n'était même pas salarié de la FTQ. Il faut savoir qu'à cette époque, pratiquement la totalité des permanentEs de la centrale était affublée de ce titre, même lorsque ces employéEs dirigeaient un service qui ne comprenait qu'unE seulE membre. Louis Laberge avait l'habitude de dire : « Comme on a pas d'argent pour les payer, on leur donne des titres... Ça coûte pas cher ! »
2. Michel Lizée sera affecté à ce service jusqu'à sa retraite, en 2013.
3. *Rapport du secrétaire général*, 13ᵉ Congrès de la FTQ, du 3 au 7 décembre 1973, p. 61.
4. Diplômé en relations industrielles, Jean-Pierre Bélanger avait milité au Mouvement de libération du taxi à la fin des années 1960 et au FRAP au début des années 1970. Après son départ de la FTQ, en 1978, il termine ses études en psychologie,

à titre de directeur de ce service. Il réunit le comité d'éducation avec lequel il élabore un premier programme de formation. À l'origine, le comité est composé de représentantEs des Métallos, des Travailleurs unis de l'alimentation et du commerce (TUAC), du SCFP, des Travailleurs unis de l'automobile (TUA) et du CTM. Ensemble, on conçoit un cours destiné à la formation de base des déléguéEs des syndicats.

Heureusement, une étape décisive est franchie l'année suivante, à la suite d'un important gain politique au congrès du CTC, en mai 1974 : la FTQ obtient alors la pleine responsabilité de l'éducation syndicale au Québec avec les compensations financières qui s'y rattachent[1]. À partir de ce moment, la pérennité du service est assurée.

Bélanger donne une nouvelle orientation à la formation syndicale en adoptant une méthode inspirée par les pratiques de formation en cours en Amérique latine. Cette approche, développée par le Brésilien Paolo Freire[2], pionnier de l'éducation populaire, connaît une grande vogue dans les groupes communautaires au Québec à la fin des années 1960 et au début des années 1970. Elle est notamment adoptée par le Centre de formation populaire (CFP)[3] dès ses débuts en 1971. Elle est aussi promue, entre autres, par le formateur Michel Blondin[4]. Ce dernier sera d'ailleurs embauché par le Syndicat des Métallos en 1975 pour bâtir un programme de formation. À partir de ce moment, il participe activement au développement de la démarche pédagogique de la FTQ.

La pédagogie participative

La méthode pédagogique adoptée s'éloigne de l'approche magistrale traditionnelle et prône une formation par les pairs, appelée pédagogie participa-

---

discipline qu'il pratiquera jusqu'à son décès en septembre 2005.

1. Ce gain de la FTQ est l'un des éléments d'une victoire plus large, dont il est question au chapitre 19.
2. Paolo Freire (1921-1997) est emprisonné par la dictature militaire brésilienne en 1964. Il s'exile au Chili où il écrit *Éducation comme pratique de la liberté* (1964) et *Pédagogie des opprimés* (1974).
3. Sur la naissance du CFP, lire le texte de Louis Favreau dans le *Bulletin d'histoire politique* de l'Association québécoise d'histoire politique, vol. 19, n° 2, Texte également reproduit sur le blogue de Favreau, < http://jupiter.uqo.ca/ries2001/carnet/spip.php?article55 >.
4. Blondin a vécu les premières expériences québécoises de l'animation sociale au sein du Conseil de œuvres de Montréal (1964-1969), organisme catholique diocésain, ancêtre de Centraide ; il s'est engagé en coopération internationale (1969-1975), notamment en Bolivie. Il est devenu le responsable de l'éducation syndicale chez les Métallos en 1975, puis au Fonds de solidarité, de 1991 à 2005. Voir Michel Blondin, Yvan Comeau et Ysabel Provencher, *Innover pour mobiliser, l'actualité de l'expérience,* Québec, PUQ, 2012.

tive. Il s'agit de partir du vécu des participantEs, de faire réfléchir le groupe sur ses diverses expériences et d'en tirer des conclusions. La formation part du connu des participantEs qui, par leurs échanges, complètent mutuellement leurs connaissances. Une caractéristique fondamentale de cette démarche est qu'elle est axée sur l'action, les connaissances acquises constituant avant tout des outils qui permettront aux militantEs d'accomplir plus efficacement leur travail syndical. Les formateurs et les formatrices, des militantEs qui animent les discussions, font des synthèses et présentent ponctuellement des exposés qui complètent ou corrigent les informations mises en commun.

Ces nouvelles méthodes d'éducation intriguent quelque peu Fernand, qui est de l'ancienne école. Il doute que des éducateurs et des éducatrices d'expérience puissent être remplacéEs efficacement par des animateurs et des animatrices. Devant l'adhésion enthousiaste des syndicats affiliés, il ne s'oppose pas à la mise en place de ce système participatif. En privilégiant la formation de militantEs en tant que formateurs et formatrices, cette approche a des effets multiplicateurs de ressources. La FTQ, ses Conseils du travail et ses syndicats bénéficient en permanence d'un réseau de quelques centaines de formateurs et formatrices bénévoles dans tous les secteurs d'activités, dans toutes les régions.

Dès ses premières années d'existence, le service se donne comme tâches principales : a) de concevoir des cours et de fabriquer les outils pédagogiques nécessaires ; b) de faire la formation des formateurs et formatrices qui seront chargéEs de donner ces cours ; c) de concevoir et dispenser des formations spécialisées à l'intention des permanentEs et des dirigeantE des syndicats locaux. Il laisse cependant à chaque syndicat et aux conseils du travail le soin d'assurer la formation de base de leurs militantEs.

Le Conseil du travail de Montréal (CTM) est très engagé dans le développement de cette approche pédagogique et dans l'expansion du réseau des formateurs et des formatrices. Non seulement le CTM donne un grand nombre de cours de base conçus par le service de l'éducation de la FTQ, mais il innove en développant lui-même des sessions spécialisées, offertes à l'ensemble des syndiquéEs de la région. C'est au CTM que sont conçus les cours sur des thèmes comme les conditions de vie et de travail des femmes[1], sur la préparation à la retraite[2] et sur le rôle des déléguéEs

---

1. Les premières sessions sont données par Léa Cousineau, du Service à la collectivité du cégep de Rosemont et par Nicole Boucher, militante du SCFP à l'Université de Montréal.
2. Au début de 1978, le CTM, organise une première session de formation en collaboration avec la Faculté d'éducation permanente de L'Université de Montréal et le service de l'éducation de la FTQ. L'expérience a un tel succès qu'en quelques

sociaux/sociales. Ces cours seront ensuite intégrés au programme d'éducation de la centrale. Toutes ces sessions deviennent des lieux de rencontre et d'échange entre syndicats de secteurs différents. Elles permettent de développer une dynamique et une solidarité entre groupes qui, autrement, seraient rarement mis en présence les uns avec les autres. Ce sera le cas également en région où les conseils du travail mettront en œuvre leur programme d'éducation.

L'équipe grossit

Fernand rappelle régulièrement que l'éducation syndicale n'a pratiquement jamais accès au soutien financier de l'État. Il multiplie les démarches pour corriger cette situation. En avril 1975, pendant trois jours, se tient la Conférence canadienne sur l'éducation ouvrière sous l'égide du CTC, de la FTQ, de la CSN et du ministère fédéral du Travail. La FTQ y défend avec énergie le principe du droit du mouvement syndical au financement public pour ses activités d'éducation. Fernand ne cesse pas de réclamer également un tel soutien étatique de la part du gouvernement québécois. Ses efforts porteront leurs fruits lorsque la FTQ aura accès au programme de financement de l'éducation populaire de la Direction générale de l'éducation des adultes (DGEA) du ministère de l'Éducation du Québec et, par le CTC, au programme de formation professionnelle du ministère fédéral de la Main-d'œuvre et de l'Immigration.

Grâce à ces subventions, le service de l'éducation sera doté de plus de moyens et son équipe grossira. Après son départ en 1977, Jean-Jacques Jauniaux est remplacé par Michel Matte, militant à *General Motors* et formateur des TUA. Normand Caron[1] remplace Jean-Pierre Bélanger à la direction du service en 1978 et Jean-Marie Gonthier, ancien dirigeant syndical à la *United Aircraft*, se joint à l'équipe, tout comme le métallo Roger Genest[2], qui sera affecté à la formation en santé et sécurité au travail.

En 1977, un différend majeur éclate entre la FTQ et le CTC lorsque ce dernier, bénéficiaire d'une importante subvention fédérale, veut imposer à la FTQ un centre national d'éducation à Ottawa. Au terme de ce que

---

semaines, huit sessions sont organisées auxquelles participent 1 214 syndiquéEs. Voir *Se payer du bon temps, la situation et les besoins des retraités et des préretraités,* Document de travail du Conseil du travail de Montréal, 1979.

1. Sociologue de formation, il avait été directeur de l'Association coopérative d'économie familiale (ACEF) de Montréal et directeur de la Ligue des droits et libertés du Québec.
2. Roger Genest était président de la section locale 7285 des Métallos à la mine d'amiante *Bell* de Thetford Mines. Il a occupé ces fonctions à la FTQ de 1978 à 2000.

Fernand qualifie de « guérilla », un accord est conclu et le CTC remettra désormais à la FTQ sa part de cette subvention. Cela permettra de développer et de systématiser le monitorat des formateurs et formatrices[1].

À la fin des années 1970, les subventions permettent aussi l'embauche temporaire de plusieurs personnes affectées au développement d'outils de formation portant sur différentes dimensions de l'action syndicale. La plupart sont des militantEs de syndicats affiliés, alors que d'autres sont embauchéEs en fonction d'expertises particulières, notamment André Laplante, chargé de rédiger des cours de base sur l'information syndicale.

En 1982, Normand Caron est remplacé à la direction du service par Michel Matte. Ce dernier doit s'absenter pour maladie en 1989. Pierre Dupuis lui succède et dirige le service jusqu'en 1994[2]. Entre-temps, Matte revient au service à titre de conseiller.

On doit à Michel Matte le cours de formation sur l'assurance-chômage et la tenue régulière de sessions d'échanges et de formation à l'intention des plaideurs syndicaux. Passionné des technologies des communications, il est le premier membre du personnel de la FTQ à utiliser un ordinateur pour rédiger ses textes. Il a développé un service audiovisuel à la centrale et a réalisé de nombreux documents vidéo, dont une mini-fiction sur le travail des déléguéEs sociaux/sociales. Matte a fait la découverte d'un film peu connu dans lequel René Lévesque faisait la promotion du syndicalisme, à l'époque où il était ministre libéral des Ressources naturelles. Une fois à la retraite, il en relate l'histoire dans un livre[3].

Au fil des ans, le service de l'éducation a bénéficié de l'expérience de militantEs venuEs de secteurs très diversifiés. Ainsi, en 1982, Jean-Pierre Néron, des TCA et, en 1985, Michelle René de Cotret, de l'Alliance de la fonction publique du Canada, se joignent à l'équipe. Johanne Deschamps, ancienne militante du SCFP à l'Université de Montréal et responsable de l'éducation au CTM, arrive au service de l'éducation de la FTQ en 1988, suivie en 1989 par Denise Gagnon, permanente à l'Union des employés de service (UES) et, en 1990, par Louise Miller, militante du SCFP à l'UQAM. La même

---

1. *Rapport du secrétaire général,* 15ᵉ congrès de la FTQ, 1977, p. 13.
2. Embauché comme conseiller syndical au SCFP en 1973, Pierre Dupuis a été affecté à divers dossiers, dont l'éducation et la santé et la sécurité du travail. En 1987, il est coordonnateur de la FTQ à la coalition contre le libre-échange, conseiller à la santé et à la sécurité (1988-1989) et directeur du service de l'éducation de 1989 à 1994. Il retourne alors au SCFP à titre de conseiller, directeur adjoint (1996 à 2000) puis directeur (2000 à 2006). Pendant cette période, il est également vice-président de la FTQ.
3. Michel Matte, *L'activité secrète de René Lévesque, le 18 juin 1965,* Montréal, Lanctôt Éditeur, 2005. Michel Matte a quitté la FTQ en 2001. Il est décédé en 2010.

année, Jean Sylvestre[1], responsable du réseau des déléguéEs sociaux/sociales au CTM, est chargé par la FTQ d'étendre cette expérience dans les régions du Québec. Il intègre alors également l'équipe du service de l'éducation

Au cours des années, le rayonnement du service dépendra non seulement de son personnel et de ses nombreux programmes, mais aussi, et surtout, du vaste réseau de formateurs et de formatrices qu'il développera dans les syndicats affiliés. Ce modèle de réseautage inspirera les autres services de la centrale à mesure qu'ils seront mis sur pied. Les réseaux constituent un lien particulièrement constant et efficient entre la FTQ et ses affiliés.

Le réseau des déléguéEs sociaux/sociales

Un bel exemple est celui des déléguéEs sociaux/sociales. L'histoire lointaine de ce réseau est reliée à la grave récession économique du début des années 1980. Le chômage massif engendre des drames humains dans toutes les régions du Québec. Au sein des syndicats et à la centrale, on se rend compte qu'on n'a ni les structures ni les services pour soutenir les membres devant un tel désastre. Le mouvement syndical est bien équipé pour défendre les salariéEs en emploi, mais, lorsque ces salariéEs sont massivement jetéEs à la rue, il est désarmé.

Dans un premier temps, la FTQ fait la promotion de comités d'aides aux sans-emploi dans ses syndicats et conseils du travail. Elle organise des cours sur l'assurance-chômage et cherche à mettre en œuvre une aide exceptionnelle aux travailleurs et aux travailleuses. Fernand Daoust obtient alors une importante subvention du gouvernement fédéral. La FTQ ouvre un service syndical d'aide et de référence à l'intention des salariéEs aux prises avec des problèmes d'endettement. Ce service les accompagne aussi dans leurs démarches auprès de la Commission de l'assurance-chômage et à l'aide sociale. Une centaine de conseillers et de conseillères sont répartiEs dans les différentes régions du Québec. Ces personnes sont dirigées par François L'Heureux, militant du Syndicat des travailleurs de l'énergie et de la chimie (STEC), assisté par sept coordonnateurs et coordonnatrices.

Lorsque la subvention fédérale est abruptement supprimée, Fernand, qui croit à la nécessité de maintenir cette intervention, plaide en vain en faveur de la prolongation du programme. Ses démarches demeurées sans

---

1. Jean Sylvestre a été formateur au Centre de formation populaire (CFP) au début des années 1970, militant du Syndicat des travailleurs du verre et de la céramique, délégué au CTM de 1976 à 1980 et coordonnateur des Associations coopératives d'économie familiale (ACEF) en 1982. Après ses mandats au CTM (1983-1990) et à la FTQ (1990-2003), Jean Sylvestre succède à Michel Blondin comme responsable de l'éducation au Fonds de solidarité, jusqu'à sa retraite en 2010.

réponse, c'est finalement au CTM qu'une solution de rechange est trouvée. En 1983, un appui financier de Centraide permet de retenir les services de Jean Sylvestre, chargé de mettre sur pied un réseau de déléguéEs sociaux/ sociales. Même si la situation économique s'est quelque peu rétablie, la création d'un tel réseau est une réponse syndicale à toute une gamme de problèmes individuels vécus par les syndiquéEs. L'intervention porte aussi bien sur les problèmes de santé mentale, d'alcoolisme et de toxicomanie que sur les difficultés économiques des salariéEs. Le réseau des déléguéEs sociaux/ sociales donne ainsi aux travailleurs et aux travailleuses une alternative syndicale aux programmes patronaux d'aide aux employéEs.

La fin du Collège canadien des travailleurs

Malgré le transfert de la responsabilité de l'éducation du CTC à la FTQ en 1974, la formation syndicale avancée demeure toujours contrôlée par la centrale canadienne. Elle est dispensée par le Collège canadien des travailleurs. Créé en 1962 par le CTC et la CSN[1] en association avec l'Université McGill et l'Université de Montréal, le Collège dispense chaque été des cours intensifs d'initiation à l'économie, à la sociologie, à l'histoire, aux sciences politiques et au syndicalisme. Soixante militantEs des syndicats (40 anglophones, 20 francophones) venuEs de tout le Canada participent chaque été à ces sessions dispensées pendant huit semaines. Jean-Jacques Jauniaux, permanent du CTC, maintenant affecté au service de l'éducation de la FTQ, agit comme registraire adjoint du Collège. De nombreux professeurs y participent chaque année. En 1975, on y trouve, entre autres, les sociologues Hélène David et Louis Maheu, les historiens Jean-Marc Mortagne et Terry Copp, les économistes Sydney Ingerman et Louis Gill.

Ce dernier est au centre d'une controverse suscitée par Jean Gérin-Lajoie à l'été 1975. Dans une lettre adressée au registraire du Collège, Larry Wagg, le directeur des Métallos fait part de ses « impressions exactes ou non » selon lesquelles l'enseignement de Gill viserait à convaincre ses élèves « de façon sectaire et unilatérale, d'une analyse exclusivement et totalement marxiste du système capitaliste ». Il dit avoir aussi l'impression que « cette propagande intellectuelle vise elle-même à servir le militantisme de classe et la création d'un parti de classe formé exclusivement de travailleurs ». Gérin-Lajoie concède cependant que Gill « constitue un excellent professeur sur le plan pédagogique ».

Il demande que le Collège procède à une évaluation des deux sessions auxquelles Louis Gill a participé. « Si ces évaluations se révélaient exactes

---

1. La CSN se dissocie du Collège à partir de 1966.

[…], la question se poserait de la compatibilité entre un tel militantisme et le rôle du Collège auprès des travailleurs[1]… » La démarche du directeur des Métallos n'est pas secrète. Il envoie des copies conformes au vice-président du CTC, Julien Major, à Jean-Jacques Jauniaux, Jean-Pierre Bélanger, aux membres du Bureau de direction de la FTQ et à Louis Gill lui-même.

Ce dernier a tôt fait d'alerter ses collègues professeurEs et les personnes qui ont œuvré au Collège les années précédentes. Il dénonce « le caractère hautement discriminatoire de cette demande d'évaluation spéciale » qui ne serait imposée qu'à lui seul. Il soutient que l'intervention de Gérin-Lajoie « contrevient directement aux libertés démocratiques d'expression qui sont la condition essentielle de tout enseignement[2] ».

Les professeurEs anglophones et francophones du Collège réagissent vivement en écrivant au président du CTC, Joe Morris. Ces gens disent considérer que cette demande d'évaluation exceptionnelle « est totalement inadmissible ». Ils invitent le Collège à refuser « de se plier à une mesure aussi discriminatoire à l'égard d'un professeur[3] », faute de quoi ils voient mal comment ils pourraient continuer à enseigner au Collège.

Après quelques semaines de tergiversations, Joe Morris et Larry Wagg annoncent que les services de Louis Gill ne seront pas retenus pour la prochaine session, à l'été 1976. Puis, sous les protestations unanimes des professeurEs, le Conseil des gouverneurs propose un compromis : Louis Gill devra signer la politique d'embauche qui demande au personnel de s'abstenir de faire du « prosélytisme politique » et il devra accepter une demi-tâche d'enseignement, l'autre étant assumée par unE autre professeurE choisiE par le Collège. Gill affirme qu'il n'aurait aucune objection à accepter la politique d'embauche, mais il trouve discriminatoire d'être le seul professeur à devoir la signer.

Discriminatoire également est la proposition de n'effectuer qu'une demi-tâche sans droit de regard sur le contenu de l'autre moitié. Il rejette donc l'offre. Les professeurEs francophones, solidaires de Gill, annoncent à leur tour qu'il n'y aura pas d'enseignement de leur part et la session francophone de l'été 1976 est annulée. On tentera en vain d'organiser une session en 1977. La section francophone du Collège ne revivra plus.

1. Lettre de Jean Gérin-Lajoie à Larry Wagg, registraire du Collège canadien des travailleurs, Montréal, 21 août 1975.
2. Lettre ouverte de Louis Gill, Montréal, 16 octobre 1975.
3. Lettre de Hélène David, Sydney Ingerman, Louis Maheu, Carla Lipsig-Mummé, Jean-Marc Mortagne, William Atkin, Guy Bourassa, Terry Copp et Robert Keaton à Joe Morris, le 15 novembre 1975. La lettre est endossée par l'ancien directeur du Collège, Luc Martin, et les anciens professeurs, Mario Dumais, Richard Desrosiers et Jean-Guy Frenette, le directeur de la recherche à la FTQ.

Jean Gérin-Lajoie, le vigilant

La démarche de Jean Gérin-Lajoie est assimilée par plusieurs à une « chasse aux sorcières ». Louis Gill n'a jamais fait mystère de son idéologie marxiste et trotskiste. Membre du Groupe socialiste des travailleurs du Québec (GSTQ), il est aussi l'un des fondateurs du Regroupement des militants syndicaux (RMS), mouvement qui fait la promotion de l'action politique syndicale indépendante et de la création d'un parti des travailleurs et des travailleuses[1]. Des militantEs de la FTQ défendent des positions semblables en congrès et estiment qu'il s'agit d'une option légitime. Gérin-Lajoie, aux prises avec des militantEs d'extrême gauche dans certaines des unités de base du Syndicat des métallos, qualifie leur action de destructrice de la solidarité ouvrière. Pour lui, la seule voie raisonnable, légitime et profitable pour le mouvement syndical est celle de la social-démocratie, incarnée par le PQ.

Il faut dire que, jeune homme, alors qu'il étudiait en Angleterre, Gérin-Lajoie avait assisté aux luttes fratricides d'après-guerre entre communistes et socialistes, tant au Royaume-Uni qu'en France. Il avait alors pris en grippe l'extrémisme de gauche qu'il estimait néfaste au développement de l'unité ouvrière. Tout au long de sa carrière syndicale, il exercera une vigilance constante à l'égard de tout « dérapage » gauchiste[2].

La disparition du Collège canadien des travailleurs ne crée pas de véritable remous à l'intérieur des rangs de la FTQ. D'abord parce que son action est quasi marginale, à peine une vingtaine de militantEs francophones y ayant accès chaque année. Par ailleurs, en ces premières années de vie du service de l'éducation de la FTQ, toutes les énergies sont consacrées au développement du réseau de formateurs et de formatrices, lequel rendra accessible la formation syndicale à plusieurs milliers de militantEs des syndicats, dans tous les secteurs d'activité et dans toutes les régions. Bien sûr, la FTQ souhaite mettre sur pied sa propre institution de formation syndicale avancée. Seulement, faute d'un financement adéquat, le projet fait long feu. Il faudra attendre en 1999 pour que soit créé le Collège FTQ-Fonds, financé en grande partie par le fonds d'éducation du Fonds de Solidarité-FTQ.

---

1. Héritier de la mouvance du FRAP, le RMS est créé en mai 1974 par des militantEs des trois grandes centrales syndicales. Il participe à la campagne électorale québécoise de 1976, en coalition avec le NPD, et tente de donner naissance à un parti des travailleurs et des travailleuses en 1978. Pendant la campagne référendaire de 1980, il propose de convoquer une Assemblée constituante du peuple québécois. Le RMS cesse d'exister en 1982.
2. Entrevue réalisée avec Jean Gérin-Lajoie à l'été 2013.

Chapitre 17

La construction des services

L A CRÉATION, la structuration et le développement du service de l'édu-cation marquent le début de la construction des services à la FTQ. Ce travail, commencé dans la précarité, est mené avec détermination par Fernand. Lui, qui revendique la plus grande autonomie politique de la FTQ par rapport au CTC, sait que seuls des services efficaces et permanents assu-reront des liens durables entre la centrale et ses affiliés.

Outillés face au changement

Outre l'éducation syndicale, Fernand entend favoriser le renforcement des activités de recherche à la FTQ. Et pour cause : lorsqu'il fait des décla-rations publiques, Fernand éprouve souvent un malaise à tenir des propos qu'il sent peu ou mal étayés. Il souhaiterait avoir en main des études détail-lées qui permettent de prouver hors de tout doute ce qu'il avance. Il croit aussi que la centrale doit alimenter ses instances en études et réflexions sur les multiples enjeux auxquels le mouvement est confronté. Il souhaite que ce dernier soit à l'affût des changements profonds qui affectent les milieux de travail et les rapports patronaux-syndicaux. Il croit que c'est le rôle de la centrale d'accompagner et d'outiller les syndicats affiliés qui doivent faire face à ces nouvelles réalités.

Fernand a activement participé à la mise sur pied de l'Institut de recherche appliquée sur le travail (IRAT), un organisme créé et géré par les centrales syndicales avec le soutien des universités québécoises. Grâce à une équipe de chercheurEs issuEs du monde universitaire, cet institut produira une foule d'études approfondies[1] à l'usage des syndicats.

---

1. Sur des sujets aussi variés que l'hygiène industrielle, les problèmes de santé mentale

Fernand croit qu'il faut aussi des ressources permanentes en recherche à la FTQ même. Or, dans de multiples circonstances de crise ou de situations exceptionnelles, les personnes affectées à ces tâches sont mobilisées loin de leur table de travail. Le plus souvent, ce service est embryonnaire et discontinu.

La recherche-maison

Certains dirigeants de la FTQ, dont le président lui-même, se contenteraient d'études occasionnelles données en sous-traitance. Fernand, lui, sera le défenseur indéfectible du service de la recherche souvent menacé de disparition. Il croit que les recherches données en sous-traitance à des universitaires[1] ne peuvent pas refléter de façon adéquate la vision et les aspirations du monde syndical. Il a la conviction que, pour bien s'acquitter de cette tâche, les chercheurs et les chercheuses doivent être des syndicalistes qui vivent quotidiennement dans le mouvement.

Au début des années 1980, les finances de la centrale s'améliorant, on peut enfin procéder à de nouvelles embauches. Lorsque France Laurendeau est embauchée en 1981, Mona-Josée Gagnon consacre depuis un certain temps l'essentiel de son travail à la recherche. À partir de ce moment, le service va connaître la pérennité. Les deux chercheuses auront l'appui à mi-temps de Rolande Pinard (1985), puis en permanence de Dominique Savoie (1988) et de Lise Côté (1990). Lorsque Jean-Guy Frenette est officiellement nommé conseiller politique de la direction à partir de 1987, Mona-Josée Gagnon devient directrice du service de la recherche, qui sera exclusivement composé de femmes pendant quelques années.

Cette équipe permanente produit de nombreux documents de travail de colloques et de congrès. Elle réussit le tour de force de rédiger des textes très fouillés et très étoffés tout en étant très accessibles aux militantEs. À la suggestion de France Laurendeau, les chercheuses réalisent de nombreuses enquêtes auprès des salariéEs, en milieu de travail, pour étayer leurs travaux ; ceux-ci sont vivants et crédibles parce qu'ils décrivent les réalités concrètes que vivent les travailleurs et les travailleuses. On traite notamment des fermetures d'usines et des licenciements collectifs (1981), du travail partagé (1982), de la réduction du temps de travail (1983), des changements technologiques (1985), de déréglementation, de privatisation et de sous-traitance (1986), des nouvelles stratégies patronales (1989), de formation professionnelle (1990) et des stratégies syndicales à déployer par rapport aux nouvelles formes d'organisation du travail (1993).

---

reliés au travail, l'équité hommes-femmes, les changements dans l'organisation du travail, etc.

1. C'était la pratique à la FTQ jusqu'à la fin des années 1960.

La documentation

Le Centre de documentation de la FTQ est rattaché au service de la recherche. Il n'en constitue pas moins un champ d'activité distinct. Longtemps négligé et menacé de disparition, il a tout de même pris de l'importance avec les années.

D'abord pris en charge par une secrétaire, Lise Gauthier, qui était également responsable de la mise à jour de la liste des affiliés, un poste plus officiel est créé avec l'embauche d'André Saint-Cyr, en novembre 1970. Ce dernier s'acquitte de sa responsabilité du mieux qu'il peut au cours de ces années tumultueuses. L'équipe permanente de la centrale réduite à sa plus simple expression, il est fréquemment réquisitionné dans des activités de mobilisation ou dans l'organisation de congrès ou d'assemblées publiques.

L'arrivée de Robert Demers à la documentation, en 1975, aurait dû marquer le début d'un fonctionnement plus permanent du Centre. Or, très vite, Demers est à son tour mis à contribution pour s'acquitter de différentes tâches urgentes. Il hérite notamment de « dossiers orphelins », qui ne relèvent pas d'un service en particulier. Si bien qu'il ne peut jamais se consacrer systématiquement à la documentation[1]. À quelques reprises, des employéEs temporaires sont même embauchéEs pour « faire du ménage » au Centre. Cela a davantage pour effet de réduire le volume de documentation plutôt que d'en faire un centre fonctionnel..

Finalement, sous la pression du personnel du service de la recherche, on procède à l'embauche d'une personne affectée à plein temps à la documentation. Isabelle Reny, qui a travaillé quinze ans à l'IRAT, entre en fonction en 1992. Elle procède à la structuration et au développement du Centre. Les différents services de la FTQ y trouvent un soutien très apprécié et le Centre devient un lieu très fréquenté par les chercheurEs du milieu universitaire.

L'information militante

Le titre de « directeur des relations extérieures » de la FTQ, dont s'affublait Noël Pérusse[2], n'était pas innocent. Il décrivait très bien ce qu'il voulait faire : dorer l'image de la centrale et augmenter sa visibilité médiatique. Après son départ, le rédacteur du *Monde ouvrier* Gaétan Dufour prend la

---

1. Il est notamment chargé de coordonner une campagne pour la Paix, les échanges franco-québécois de la jeunesse, les dossiers de la solidarité internationale, celui des travailleurs et des travailleuses immigrantEs, du tourisme social, de prendre en charge les procès-verbaux des congrès ou d'assurer le suivi des consultations publiques d'Hydro-Québec, etc. Il est aussi responsable de la logistique des colloques et des congrès.
2. Ses services avaient été retenus par la FTQ, l'année de sa fondation en 1957, pendant la grève de Murdochville. Il devenait ainsi le premier conseiller permanent de la jeune centrale.

relève, mais de façon discontinue, remplacé au pied levé par des collègues normalement affectés à d'autres dossiers.

Fernand insiste pour que ce service reprenne vie. Il croit urgent d'y affecter un responsable à plein temps. Il charge l'auteur de solliciter des candidatures dans les milieux journalistiques. Fernand est d'accord avec l'équipe des permanentEs, qui souhaite que la personne embauchée ne soit pas un simple professionnel des communications. Si l'on ne peut négliger les relations avec les médias, en interne, la centrale doit resserrer ses liens avec ses syndicats affiliés. L'information doit être militante et mobilisatrice. On cherchera donc un communicateur politiquement engagé, qui partage cette conception de l'information.

Les démarches qu'entreprend l'auteur auprès de candidatEs jugéEs intéressantEs lui permettent de mesurer combien, aux yeux de certainEs journalistes ditEs de gauche, la FTQ est perçue comme beaucoup moins progressiste que la CSN. C'est l'époque où, dans les milieux intellectuels, on identifie la FTQ au « syndicalisme d'affaires » et la CSN au « syndicalisme de combat ». Heureusement, ceux et celles qui connaissent un tant soit peu la réalité syndicale telle que vécue sur le terrain ne partagent pas cette vision simpliste. C'est le cas du journaliste Pierre Richard, chroniqueur syndical au journal *Le Devoir*. Il est embauché en novembre 1973, avec mission de relancer le service de l'information de la FTQ.

L'un de ses premiers gestes est de reprendre la publication du journal *Le Monde ouvrier* sur une base régulière. L'organe officiel de la centrale donne bien sûr la parole à la direction et rend compte des décisions des instances, mais accorde aussi une très grande importance aux luttes des militantEs. *Le Monde ouvrier* reflète ainsi la diversité et le dynamisme de cette centrale en plein essor. Il fait également état des crises internes et des remises en question que vivent certains syndicats affiliés. De nombreux numéros spéciaux sont aussi produits pour traiter de façon percutante d'événements et d'enjeux majeurs pour le mouvement. En même temps, Pierre Richard assume la responsabilité des relations avec les médias. Tâche particulièrement accaparante pendant toutes ces années perturbées par les grands conflits et les crises.

Richard relance aussi, sous de nouvelles bases, le comité d'information de la centrale. S'y retrouvent plusieurs responsables de l'information des syndicats affiliés. Contrairement à l'ancien comité, surtout préoccupé par les « relations publiques », le nouveau travaille sur le renforcement des communications, comme outil de mobilisation et comme moyen de promotion de la démocratie syndicale.

Pendant les années 1970, comme ses collègues de la petite équipe permanente, Pierre Richard poursuit des activités qui débordent de son service. Il soutient entre autres des militantEs qui revendiquent une meilleure gestion démocratique de la part de leur direction syndicale, notamment les membres des Ouvriers unis du textile d'Amérique (OUTA) ; il est aussi très impliqué dans des conflits comme celui à la *United Aircraft* et dans l'organisation des grandes mobilisations.

La parole aux militantEs

Lorsque Pierre Richard prend un congé sans-solde d'un an[1], il est remplacé par André Laplante, le rédacteur des premiers cours d'information de la FTQ. Laplante poursuit dans la même veine que Richard et prend l'habitude d'interviewer systématiquement des militantEs de la base. Cette pratique sera reprise par ses successeurEs. Il développe aussi un soutien aux militantEs qui souhaitent doter d'outils de communication leur section locale.

Après le retour de Pierre Richard à son poste, Laplante demeure quelques mois au service. Richard croit avoir convaincu Fernand de rendre ce deuxième poste permanent, mais le secrétaire général met fin abruptement à l'embauche de Laplante[2]. Coincé en permanence dans la camisole de force des finances précaires de la centrale, Fernand est placé dans une situation inconfortable : celle de choisir entre la rigueur budgétaire contre son désir de développer les services. Les choix finaux sont souvent faits en fonction des rentrées d'argent en provenance de subventions ou de contributions spéciales des syndicats affiliés.

En 1983, André Laplante, qui représente la Fraternité nationale des charpentiers-menuisiers au comité d'information de la FTQ, travaille étroitement avec Pierre Richard et Jean-Pierre Bélanger à l'organisation d'un colloque sur l'information locale, intitulé « Informer, c'est agir ». Fernand, qui doute de l'intérêt des affiliés pour cette question, est surpris de voir plus de 250 militantEs participer à ce colloque.

En 1985, Pierre Richard quitte la centrale et succède à André Laplante aux communications à la Fraternité nationale des charpentiers-menuisiers ; il est remplacé à la FTQ par André Messier, responsable des communications au SCFP et ancien secrétaire du Conseil du travail de Montréal. Messier continue à publier les numéros réguliers du *Monde ouvrier* et divers documents à l'occasion d'événements spéciaux. Préoccupé de la présentation graphique du journal, il convainc Fernand Daoust de retenir les services réguliers de la graphiste Anne Brissette[3] pour en réaliser la mise en page. Messier assurera

---

1. En 1980, il s'engage pendant un an dans un projet de coopération internationale au Pérou.
2. Laplante est ensuite embauché comme responsable de l'information à la Fraternité nationale des charpentiers-menuisiers (1982-1985), puis chez les Métallos (1985-2009).
3. Militante du SCFP au cégep de Maisonneuve dans les années 1970, Anne Brissette

plus tard la coordination de la production d'une vidéo portant sur l'action politique de la FTQ[1].

Comme Pierre Richard, Messier doit assumer, en plus de la responsabilité des communications internes, celle des relations avec les médias. Comme son prédécesseur, il constate qu'il s'agit de deux tâches distinctes. Comme lui, il réclame qu'une deuxième personne soit chargée d'assumer cette fonction au sein du service. Il a plus de chance, puisqu'en 1989, Gilles Léveillée, journaliste à Radio-Canada, est embauché par la FTQ et chargé des relations avec la presse.

La défense des accidentés du travail

Le dossier de la santé et de la sécurité du travail a plus souvent été identifié à Louis Laberge qu'à Fernand Daoust. C'est tout de même ce dernier qui a rendu possible la mise sur pied de cet important service, qui a grandement contribué à resserrer les liens entre la FTQ et ses membres. Il a soutenu la tenue de colloques organisés par Émile Boudreau et a fortement souhaité que celui-ci, retraité des Métallos, prenne la direction du nouveau service axé sur la prévention des accidents et des maladies du travail.

Dans un contexte hostile, le mouvement syndical a longtemps dû répondre aux tâches les plus urgentes : l'indemnisation des accidentéEs du travail plutôt que la prévention des accidents. Pendant longtemps, un certain fatalisme a régné dans les milieux de travail les plus exposés au danger. Comme on le remarquait en 1975 : « De la même façon que nous avons trop tendance à accepter l'idée qu'une *job* est nécessairement plate [...], nous avons aussi tendance à trouver normal que le fait de travailler comporte des dangers pour notre santé physique et mentale[2]. »

Dès 1962, la FTQ avait mis sur pied un « département des services sociaux » dirigé par Julien Major, un ancien permanent de l'UE[3]. Même si son mandat visait à faciliter l'accès des travailleurs et des travailleuses à l'ensemble des services sociaux, Major est surtout accaparé par les problèmes de réclamation à la Commission des accidents du travail (CAT[4]). Il traite

---

étaIT déléguée au CTM. Devenue graphiste à son compte, elle a conçu la plupart des affiches et des couvertures de documents produits par la FTQ et le CTM.

1. *Notre action politique : toujours en mouvement,* document audio-visuel réalisé par André Vanasse en 2004.
2. *Le contrôle des travailleurs sur leur santé,* 14ᵉ Congrès de la FTQ, décembre 1975.
3. *United Electrical Workers,* syndicat d'allégeance communiste expulsé du CIO en octobre 1949. Voir Boudreau, *Histoire de la FTQ, op. cit.,* p. 238.
4. La CAT a été créée en 1928 et la Loi des accidents du travail adoptée en 1931. Auparavant, la loi (1909) reconnaissait le droit à l'indemnisation des travailleurs et des travailleuses accidentéEs, mais ses mécanismes d'application étaient trop

les dossiers complexes que lui soumettent des syndicats locaux et donne des séances d'information aux affiliés.

Devenu directeur de l'éducation à la Fraternité internationale des travailleurs des pâtes et papiers en 1964, Major est remplacé par Robert Lavoie[1]. Ce dernier consacre l'essentiel de son temps à la défense de centaines de cas d'accidentéEs du travail léséEs dans leurs droits. Il multiplie les succès, remportant un nombre impressionnant de causes. Plusieurs des décisions rendues en faveur des réclamantEs feront jurisprudence, notamment celles concernant les victimes de l'amiantose. Il aura traité quelque 8 000 dossiers au cours de ses dix-neuf années passées à la FTQ. Débordé par les demandes d'aides en provenance des syndicats locaux, Lavoie multiplie les séances d'information à l'intention des dirigeantEs des syndicats locaux, de manière à les rendre plus autonomes en matière de réclamation. Il participe à la préparation des premiers cours sur le sujet, d'abord dans le cadre des écoles du CTC, puis avec le service de l'éducation de la FTQ, créé en 1973.

C'est l'époque où la reconnaissance des maladies industrielles ne va pas de soi. Les syndicats mènent des luttes acharnées pour mettre les travailleurs et les travailleuses à l'abri des conditions de travail insalubres qui engendrent des maladies comme l'amiantose, la silicose et autres troubles pulmonaires. Rois et maîtres des lieux, les employeurs sont intraitables lorsqu'on évoque leur négligence criminelle. Robert Bouchard, représentant des Métallos dans le Nord-Ouest québécois dans les années 1950 et 1960, en a personnellement fait les frais. Il a été poursuivi en diffamation par la *Noranda Mines* pour avoir dénoncé la connivence des médecins, qui niaient l'existence de la silicose et laissaient les salariéEs qui en étaient atteintEs « mourir de pneumonie ou de tuberculose ».

Si, en ce temps-là, il est difficile de faire reconnaître les maladies industrielles, on ne sera pas surpris d'apprendre qu'il est presque impossible de faire admettre les liens entre les conditions de travail et les problèmes de santé mentale.

De la réparation à la prévention

Depuis le début du 20e siècle, les organisations syndicales ancêtres de la FTQ réclament d'être davantage associées à la gestion de la santé et de la sécurité au travail. En 1925, elles font des représentations auprès de la

---

souvent hors de portée. Voir *Historique. La santé et la sécurité au travail d'hier à aujourd'hui,* sur le site de la Commission de la santé et de la sécurité du travail (CSST), <www.csst.qc.ca/la-csst/historique/Pages/historique.aspx>.

1. Ancien syndicaliste de *Canadair,* où il avait défait Louis Laberge à titre de permanent élu en 1959. Voir Fournier, *Louis Laberge, op. cit.,* p. 117-121. Il a quitté la FTQ en 1983 et est décédé en décembre 2000.

Commission d'étude sur la réparation des accidents du travail. En plus de revendiquer un régime public d'indemnisation entièrement financé par les contributions des employeurs, elles revendiquent que soient décrétés « des règlements pour la prévention des accidents » et que soient formés « des comités de protection composés de patrons et d'ouvriers[1] », les futurs comités paritaires.

L'évolution des législations a été très lente, mais les syndicats n'ont pas attendu les réformes qui allaient venir cinquante ans plus tard. Ils ont fait de la santé et de la sécurité un enjeu quotidien dans leur milieu de travail. Ils ont mené de très dures luttes dans les mines, les manufactures et sur les chantiers de construction pour éliminer le danger à la source. Comme le dira plus tard Émile Boudreau : « Ces pionniers ont posé des jalons qui guideront notre société vers la reconnaissance pleine et entière du droit pour tous les travailleurs à un environnement de travail respectueux de leur dignité de personne humaine[2]. »

Les Métallos ont été le premier syndicat au Québec à faire inscrire dans une convention collective le droit de refuser d'exécuter un travail dangereux, en 1962[3]. Pourtant, dans les années 1930, certains syndicats appliquaient des mesures de prévention et refusaient de travailler dans des conditions qui mettaient la vie de leurs membres en danger. Le droit de refus était imposé aux employeurs sous forme de débrayages spontanés. En 1973, une clause formelle de droits de refus était aussi arrachée à la suite d'une grève à la compagnie *Union Carbide* à Beauharnois. Le SCFP obtenait aussi la reconnaissance de ce droit dans les conventions collectives des travailleurs des métiers de l'*Hydro-Québec* en 1978. Quant à eux, les TUA avaient négocié, en 1973, une clause complète de formation en santé et en sécurité au travail pour les syndiqués de *General Motors*[4].

Les Métallos de la mine *Bell* à Asbestos, qui avaient l'habitude d'exercer spontanément leur droit de refus, ont même obtenu le congédiement d'un surintendant qu'ils accusaient de mettre la vie des mineurs en danger. En 1975, à l'issue d'une grève de sept mois, les quelque 3 500 sala-

---

1. *La prévention par la solidarité syndicale. Un regard sur le passé et une perspective d'avenir,* document produit par le service de la santé et de la sécurité de la FTQ à l'occasion de la 10ᵉ semaine de la santé et de la sécurité du travail, octobre 1995.
2. Rapport du service de la santé et de la sécurité au travail, dans le *Rapport du secrétaire général,* 15ᵉ congrès de la FTQ, 1977, p.38.
3. *Comment s'organiser syndicalement en santé-sécurité,* cours de base, le Service de l'éducation, FTQ, août 2000.
4. *La formation en santé et sécurité au travail à la FTQ, ça ne date pas d'hier,* document du Service de la santé et de la sécurité au travail, Centre de documentation de la FTQ, B99.06, 11 E 339.

riéEs de cinq mines d'amiante, membres du Syndicat des Métallos et de la CSN, obtenaient que des mesures d'assainissement des milieux de travail les mettent à l'abri de l'amiantose et que les victimes de cette maladie obtiennent des indemnités[1].

Sur le plan législatif, ce n'est qu'en 1970 qu'un comité consultatif de la Commission des accidents du travail (CAT) est mis sur pied où siègent employeurs et représentantEs des centrales syndicales. La FTQ y revendique la décentralisation de façon à rendre plus accessibles les mécanismes de réclamations en matière d'accident de travail. Elle fait aussi pression pour que les syndicats aient leur mot à dire en matière de prévention. En 1974, elle participe à l'organisation d'un premier symposium sur la sécurité au travail réunissant des représentantEs des syndicats, des employeurs, de la CAT et du ministère du Travail.

Cessons de mourir à l'ouvrage!

En 1974 également, la FTQ met sur pied le Comité pour la prévention des accidents et la protection de la santé au travail. Émile Boudreau en assume la présidence, alors que Robert Lavoie agit comme secrétaire. Dès sa première réunion, le comité décide d'organiser un colloque syndical sur la santé et la sécurité au travail. En janvier 1975, ce colloque rassemble des militantEs de tous les milieux qui discutent des enjeux de la santé au travail dans divers secteurs d'activité. C'est Fernand Daoust qui le préside[2]. À l'issue du colloque, il proclame 1975 « l'année de la santé au travail ».

Le thème percutant du colloque dissipe toute ambiguïté quant à son orientation : « Cessons de mourir à l'ouvrage, la sécurité avant le travail! » On y discute notamment du droit de refuser d'effectuer un travail dangereux avec pleine compensation salariale. Le colloque est l'occasion pour les militantEs des syndicats d'échanger sur ces combats quotidiens menés pour protéger leur vie et celles de leurs camarades de travail.

À l'occasion du 1er Mai, la FTQ publie une plaquette intitulée *La sécurité avant le travail*. Dans un mémoire adressé à une commission parlementaire,

---

1. Entrevue avec Roger Genest, président du syndicat à la mine *Bell* (section locale 7285 des Métallos) et président du Conseil des Métallos dans la région de l'amiante. Roger, qui a travaillé dans cette mine pendant seize ans, avait participé à la campagne de recrutement des Métallos en 1965 et a été vice-président et président du syndicat jusqu'en 1978. Cette année-là, il devenait le premier responsable de la formation en santé et sécurité du travail à la FTQ. Il occupa ce poste jusqu'à sa retraite, en 2000.
2. Émile Boudreau rappelle : « Louis Laberge pensait que ça ne marcherait pas, il n'est même pas venu au colloque. Quand il a su qu'on avait eu plus de 300 participants, il n'en a plus manqué un! » Entrevue avec Émile Boudreau.

la FTQ réclame l'adoption d'un Code provincial de la sécurité et la restructuration de la Commission des accidents du travail pour en faire une « Commission paritaire vraiment représentative des parties ». Il s'agirait d'un organisme unique chapeautant aussi bien les activités de réparation des accidents du travail que la prévention et la protection de la santé au travail.

Toujours dans la foulée du colloque, au Congrès de décembre 1975, on adopte un important document intitulé *Le contrôle des travailleurs sur leur santé*. La FTQ est certainement la première centrale à articuler une politique cohérente sur les enjeux de la santé et de la sécurité du travail. On retrouve là les contours de ce que sera la future loi sur la santé et la sécurité du travail.

Une équipe permanente

Au même congrès, on adopte une résolution prévoyant la création d'un service de la santé et de la sécurité du travail. Grâce à la contribution financière de quelques syndicats affiliés[1], le service est créé en 1977. Émile Boudreau en est le premier directeur. Il faudra attendre 1982 pour que la FTQ reçoive une subvention de la CSST qui lui permet de doubler les effectifs du service (qui passe d'un à deux!) avec l'embauche de Guy Perreault[2], formateur en santé et sécurité à l'Office de la construction. À noter que, dès 1978, le service de l'éducation ouvrait un poste de formateur en santé-sécurité. Ce poste, occupé par Roger Genest, allait former des centaines de militantEs de la santé et de la sécurité du travail et donner un grand enracinement à ce dossier dans les syndicats de la FTQ.

Émile Boudreau quitte la direction du service en 1982[3] et est remplacé par son ancien collègue des Métallos, Robert Bouchard. L'année suivante, c'est Robert Lavoie qui quitte son poste aux accidents du travail et est remplacé par Jean-Marie Gonthier, jusque-là au service de l'éducation. Lorsque

1. *Rapport du secrétaire général*, 15ᵉ Congrès de la FTQ, 1977, p. 14.
2. Directeur et secrétaire financier de la section 568 de la Fraternité internationale des ouvriers en électricité (FIOE) de 1966 à 1971, Guy Perreault devient inspecteur en sécurité à la Commission de l'industrie de la construction en 1971 et coordonnateur de l'équipe des formateurs en sécurité à l'Office de la construction en 1976. À la FTQ, en plus de ses fonctions au service de la santé et de la sécurité, il animera le comité sur l'alcoolisme et les autres toxicomanies. Il devient directeur général de la FTQ-construction en 1987. Il est tué dans un accident d'avion le 22 février 1988 en compagnie de trois autres dirigeants de la FTQ-construction, Jean-Claude Sureau, Claude Proteau et Gaétan Boucher.
3. Émile Boudreau ne part pourtant pas véritablement à la retraite. Il sera mandaté par la FTQ pour assister les militantEs de l'Union internationale du vêtement pour dames (UIOVD) dans la réforme de leur syndicat. Il entreprendra ensuite la rédaction de l'histoire de la FTQ *(Des tous débuts jusqu'en 1965)*. Il militera quelques années à la Fondation pour l'aide aux travailleuses et aux travailleurs accidentés (FATA). Il est décédé en novembre 2006, à l'âge de 90 ans.

Guy Perreault quitte ses fonctions en 1987 pour devenir directeur général de la FTQ-Construction, il est remplacé pendant une brève période par Bernard Gagnon, de la Fraternité inter-provinciale des ouvriers en électricité (FIPOE), puis par Serge Trudel, des Métallos. Pierre Dupuis se joint à l'équipe en 1988 et 1989. Lorsque Robert Bouchard part à son tour à la retraite en 1990, c'est Serge Trudel qui prend la direction du service. Cette année-là, Robert Demers, responsable du service de la documentation, remplace Jean-Marie Gonthier, passé au nouveau service de conciliation de la Commission d'appel en matière de lésions professionnelles de la CSST.

Une commission paritaire

Après l'élection du PQ, en 1976, les principales revendications de la FTQ en matière de santé et sécurité du travail sont prises en compte par le gouvernement, qui en fait l'une de ses priorités législatives. Quelques mois après son élection, le premier ministre René Lévesque lui-même vient le répéter devant les 550 déléguées de la FTQ, réunies à nouveau en colloque en mars 1977. Son ministre d'État au Développement social, Pierre Marois, s'engage à octroyer des pouvoirs réels et des moyens financiers aux travailleurs, afin de gérer eux-mêmes leur santé.

La FTQ participe très activement aux discussions des projets successifs de Livre blanc sur la santé et sécurité du travail du gouvernement du PQ. Sa contribution est alimentée par les travaux d'un deuxième colloque tenu en novembre de 1978. Le couronnement de ces démarches est le dépôt du projet de loi 17, le 20 juin 1979. L'Assemblée nationale vote la Loi sur la santé et la sécurité du travail le 21 décembre suivant. Le gouvernement établit par décret la Commission de la santé et de la sécurité du travail (CSST).

Cet organisme paritaire comprend sept personnes nommées par les associations patronales, sept personnes issues des associations syndicales et le président-directeur général désigné par le gouvernement. Au sein du caucus syndical, la FTQ obtient la majorité des sièges. Louis Laberge en fait partie et représente les syndicats au sein du comité administratif.

En mars 1980, Fernand est appelé par le gouvernement pour intégrer un groupe de travail chargé « d'élaborer des recommandations pour la mise en œuvre [...] d'un organisme de recherche en santé et en sécurité du travail[1] ». Le groupe de travail, présidé par le recteur de l'Université de Sherbrooke, remet son rapport le 23 septembre 1980 au ministre Pierre Marois. Le 28 novembre, l'Institut de recherche en santé et sécurité du travail (IRSST) est constitué. C'est un ami de Fernand, Yves Martin[2], qui en prend la direction. Un comité

---

1. *Rapport du secrétaire général*, 17ᵉ Congrès de la FTQ, 1981.
2. Frère du journaliste Louis Martin, également ami de Fernand.

scientifique chargé de définir les orientations de l'Institut est formé. Pierre Dupuis, du SCFP, et Serge Trudel, des Métallos, y représentent la FTQ.

Le préjugé favorable émoussé ?

Si la FTQ a salué avec enthousiasme les progrès législatifs en matière de prévention, elle a dû constater que la loi 17 « n'a apporté que quelques réparations mineures à la Loi sur les accidents du travail. […] La FTQ tient par-dessus tout à un régime adéquat de remplacement du revenu, ainsi qu'à un régime de réadaptation intégré dans la législation[1] ». Le gouvernement prendra trois ans avant d'accoucher d'un projet de loi très insatisfaisant. Fernand Daoust constate que « le préjugé favorable envers les travailleurs s'était quelque peu émoussé avec les années[2] ».

Il faudra mobiliser les troupes et faire de grandes pressions sur le gouvernement pour que la loi soit améliorée. Des syndicats affiliés représentant près de 300 000 membres appuient par voie de résolution les revendications de la FTQ. Des mesures plus acceptables ne seront finalement adoptées qu'en mai 1985[3]. On y prévoit notamment « la constitution de bureaux de révision paritaires et le droit d'appel à l'encontre de toutes les décisions de la CSST[4] ».

Fernand Daoust est fier de constater que les efforts considérables fournis par la FTQ ont porté leurs fruits. Il affirme :

> C'est notre plus belle réalisation. C'est notre garantie que, quelles que soient les attaques dont nous serons les cibles de la part du patronat et quels que soient les gouvernements qui se succéderont, les choses ne reviendront jamais comme elles étaient auparavant, parce que nos syndiqués sont dorénavant informés et ils ont acquis la formation nécessaire pour défendre énergiquement leurs droits[5].

Action politique et mobilisations

Le congrès de la FTQ en 1969 donne lieu à une nouvelle vision de l'action politique. On ne veut plus se contenter d'appuyer officiellement le NPD lors des élections, comme on le fait depuis sa fondation en 1961. Il devient évident que, malgré tous les efforts fournis par la FTQ et ses syndicats affiliés, le NPD n'arrive pas à s'implanter de façon significative au Québec.

Inspirés par l'action dynamique des comités de citoyenNES et les différents organismes populaires qui ont émergé un peu partout dans les quartiers de Montréal et dans les régions du Québec pendant les années 1960,

---

1. *L'implication de la FTQ en santé et sécurité du travail,* discours de Fernand Daoust, octobre 1986.
2. *Ibid.*
3. La Loi sur les accidents du travail et les maladies professionnelles (LATMP).
4. *L'implication de la FTQ…, op. cit.*
5. *Ibid.*

les membres du comité d'action politique de la FTQ recommandent au congrès : « Que soient formés [...] des comités d'action communautaire composés de membres de syndicats affiliés à la FTQ, pour aider nos membres à améliorer leur condition économique [...] dans l'habitation, la consommation, le crédit, les coopératives [...], l'assurance-automobile, etc.[1] »

Ils réclament aussi l'embauche d'unE permanentE chargéE de favoriser la mise sur pied des comités dans chaque conseil du travail. En plus de promouvoir l'action communautaire des syndicats, ces comités coordonneront les luttes politiques du mouvement syndical sur le plan local, dans les municipalités et les commissions scolaires. C'est la même orientation qui se dégage des colloques régionaux intersyndicaux tenus entre décembre 1969 et juin 1970. Il s'agit en somme de la notion de « deuxième front » défendue par la CSN[2].

L'auteur est embauché à la fin de 1970 au poste de directeur de l'action sociale économique et politique. À peine entré en fonction, il est cependant aspiré par des événements urgents : on l'affecte pendant six mois comme conseiller en information et en relations publiques auprès du Conseil provincial du Québec des métiers de la construction (CPQMC)[3], puis comme coordonnateur des stratégies pendant le conflit au journal *La Presse*. En conséquence, il n'a pas le temps de bâtir le service pour lequel il a été embauché.

Lors du congrès de 1971, le Comité d'action sociale, économique et politique prévient dans son rapport que, sans la présence d'une personne affectée à temps plein à ce service, il entend se saborder. Le secrétaire général affirme quant à lui qu'il « est plus réaliste et plus sain de ne pas prolonger artificiellement la vie » de comités auxquels la FTQ n'est pas en mesure de « fournir des outils de fonctionnement adéquats[4] ».

Dans son rapport au congrès suivant[5], le responsable du service constate à son tour l'absence de moyens adéquats pour coordonner et soutenir l'action communautaire des syndicats. Surtout si l'on tient compte du fait que

---

1. *Action politique, rendez-vous 71, recommandation n° 2*, 12ᵉ Congrès de la FTQ, 19 au 23 novembre 1969.
2. *Le deuxième front*, rapport moral du président Marcel Pepin, congrès de la CSN, 1968.
3. Le ministre libéral du Travail de l'époque, Jean Cournoyer, avait fait savoir à la FTQ qu'il était favorable à la tenue d'un vote d'allégeance syndicale dans l'industrie de la construction. Le CPQMC n'ayant pas un responsable à l'information, Louis Laberge avait demandé à l'auteur d'y remplir ces fonctions jusqu'à la tenue du vote. Ce vote n'eut jamais lieu, mais une campagne de maraudage traditionnelle fut tenue. L'auteur y participa à titre de responsable des communications.
4. *Rapport du secrétaire général*, 12ᵉ Congrès de la FTQ, du 30 novembre au 4 décembre 1971, p. 23.
5. « Rapport du service d'action sociale, économique et politique », dans le *Rapport du secrétaire général*, 13ᵉ congrès de la FTQ, décembre 1973, p. 53-59.

les conseils du travail, qui relèvent du CTC, ne peuvent pas compter pour la plupart sur la présence d'unE représentantE permanentE. Il constate par ailleurs que les syndicats affiliés ne consacrent pratiquement pas de ressources à ces activités. Quelques syndicats délèguent des permanentEs au Comité pour « penser » l'action de la centrale, et non pas pour « y travailler ».

Le responsable du service constate que les urgences auxquelles la FTQ a dû répondre (l'opposition aux mesures de guerre, le conflit au journal *La Presse*, la bataille du front commun du secteur public, les débrayages et les manifestations contre l'emprisonnement des chefs syndicaux) ont été des temps forts de réflexion collective qui ont contribué à modifier l'orientation politique de la centrale. Il propose que la FTQ se consacre davantage à dégager la dimension politique des conflits et à mobiliser ses troupes pour obtenir des changements profonds tant sur le plan social que politique. Pour lui, cette approche est plus conforme à l'orientation qui se dégageait du discours inaugural du président de la FTQ en 1971, *Un seul front.*

La nouvelle orientation donne lieu au changement de nom du service, qui devient celui du Soutien aux luttes en 1980. En fait, il s'agit là d'une appellation plus appropriée de ce que fait déjà le responsable de l'action sociale, économique et politique depuis dix ans. Dans les faits, depuis son embauche, il consacre l'essentiel de son temps à conseiller les groupes en conflit, organise des manifestations et coordonne des campagnes.

Après l'entente avec le CTC, en 1974[1], et l'installation de représentantEs permanentEs de la FTQ dans toutes les régions du Québec, le soutien aux luttes fait partie de la définition de tâche de ces permanentEs en région. Au sein de l'équipe centrale, Pierre Richard et André Saint-Cyr leur prêtent main forte pendant les périodes intenses. Lors de la tutelle de la FTQ-construction, alors que l'auteur et André Saint-Cyr assistent le tuteur Fernand Daoust, Robert Goyette, militant chez les fonctionnaires fédéraux (AFPC), assume la permanence du soutien aux luttes.

Au cours des années suivantes, le service systématise son action. Il produit notamment le *Manuel des responsables de grève*[2]. Fernand note que ce manuel est « le fruit des expériences de centaines de militantes et militants qui ont mené des luttes parfois très dures, mais toujours riches en enseignement tant sur l'organisation que sur les stratégies[3] ». Le manuel, conçu avec le concours de militantEs des conseils du travail, s'inspire en effet des leçons tirées de conflits

---

1. Voir chapitre 20, La souveraineté syndicale.
2. Ce manuel, maintes fois enrichi et réédité, est maintenant intitulé *Pour gagner, il faut s'organiser.*
3. *Rapport du secrétaire général*, 18ᵉ congrès de la FTQ, du 5 au 9 décembre 1983, p. 38.

majeurs vécus par les membres de la FTQ : *La Presse, Renault, Firestone, United Aircraft, Bell Canada, Caisses populaires Desjardins* et bien d'autres.

L'implication de la FTQ dans les conflits de ses affiliés par son service de soutien aux luttes, par ses permanentEs dans les régions, mais aussi par l'intervention directe de ses dirigeantEs, a favorisé le développement de rapports étroits entre la centrale et sa base. Ce type de présence n'est pas étranger à l'identification des affiliés à la centrale. Ce lien qu'entretient la FTQ avec ses syndicats affiliés n'a pas d'équivalent dans les autres fédérations provinciales du reste du Canada.

Les femmes dans une centrale d'hommes

Au début des années 1970, malgré une certaine évolution de ses effectifs, la FTQ présente toujours l'image d'une centrale d'hommes[1]. Son bureau de direction ne compte aucune femme et ces dernières sont l'exception au sein du Conseil général. Dans les syndicats affiliés, le nombre des conseillères permanentes est proportionnellement bien inférieur à la composition féminine des syndicats.

Rappelons que les femmes syndiquées avaient longtemps été confinées à certaines catégories d'emplois, plus spécifiquement dans les industries du vêtement[2], du tabac ou de l'alimentation. Des femmes admirables, telles Léa Roback[3], Madeleine Parent[4], Yvette Charpentier[5] ou Huguette Plamondon[6], se sont tout de même illustrées par leur persévérance et leur combativité.

Pendant toute cette période, la FTQ se préoccupe tout de même du sort des travailleuses. Son ancêtre, la FPTQ, réclame depuis 1939[7] qu'à travail

---

1. De fait, plus de 80 % de ses membres sont des hommes.
2. Éva Daoust, la mère de Fernand, était membre des Travailleurs amalgamés du vêtement d'Amérique (TAVA). Voir Leclerc, *op. cit.* p. 35-37.
3. Léa Roback (1903-2000) a été chargée de mettre sur pied un service de l'éducation syndicale à l'UIOVD en 1936. Elle participe activement à l'organisation de la grève des « midinettes » en 1937 et travaille à l'organisation des salariés de *RCA Victor* avec la United Electrical Workers (UE), où elle milite de 1941 à 1951. Ce syndicat est écarté du mouvement syndical dans la vague anticommuniste de la fin des années 1940. Jusqu'à sa mort, en 2000, elle militera dans les mouvements féministe et pacifiste.
4. Voir Leclerc, *op. cit.*, p. 110-111 et 115.
5. Yvette Charpentier (1901-1976) devient ouvrière du vêtement à 14 ans. En 1937, elle adhère à l'Union du vêtement pour dames et participe au grand débrayage des travailleuses du vêtement. Elle devient responsable de l'éducation à l'UIOVD en 1945 et y occupe différentes fonctions jusqu'à sa retraite en 1970. Sur ses débuts dans l'industrie, voir dans les archives de Radio-Canada, sur le Web, un extrait d'entrevue réalisée en 1967.
6. Voir Leclerc, *op. cit.*, p. 133.
7. Mona-Josée Gagnon, « Les femmes dans le mouvement syndical québécois », dans

égal, les femmes reçoivent un salaire égal. Si cette revendication répond
d'abord au souci de contrer le *cheap labor*, la FPTQ ne s'oppose pas formellement au travail des femmes comme le font les syndicats catholiques,
ancêtres de la CSN, qui affirment que « l'une des causes principales du
chômage est le développement exagéré du travail féminin[1] ». Après 1957,
la FTQ maintient cette position concernant la parité salariale et s'oppose
au travail à domicile. En 1968, dans un mémoire remis à la Commission
Bird[2], la FTQ traite des professions dites féminines, détermine les conséquences du travail à temps partiel souvent réservé aux femmes, identifie les
difficultés liées à la syndicalisation des femmes et revendique des services de
garderies pour leur faciliter l'accès au marché du travail.

Un premier comité

La syndicalisation des secteurs public et parapublic dans les années 1960
et l'extension du secteur des services vont peu à peu accentuer la présence
féminine dans les rangs de la FTQ.

En 1972, Mona-Josée Gagnon convainc Fernand Daoust de rassembler quelques femmes militantes dans un premier comité de réflexion sur la
place des femmes dans l'organisation. Le comité voit le jour en 1973. Son
mandat est « d'étudier les raisons de la faible participation des femmes à
tous les niveaux (des instances de l'organisation syndicale), rechercher les
moyens pour remédier au problème ». Gagnon effectue une recherche et
produit un rapport intitulé *Travailleuses et syndiquées*. Ce document débattu
au comité est présenté au congrès de la FTQ en 1973. Les premières résolutions féministes sont alors adoptées. En plus de répéter la revendication
traditionnelle quant à l'égalité des rémunérations, on s'oppose aux ghettos
d'emplois, on rejette « la division traditionnelle des rôles masculins et fémi-
nins » et on invite les syndicats à négocier des dispositions « de nature à
alléger le fardeau parental, tant pour les hommes que pour les femmes[3] ».
Le comité de la condition féminine de la FTQ acquiert un caractère permanent et Fernand en est le premier responsable politique[4].

---

un ouvrage sous la direction de Marie Lavigne et Yolande Pinard, *Les femmes dans la
société québécoise. Aspects historiques*, collection Études d'histoire du Québec, n° 8,
Montréal, Boréal Express, 1977, p. 16.

1. Procès-verbal, Congrès de la Confédération des travailleurs catholiques du Canada
   (CTCC), résolution 15 (1935), Archives de la CSN, cité par Marie Lavigne et
   Jennifer Stoddart, « Ouvrières et travailleuses montréalaises 1900-1940 », dans
   Lavigne et Pinard, *op. cit.*, p.141.
2. Commission royale d'enquête sur la situation de la femme au Canada.
3. Procès-verbal du 13ᵉ congrès de la FTQ, novembre 1973.
4. Jusque-là, les comités permanents de la FTQ n'étaient pas sous la tutelle d'un res-

Ces premiers pas dans l'affirmation des femmes au sein de la centrale sont tout de même lents. Même si leur nombre atteint environ 50 000, constituant près de 20 % des effectifs de la centrale, la participation des femmes aux congrès demeure à 10 % dans la première moitié des années 1970. Le pourcentage augmente graduellement pour atteindre 24 % en 1985[1]. Au Conseil général, la participation n'est que de 3,1 % en 1973, 8,8 % en 1977, 17,8 % en 1982 et 15,6 % en 1986. Les femmes permanentes syndicales représentent 7,1 % du salariat des syndicats affiliés en 1980, 9,5 % en 1984 et 17,5 % en 1986[2].

Au cours de l'Année internationale de la femme, en 1975, un nouveau document intitulé *Combat syndical et les femmes* est présenté au congrès de la FTQ. Il met l'accent sur les luttes à mener à la base pour faire reconnaître les droits des femmes dans les conventions collectives. Lors de ce congrès, la FTQ se prononce pour l'abrogation des lois sur l'avortement, réclame une campagne d'information sur la contraception et revendique la création d'un réseau complet de garderies de quartier contrôlées par les usagers, les usagères et le personnel.

En 1977, Fernand appuie la revendication des femmes qui réclament une plus grande représentation aux postes de direction. Il reconnaît même que « pour y arriver, il n'y a pas d'autre moyen que d'adopter des mesures incitatives favorables aux femmes[3] ». Il ouvre ainsi la porte à une forme de discrimination positive. On mettra cependant dix ans pour adopter une mesure concrète qui favorise la présence systématique des femmes au Bureau de direction de la FTQ. Trois postes seront alors réservés aux femmes.

Avant cet amendement aux statuts, une première femme était entrée au Bureau de direction de la FTQ en 1979. Il s'agissait de Marie Pinsonneault[4], représentante du Syndicat des travailleurs canadiens des communications (STCC). Elle est l'une des revendicatrices de la féminisation du nom de la FTQ. Une deuxième femme, Johanne Hurens, alors directrice de son

ponsable politique. Fernand, qui avait défendu au Bureau de direction l'idée de créer ce comité, avait sans doute voulu rassurer certainEs collègues, qui craignaient des dérapages, en proposant de suivre de près ses travaux…

1. *Rapport final du Comité mixte sur le portrait des femmes à la FTQ et chez ses affiliés*, 30ᵉ congrès de la FTQ, du 25 au 29 novembre 2013, p. 15.
2. FTQ, Rapport du Comité sur l'accès à l'égalité, *Un syndicalisme en changement*, 21ᵉ Congrès, du 27 novembre au 1ᵉ décembre 1989.
3. *Rapport du secrétaire général*, 14ᵉ congrès de la FTQ, 1975.
4. Marie Pinsonneault (1940-1995) a été permanente du STCC et a joué un rôle déterminant dans la syndicalisation des technicienNEs et des téléphonistes de *Bell Canada*. Elle quitte la vice-présidence de la FTQ en 1987.

syndicat, l'Alliance de la fonction publique du Canada (AFPC), l'y rejoint en 1985.

Cessez de quémander, exigez!

Au cours d'un premier colloque tenu par les femmes de la FTQ, en 1979, la ministre péquiste de la Condition féminine, Lise Payette, lance aux déléguées : « Cessez de quémander, mesdames, exigez! » Ce colloque intitulé *Une double exploitation, une seule lutte* est le premier d'une série d'importantes assises consacrées aux femmes par la FTQ[1], qui auront une influence directe sur les politiques de la centrale. À cette occasion, on recommande de créer des comités de la condition féminine « comme moyen à privilégier, tant au niveau des sections locales, regroupements régionaux ou québécois, et conseils du travail, pour atteindre ses objectifs[2] ».

La création d'un service permanent de condition féminine est décidée lors du congrès de 1981. L'année suivante, Carole Gingras, jusque-là permanente des TUAC et présidente du Comité de la condition féminine de la FTQ, en assume la direction. Avec son arrivée, la coordination entre les affiliés s'en trouve renforcée et les actions se multiplient. Elle entreprend une tournée en 1983 et un guide syndical sur la création des comités de la condition féminine est rédigé. Au fil des ans, on assiste à la création de nombreux comités de femmes dans les Conseils du travail en région, dans les syndicats et dans les sections locales. Entre-temps, en 1982, l'UIOVD innove en féminisant son nom. Cette première amorcera une série de féminisations de noms de syndicats et conseils du travail.

Au congrès de 1983, « on adopte le premier jalon d'une déclaration de politique sur les programmes d'accès à l'égalité (PAE)[3] », dont la FTQ sera l'une des principales promotrices. On réclame aussi des congés parentaux de 20 semaines avec pleine rémunération. Le comité et le service de la condition féminine traiteront aussi des problèmes entourant la conciliation travail-famille, le harcèlement sexuel, la violence faite aux femmes, la santé et la sécurité des travailleuses. En octobre 1984, la FTQ tient un colloque sur l'accès à l'égalité auquel participent 410 déléguéEs issuEs de 26 syndicats[4].

Le comité de la condition féminine réunit des femmes qui œuvrent dans des syndicats de secteurs différents. Les militantes y partagent leurs expériences de luttes aussi riches que diversifiées. Certaines y arrivent avec

---

1. Les colloques *L'égalité : source de changements* (1984), *L'équité salariale : ni plus ni moins... une question de solidarité!* (1989) sont complétés par de nombreuses journées de réflexion sur la condition des femmes.
2. FTQ, *Les femmes de la FTQ : un réseau de solidarité,* 2004, p. 15.
3. *Ibid.*, p. 78.
4. *Rapport du secrétaire général,* 19ᵉ congrès de la FTQ, 1985.

un solide bagage de militantisme. Parmi de nombreuses autres, Lauraine Vaillancourt[1], de l'industrie du vêtement, a laissé un souvenir très vif à toutes celles qui ont œuvré à ses côtés.

La FTQ au féminin

Après une vaine tentative au congrès de 1983, la centrale répond, en 1985, à la demande des femmes qui réclament qu'elle féminise son nom. Elle devient officiellement la Fédération des travailleurs et travailleuses du Québec. Elle crée aussi un comité d'enquête sur la place des femmes dans ses structures. La même année, la vice-présidente Marie Pinsonneault remplace Fernand Daoust comme responsable politique du comité de la condition féminine.

En 1987, la FTQ amende ses statuts pour réserver aux femmes trois postes à son Bureau de direction. S'y succéderont de 1987 à 1993 : Lauraine Vaillancourt, Diane Bissonnette, Claude Grenier, Carole Haywood, Michèle Brouillette et Lise Pépin. En 1989, la FTQ s'engage à tenir des journées de réflexion tous les deux ans, entre les congrès. Ce sont les Rencontres biennales de réflexion en condition féminine.

À partir de 1992, le service de la condition féminine est doté d'une deuxième permanente, Sylvie Lépine. Le service entreprend alors la publication périodique du bulletin *NouvElles*. Cette année-là, le 6 décembre, on tient une première journée de commémoration et d'action contre la violence faite aux femmes, en souvenir des femmes victimes de la tuerie survenue à l'école Polytechnique de Montréal en 1989.

Tout au long des années, les femmes de la FTQ participent à de nombreuses coalitions et regroupements intersyndicaux et populaires, qui revendiquent des réformes législatives. C'est aussi en front commun élargi qu'elles célèbrent chaque année la Fête internationale des femmes, le 8 mars.

En quittant la présidence de la FTQ en 1993, Fernand qualifiait la cause des femmes travailleuses de « dossier capital » pour le mouvement. Il affirmait :

---

1. Lauraine Vaillancourt (1930-2005) devient ouvrière du vêtement à quatorze ans. Un an plus tard, elle devient « presseur », un travail d'homme. En 1981, elle est élue présidente de la section locale 439 de l'UIOVD, jusqu'alors sous la direction d'hommes anglophones. En 1985, elle gagne en négociation le salaire égal pour un travail égal pour des milliers de couturières assujetties au travail à la pièce ; elle négocie en outre un congé de maternité encore rare à l'époque. Élue vice-présidente de la FTQ, en 1985, elle est responsable politique du dossier de la condition féminine. Au sein de son syndicat, elle est responsable de la formation syndicale et œuvre à la francisation de son milieu de travail. Elle a aussi été candidate du NPD à l'occasion de quatre élections fédérales.

L'histoire officielle est une chose. Derrière elle, cependant, se dissimulent souvent des phénomènes dont il faut souligner l'ampleur. [...] La FTQ a connu une véritable révolution culturelle pendant les vingt-cinq dernières années en raison de la présence des femmes et du caractère très actif et très engagé de cette présence. [...] Il faut rendre hommage aux générations de femmes qui ont témoigné tant de détermination pour faire en sorte que la FTQ s'engage toujours plus sérieusement à porter et à défendre leurs revendications propres et à reconnaître leurs réalités spécifiques[1].

Le COMCOR

Les efforts constants déployés dans les années 1970 par Fernand et la petite équipe de conseillers et de conseillères de la FTQ pour faire le plein des affiliations ont porté leurs fruits. Mais il est clair qu'il faut faire plus. La crise économique du début des années 1980 a des effets destructeurs sur l'emploi et cela se répercute sur le taux de syndicalisation. La FTQ réagit en lançant l'Opération chômage. On convient qu'à la faveur d'une certaine reprise économique, il faudra intensifier les efforts de syndicalisation. À ce chapitre, on constate que les affiliés de la FTQ interviennent de façon très disparate. Si certains syndicats ont un service de recrutement permanent, un très grand nombre d'autres répondent de façon sporadique et improvisée à des demandes ou des occasions de syndicalisation. Et souvent, ils le font en concurrençant un autre syndicat affilié de la FTQ.

C'est pour systématiser et rendre plus efficaces les efforts de syndicalisation que la direction de la FTQ propose de créer un Comité de coordination des affiliés, baptisé le COMCOR. Les membres du Conseil général acceptent le principe de sa mise sur pied en septembre 1981 et un protocole précisant son mandat et son fonctionnement est finalement adopté en novembre 1982. La direction exécutive est assumée par les membres du Bureau de direction. Les syndicats qui acceptent d'y participer et d'y souscrire délèguent unE représentantE au Comité. Le COMCOR a pour mandat de favoriser l'échange d'information entre affiliés sur les conditions de la syndicalisation, de favoriser leur collaboration et de mieux structurer les campagnes de recrutement. On espère aussi que cette présence directe de la FTQ dans les campagnes de syndicalisation va favoriser la pleine affiliation. On prévoit enfin que le président et le secrétaire général, qui sont chargés d'encadrer le COMCOR, pourront intervenir dans les conflits de juridiction entre syndicats. Dès le mois d'août 1982, Normand Fraser[2] est embauché à titre de directeur du COMCOR.

1. *Regroupons nos forces*, discours du président, 23ᵉ congrès de la FTQ, du 13 au 17 décembre 1993.
2. Ancien militant syndical à Hydro-Québec, Normand Fraser avait été conseiller permanent et directeur adjoint du SCFP. Il dirige le COMCOR jusqu'en 1988, alors qu'il réintégrera l'équipe du SCFP.

L'année suivante, l'équipe est composée de trois autres recruteurs : Serge Albert, du syndicat des Métallos, Réal Roberge, des Teamsters et Michel Robert des TUAC. Composée partiellement de prêts de personnel consentis par les syndicats et financée par les trois premiers mois de cotisations syndicales des syndiquéEs nouvellement recrutéEs, l'équipe sera réduite ou augmentée, au gré des ressources. Lorraine Miller, y travaillera deux ans. Robert Émond, du syndicat des Métallos se joint à l'équipe en 1986. Il sera plus tard le directeur et seul membre de ce service.

En peu de temps, le COMCOR et les affiliés font des progrès remarquables, effaçant peu à peu les effets néfastes de la récession sur le taux de syndicalisation. Dans son rapport au congrès de 1987, Fernand souligne que « cette expérience extrêmement stimulante et novatrice est unique à l'intérieur des structures du Congrès du travail du Canada[1] ».

En 1989, il fait le bilan provisoire de l'action de ce service responsable de la syndicalisation de quelque 11 000 membres depuis sa création. « Les succès des premières années du COMCOR ont sans doute servi d'aiguillon à […] nos syndicats qui sont devenus de plus en plus intervenants dans le domaine du recrutement[2]. »

Travailler en français

Nul n'a besoin de rappeler à quel point Fernand a à cœur la reconnaissance du français comme langue de travail. Après l'adoption par l'Assemblée nationale de la Charte de la langue française, il ne cesse pas de réclamer la participation directe et effective du mouvement syndical à la francisation des entreprises. Il le fait régulièrement au sein de l'OFL où il est appelé à siéger dès février 1977. Il est assisté en cela par Mona-Josée Gagnon, du service de la recherche, qui rédige tous les mémoires et documents concernant la politique linguistique. Elle est d'ailleurs elle-même appelée à siéger au Conseil du statut de la langue française en 1984.

En 1984, le ministre responsable de l'application de la Charte de la langue française, Gérald Godin[3], accepte de financer la formation et l'encadrement

---

1. Rapport du secrétaire général, 20e congrès de la FTQ, Montréal, du 30 novembre au 4 décembre 1987.
2. Rapport du secrétaire général, 21e Congrès de la FTQ, Québec, du 27 novembre au 1er décembre 1989.
3. L'ancien directeur de *Québec-Presse*, le poète Gérald Godin (1938-1994), est entré dans la politique sous la bannière du PQ en 1976. Il battait alors le premier ministre Robert Bourassa dans son comté. En 1979, il est adjoint parlementaire du ministre des Affaires culturelles puis du ministre de la Justice avant de devenir ministre de l'Immigration en 1980. Réélu en avril 1981, il est nommé ministre des Communautés culturelles et de l'Immigration et membre du Conseil du trésor. En

des syndicalistes membres des comités de francisation des entreprises. Ce soutien financier permet de faire l'embauche sur une base temporaire d'un conseiller à la francisation, Michel Côté, un militant syndical de *Bell Canada*. Il fait d'abord une tournée de sensibilisation au sein des syndicats et des conseils du travail et il soutient ensuite l'action des membres de comités de francisation. Au congrès de 1987, Fernand est en mesure d'affirmer : « Un total de mille quatre cents personnes ont participé à des réunions d'animation et de sensibilisation, mis à part les congrès, les conseils généraux et consultatifs et les colloques où nous sommes invités à parler de ce dossier[1]. »

En 1985, la FTQ publie *Travailler en français*, une brochure que Fernand décrit comme le « fer de lance de notre action en formation syndicale ». C'est un instrument qui « vulgarise les mécanismes et exigences de la loi 101 et guide l'action syndicale au sein des comités de francisation des entreprises[2] ». Le contenu de cette brochure sert de base à la conception d'une session de formation. Le cours est donné 19 fois entre novembre 1985 et octobre 1987.

À partir de juin 1986, un bulletin de liaison, également intitulé *Travailler en français*, est publié sur une base périodique. D'abord distribué à 5 000 exemplaires, il rejoint systématiquement tous les milieux de travail où l'on trouve des syndicats affiliés à la FTQ. Cette publication existe d'ailleurs encore aujourd'hui et s'avère toujours un instrument d'information et de sensibilisation très prisé des militantEs. En 1988, Michel Côté est remplacé par Dominique Savoie, une conseillère du Syndicat international des employés professionnels et de bureau (SIEPB). Cette dernière poursuit et systématise le soutien aux syndicalistes membres des comités de francisation.

En 1989, la FTQ crée formellement un service de la francisation. En plus de soutenir les membres des comités, le service est chargé de faire « le bilan de la francisation des entreprises en identifiant les besoins des travailleurs et travailleuses et en favorisant […] une stratégie sectorielle et globale[3]. » Cette stratégie est d'abord développée dans les secteurs de l'aéronautique et de l'aérospatiale ainsi que dans celui de la confection. Ce travail va se poursuivre dans les secteurs de l'énergie et de la chimie, dans les ateliers de mécanique automobile, l'hébergement et la restauration, les confiseries et le tabac, la construction, etc. Aux sessions de formation sur le rôle des comités

---

1982 et 1983, il est ministre responsable de l'application de la Charte de la langue française (loi 101) avant de devenir ministre délégué aux Affaires linguistiques en 1984. II est à nouveau élu en 1985 et en 1989. Pendant ces dernières années, il combat un cancer du cerveau, qui l'emporte en 1994.

1. *Rapport du secrétaire général*, 20ᵉ congrès de la FTQ, Montréal, *op. cit.*
2. *Ibid.*
3. *Ibid.*

de francisation, le service ajoute des cours sur la qualité du français dans les conventions collectives.

À partir de 1990, le service est dirigé par Lola Le Brasseur, assistée pendant un an de Josée Daoust. Conjointement avec le service de la recherche, le service de la francisation organise une première « Rencontre nationale sur la francisation des milieux de travail ». Tenue en avril 1991, elle réunit quelque 200 syndicalistes membres des comités de francisation. Quelques semaines plus tard, le service entreprend avec le service de l'éducation une tournée régionale sur la formation de base en français. On y aborde les problèmes de l'analphabétisme et de ceux de l'apprentissage du français, langue d'accueil des travailleurs et travailleuses immigrantEs.

La solidarité internationale

Fernand a toujours revendiqué du CTC une présence systématique de la FTQ dans les délégations internationales. Pour lui, c'est une façon de représenter la dualité culturelle du pays à l'étranger. Pendant longtemps, le CTC fait la sourde oreille. Qu'à cela ne tienne, le secrétaire général met tout en œuvre pour ouvrir la FTQ à la dimension internationale : il accueille de nombreuses délégations syndicales venues de diverses parties du globe, il organise plusieurs missions de syndicalistes membres de la FTQ à l'étranger, il soutient les syndiquéEs de la FTQ dans la présentation de projets à l'Office franco-québécois pour la jeunesse.

Le CTC accepte finalement, à la fin de 1989, de financer la moitié du salaire d'une personne affectée au dossier international. Mais la définition de tâche est limitée : il s'agira de faire de la sensibilisation et de la formation des membres sur la dimension internationale. Fernand ne peut se satisfaire d'un mandat aussi limité. Alors, il procède à la mise sur pied d'un véritable service de la Solidarité internationale. Le service est ainsi nommé pour bien marquer que la centrale ne se limitera pas à faire de la sensibilisation et de la formation. Elle entend agir tant au niveau des représentations extérieures qu'au niveau de la coopération internationale.

La responsabilité de mettre sur pied et développer le nouveau service est confiée à l'auteur[1]. Dès le début, le responsable définit les champs d'intervention prioritaires du service : tout mettre en œuvre pour assurer une présence physique de la FTQ et de ses affiliés dans les instances, les forums

---

1. Les deux années précédentes, en 1988 et 1989, l'auteur avait obtenu un congé sans solde de la FTQ pour occuper les fonctions de planificateur de projets de coopération syndicale du CTC en Afrique francophone, dans le cadre d'un programme financé par l'Agence canadienne de développement international (ACDI) du gouvernement canadien.

et les conférences du mouvement syndical international, développer des projets de coopération syndicale. Ces derniers auront pour objectif le renforcement des organisations syndicales de pays en voie de développement, plus spécifiquement celles des pays de l'Afrique francophone et d'Haïti. Il entend en même temps promouvoir et consolider le regroupement des organisations de la francophonie syndicale. La FTQ continuera également d'assurer une présence active au sein des coalitions syndicales et populaires d'opposition aux accords de libre-échange[1].

Le CTC ne reconnaissant pas à la FTQ une responsabilité formelle en coopération, le responsable s'efforce de dénicher des financements hors CTC, qui lui permettent d'entreprendre un modeste programme de coopération internationale. Un premier déblocage a lieu, lorsqu'un fonctionnaire du ministère des Relations extérieures du Canada invite la FTQ à lui présenter un projet dans le cadre d'un programme canadien destiné à soutenir la démocratisation des pays africains. Le projet de la FTQ intitulé le « Syndicalisme en démocratie » sera réalisé dans huit pays d'Afrique de l'Ouest et d'Afrique centrale. Le service établit des partenariats avec des organisations non gouvernementales de coopération internationale, dont OXFAM-Québec et le centre Droits et démocratie.

Les syndicats affiliés sont associés aux projets de coopération initiés par le service de la Solidarité internationale. Ce sont des militantEs de ces syndicats qui agissent à titre de formateurs et formatrices dans le cadre de projets en Afrique francophone. Le service élabore ainsi des projets conjointement avec le Fonds humanitaire du SCEP et avec le Fonds de justice sociale des TCA.

On sollicite aussi l'aide financière du ministère des Relations internationales du Québec, de l'Agence de coopération culturelle et technique (ACCT)[2] et de Montréal international. Cet organisme, qui a pour mission d'attirer à Montréal les sièges sociaux d'organisations internationales, subventionnera la mise sur pied du secrétariat syndical de la francophonie dans les bureaux de la FTQ.

Fernand contribuera enfin à renforcer l'action du service, en faisant de l'activité internationale de la FTQ une priorité dans les négociations qu'il mènera avec le CTC en 1992 et 1993[3].

---

1. Une première coalition s'était opposée à la signature d'un premier accord entre le Canada et les États-Unis. Lorsqu'il fut question d'un nouvel accord incluant le Mexique, la coalition québécoise adopta une position plus ouverte, ne s'opposant plus à la conclusion d'un accord commercial, à la condition qu'on y inclue des dispositions relatives aux droits de la personne et, plus spécifiquement, au droit du travail.
2. Secrétariat de l'Organisation internationale de la Francophonie.
3. Voir chapitre 19.

Chapitre 18

Contre-pouvoir et concertation

D ANS LE CLIMAT conflictuel qui sévit pendant la première moitié des années 1970, la FTQ prend les bouchées doubles. Elle forge son identité en interne, dans ses relations avec ses affiliés, et à l'externe, devient un acteur social incontournable. Avec l'élection du gouvernement péquiste, qui se veut social-démocrate, c'est l'adhésion de la centrale à l'objectif de la concertation qui marquera désormais davantage sa personnalité institutionnelle.

Un contre-pouvoir circonstanciel

Sous le régime de Bourassa, la question de la concertation ne se pose même pas. On est dans l'affrontement permanent. La FTQ exprime son rejet du régime en place et réclame alors des « changements immédiats pour faciliter l'exercice réel des droits fondamentaux : droit d'association [...] droit de grève [...] droit à la santé et à la sécurité[1] ». Les revendications politiques sont partielles, à court terme. Elles sont dictées par l'urgence et souvent faites pour la forme, parce qu'on attend peu ou rien de ce gouvernement. À la fin du manifeste, *L'État rouage de notre exploitation*, en 1971, la FTQ se contentait de réclamer à court terme le renforcement des institutions économiques publiques (SOQEM, SOQIP, REXFOR, SGF, Caisse de dépôt) et l'accroissement de leur intervention dans l'économie.

La FTQ dit souhaiter l'avènement du « socialisme démocratique », mais comme l'admet Louis Laberge : « Nos positions là-dessus demeurent bien vagues [...], trop de situations explosives et urgentes nous ont obligés à reporter à plus tard ces discussions fondamentales[2]. »

---

1. *Le Monde ouvrier*, mai 1977.
2. *Ibid.*

Est-ce à dire que la FTQ et ses affiliés n'ont pas un projet de société? Ce serait oublier la longue tradition de syndicalisme social et politique très enracinée dans son histoire et dans celle des organisations qui lui ont donné naissance. Les plates-formes et programmes politiques du mouvement depuis la fin du 19ᵉ siècle[1] vont toujours dans le même sens : édifier une société juste en donnant à l'État un rôle central qui défend l'intérêt public, redistribue les richesses et réglemente l'économie privée. Un modèle démocratique dans lequel les citoyenNEs seraient associéEs à la gestion de la société.

Ce modèle d'inspiration travailliste et social-démocrate, les syndicalistes n'ont pas souvent l'occasion de le définir dans le détail. Au début du 20ᵉ siècle, ce sont des avant-gardistes, dont l'auditoire n'est pas très important. Pendant la grande crise économique des années 1930 et lorsque les syndicalistes font face à des gouvernements répressifs comme ceux de Duplessis ou, dans une moindre mesure, de Bourassa, toutes leurs énergies sont consacrées à la survie du mouvement. Grâce aux mobilisations et aux grandes actions de protestation, ils développent un rapport de force conjoncturel qui, dans les faits, peut être identifié à un contre-pouvoir.

Pourtant, ce n'est pas le but ultime que cherchent à atteindre la majorité des syndicalistes. Ainsi, alors que l'on n'est pas sorti de l'ère de la radicalisation, au congrès de la FTQ 1973, les déléguéEs discutent de participation aux organismes de consultation du gouvernement. Un document intitulé *Pour une présence réelle*, encadre sévèrement les conditions de la participation, prévoit que les déléguéEs de la FTQ dans les organismes de consultation ou de gestion devront faire rapport[2]. Bien sûr, on y est très critique des consultations bidon. On affirme que la participation syndicale ne doit pas être automatique et doit faire l'objet d'une évaluation. Seulement, on ne bannit pas la présence syndicale dans les organismes gouvernementaux.

Les deux courts épisodes de gouvernements libéraux réformateurs des premiers ministres Godbout (1939-1944) et Lesage (1960-1966) ont permis de faire des rattrapages quant à la modernisation de l'État et de répondre à des revendications formulées depuis longtemps par les syndicats. Le gouvernement Godbout survit mal à la crise de la conscription et n'a pas le temps de mettre en place des mécanismes de participation.

Par ailleurs, sous le régime libéral de Jean Lesage, les intentions sont claires. Le programme du parti affirme, dès avant l'élection de 1960 : « Nous voulons que la représentation de la classe ouvrière s'étende à tous les domaines

---

1. Leclerc, *op. cit.*, p. 43-44.
2. Ces rapports seront reproduits dans le rapport du secrétaire général à chaque congrès de la FTQ.

de l'administration publique[1]. » Alors que la Révolution tranquille enfante de nombreuses institutions publiques, régies ou sociétés d'État, la participation des organisations syndicales aux conseils consultatifs et aux organismes administratifs est chose courante. Elle est très bien accueillie dans le monde syndical. Il n'en demeure pas moins que cette « participation » ne pèse souvent pas dans les décisions gouvernementales. En 1964, c'est une menace de grève générale de la FTQ qui convainc le gouvernement libéral de modifier son projet de loi 54[2].

Un nouvel horizon

Le 15 novembre 1976, l'élection du PQ ouvre un nouvel horizon. Il s'agit d'un parti que la FTQ a soutenu officiellement et dont les figures de proue sont des amis et des compagnons de lutte. Depuis le début des années 1970, les dirigeants de la FTQ et ceux du PQ se sont retrouvés à maintes reprises sur les mêmes tribunes à défendre les mêmes positions. Avant les mots d'ordre de la centrale, les syndicalistes ont afflué dans ce parti, lui donnant une image de parti populaire.

Dès les premières heures du pouvoir péquiste, le courant s'établit et un dialogue constructif est entrepris. La FTQ définit ses priorités de réforme à réclamer au nouveau gouvernement[3]. La réception est bonne et elle porte ses fruits. La Charte de la langue française, adoptée en 1977, reprend, dans sa section sur la langue de travail, l'esprit et la lettre de la politique adoptée par la centrale à son congrès de 1969, puis développée dans les années 1970. À la satisfaction de la FTQ et pour le plus grand bonheur de Fernand, la Charte fait des syndicats les « chiens de garde » de la francisation des milieux de travail. Une autre législation que salue la FTQ est celle qui concerne le financement des partis politiques (1977), une première mesure courageuse pour combattre la mainmise des forces de l'argent sur le processus électoral (mais qui sera très vite contournée par les entrepreneurs, les firmes d'ingénieurs et autres groupes d'intérêts privés).

En mai 1977, quelques mois après son élection, le gouvernement Lévesque convoque le patronat, les centrales syndicales, l'Union des producteurs agricoles et le mouvement coopératif à un premier sommet économique à La Malbaie[4]. En cette période de chômage élevé (plus de 10 % en

1. *Jean Lesage s'engage,* programme du Parti libéral du Québec, 1959, p. 23.
2. Ce projet de loi limite ou supprime le droit de grève et ne reconnaît pas le droit à la syndicalisation dans la fonction publique. Voir Leclerc, *op. cit.* p. 293.
3. Fournier, *Histoire de la FTQ…, op. cit.,* p. 131.
4. Y sont conviéEs aussi quelques représentantEs du monde universitaire, des commissions scolaires, des municipalités et des sociétés d'État.

moyenne), le gouvernement croit qu'il peut engager patronat et syndicats dans un partenariat à la manière des social-démocraties européennes.

La concertation toujours suspecte

Les dirigeants de la FTQ accueillent positivement l'invitation, mais ils savent qu'un fort sentiment de méfiance persiste dans les rangs des syndicats à l'égard du concept de concertation, synonyme de démobilisation pour plusieurs militantEs. Il y a quelques mois, la FTQ n'a-t-elle pas dénoncé le CTC qui répondait positivement à l'appel au tripartisme lancé par le gouvernement fédéral de Pierre Elliott Trudeau ? Ce dernier voulait se sortir de l'impasse économique où sa loi sur le contrôle des prix et des salaires avait conduit le Canada. Il avait convoqué les représentantEs des grandes compagnies et le CTC à une réunion. À l'issue de cette dernière, le président du CTC, Joe Morris, avait montré une telle souplesse que Trudeau avait parlé « d'entente historique ». La FTQ avait dénoncé ces tractations et déclaré : « Seule la mobilisation des travailleurs pourra faire fléchir le gouvernement Trudeau[1]. »

Au cours des semaines précédant le Sommet économique de La Malbaie, la FTQ et les conseils du travail tiennent une série de congrès régionaux. Dans la plupart de ces rencontres, les militantEs réclament que la FTQ refuse « toute forme de concertation ou de négociation au sommet économique » et qu'elle maintienne son « indépendance politique face au PQ[2] ». Au Conseil général qui précède le Sommet, la discussion est vive. C'est finalement par l'adoption d'un document prudent[3] que la FTQ est autorisée à participer. Elle justifie sa présence en spécifiant que, contrairement au gouvernement Trudeau, celui de René Lévesque est « plus libre de ses mouvements » et qu'il sera guidé « davantage par les intérêts supérieurs de la population que par la gratitude envers les pourvoyeurs de caisses électorales[4] ».

Pas question en tout cas de prendre des engagements qui restreindraient la liberté d'action des syndicats. Les représentants de la FTQ au Sommet ont pour mandat d'y réclamer une réforme du Code du travail, de manière à protéger et renforcer le droit de grève, à favoriser l'accès à la syndicalisation par l'instauration de l'accréditation multipatronale[5], à assurer la santé et la sécurité au travail.

---

1. *Le Monde ouvrier,* avril 1977.
2. « Congrès régionaux, oui au Sommet économique, non à la concertation », *Le Monde ouvrier,* mai 1977.
3. Intitulé *Un pré-requis au dialogue : civiliser le monde du travail.*
4. *Ibid.*
5. La FTQ réclame de telles mesures depuis 1969.

Fernand croit que ce premier Sommet est une occasion pour la FTQ de jouer le rôle social et politique qui lui revient. Il a une rencontre préliminaire avec l'adjoint de Bernard Landry, le ministre responsable de ce Sommet. Il fait alors des pressions pour que la délégation de la FTQ reflète sa représentativité, soit près de 50 % des syndiquéEs. Il obtient que la délégation de la centrale soit majorée de 15 à 20 personnes. Il montre là une préoccupation qui sera permanente chez lui. Conscient de la visibilité médiatique dont jouit la CSN, plus prisée en milieu intellectuel, Fernand a souvent le sentiment que sa centrale soit sous-estimée ou laissée pour compte. Tout au long de ses années à la direction de la FTQ, il aura le réflexe automatique de revendiquer pour elle la place qui lui revient : la première.

Les Sommets économiques

Au cours du Sommet de La Malbaie, il n'y a effectivement pas de tractation. Le premier ministre estime avoir dégagé quatre consensus minimaux : une réforme de la santé et de la sécurité du travail, une amélioration de la condition des femmes au travail, la revitalisation des mécanismes de consultation et la nécessité d'information commune sur les données de base avant les négociations. La FTQ juge les deux premiers consensus fragiles parce que « le mouvement syndical et les patrons ne mettent pas le même contenu sous ces consensus ». La FTQ estime que même si le Sommet « portait le qualificatif d'économique, c'est sans doute à ce chapitre que le bilan est le plus mince[1] ». Heureusement, sans l'appui du patronat, le gouvernement confirme son intention d'amender le Code du travail.

La réforme du Code du travail est adoptée en décembre 1977. Elle prévoit l'inclusion dans le Code de la formule Rand, de mesures anti-briseurs de grève et du droit de retour au travail des grévistes, toutes des revendications des grévistes de la *United Aircraft* en 1974.

À la suite du premier Sommet, la méfiance demeure pourtant grande chez les militantEs qui ne veulent pas voir leur centrale prise dans l'engrenage du partenariat. Louis Laberge en est conscient. Au congrès de novembre suivant, il intitule son discours : « La mobilisation, toujours nécessaire. » Les déléguéEs acceptent l'ouverture que manifeste la FTQ à l'égard du gouvernement et reprochent à ce dernier son manque de détermination « face aux problèmes du chômage et des fermetures d'usines. Il est beaucoup trop sensible au chantage du patronat et des milieux financiers[2] ». Même si le président a précisé qu'il « ne s'agit pas de nous lancer dans un grand rêve

---

1. « Quelques consensus minimaux et fragiles », *Le Monde ouvrier,* juin 1977.
2. Procès-verbal du 15ᵉ congrès de la FTQ, novembre 1977.

de concertation sociale[1] » les déléguéEs adoptent par une faible majorité de 55 % une résolution qui autorise la FTQ à participer à d'autres sommets convoqués par le gouvernement.

La méfiance à l'égard de la concertation est quelque peu tempérée par la volonté réformatrice du gouvernement péquiste. En 1978, le nouveau gouvernement améliore la Loi de protection des consommateurs[2], crée un régime public d'assurance-automobile, adopte la loi de protection du territoire agricole et hausse substantiellement le salaire minimum. Il améliore aussi les programmes sociaux et consolide le réseau des garderies[3].

Le gouvernement persiste à faire des sommets économiques la pierre angulaire du modèle de concertation qu'il souhaite construire. Il convoque donc syndicats et patrons à une nouvelle rencontre au Sommet à Montebello, en 1979. La FTQ reproche alors au gouvernement de ne pas s'attaquer avec vigueur aux problèmes du chômage (11 % en 1978) et de l'inflation (9 %). Le pouvoir d'achat des familles a diminué en moyenne de 5 %. Pendant ce temps, les profits des entreprises ont augmenté de 20 %. « C'est le patronat qui a empoché les résultats de cette conjoncture favorable, car il n'a pas réinvesti au Québec[4] », déplore la FTQ.

Au cours du Sommet, les consensus sont rares. Le patronat et le gouvernement semblent ouverts à la proposition de la FTQ de créer des caisses sectorielles de stabilisation d'emploi pour protéger les travailleurs et les travailleuses victimes de licenciements massifs[5]. On n'y donnera cependant pas suite. La FTQ répète sa revendication concernant l'accréditation « multipatronale ». Les employeurs s'y opposent catégoriquement et le gouvernement ne s'y engage pas.

La social-démocratie *de visu*

Les résultats décevants du deuxième Sommet ne découragent pas les dirigeantEs de la FTQ et de ses syndicats. Habitués aux affrontements sans issues, ils croient qu'il faut explorer davantage les mécanismes de dialogue institutionnalisé. Et, pour ce faire, ils décident d'aller constater *de visu* comment se vivent les expériences les plus avancées en ce domaine. Une délé-

---

1. *La mobilisation, toujours nécessaire,* discours inaugural du président, 15e congrès de la FTQ.
2. La première loi de protection des consommateurs avait été adoptée par les libéraux en 1971.
3. Développé en grande partie par le secteur communautaire, ce réseau avait failli disparaître lorsque le gouvernement fédéral avait cessé de le financer.
4. « La FTQ soulève les problèmes du chômage et de l'inflation », *Le Monde ouvrier,* mars 1979.
5. Les Métallos réclament la création d'un tel fonds dans le secteur minier depuis les années 1960.

gation de 12 personnes dirigée par le président de la FTQ se rend donc en Suède[1], au lendemain du Sommet de Montebello.

Fernand n'est pas du nombre, parce que quelqu'un doit garder le fort en l'absence du président. Mais il est hautement intéressé par les objectifs du voyage. Il croit que le PQ a la volonté réelle d'instaurer une social-démocratie à la façon québécoise. Il sait que, généralement, dans les pays où un tel régime a été implanté, le mouvement syndical est lié organiquement au parti social-démocrate. Ce n'est pas le cas au Québec et, indépendamment des orientations progressistes de sa direction, le PQ est perméable à des influences contraires. On y trouve d'anciens membres de l'Union nationale et même des anciens créditistes. Dans un tel contexte, le mouvement syndical doit peser de tout son poids pour empêcher le parti de dévier de sa route. À la CSN et à la CEQ, où les groupes d'extrême gauche ont une plus grande influence qu'à la FTQ, on est réticent à s'engager sur la voie de la social-démocratie.

La délégation fait de nombreuses rencontres avec des leaders des syndicats suédois, visite des entreprises et se fait expliquer les étapes cruciales franchies par la social-démocratie dans ce pays : après avoir réalisé les étapes de la transformation politique (démocratie participative) et sociale (régime d'équité sociale), les SuédoisES préparent l'étape qui les conduira à une plus grande égalité économique entre toutes les composantes de leur société. Pour y parvenir, les SuédoisES misent sur le travail de leur Commission nationale de l'emploi, organisme tripartite chargé de mettre en œuvre une politique de plein emploi.

Les syndicats suédois revendiquent surtout la mise sur pied des fonds d'investissement créateurs d'emplois contrôlés majoritairement par les syndicats et auxquels les employeurs seraient tenus de donner 10 % de leurs profits nets. Ils ont l'appui du Parti social-démocrate, mais comme celui-ci est dans l'opposition, rien ne sera fait avant sa réélection en 1981. Le patronat suédois s'oppose farouchement à ce projet. Pour lui, à terme, une telle mesure mènerait à une socialisation du capital et au contrôle syndical sur l'économie[2]. Le projet ambitieux des syndicats suédois marque les esprits à la FTQ.

---

1. Voir Fournier, *Histoire de la FTQ..., op. cit.*, p 145-146.
2. Le « plan Meidner », du nom de l'économiste syndical qui en a fait la proposition. Ces fonds avaient pour objectif d'empêcher la concentration excessive du capital et de renforcer l'influence des travailleurs et des travailleuses au sein de l'entreprise. C'est finalement une formule très mitigée qui est mise en place par une loi adoptée en décembre 1983. Cette loi prévoit entre autres un plafond de capitalisation. Ces fonds sont dissous après 1991, alors que les conservateurs reviennent au pouvoir. Voir, Diane-Gabrielle Tremblay, *Concertation et performance économique. Vers de nouveaux modèles?*, Actes du 12ᵉ Colloque de l'Association d'économie politique, PUQ, Québec, 1995.

Pendant ce temps, au Québec, l'adoption, à la fin de l'année 1979, de la Loi sur la santé et la sécurité du travail est la première incarnation du modèle social-démocrate dont prétend vouloir s'inspirer le gouvernement péquiste. La FTQ est étroitement associée à la rédaction de la loi. Le directeur du service de la santé et de la sécurité du travail, Émile Boudreau, en est l'un des principaux artisans. La loi, unique en Amérique du Nord, crée une Commission de gestion patronale-syndicale de la santé et de la sécurité du travail. Elle exige des entreprises la mise sur pied de comités patronaux-syndicaux de prévention des accidents. Elle reconnaît aux salariéEs le droit à l'information et à la formation sur les dangers présents au travail, le droit individuel de refuser d'exécuter un travail dangereux, et accorde aux travailleuses enceintes ou à celles qui allaitent le droit au retrait préventif.

La gestion paritaire de la Commission de la santé et de la sécurité du travail est une pièce maîtresse de la loi. Cette première expérience de participation du mouvement syndical à la gestion d'un régime public engagera la FTQ plus résolument sur la voie de la concertation. Au congrès de fin d'année, les déléguéEs sont appeléEs à appuyer les orientations sociales-démocrates que le président esquisse dans son discours inaugural[1].

En 1980, le gouvernement adopte une loi sur les normes minimales du travail. La FTQ ne s'oppose pas à cette mesure de protection des travailleurs et des travailleuses les plus vulnérables, mais elle aurait préféré qu'on leur donne plutôt un plus grand accès à la syndicalisation.

Le plein emploi au cœur du modèle

Les syndicalistes font par nature la promotion de l'emploi. À toutes les époques, les syndiquéEs ont revendiqué des mesures étatiques de protection des emplois existants et de création de nouveaux emplois. Les dirigeantEs de la FTQ, qui ont fait le voyage au pays de la social-démocratie, ont été grandement impressionnéEs par la place qu'occupe la politique de plein emploi, littéralement au cœur de ce modèle politique et économique.

À la fin des années 1970 et au début des années 1980, le chômage demeure très élevé. En 1981-1982, la récession provoque une hécatombe : 150 000 emplois disparaissent en un an au Québec. Le nombre de chômeurs et de chômeuses atteint le demi-million, soit 15,9 % de la main-d'œuvre, un « record depuis la grande dépression[2] ». Les gouvernements à Ottawa comme à Québec répondent par des mesures d'austérité, des

---

1. *Le Québec des travailleurs*, discours inaugural du président, 16ᵉ congrès de la FTQ, 26-30 novembre 1979.
2. Jacques Rouillard, *Histoire du syndicalisme québécois*, Montréal, Boréal, 1989, p. 388.

compressions, des suppressions de postes. La FTQ réunit quelque 500 délé-guéEs à un colloque sur les fermetures d'usine et les licenciements collectifs en février 1981. Au congrès de la FTQ, qui se tient au mois de novembre, les déléguéEs reprennent les conclusions du colloque et réclament non seulement des mesures législatives balisant les licenciements et l'indemnisation des personnes qui ont été mises à pied, mais aussi l'adoption d'une véritable politique de plein emploi.

À l'automne 1981, la FTQ convainc le CTC d'organiser une grande manifestation de protestation contre les politiques d'Ottawa. Plus de 100 000 personnes manifestent devant le parlement d'Ottawa le 21 novembre, dont 40 000 viennent du Québec. La CSN et la CEQ, tout comme la FTQ, ont largement mobilisé leurs affiliés. C'est ensemble que les trois présidents des centrales[1] font la tournée des régions pour sensibiliser les syndiquéEs et la population à la nécessité d'affronter la crise autrement. Une manifestation dont le mot d'ordre est *Combattons la crise ensemble* fait défiler quelque 35 000 personnes dans les rues de Montréal le 2 avril 1982. On réclame des gouvernements qu'ils s'attaquent au chômage plutôt que d'en créer davantage. Fernand et Louis Laberge, de même que les dirigeants de la CSN et de la CEQ le disent à René Lévesque lui-même, lors d'une rencontre qui se tient quelques jours avant l'ouverture du troisième Sommet économique convoqué par son gouvernement.

Dès l'ouverture du Sommet de Québec, le 5 avril 1982, le premier ministre proclame qu'en cette période de crise, l'heure est à la concertation, mais la solution qu'il avance appelle plus à la résignation : réduire les dépenses de l'État en imposant des coupes dans la rémunération des salariéEs du secteur public. Les syndicats réagissent froidement, mais reconnaissent que les déficits de l'État commandent certaines concessions. Fernand soutient que le mouvement syndical ne se défilera pas et admet que sa « crédibilité est en jeu », mais il propose qu'on aborde le problème plus globalement : « Le Sommet est l'occasion d'avancer des éléments de solution à la crise[2]. »

La FTQ se veut proactive. Elle propose la création d'un fonds collectif d'emploi[3] qui pourrait être alimenté par des contributions provenant des caisses de retraite. Jean-Guy Frenette a préparé un modèle sommaire qui prévoit aussi des contributions des institutions financières. Au départ, on

---

1. Norbert Rodrigue a succédé à Marcel Pepin à la présidence de la CSN en 1976 et Robert Gaulin a pris la relève d'Yvon Charbonneau à la présidence de la CEQ en 1978.
2. Fournier, *Histoire de la FTQ…, op. cit.*, p. 180.
3. *Ibid.*, p. 181-182.

songe à un fonds qui pourrait investir dans tous les secteurs durement touchés par la crise. Les propositions de la FTQ n'enthousiasment ni le patronat ni la CSN, mais reçoivent un accueil sympathique de la CEQ et du ministre du Travail et de la Main-d'œuvre, Pierre Marois.

Finalement, on réduira les ambitions du projet en le destinant à la seule industrie du bâtiment, ce sera le projet Corvée-habitation[1]. L'opération aura un effet très positif, permettant de créer 57 000 emplois dans la construction et près du double dans les industries qui lui sont reliées. Outre Pierre Marois et Jean-Guy Frenette, le ministre des Finances, Jacques Parizeau est l'un des artisans de ce projet.

La main à la pâte

Ce n'est pas d'hier que la FTQ et ses syndicats affiliés mettent la main à la pâte pour sauver des emplois. Tout au long des années 1970, de nombreuses expériences ont permis de sauver le gagne-pain de milliers de salariéEs sur le point d'être jetéEs à la rue. Différents modèles de participation ont alors été explorés. Jean-Guy Frenette a été associé à la plupart de ces tentatives. Les plus importantes sont connues : la papeterie de Témiscaming, relancée sous le nom de *Tembec*, et la société populaire *Tricofil*, à laquelle Fernand a été étroitement associé du début à la fin. *Tembec* sera qualifiée de *success-story*, tandis que l'expérience de *Tricofil* n'aura duré que quelques années.

Après avoir expérimenté différentes formes de participation à la gestion, faute d'appui financier fiable, les tenaces ouvriers et ouvrières de Saint-Jérôme ont dû déclarer forfait en février 1982[2]. Ces salariéEs auront tout de même vécu une aventure extraordinaire et prolongé la vie de centaines d'emplois pendant près de dix ans. D'autres histoires sont plus tristes, voire révoltantes. Celle, par exemple, de ces ouvrières du vêtement de Berthier qui empruntent chacune 2 500 dollars pour sauver leur manufacture. Cette dernière ferme et les nouvelles chômeuses doivent rembourser leur emprunt personnel[3].

Très affecté par ces expériences, Fernand est d'accord avec Louis Laberge et plusieurs dirigeantEs de syndicats impliquéEs dans des projets de relance :

1. Projet novateur auquel contribueront le gouvernement, les municipalités, des institutions financières, les syndicats et les employeurs de la construction. Il a pour objectif de relancer les activités dans la construction en offrant des taux hypothécaires réduits aux propriétaires d'une première maison. Fournier, *Solidarité inc., op. cit.*, p. 26-27.
2. L'usine avait cessé ses opérations en juin 1981 et on a tenté ensuite de relocaliser les opérations, sans succès, hélas. Voir Paul-André Boucher, *Tricofil tel que vécu*, Montréal, CIRIEC, HEC, 1982.
3. Fournier, *Solidarité inc., op. cit.*, p. 28.

il faut éviter que des travailleurs et des travailleuses risquent leurs maigres économies ou s'endettent individuellement pour sauver leur entreprise. De telles opérations doivent être assumées collectivement.

Malgré le profond désaccord du monde syndical à l'égard des mesures unilatérales du gouvernement contre des salariéES de l'État, la FTQ ne rompt pas le dialogue. Louis Laberge tente de convaincre le premier ministre d'investir l'argent des coupes de salaires dans des initiatives de création d'emplois. Il rappelle la proposition que la centrale a faite au Sommet de Québec, soit la création d'un fonds d'investissement collectif. Même si l'hypothèse est envisagée sérieusement, notamment par Pierre Marois, qui procède à des études sur le sujet, elle n'aboutit pas. Le patronat et les institutions financières n'y voient pas d'intérêt, la CSN ne s'engage pas et, au sein du gouvernement, les appuis ne sont pas suffisants.

Le Fonds, une bouée de sauvetage

La FTQ décide de faire cavalier seul. Lors d'un conseil général en novembre 1982, Louis Laberge affirme : « Si les autres ne veulent pas embarquer, on va décoller notre affaire nous-mêmes[1]. » Dans un contexte où le chômage atteint toujours les 15 %, les syndicats du secteur privé assistent, impuissants, aux licenciements collectifs et aux fermetures d'usines. Des milliers de leurs membres sont ainsi jetéES à la rue. L'idée de leur président a les allures d'une bouée de sauvetage. Laberge parle alors d'un fonds alimenté par les contributions volontaires des salariéES. Sans grand débat, le Conseil général approuve le principe de la création d'un « outil pour mieux contrôler l'économie ». Le projet reste à développer. Jean-Guy Frenette, qui est chargé de le mettre sur pied, obtient l'aide de cadres de la Société de développement des coopératives (SDC)[2] pour définir les contours du futur fonds. Le groupe de travail propose qu'il soit constitué à partir de l'épargne des travailleurs et destiné à investir dans des entreprises pour maintenir ou créer des emplois ; le Fonds devra également contribuer à la formation économique des salariéES. Dès le 3 mars 1983, la FTQ dévoile son projet en conférence de presse.

Louis Laberge et Fernand Daoust sollicitent aussi l'aide gouvernementale dans une lettre adressée au premier ministre. Une rencontre a lieu avec René Lévesque et Jacques Parizeau, le ministre des Finances. Il est convenu que ce dernier sera chargé de faire cheminer le projet. Le gouvernement accueille favorablement le projet de la FTQ. En plus de permettre que les épargnes recueillies par le Fonds puissent être couvertes par le Régime

---

1. *Ibid.,* p. 32.
2. Frenette était membre du conseil d'administration de la SDC, alors dirigée par Claude Blanchet. Ce dernier sera d'ailleurs le premier PDG du Fonds de solidarité.

enregistré d'épargne retraite (REER), le gouvernement octroie un crédit d'impôt[1] aux épargnantEs.

Le Fonds de solidarité des travailleurs du Québec (FTQ) est officielle-ment créé par une loi, le 23 juin 1983. Louis Laberge devient le premier président du conseil d'administration, tandis que Fernand en est le premier secrétaire. Le premier PDG, Claude Blanchet, sera embauché en novembre.

Or, la FTQ n'a pas attendu l'aval du gouvernement pour lancer le pro-jet. Dès mai 1983, une première équipe permanente de quatre personnes est à pied d'œuvre pour préparer la naissance du Fonds. Normand Caron, jusque-là directeur du service de l'éducation à la FTQ en fait partie[2]. Chargé d'élaborer une stratégie de pénétration du Fonds dans la FTQ, il se rend compte de l'ampleur de la tâche. Il rappelle que « le projet n'avait pas été beaucoup débattu à la base et qu'il fallait en bûcher un coup pour faire passer le message[3] ». Il organise donc une campagne de sensibilisation auprès de quelque 2 500 militantEs de la FTQ dans toutes les régions du Québec. Les sessions d'études, intitulées « La crise des années 1980 », visent à préparer le congrès qui doit entériner le projet.

Caron sera aussi l'initiateur d'un mode de souscription inédit. Dès les premiers mois, il fallait décider à qui serait confiée la vente des actions du Fonds. Louis Laberge croyait que les conseillers syndicaux allaient en prendre naturellement la responsabilité et feraient voter les adhésions en assemblée (comme deux dollars par membre par semaine prélevés à la source). Le PDG, Claude Blanchet, souhaitait recruter une équipe de jeunes diplôméEs de l'École des Hautes Études commerciales (HEC) qui, une fois accréditéEs par la Commission des valeurs mobilières du Québec (CVMQ)[4], devien-draient des agentEs autoriséEs et, bien sûr, rémunéréEs.

Fort de son expérience avec le réseau des formateurs et des formatrices de la FTQ, Caron croit plutôt qu'il faut recruter des militantEs de base dans chaque section locale, leur donner une formation adéquate et en faire des bénévoles de l'information et de la souscription du Fonds de solidarité. Il doit vaincre beaucoup de réticences avant d'obtenir l'aval de la direction du Fonds. Il est finalement autorisé à commencer le recrutement et la forma-tion de ce qui deviendra le Réseau des responsables locaux (mieux connus sous le nom de RL). Ce réseau constitue un lien direct et permanent du

---

1. Le gouvernement conservateur de Brian Mulroney fera de même en 1985. Four-nier, *Solidarité inc., op. cit.,* p. 87-90.
2. Maurice Prud'homme, prêté par la SDC, est chargé des aspects techniques du pro-jet. Claude Dubois est responsable de la promotion et Carole Quirion s'occupe du secrétariat. Louis Fournier se joindra à eux en juillet pour gérer les communications du
3. Fournier, *Solidarité inc., op. cit.,* p. 54.
4. Aujourd'hui nommée Autorité des marchés financiers.

Fonds avec les salariéEs. Son existence explique le succès durable remporté par le Fonds auprès des affiliés de la FTQ.

Ce n'est qu'au congrès, à la fin de novembre 1983, qu'un véritable débat sur le Fonds de solidarité a lieu. Le grand nombre d'interventions et le partage des opinions exprimées permettent de mesurer pour la première fois combien cette initiative de la FTQ bouscule une partie de ses militantEs[1]. Certains n'hésitent pas à affirmer qu'il s'agit d'un changement de philosophie syndicale : « Ça va émousser notre militantisme [...], nous placer en situation de conflit d'intérêts. On prend l'argent dans la poche des travailleurs, pour le donner aux patrons[2]. » Francine Leblanc, une militante des Travailleurs unis de l'alimentation et du commerce (TUAC) crée un certain malaise lorsqu'elle entonne une chanson au micro pour dire son désarroi. Sur l'air du *Déserteur* de Boris Vian, « Monsieur le président/j'ai peur qu'on aie les mains prises/par ces entreprises/auxquelles on sera lié[3]. »

L'émotivité est aussi mise à contribution pour justifier l'action de la centrale. Les Métallos et plusieurs autres syndicalistes, qui œuvrent dans des secteurs brutalement frappés par le chômage, plaident pour une action urgente et exceptionnelle du mouvement syndical. Une vidéo tournée dans différentes entreprises fermées ou menacées de disparition dramatise et corrobore leurs propos. Au bout de quatre heures de débats, plus de 80 % des déléguéEs entérinent la création du Fonds.

Dans un contexte de crise, on s'accroche à l'espoir et l'on est bien peu disposé à entendre des craintes et des mises en garde[4].

L'emploi et la concertation

Malgré les efforts importants qu'elle consacre à la mise sur pied du Fonds, la FTQ ne met pas tous ses œufs dans ce panier. Elle ne renonce pas pour autant à la mobilisation. Le 28 mai 1983, elle organise avec la CSN, la CEQ et les groupes populaires la *Grande Marche pour l'emploi*, à laquelle participent quelque 30 000 manifestantEs. La FTQ réclame toujours des gouvernements qu'ils adoptent une véritable politique de plein emploi.

Comme le remarque l'ancienne directrice du service de la recherche de la FTQ, « si la politique de plein emploi est au cœur du modèle social-démocrate, la concertation et la collaboration tripartite apparaissent à ce

---

1. Quarante-huit déléguéEs interviennent, dont une vingtaine désapprouvent la création du Fonds. Fournier, *Solidarité inc, op. cit.,* p. 59.
2. *Ibid.,* p. 60.
3. *Ibid.,* p. 59.
4. L'auteur, qui soulève quelques questions critiques dans un article de la revue *Vie ouvrière* (n° 177 p. 42-45), est rabroué par le président de la FTQ, qui tolère mal les doutes sur le bien-fondé du Fonds.

jour le cœur de la politique de plein emploi ». L'objectif premier n'est pas
de faire de la concertation pour de la concertation. L'obsession syndicale,
du moins à la FTQ, c'est la création et le maintien des emplois. « Il est
bien certain que c'est davantage le côté emploi qui emporte l'adhésion que
l'aspect concertation[1]. » Or, comme la politique de plein emploi entraîne
la création de lieux de concertation, on se concertera. Pour Mona-Josée
Gagnon, l'emploi c'est le cheval de Troie qui entraîne les syndicats dans une
participation systématique.

Fernand a l'occasion de voir de près comment s'articulent les politiques
d'emploi et le rôle qu'y joue la concertation. En mai et juin 1983, il participe à une mission qui le conduit dans quatre pays d'Europe : l'Allemagne,
l'Autriche, la Suède et la Norvège. Cette mission d'étude est organisée par
l'Institut national de la productivité (INP)[2] en collaboration avec l'Institut
de recherche appliquée sur le travail (IRAT). L'INP s'intéresse depuis un
certain temps à l'impact de l'introduction des nouvelles technologies, alors
que l'IRAT réfléchit sur les coûts économiques et sociaux du chômage. La
mission a pour but d'étudier les institutions qui administrent les politiques
d'emploi de ces pays et les stratégies qu'elles déploient pour maintenir les
taux de chômage à des niveaux radicalement plus bas que chez nous.

Fernand est le seul syndicaliste du groupe auquel se joignent Lise
Poulin-Simon de l'IRAT et Diane Bellemare de l'UQAM[3]. Les deux économistes viennent de publier un ouvrage intitulé *Le plein emploi : pourquoi ?*[4]
Fernand revient de cette mission plus que jamais convaincu que le Québec
ne peut se passer d'une telle politique et que le mouvement syndical doit y
jouer un rôle déterminant. À la fin de l'année, la FTQ consacre une partie
de son congrès à l'étude et à l'adoption d'une « politique syndicale de plein
emploi ».

Et de fait, le gouvernement péquiste semble engagé dans cette voie. Il
multiplie les conférences sectorielles, thématiques et régionales et, partout,
les syndicalistes sont systématiquement requis d'y participer. Tellement que,

---

1. Mona-Josée Gagnon, « La participation institutionnelle du syndicalisme québécois :
   variations sur les formes du rapport à l'État », dans Jacques T. Godbout (dir.), *La
   participation politique : leçons des dernières décennies*, Québec, Institut québécois de
   la culture, 1991, p. 173-204.
2. L'Institut national de la productivité (INP) est un organisme gouvernemental créé
   le 12 juin 1978, suite au Sommet économique de La Malbaie. Louis Laberge y siège
   jusqu'en 1984. Fernand prend alors le relais jusqu'en 1986, lorsque le gouvernement
   libéral en ferme les portes.
3. Les deux autres participants sont Jacques Garon, vice-président de la Banque Royale
   du Canada et Claude Major, directeur de la recherche de l'INP.
4. Édité en 1983 par les PUQ, le LABREV (UQAM) et l'IRAT.

pendant cette période, les responsables du service de recherche de la FTQ se plaignent de l'avalanche de commandes d'études qui leur sont réclamées pour soutenir les représentantEs des syndicats réquisitionnéEs par les multiples organismes de concertation. Les permanentEs en région de la FTQ renchérissent, affirmant avoir de plus en plus de mal à s'acquitter de leurs responsabilités courantes, trop prisEs par les représentations engendrées par la concertation.

En fin de mandat, en mars 1985, le gouvernement franchit un pas de plus dans son engagement envers le plein emploi : il crée la Table nationale de l'emploi. C'est l'ancien directeur des TUA et vice-président de la FTQ, Robert Dean[1], qui, à titre de nouveau ministre de l'Emploi et de la Concertation, chapeaute l'initiative. Le nouvel organisme paritaire, dans lequel patrons et syndicats sont appelés à se concerter, a pour objectif de mettre en place une véritable politique de plein emploi. Des « tables sectorielles » commencent aussi à être créées, souvent à la demande des syndicats. L'opération génère beaucoup d'espoirs à la FTQ. Elle est cependant tuée dans l'œuf quelques mois plus tard, lorsque les libéraux de Robert Bourassa reprennent le pouvoir, le 2 décembre 1985.

Avant de quitter le pouvoir, le PQ avait aussi institué, en mars 1984, la Commission consultative sur le travail[2] qui a remis son rapport en 1985. La Commission proposait une nette amélioration de l'accès à la syndicalisation, ouvrant notamment la porte à une forme d'accréditation « multipatronale[3] » volontaire. Ce rapport très apprécié par la FTQ sera aussi mis de côté par les libéraux.

Rêver le paradis social-démocrate

Pendant ces neuf ans de régime péquiste, la FTQ a voulu contribuer à l'institutionnalisation de la concertation tripartite. Fernand, comme Louis Laberge, voyait là le moyen incontournable de construire avec le gouvernement et le patronat une véritable politique de plein emploi. Corvée

---

1. Élu député péquiste de la circonscription de Prévost en 1981, Robert Dean a d'abord été adjoint du ministre du Travail. C'est lui qui avait présenté le projet de loi créant le Fonds de solidarité. Il sera ensuite ministre du Revenu en 1984 et ministre délégué à l'Emploi et à la Concertation, au cours de la dernière année du régime péquiste en 1985. Défait en 1985, il sera conseiller des TCA jusqu'en 1989. Voir Leclerc, *op. cit.*, p.142, note 1.
2. La Commission est présidée par le juge René Beaudry, qui avait longtemps travaillé avec les syndicats de la FTQ lorsqu'il était avocat. Elle comptait, parmi ses commissaires, Jean Gérin-Lajoie, ancien directeur des Métallos et vice-président de la FTQ.
3. C'est sous l'insistance de l'un des commissaires, l'ancien directeur des Métallos et vice-président de la FTQ, Jean Gérin-Lajoie, que la Commission ouvre cette porte, sans en recommander la généralisation.

habitation, le soutien gouvernemental à la création du Fonds de solidarité et, en fin de mandat, la Table nationale de l'emploi sont les fruits qu'elle en a récoltés. Seulement, ses dirigeantEs et militantEs se sont rendu compte qu'il ne suffisait pas de rêver au paradis social-démocrate pour le voir s'incarner en terre québécoise.

En Europe, l'édification d'un tel régime n'a été rendue possible qu'au prix de longues luttes sociales. Et, à la différence du Québec (et du reste de l'Amérique du Nord d'ailleurs), les protagonistes sociaux jouissent d'une reconnaissance institutionnelle formelle. Or, si les syndicats québécois ont une culture organisationnelle qui inclut la délégation de pouvoir, le patronat, quant à lui, n'a pas de structure de représentation nationale consistante, mandatée par ses adhérents.

De son côté, le gouvernement de René Lévesque a sans doute eu la volonté sincère de s'inspirer du modèle social-démocrate. Mais il n'en a pas assimilé toutes les vertus. En temps de crise, il prend des mesures brutales et unilatérales à l'encontre des salariéEs de l'État et mène contre ces travailleurs et travailleuses une campagne de dénigrement auprès de l'opinion publique. Il les présente comme des « gras dur », assis confortablement sur une sécurité d'emploi à vie. Intransigeant lors des négociations, le gouvernement ignore les tentatives de compromis des syndicats, impose par la loi des coupes de 20 % des salaires et abolit le droit de grève pour trois ans. Les enseignantEs qui résistent sont matraquéEs par une loi exceptionnellement dure qui prévoit des pertes d'ancienneté, des congédiements, la suspension des droits collectifs et de la Charte des droits et libertés[1].

Le gouvernement Lévesque, tout social-démocrate qu'il prétend être, partage avec le gouvernement libéral précédent la conviction que les salaires et les conditions de travail des salariéEs de l'État doivent s'aligner sur ceux du secteur privé. Ce sont les forces du marché qui doivent déterminer le niveau de rémunération. Le gouvernement dépassera son objectif, puisque selon l'Institut de recherche sur la rémunération, en 1985, les salaires des employéEs de l'État seront inférieurs de 10 à 14 % à ceux des salariéEs du secteur privé[2].

La FTQ et les autres centrales réclament le retrait de la loi-matraque et l'abandon des poursuites. Le gouvernement reste implacable. En avril 1985, la FTQ participe à une manifestation intersyndicale qui réunit quelque 20 000 employéEs de l'État réclamant le rétablissement du droit

---

1. Loi 111 (loi assurant la reprise des services dans les collèges et les écoles du secteur public) adoptée le 16 février 1983. Voir Rouillard, *Histoire du syndicalisme québécois*, *op. cit.*, p. 388-393.
2. *Ibid.*, p. 392.

à la négociation dans le secteur public. Le gouvernement fait toujours la sourde oreille.

Fernand est très malheureux de voir ce gouvernement ami se comporter ainsi. Il s'obstine à penser qu'il va bientôt entendre raison. Bien qu'engagés dans un stimulant projet de mise en œuvre de la politique de plein emploi, Fernand aimerait croire que les dirigeantEs péquistes vont finalement se rendre compte que leur intransigeance est contre-productive. À l'annonce de nouvelles élections provinciales, prévues pour le 2 décembre, Fernand est de ceux qui défendent un nouvel appui électoral au Parti québécois. Avec Louis Laberge, il soutient que les travailleurs et les travailleuses du Québec doivent éviter le retour des libéraux au pouvoir. D'autant que ces derniers sont à nouveau menés par Robert Bourassa, de triste mémoire. Les membres du Bureau de direction, sauf ceux du secteur public[1], suivent le président et le secrétaire général dans leur raisonnement.

La résolution d'appui reconnaît que le parti au pouvoir a adopté « des législations rétrogrades » contre ses salariéEs mais, choisissant entre deux maux, elle soutient que l'appui de la FTQ au PQ sera fait « dans le meilleur intérêt de ses membres et de la population québécoise[2] ». Au Conseil général, le 28 octobre, Fernand est à même de constater que son raisonnement et celui des membres du Bureau de direction ne vont pas de soi. La résolution d'appui au PQ récolte un nombre égal de votes pour et contre. C'est le président qui doit trancher pour qu'elle soit adoptée. Quatre jours plus tard, la FTQ tient un congrès spécial. Malgré un plaidoyer passionné de Louis Laberge en faveur d'un PQ préoccupé de création d'emploi, contre un Parti libéral « contrôlé par la classe possédante », 58 % des déléguéEs rejettent la recommandation d'appui au PQ.

L'abandon du PQ par la FTQ ne peut expliquer à lui seul sa défaite le 2 décembre suivant, mais le retrait de l'appui des syndiquéEs en général ne l'a certainement pas aidé[3].

Libre-échange, privatisations et déréglementations

L'arrivée des libéraux au pouvoir à Québec, un peu plus d'un an après les conservateurs de Brian Mulroney à Ottawa, nous fait entrer dans l'ère du néolibéralisme. Inauguré au début de la décennie par Ronald Reagan

---

1. Claude Morisseau, directeur du SCFP, et Aimé Goyer, directeur de la section 298 de l'Union internationale des employés de service (UIES), qui représente des employéEs d'hôpitaux.
2. Procès-verbal du Bureau de la FTQ, 21 octobre 1985.
3. André Blais et Jean Crête, « La clientèle péquiste en 1985 : caractéristiques et évolution », *Politique*, n° 10, automne 1986, p. 18 et 22.

aux États-Unis et Margaret Thatcher en Grande-Bretagne, ce courant gagne progressivement, à des degrés divers, tous les pays occidentaux. Les projets de Mulroney, qui veut signer un accord de libre-échange avec les États-Unis et privatiser des sociétés d'État, inspirent Bourassa. Celui-ci annonce son intention de « dégraisser » l'État et de faciliter la vie de l'entreprise privée.

Voilà qui marque une pause abrupte à la concertation. La FTQ forme alors avec la CSN, la CEQ et l'UPA la Coalition québécoise opposée au libre-échange. Le mouvement syndical n'est évidemment pas opposé à l'expansion des échanges économiques. Toutefois, c'est l'approche exclusivement commerciale de l'accord, sans égard aux dimensions sociales, qui est inacceptable. Malgré l'opposition du monde syndical, également très forte dans le reste du Canada, le traité sera signé. Il contient une disposition (article 11)[1] qui consacre la prépondérance des droits du commerce sur les législations nationales. Le Canada abdique ainsi une partie de sa souveraineté. Au Québec, la FTQ s'engage avec l'Association des machinistes dans une lutte contre la privatisation de *Québecair* et celle de *Canadair*. La compagnie aérienne québécoise est finalement vendue à des intérêts privés et sera peu à peu démantelée. Quant à l'avionneur de ville Saint-Laurent, il sera acheté par Bombardier et le syndicat arrivera à négocier la préservation des emplois et des conditions de travail.

Sur le plan des relations du travail, les libéraux font aussi étalage de leur vraie nature. Au cours de la seule année 1986, les cols bleus de Montréal en grève sont forcés par une loi de retourner au travail ; les travailleurs de la construction, en négociation, se font imposer, après quelques débrayages, une loi spéciale qui leur retire le droit de grève pour trois ans ; 45 000 membres de syndicats de la FTQ du secteur public et parapublic, qui déclenchent une grève de 24 heures, sont frappéEs par ce que Fernand identifie comme « l'une des législations les plus odieuses de toute notre histoire des relations du travail[2] ».

À l'été 1986, trois rapports sont rendus publics par le gouvernement. Le ministre Pierre Fortier signe celui sur la privatisation, Reed Scowen celui sur la déréglementation et Paul Gobeil celui qui concerne la révision des

---

1. Pur produit de l'esprit néolibéral qui s'immisce dans les affaires de l'État, ces dispositions visent à protéger les investisseurs. Elles permettent à des entreprises privées de contester des législations qui, selon elles, « nuisent à leur commerce », et de réclamer de lourdes compensations. Ainsi, des mesures environnementales ou de santé publique, qui ont pour effet de bannir des produits, peuvent être combattues par leurs producteurs. Ces dispositions seront reproduites jusqu'à ce jour dans de nombreux accords bilatéraux ou multilatéraux de libre-échange que signera le gouvernement canadien.

2. Fournier, *Histoire de la FTQ...*, *op. cit.*, p,. 215.

fonctions gouvernementales. Le premier propose ni plus ni moins que de dilapider le patrimoine national, le second conseille de laisser les entreprises privées s'autoréguler et le troisième recommande de réduire la taille et les responsabilités de l'État. À la mi-décembre quelque 20 000 militantEs des syndicats et des milieux populaires sont de nouveau dans la rue et scandent ensemble : *Bourassa détruit, faut arrêter ça!*[1]

Préciser et conserver le cap

Pendant toute cette période où l'affrontement est remis à l'ordre du jour, la FTQ poursuit sa réflexion politique. Au cours de son congrès de 1987, elle précise les contours de son projet de société. Les déléguéEs débattent des grandes lignes d'un document intitulé *Pour une société à notre mesure.* On y rappelle l'enracinement de la tradition d'action politique de tendance nettement sociale-démocrate de la centrale. On y précise que, même si la FTQ s'autorise ponctuellement à soutenir un parti politique en période électorale, elle préserve intégralement son autonomie. Elle définit son projet de société dans ses instances, sans égard aux partis politiques. On affirme aussi que la question nationale est indissociable de la construction de la social-démocratie.

La FTQ place toujours l'emploi au centre de ses préoccupations. Elle favorise la redistribution des richesses par l'intermédiaire d'un État promoteur de l'intérêt public. Elle réclame enfin la démocratisation des entreprises et des réglementations qui rompent avec le laisser-faire maintenant à la mode.

Le gouvernement libéral montrant peu d'intérêt quant à la concertation sociale pour l'emploi, la FTQ participe à une initiative qui réunit les partenaires sociaux, le *Forum pour l'emploi.* Une douzaine de colloques régionaux réunissent des représentantEs non seulement du patronat et des syndicats, mais aussi des milieux de l'enseignement, des municipalités, des communautés culturelles, des jeunes et des femmes. À l'issue de ces rencontres régionales, on tient à Montréal un grand forum national auquel participent quelque 1 600 personnes.

À la veille du forum, Fernand rappelle l'engagement constant de la FTQ pour l'emploi. Déplorant que le gouvernement Bourassa ait laissé tomber une initiative aussi prometteuse que la Table nationale de l'emploi, il déclare : « Nous appelons de toutes nos forces les échanges entre employeurs et syndicats, tant au niveau régional que national[2]. »

Il faudra s'armer de patience pour voir reparaître de véritables mécanismes de concertation au Québec. Le gouvernement Bourassa restera en

---

1. *Ibid.*
2. *Les Affaires,* 28 octobre 1989.

poste jusqu'en 1994 et usera davantage l'appareil législatif pour contraindre les grévistes à rentrer au travail que pour inciter les employeurs à s'adonner au dialogue social. Ce n'est qu'en 1992 qu'il créera la Société québécoise de développement de la main-d'œuvre (SQDM). L'organisme est centralisé et peu représentatif, ses membres se représentant eux-mêmes. Il faudra attendre le retour du PQ au pouvoir, en 1994 pour que la SQDM devienne un véritable organisme de concertation, décentralisé sur le plan régional et sectoriel[1].

Pendant toute la durée de ce second régime Bourassa, la FTQ se définit en permanence comme un partenaire social potentiel. Pour ses dirigeantEs et la plupart de ses militantEs, cette caractéristique, acquise depuis un peu plus d'une décennie, ne remet pas en cause sa mission première. Elle demeure le lieu de convergence de la solidarité de ses affiliés et maintient sa capacité de construire avec eux le rapport de force nécessaire à la défense de leurs intérêts communs.

---

1. À la suite de l'entente fédérale-provinciale sur la main-d'œuvre en 1998, la SQDM sera remplacée par la Commission des partenaires du marché du travail.

Chapitre 19

La souveraineté syndicale

A près l'échec des revendications autonomistes de la FTQ au congrès du CTC en 1968[1], cette question semble mise en veilleuse. Pourtant, la réalité du terrain rend urgente la relance du débat. L'ébullition sociale et politique de la fin des années 1960 et du début des années 1970 entraîne la FTQ au cœur de l'action. Du jour au lendemain, elle est appelée à exercer un rôle de direction que son statut de *subordinate body* du CTC et ses moyens faméliques ne lui permettraient normalement pas d'assumer.

La FTQ démontre une grande capacité de mobilisation et de coordination de ses syndicats affiliés, tout en devenant un acteur social incontournable. Ce renforcement soudain de son identité et l'autorité morale qu'elle acquiert sur ses affiliés ne font ressortir que plus brutalement le fait qu'elle n'a pas les moyens de son action.

Un long parcours

Tout au long de son histoire, la FTQ a dû composer avec cette dichotomie entre ses aspirations et ses moyens. Dans la première moitié des années 1960, alors que les rangs de plusieurs syndicats internationaux connaissaient une hémorragie au profit de la CSN, Fernand était de ceux qui réclamaient avec force l'intervention directe d'une FTQ disposant de moyens adéquats.

Le CTC montra une certaine ouverture en mettant sur pied conjointement avec la FTQ une « équipe volante » de recruteurs syndicaux[2] et promettant de la doter de plus de moyens d'action. Pourtant, une fois l'hémorragie stoppée, cette équipe a été dissoute. Et la FTQ s'est retrouvée tout aussi démunie qu'auparavant en termes de pouvoirs et de finances.

---

1. Voir le chapitre 5 du présent volume.
2. Leclerc, *op. cit.*, p. 287-292.

Au congrès de 1966, la FTQ revenant à la charge, le CTC évitait le débat en proposant la mise sur pied d'une commission chargée de réviser l'ensemble des statuts et des structures. La FTQ a joué le jeu, déléguant son secrétaire général Gérard Rancourt dans cette commission. Dans un mémoire étoffé, elle y a développé un argumentaire pour la décentralisation. Mais, on l'a vu, lors du congrès de 1968, le débat a été saboté et les déléguéEs québécoisES sont rentréEs au bercail sans le moindre gain.

Devenu secrétaire général chargé d'administrer les finances de la centrale, Fernand n'est que renforcé dans ses convictions. Il vit chaque jour la frustration de devoir faire beaucoup avec peu de moyens. Pour lui, la récupération d'une importante péréquation est une condition du maintien et du développement de la centrale québécoise en gestation. Or, il a le sentiment que personne au CTC n'a la moindre empathie à l'égard de ce que vit la FTQ. Pas même le vice-président francophone, Jean Beaudry, qui a remplacé Gérard Rancourt, comme représentant officieux du Québec au sein de la direction du CTC. Antinationaliste et allergique aux radicaux du Québec, il conforte même les MacDonald et Morris dans leur méfiance à l'égard des visées autonomistes de la FTQ. Résultat, Joe Morris ne daigne même pas accuser réception des demandes de soutien formulées par Fernand lors de la mise sur pied du service de l'éducation de la FTQ.

Méfiance et soupçons

Bientôt, l'incompréhension et la méfiance se transforment en soupçons. La direction du CTC se demande sérieusement où s'en va la FTQ. Après avoir dénoncé très promptement et fermement la Loi sur les mesures de guerre pendant la Crise d'octobre 1970, voilà maintenant qu'elle publie des manifestes « marxisants[1] » et qu'elle appelle à la désobéissance civile.

Les choses s'enveniment lorsque le CTC reproche à ses permanents de montrer trop de sympathie envers la FTQ. Lors d'une réunion des conseillers permanents du CTC tenue à Toronto, en janvier 1972, le président Donald MacDonald fait une sortie en règle contre le virage marxiste du mouvement syndical québécois. Ses propos rapportés par le *Toronto Star* ont l'effet d'une bombe. MacDonald a beau affirmer à Louis Laberge que « ses propos n'étaient pas dirigés contre le Québec », et que les permanents du CTC continueront d'être « des collaborateurs essentiels[2] » à l'application des politiques de la

---

1. *L'État, rouage de notre exploitation*, adopté au congrès de la FTQ en 1971, le *Manifeste des chômeurs*, écrit à l'occasion d'un grand ralliement anti-chômage convoqué par la FTQ au Forum de Montréal en février 1972, *Le manifeste des grévistes*, divulgué lors de l'occupation du ministère du Travail en août 1973.
2. *MacDonald dit qu'il n'a pas engagé la bataille contre la FTQ*. Communiqué de la FTQ, le 3 février 1972.

FTQ, ses propres permanents le contredisent. Ils affirment que l'article du *Toronto Star* leur paraît « conforme aux propos tenus par le président. [...] Il est indéniable que les propos tenus s'adressaient au Québec[1] ».

Pendant la bataille du front commun du secteur public, quelques semaines plus tard, le CTC réprouve bien sûr l'emprisonnement des chefs syndicaux québécois, mais il le fait sous la pression de ses affiliés québécois et des syndicats les plus combatifs du Canada anglais. À la veille du congrès du CTC de mai 1972, le Conseil exécutif réclame officiellement « l'amnistie générale pour tous les syndicalistes emprisonnés » et dénonce ce « déni du droit de grève », mais, en même temps, « invite ses adhérents au Québec à contribuer au rétablissement d'une ambiance de calme[2] ».

Une résolution beaucoup plus ferme est débattue en congrès deux jours plus tard. En appui à cette résolution, Fernand ouvre le débat sur un ton dramatique :

> Je suis l'un des deux délégués de la FTQ. L'autre délégué, en ce moment même, est confiné à la prison d'Orsainville [...] parce qu'il s'est conformé au mandat que lui avaient confié ses camarades syndicalistes. Je fais référence ici au confrère Louis Laberge. [...] Le mouvement syndical québécois vit les heures les plus sombres de son histoire. [...] Ce gouvernement a systématiquement fermé la porte à toute négociation véritable depuis le début et lorsque ses 210 000 salariés ont voulu recourir à leur droit de grève, il a répondu par des injonctions, des emprisonnements et une loi-matraque.

Conscient des soupçons qui planent dans le CTC à l'égard du radicalisme de la FTQ, Fernand se sent obligé de préciser :

> Nous ne sommes pas en train de déloger le gouvernement par la violence. Ce n'est pas notre objectif. Nous luttons simplement pour défendre le droit à la libre négociation. Mais aussi longtemps que le gouvernement refusera de reconnaître nos demandes légitimes, vous verrez cette mobilisation et cette politisation de notre action[3].

Plusieurs déléguéEs du Canada anglais interviennent pour dire que le combat des syndiquéEs québécoisEs est le leur. Ces militantEs insistent auprès du CTC pour qu'il fasse en sorte que l'appui au mouvement syndical québécois

---

1. Archives du CRFTQMM. Déclaration de Maurice Hébert, Édouard Gagnon, Roger Bédard, Yvon Leclerc, André Noël et Pierre Riverin, permanents québécois du CTC, Montréal, 14 février 1972.
2. Déclaration du Conseil exécutif du CTC relative à la situation au Québec, Ottawa, 13 mai 1972.
3. Transcription des délibérations de la 9e assemblée statutaire du Congrès du travail du Canada, Ottawa, mai 1972.

se traduise par autre chose que des vœux pieux. On parle de manifestations et certainEs en appellent carrément à des débrayages de solidarité. Pourtant, au cours des mois et de l'année qui suivront, alors que Louis Laberge et ses collègues présidents de la CSN et de la CEQ ne sont toujours pas amnistiés, les dirigeants du CTC s'en tiendront à des protestations verbales et ne donneront jamais de mots d'ordre d'action concrète.

Après avoir étudié les numéros de *Canadian Labour*, l'organe officiel du CTC, publiés pendant cette période, François Cyr et Rémi Roy mettent en évidence le « fossé grandissant » entre la centrale canadienne et la FTQ : « Mis à part un bref entrefilet faisant état de l'emprisonnement de Louis Laberge, on cherche vainement une quelconque volonté de solidarité active, concrète, avec les syndiqués québécois[1]. »

Code d'éthique et structure d'accueil

Malgré l'arrêt des hostilités officielles, le climat d'incompréhension et de méfiance va perdurer. Il est alimenté notamment par les crises internes que la FTQ est appelée à arbitrer. Normalement, en vertu des statuts, c'est le CTC qui est habilité à trancher lors de disputes entre syndicats affiliés. C'est vers lui également que devraient être dirigées les plaintes que formulent les membres à l'encontre de leur direction syndicale. Or, au Québec, au grand agacement des dirigeants du CTC, c'est vers la FTQ que se tournent spontanément les militantEs insatisfaitEs.

Dès 1967, la FTQ a intégré dans ses statuts un code d'éthique syndical sous forme de « normes morales et d'efficacité » auxquelles elle invite ses affiliés à se conformer. Laberge et Daoust n'hésiteront pas à intervenir directement toutes les fois qu'ils considéreront que les intérêts des membres québécois sont lésés par les directions syndicales internationales ou canadiennes. Ainsi, en 1972, ils appuient sans réserve les quelque 8 000 électriciens et monteurs de ligne québécois de la construction, qui rompent les liens avec la Fraternité internationale des ouvriers en électricité (FIOE)[2].

Au congrès de 1973, la FTQ crée une structure d'accueil pour affilier directement des groupes qui auraient quitté un syndicat international ou canadien ne se conformant pas aux normes de la FTQ. Le premier syndicat (et le seul à ce jour) à bénéficier de cette disposition est celui du textile. La direction de la FTQ prend fait et cause pour les sections locales du syndicat

---

1. François Cyr et Rémi Roy, *Éléments d'histoire de la FTQ, la FTQ et la question nationale*, Montréal, Éditions coopératives Albert Saint-Martin, 1981, p. 171.
2. Les électriciens forment alors la Fraternité interprovinciale des ouvriers en électricité (FIPOE) tandis que deux sections locales de monteurs de lignes obtiennent des chartes du CTC.

des Ouvriers unis du textile d'Amérique (OUTA)[1], qui protestent contre le congédiement du directeur québécois, François Gagné. Une crise secoue également l'Union internationale des rembourreurs, dont les membres passent au Syndicat québécois de l'imprimerie et des communications (SQIC)[2] avec la bénédiction de la FTQ.

Ces intrusions multiples de la FTQ dans des champs d'action constitutionnellement réservés au CTC en émeuvent plus d'un. Dans un document anonyme de 14 pages, les dirigeants de la centrale canadienne sont alertés sur la situation syndicale au Québec. Dans ce texte, manifestement rédigé par un représentant d'un syndicat international, Louis Laberge est accusé d'utiliser le courant nationaliste pour forcer la création avec la CSN et la CEQ d'une centrale unique québécoise (*One Big Union*) détachée du mouvement syndical nord-américain et canadien. On y prétend que la FTQ recherche l'affrontement, « de concert avec le Comité de solidarité avec les luttes ouvrières, d'obédience marxiste-léniniste, dont le but est de critiquer le système et de prouver qu'il ne fonctionne pas[3] ». Le rédacteur du document soutient que le président de la FTQ est influencé par son entourage, plus précisément « par Fernand Daoust, André Leclerc, Jean-Louis [*sic*] Frenette et Jean-Pierre Bélanger, le responsable de l'éducation ». Il affirme aussi que les représentants québécois du CTC semblent en parfait accord avec l'orientation radicale de la FTQ.

Assis entre deux chaises

Pourtant, tout en étant généralement en accord avec les positions politiques adoptées par la centrale québécoise, les permanents du CTC ne sont pas prêts à mettre tous leurs œufs dans le panier de la FTQ. Contrairement

1. Ces syndicats, accueillis par la FTQ en 1975, formeront, avec les syndicats « canadianisés » de la chimie et ceux du secteur de la fabrication d'outils et d'appareils électriques, le Syndicat canadien des travailleurs de l'énergie et de la chimie (STEC) en 1980. Le STEC fusionne, en 1992 avec le SQIC et le Syndicat canadien des travailleurs du papier (SCTP). Ils forment ensemble le Syndicat des communications de l'énergie et du papier (SCEP). En 2013, le SCEP s'allie aux Travailleurs canadiens de l'automobile (TCA) pour former UNIFOR le plus grand syndicat canadien du secteur privé.
2. Le SQIC, c'est en fait la section locale 145 de l'Union internationale des typographes, connue à sa fondation (en 1870) sous le nom d'Union typographique Jacques-Cartier. Il prit le nom de SQIC en 1978 lorsqu'il commença à recruter des membres dans le secteur industriel, dont les rembourreurs en 1979. Il n'en conserva pas moins son affiliation à l'Union internationale des typographes jusqu'en 1992, année de son adhésion au SCEP.
3. *La situation syndicale au Québec*, document anonyme et confidentiel rédigé en anglais à l'intention de la direction du CTC, 1973. Fonds d'archives du CTC, Bibliothèque et Archives du Canada.

à ce que croit le président MacDonald, ils ne souhaitent pas la disparition du CTC au profit de la FTQ sur le territoire québécois. Ils aimeraient plutôt que le CTC déploie plus de personnel au Québec. Ils réclament aussi qu'il leur accorde plus de soutien technique. Ils se plaignent d'être trop souvent abandonnés à eux-mêmes[1].

Sur le plan des orientations, les permanents du CTC se décrivent comme « assis entre deux chaises ». Au nom de ses collègues permanents, Édouard Gagnon s'adresse au directeur québécois Philippe Vaillancourt :

> À la suite de l'adhésion de la FTQ au Mouvement Québec français, la FTQ demande la participation des permanents à la structuration de ce mouvement au niveau des régions. Sommes-nous en droit de donner ce type de collaboration, compte tenu des politiques du CTC?

> En février 1972, les permanents québécois du CTC sont invités à contribuer au suivi du Congrès de la FTQ. Pouvons-nous y prendre une part active, faisant nôtres les objectifs et positions officielles du dernier congrès?

> La FTQ entend mettre à contribution les permanents pour diffuser ses positions notamment le document *L'État, rouage de notre exploitation*. Pouvons-nous le faire?

> La FTQ participe à des coalitions avec le PQ, la SSJB, les mouvements populaires contre les politiques libérales. Pouvons-nous faire connaître les positions des coalitions dans les régions?

> La FTQ sollicite de plus en plus les permanents pour siéger dans des organismes paritaires. « Sommes-nous justifiés d'accepter[2]? »

Ce malaise n'est pas le lot des seuls permanents du CTC. Les militantEs qui ont à cœur le développement d'un mouvement syndical fort tant au Québec qu'au Canada souhaitent un changement d'attitude du CTC à l'égard des affiliés québécois. Dans une note destinée au Comité sur la Constitution et les structures du CTC, Émile Boudreau, représentant des Métallos et vice-président du Conseil du travail de Montréal, explique le sentiment des militantEs québécoisEs :

> La grande majorité des travailleurs québécois veulent l'unité (avec leurs confrères canadiens), mais nous ne pouvons pas leur vendre une unité assimilable à un *melting-pot*. J'estime que pour restaurer et renforcer l'unité des travailleurs, cette unité doit nous reconnaître le droit à la diversité dans la façon

---

1. C'est ce que révèle le compte-rendu d'une réunion de l'équipe québécoise du CTC. *Some Notes on Quebec Staff Meeting Held March 1, 1974*, Montréal, Quebec, Fonds d'archives du CTC, Bibliothèque et archives Canada, Ottawa.
2. Archives CRFTQMM, Lettre d'Édouard Gagnon à Philippe Vaillancourt, directeur national adjoint, 7 février 1972.

de voir les choses et, parfois, de les mettre en œuvre. […] L'unité ne pourra être atteinte si l'on continue de considérer le Québec comme une province identique aux autres, parce qu'elle ne l'est pas. Cela vaut tout autant pour la Confédération canadienne que pour le Congrès du travail du Canada[1].

Les Conseils du travail relancent le débat

C'est au sein des Conseils du travail qu'est la plus vivement ressentie l'insuffisance matérielle de la FTQ. Les membres qui participent aux activités de ces Conseils sont généralement les syndicalistes les plus militantEs et les plus politiséEs. Ils souffrent de ne pas avoir un lien direct avec leur centrale. Même si les permanents du CTC relaient généralement les grandes orientations de la FTQ, ils sont avant tout des représentants de la centrale canadienne. Et leur nombre restreint fait que, dans plusieurs régions, ils sont rarement présents.

C'est le Conseil du travail de Montréal (CTM) qui relance formellement le débat des relations CTC-FTQ. En 1973, lorsque le CTM met sur pied un comité *ad hoc* sur ses ressources et ses activités, la réflexion donne lieu à un questionnement sur le rôle du CTC à Montréal. En cours de travaux, le comité conclut que les rapports insatisfaisants du CTM avec le CTC concernent tous les Conseils du travail[2]. Le CTM réclame donc de la FTQ qu'elle réunisse les Conseils pour en discuter à l'occasion du prochain Conseil général, où ils sont tous représentés.

Fernand accueille cette initiative avec enthousiasme. Il est conscient qu'au sein du Bureau de direction de la FTQ peu de vice-présidentEs sont enclins à se réinvestir dans une bataille avec le CTC. Fernand voit, dans la suggestion du CTM, une occasion de relancer le débat mis en veilleuse depuis 1968. Il a l'appui immédiat de Jean Gérin-Lajoie, tandis que Louis Laberge, qui doute du succès de l'opération, ne s'y oppose pas. Fernand convoque donc les Conseils du travail le jour précédant la réunion officielle du Conseil général. Les représentants de 18 conseils se réunissent à Sainte-Marguerite-du-Lac-Masson le 25 septembre 1973. Le principal point à l'ordre du jour est l'état des relations entre le CTC et ses affiliés québécois.

Très rapidement, la rencontre donne lieu à des consensus : tous les conseils vivent des problèmes de fonctionnement et leur manque de ressources financières est flagrant. Les causes invoquées : non seulement les

---

1. Archives CRFTQMM, Notes préparées par Emile Boudreau, 1972.
2. Archives CRFTQMM, Document de travail sur les relations CTC-Québec et les relations FTQ-conseils du travail présenté par le Conseil du travail de Montréal, 14 septembre 1973.

permanents du CTC au Québec sont trop peu nombreux, mais ils sont mal utilisés[1]. Les représentantEs des conseils réclament la mise sur pied d'un comité paritaire FTQ-Conseils du travail, dont le mandat est de formuler les revendications de la FTQ à présenter au prochain congrès du CTC. Le lendemain, le Conseil général entérine ces positions. On identifie comme prioritaire le transfert à la FTQ de la responsabilité de l'éducation syndicale et de la coordination des Conseils du travail. On convient que le problème des relations entre le CTC et la FTQ devra être abordé prioritairement au prochain congrès de la FTQ.

Contre le CTC s'il le faut

Le congrès de la FTQ s'ouvre quelques semaines plus tard à Montréal. Dans son rapport, Fernand affirme que l'une des causes « du problème des ressources financières et humaines auquel fait face la FTQ » réside dans le fait qu'elle « s'est toujours heurtée à l'indifférence, à l'incompréhension et parfois à l'hostilité du CTC. [...] Notre conviction est que la FTQ doit se doter – et contre le CTC s'il le faut – de tous les services qui en feront une vraie centrale québécoise[2] ».

Pendant le congrès, le débat sur les relations CTC-FTQ est animé et émotif. Les militantEs de tous les secteurs et de toutes les régions disent leur dépit à l'égard d'un CTC sourd et aveugle par rapport à la situation qu'ils vivent. « Jamais le mécontentement et l'exaspération des membres québécois des syndicats internationaux et canadiens à l'endroit du CTC ne se sont exprimés aussi durement[3] », rappellera Louis Laberge.

La résolution adoptée en congrès réclame le rapatriement des compétences sur l'éducation syndicale, le versement des sommes associées à ces activités, le transfert à la FTQ de la responsabilité des Conseils du travail « et aussi la juridiction sur le personnel du CTC donnant le service aux conseils du travail ». Les déléguéEs mandatent aussi le Bureau de direction de la FTQ pour entamer les négociations avec le CTC sur cette base, lui demandant également d'entreprendre une campagne d'information et de sensibilisation auprès des syndicats canadiens et internationaux afin d'obtenir leur appui concernant ces revendications.

Un document d'appui aux revendications de la FTQ est préparé par un comité créé au lendemain du congrès. Y mettent la main plus activement

---

1. Archives CRFTQMM, *Rapport de la réunion des Conseils du travail du Conseil consultatif et du Conseil général de la FTQ*, 25 septembre 1973.
2. *Rapport du secrétaire général*, 13e congrès de la FTQ, Montréal, 3 au 7 décembre 1973.
3. *Appel aux syndiqués de tout le Canada*, Document de la FTQ remis aux déléguéEs au Congrès du CTC, Vancouver, 13 au 17 mai 1974.

le directeur de l'information de la FTQ, Pierre Richard, le secrétaire du Conseil du travail de Montréal, André Messier et le directeur du Syndicat des métallos, Jean Gérin-Lajoie. Le fruit de leur travail est un document bilingue intitulé en français *Appel à tous les syndiqués du Canada.*

Comme on pouvait s'y attendre, les tentatives de négociation de la FTQ essuient une fin de non-recevoir de la part des dirigeants du CTC. Par contre, la campagne d'information menée par les syndicalistes québécoisEs au sein de leur syndicat canadien ou international respectif porte ses fruits. Avant même que l'Assemblée statutaire du CTC ne s'ouvre à Vancouver, en mai 1974, plusieurs syndicats témoignent de la sympathie et de la compréhension à l'égard des revendications de la FTQ.

C'est qu'à travers le Canada un sentiment de frustration, voire de colère, s'est développé à l'égard d'un CTC jugé trop sclérosé. Aux prises avec une inflation brutale, les travailleurs et les travailleuses de tout le pays entreprennent des luttes pour obtenir l'indexation de leurs salaires au coût de la vie. Les salariéEs ont le sentiment de se battre en rangs dispersés, sous le regard d'un CTC qui se contente de déclarations publiques et de vœux pieux. Les syndicalistes du reste du Canada voient évoluer avec envie le mouvement syndical québécois qui démontre une grande capacité de mobilisation et une combativité exemplaire.

Un débat vieux de onze ans

À Vancouver, les déléguéEs au congrès du CTC se voient remettre l'*Appel à tous les syndiqués du Canada.* Le texte rappelle que les revendications de la FTQ sont au centre d'un « débat vieux de onze ans ».

On y décrit l'ampleur et l'acuité des défis particuliers que doivent relever les syndicalistes québécois : la présence de trois autres centrales syndicales et la croissance d'un syndicalisme non affilié, qui entraînent une concurrence intersyndicale permanente ; l'énergie et les ressources que requiert la mise sur pied des fronts communs nécessaires pour faire face à l'hostilité du patronat et du gouvernement ; la dure négociation dans le secteur de la construction et la répression du gouvernement Bourassa ; la montée d'un nationalisme progressiste auquel s'identifient de plus en plus les affiliés. « Il ne suffit plus à la FTQ d'offrir un "visage" québécois : elle se voit dans l'obligation d'offrir des services et de disposer de ressources humaines, techniques et financières pour répondre aux besoins exprimés par ses membres et faire face aux syndicats rivaux. »

Le document illustre la disproportion des moyens des organisations syndicales en notant que la FTQ, qui compte 275 000 membres, dispose d'un budget annuel de 450 000 dollars alors que la CSN, avec ses

175 000 membres, peut compter sur des revenus annuels de 3 500 000 dollars. Dans le cas de la CEQ, c'est pire puisque ses 70 000 membres lui versent bon an mal an 3 200 000 dollars.

Évidemment, cette comparaison est boiteuse, puisque les trois organisations sont dotées de structures et de modes de fonctionnement fondamentalement différents. Les deux centrales concurrentes sont beaucoup plus centralisées que la FTQ. Dans les faits, lorsque les militantes réclament que la FTQ devienne une « vraie centrale », ces personnes ne souhaitent pas qu'elle se transforme en superstructure centralisée[1]. Elles veulent tout de même qu'elle coordonne de plus en plus l'action des syndicats affiliés et qu'elle canalise les énergies de chacun dans des actions communes. Or, pour répondre à cette volonté exprimée par la base, les dirigeants de la FTQ doivent racler les fonds de tiroir, quémander des contributions extraordinaires aux syndicats, miser sur le bénévolat des militantes des Conseils et des syndicats.

Les demandes des affiliés sont particulièrement pressantes en matière d'éducation syndicale. La FTQ, qui a mis sur pied son propre service sans la collaboration du CTC, n'a pu y affecter qu'un seul permanent (alors que la CSN en compte douze). Et cette pauvreté des ressources n'est pas compensée par les affiliés, puisque « seulement trois sections québécoises des syndicats internationaux et canadiens ont un permanent affecté exclusivement à l'éducation[2] ».

En matière de vie régionale, les attentes non satisfaites génèrent de plus en plus de frustration parmi les militantes des Conseils du travail. De plus en plus sollicités pour participer à des organismes mis sur pied par le gouvernement, sans le soutien de permanents régionaux, ils répondent difficilement à la demande. Tout comme ils peinent à organiser la solidarité régionale à l'occasion de conflits. *L'appel* déplore la situation en ces termes : « Les conseils du travail anémiques du CTC, dont la majorité n'existent [*sic*] que sur papier, et les cinq permanents du CTC qui s'en occupent entre autres choses et dont certains doivent couvrir des régions aussi grandes que la Nouvelle-Écosse, ne peuvent pas faire le poids[3]. »

La FTQ pense que les membres québécois du CTC « n'ont pas à être pénalisés du fait d'appartenir à un groupe culturel et linguistique différent de la majorité des membres canadiens ». C'est pourquoi elle réclame « une

---

1. Jean Gérin-Lajoie dit souvent que l'expression « vraie centrale » entretient une certaine ambiguïté, laissant sous-entendre qu'il faut calquer la FTQ sur le modèle de la CSN.
2. *Appel aux syndiqués…, op. cit.*
3. *Ibid.*

formule de péréquation des argents versés au CTC par les travailleurs québécois et pour lesquels ils ne reçoivent pas de services, suite aux particularités culturelles, linguistiques, syndicales, politiques du Québec[1] ».

Conscients des insinuations et accusations formulées à l'encontre d'une FTQ séparatiste qui souhaiterait voler de ses propres ailes et former un « grand syndicat unique au Québec », les auteurs du document mettent les déléguéEs en garde : « Qu'on ne nous fasse pas de procès d'intentions [...], nos revendications si elles sont agréées auront pour effet de renforcer le CTC au Québec et par conséquent par tout le Canada. » De son côté, Laberge affirme : « Nous croyons à la nécessité pour les syndiqués québécois de participer à un syndicalisme canadien et international fort et militant[2]. »

Le rejet de la direction du CTC

Le vice-président Joe Morris est président du Comité des statuts et des structures. Après lecture de la résolution de la FTQ, il en recommande le rejet. Jean Beaudry, le représentant officieux du Québec au sein de la direction du CTC, seconde la proposition de rejet. Bon prince, le Comité des statuts suggère par ailleurs que les éluEs du Congrès « rencontrent le plus tôt possible ceux de la FTQ pour discuter des points soulevés et essayer de conclure une entente acceptable de part et d'autre[3] ».

Aussitôt, Jean Gérin-Lajoie, des Métallos, prend la parole. Il s'oppose à la proposition du comité. Gérin-Lajoie reprend les arguments détaillés de *l'Appel aux syndiqués* avec fermeté et passion. On assiste alors à un revirement de situation. Des appuis aux revendications de la FTQ viennent de régions canadiennes et de secteurs d'activités très différents. « Je dis à mes confrères et compagnes du Québec qu'ils n'ont pas à quémander notre appui ; il leur est déjà tout acquis », affirme H. Stevens, du Syndicat des pêcheurs de la Colombie-Britannique. G. Lambert, un syndicaliste de *General Motors*, de St-Catharines en Ontario, soutient que « les problèmes du Québec ont un caractère particulier et demandent une solution particulière ». L'intervention vibrante de l'une des grandes syndicalistes du Canada anglais retient l'attention des délégués. Grace Hartman[4], la secrétaire-trésorière du

---

1. *Ibid.*
2. *Ibid.*
3. Compte rendu des délibérations de la 10ᵉ assemblée statutaire du Congrès du travail du Canada, Vancouver, mai 1974.
4. Grace Hartman, 1918-1993, a été élue présidente du SCFP en 1976. En 1981, elle est condamnée à 45 jours de prison pour avoir conseillé aux employéEs d'hôpitaux ontariens de défier une injonction et un ordre de retour au travail. Elle quitte ses

SCFP, qui va devenir l'année suivante la première femme présidente d'un grand syndicat en Amérique du Nord, montre une connaissance intime de ce que vivent les militantEs québécoisES. Saluant la bataille unitaire du secteur public québécois, elle affirme :

> Nous avons besoin de ce type de militants dans le Congrès du travail du Canada, pour redonner à ceux qui l'ont perdu le sens de l'unité et de la solidarité requis pour édifier le genre de mouvement syndical dont tous les travailleurs du Canada ont besoin. [...] C'est une ère complètement nouvelle : les travailleurs canadiens en ont assez de suivre les mêmes chemins battus : ils veulent des changements. [...] Il est temps qu'on réponde aux réclamations des travailleurs et qu'on améliore leur sort. [...] Il est temps de donner aux travailleurs du Québec ce qu'ils revendiquent selon leurs droits. Nous devrions les appuyer sur toute la ligne, et ceci à l'instigation du Congrès du travail du Canada et non contre son gré[1].

De tous les intervenantEs qui participent au débat, trois seulement appuient le rejet de la résolution recommandée par le Comité des statuts. Deux d'entre eux cependant le font en demandant aux dirigeants du CTC d'entreprendre des pourparlers avec ceux de la FTQ pour satisfaire à leur demande. Dans une longue intervention, Fernand explique qu'il est illusoire d'attendre ce dialogue :

> Nous sommes fatigués de la politique d'inertie du CTC à laquelle nous nous butons depuis quelques années. [...] Depuis 1968, le CTC n'a pas manifesté à notre endroit l'esprit d'ouverture et la volonté de collaborer que la recommandation du groupe d'étude laissait espérer. [...] Nombre de nos demandes ont été mises de côté après de multiples réunions. [...] J'ai personnellement écrit au confrère Morris le 12 janvier 1973 ; j'attends encore la réponse. Je lui ai écrit en novembre 1973 ; j'attends aussi la réponse [...], nous sommes tous très déçus au Québec et ne pouvons en endurer davantage. [...] Nous demandons à tous les délégués du reste du pays de nous accorder leur appui, car notre survivance est en jeu[2].

Louis Laberge renchérit :

> Nous rejetons la recommandation du comité parce qu'elle répète à peu près les mêmes choses qu'en 1968. Pour ma part, je n'ai plus de temps à perdre en discussions avec des gens qui ne veulent rien entendre ou qui se contentent de nous faire des promesses, et ceci englobe les quatre dirigeants du Congrès du travail du Canada. À quoi bon discuter ? [...]N'en avez-vous pas plein le dos de

---

fonctions de présidente en 1984.
1. Compte rendu des délibérations de la 10ᵉ Assemblée statutaire, *op. cit.*
2. *Ibid.*

perdre votre temps précieux à chaque assemblée statutaire à ressasser les mêmes problèmes ? Pourquoi ne les réglons-nous pas une fois pour toutes[1] ?

La délégation du Québec sent nettement que le vent souffle en sa faveur. C'est Raymond Sliger, du Syndicat des métallos qui propose qu'on mette fin aux débats. Sa proposition est adoptée. Il est suivi au microphone par Jean Gérin-Lajoie, qui invoque un article des statuts du CTC pour renvoyer au Comité des statuts et des structures la résolution de rejet afin qu'il la reconsidère. L'appui massif qu'obtient cette demande de remise en question constitue un message clair pour le Comité.

Une décision cruciale

La direction du CTC rencontre Fernand Daoust, Louis Laberge et Jean Gérin-Lajoie. Elle montre alors une ouverture d'esprit qu'on ne lui connaissait pas. Le lendemain, Joe Morris lit la nouvelle proposition que le Comité des statuts et des structures soumet aux délégués :

> Le Congrès délègue à la FTQ la juridiction sur l'éducation et les fonds associés au fonctionnement du Service d'éducation du Congrès au Québec ;
>
> le Congrès négocie avec la FTQ une formule de péréquation des fonds versés au Congrès par les travailleurs québécois et pour lesquels ils ne reçoivent pas de services, suite aux particularités culturelles, syndicales et politiques du Québec ;
>
> le Congrès délègue à la FTQ l'autorité sur les conseils du travail, ce qui sous-entend l'autorité sur le personnel du CTC assurant les services aux conseils avec retour des sommes d'argent équivalentes[2].

Plus de 80 % des déléguéEs approuvent la proposition d'octroyer ce statut particulier à la FTQ. Cette décision cruciale permet d'assurer à la FTQ, pour la première fois de son histoire, des ressources financières et un personnel stable.

Avant de quitter le congrès, les syndicalistes québécoisEs n'en règlent pas moins le compte du vice-président Jean Beaudry, qui leur a fait faux bond dans le débat. Cet ancien métallo avait été le rival de Jean Gérin-Lajoie à la direction québécoise du syndicat pendant les années 1960. Il s'était fait élire à la direction du CTC en remplacement de Gérard Rancourt, décédé en 1969 avant la fin de son premier mandat. La FTQ ne s'était pas opposée à la candidature de Beaudry, mais ne trouva jamais en lui un défenseur de ses positions. Au contraire, ce fédéraliste convaincu dénonçait ouverte-

---

1. *Ibid.*
2. *Ibid.*

ment le renforcement du courant nationaliste et progressiste au sein de la centrale.

On lui oppose donc un candidat plus loyal à la centrale québécoise : Julien Major, directeur québécois de l'éducation au Syndicat canadien des pâtes et papier et fondateur des « services sociaux[1] » de la FTQ. La délégation québécoise soutient également la candidature de Shirley Carr[2], l'une des vice-présidentEs du SCFP. Les deux devancent nettement Jean Beaudry, qui doit rentrer chez lui après quatre ans à la vice-présidence du CTC.

Au cours du congrès, des déléguéEs du Canada anglais ont même sollicité la candidature de Louis Laberge pour l'opposer à Joe Morris à la succession de Donald MacDonald, qui tirait sa révérence à l'issue de cette assemblée statutaire. À des journalistes qui lui demandent pourquoi il n'a pas été candidat, Laberge répond par une boutade, bien de son cru : « Pourquoi irais-je vivre à Ottawa quand je peux contrôler le CTC en restant à Montréal[3] ? »

Guérilla et ententes tacites

La résolution concédant un statut particulier à la FTQ est globalement respectée : le transfert des responsabilités sur les conseils du travail et sur l'éducation syndicale s'effectue sans grande difficulté ; les permanents du CTC, qui demeurent formellement des salariés de la centrale canadienne, sont désormais assujettis à l'autorité de la FTQ.

C'est sur les implications financières de la résolution que les choses tournent moins rond. Outre le retard mis par le CTC à négocier une formule de péréquation, Fernand se plaint, dans son rapport au congrès de 1977, d'avoir dû intervenir « un nombre incalculable de fois pour corriger des accrocs à l'entente commis par le CTC. La guérilla a pris beaucoup d'envergure lorsque le CTC a tenté d'imposer à la FTQ, en violation de la résolution adoptée à Vancouver, un centre national d'éducation à Ottawa[4] ». Un accord finalement intervenu prévoit que la FTQ touchera de façon récurrente sa juste part de cette subvention fédérale. Ces sommes d'argent permettront de consolider le service d'éducation et particulièrement son programme de formation de formateurs.

Un autre sujet de discorde avec le CTC est engendré par les interventions de plus en plus fréquentes de la FTQ dans les affaires des affiliés. On l'a vu,

---

1. On nomma ainsi, au début des années 1960, ce qui allait devenir le service des accidents du travail de la FTQ. Voir Leclerc, *op. cit.*, p. 237-238.
2. Shirley Carr (1929-2010), élue vice-présidente du SCFP en 1964, vice-présidente du CTC en 1974, elle en deviendra la présidente de 1986 à 1992.
3. Fournier, *Louis Laberge, le syndicalisme, c'est ma vie, op. cit.*, p. 245.
4. Rapport du secrétaire général, 15ᵉ congrès de la FTQ, 1975, p.13.

les militantEs se tournent plus spontanément vers la FTQ que vers le CTC lorsqu'ils ont à se plaindre de leur direction syndicale. La FTQ se reconnaît volontiers ce rôle et se donne les moyens d'intervenir. À ses normes morales et d'efficacité, adoptées en 1967, et sa structure d'accueil, adoptée en 1973, s'ajoutent, lors du congrès de 1975, de nouveaux pouvoirs d'enquête et de mise en tutelle[1]. La FTQ use de ces pouvoirs, notamment auprès de ses syndicats du vêtement[2], taxés par des militantEs d'enfreindre les règles de la démocratie syndicale. Elle le fait aussi auprès de l'Union internationale des employés d'hôtels, de motels et de restaurants, accusée non seulement de pratiques antidémocratiques, mais aussi de collusion avec les employeurs[3]. Dans ce dernier cas, la FTQ expulsera carrément le syndicat de ses rangs.

Ces interventions de la FTQ dans un champ normalement et consti-tutionnellement réservé au CTC en agacent plus d'unE. Les syndicats internationaux, qui font l'objet d'une enquête par la FTQ, portent plainte au CTC, qui met sur pied un comité pour étudier la situation. La vice-présidente Shirley Carr, qui préside ce comité, est particulièrement choquée par les empiétements de la FTQ. Elle entreprend ce qui ressemble à une croisade « en faisant des démarches auprès de la centrale américaine, l'AFL-CIO, pour que celle-ci aide le CTC à mette [sic] la FTQ au pas[4] »

Fernand Daoust et Louis Laberge n'en reviennent pas de l'attitude de cette syndicaliste qu'ils ont contribué à faire élire. D'autant plus qu'elle vient des rangs du SCFP, un syndicat canadien, sans attache avec le mou-vement syndical états-unien et allié de toujours de la FTQ. Il faut croire qu'elle ne s'est pas donné la peine de parler avec les militantEs québécoisES de son syndicat d'origine, chaudEs partisanEs de l'autonomie de la FTQ. Les deux dirigeants permanents de la FTQ acceptent néanmoins de par-ticiper à une rencontre avec les syndicats récalcitrants dans les bureaux de l'AFL-CIO à Washington.

En présence de Shirley Carr et des représentants internationaux, Fernand et Louis ont tôt fait de retourner la situation en leur faveur. Ils expliquent que leur objectif n'est pas d'exclure les syndicats internationaux du Québec, mais de les aider à mieux s'y intégrer en tenant compte des particularités de cette société en mutation. Leur plaidoirie est entendue et ils repartent de

---

1. La tutelle exercée par Fernand sur le conseil provincial des métiers de la construc-tion avait été acceptée par ce dernier. En 1975, la FTQ inscrit ce pouvoir dans ses statuts.
2. Union internationale des ouvriers du vêtement pour dames (UIOVD) et Travail-leurs amalgamés du vêtement d'Amérique (TAVA).
3. Fournier, *Histoire de la FTQ, 1965-1992, op. cit.*, p. 124-126.
4. *Ibid.*, p. 141.

Washington avec « une entente de principe quant à la normalisation des relations de la FTQ avec ces unions au Québec[1] ».

Pourtant, la vice-présidente du CTC n'en démord pas. À son retour, elle rédige un rapport à l'intention de l'exécutif du CTC, dans lequel elle recommande de mettre la FTQ « sous une forme de tutelle, parce qu'elle ne se conforme pas aux statuts du CTC[2] ». Le rapport, retiré par le président Joe Morris, restera lettre morte.

La FTQ, seul maître à bord

L'arrivée de Dennis McDermott[3] à la présidence du CTC quelques mois plus tard va contribuer à détendre grandement les relations entre les centrales québécoise et canadienne. Les liens personnels de Laberge et de McDermott, qui se sont connus plusieurs années plus tôt, alors qu'ils étaient tous deux représentants du syndicat des Travailleurs unis de l'automobile (TUA), vont restaurer le climat de confiance. Fernand, quant à lui, a su apprécier McDermott pendant la grève de la *United Aircraft*. Il avait accordé un soutien indéfectible aux grévistes, prenant leur défense énergiquement lorsque le trésorier international des TUA les avait soupçonnés de fraude.

C'est au cours du mandat de Dennis McDermott à la présidence du CTC qu'on tient au Québec, en mai 1980, un premier référendum sur la souveraineté. Dans le climat de panique qui règne alors au Canada anglais, son attitude de respect pour le processus a été très appréciée au Québec. Dès 1977, en prévision de cette consultation populaire, certainEs dirigeantEs du CTC avaient voulu former un comité syndical pour promouvoir l'unité canadienne[4]. La FTQ s'y était opposée et, en mai 1978, à l'Assemblée statutaire du CTC, elle avait présenté une résolution sur le droit à l'autodétermination du Québec. Dennis McDermott avait appuyé cette résolution adoptée par une très forte majorité de déléguéEs.

Sous McDermott, même si le CTC ne change rien à ses statuts, une entente tacite veut que la FTQ soit le seul maître à bord du bateau syndical du Québec. Il va d'ailleurs faire la preuve de sa loyauté envers la FTQ en appuyant cette dernière envers et contre les unions internationales de la construction, lors de la création de la FTQ-construction en 1980-1981. Il acceptera avec courage les conséquences de cet appui, soit la désaffiliation des syndicats internationaux de la construction à travers

---

1. Procès-verbal du Bureau de la FTQ, 1er septembre 1977.
2. Fournier, *Louis Laberge, le syndicalisme c'est ma vie, op. cit.* p. 245-246.
3. Dennis McDermott (1922-2003), directeur canadien des Travailleurs unis de l'automobile, de 1968 à 1978, puis président du CTC jusqu'en 1986. Il sera ambassadeur du Canada en Irlande de 1986 à 1989.
4. Fournier, *Histoire de la FTQ, op. cit.*, p. 159.

tout le Canada. Une perte de plusieurs dizaines de milliers de membres pour le CTC.

Le Comité de coordination des affiliés (COMCOR), créé en 1983, a pour mandat d'activer la syndicalisation. Il a aussi pour mission d'arbitrer les conflits de juridiction entre syndicats affiliés. Mais, sans pouvoir décisionnel réel à ce niveau, son efficacité est mitigée. Laberge dénonce en congrès « les luttes fratricides entre affiliés[1] », qui risquent de détruire la FTQ. Le congrès de 1988 adopte le principe d'un pacte de non-maraudage entre affiliés. Ce pacte prendra la forme d'un « protocole d'engagement », dont les syndicats signataires reconnaîtront à la FTQ un rôle d'arbitre en cas de conflit. Cet engagement implique qu'ils acceptent à l'avance de se conformer aux décisions de la centrale. Sans controverse, la très grande majorité des syndicats affiliés signe l'entente.

Cependant, la nouvelle présidente du CTC, Shirley Carr, qui a succédé à Dennis McDermott en 1987, n'a pas la même compréhension que son prédécesseur du statut particulier de la centrale québécoise. Elle rappelle sèchement que ces nouveaux pouvoirs que se donne la FTQ sont ceux du CTC en vertu de ses statuts. S'ensuit un débat houleux au sein du Conseil exécutif du CTC (où siège toujours de facto le président de la FTQ). Louis Laberge, sommé de s'expliquer, insiste sur le caractère volontaire de l'adhésion des syndicats à ce protocole. Heureusement, des syndicalistes plus éclairés et plus sensibles que la présidente à la situation du Québec appuient la FTQ sans réserve. Ce sont Jeff Rose, Gérard Docquier et Bob White, respectivement dirigeants du SCFP, du Syndicat des métallos et des Travailleurs canadiens de l'automobile (TCA), trois des syndicats les plus importants et les plus influents du CTC. Conclusion, le CTC laissera tomber[2].

La Francophonie syndicale

De 1974 à 1988, le statut particulier de la FTQ dans le CTC s'est donc consolidé dans les faits, sur le terrain, sans poser une revendication formelle lors des assemblées statutaires de la centrale canadienne. Laberge est à l'aise dans cette stratégie du « fait accompli ». Il aime répéter : « La réalité est plus importante que les textes[3]. » Fernand, lui, préfère que les choses soient claires, confirmées par des ententes signées et, si possible, des amendements aux statuts.

---

1. *Discours du président*, 20ᵉ congrès de la FTQ, Montréal, du 30 novembre au 4 décembre 1987.
2. Fournier, *Histoire de la FTQ, op. cit.*, p. 222.
3. Fournier, *Louis Laberge, le syndicalisme c'est ma vie, op. cit.*, p. 244.

En 1988, la FTQ renoue donc avec les revendications formelles en présentant une résolution sur les affaires internationales à l'assemblée statutaire du CTC. On y réclame une participation systématique aux délégations internationales. Fidèle à une vieille habitude, la direction du CTC fait modifier la résolution de la FTQ pour lui substituer une résolution qui donne « le mandat aux officiers du CTC de négocier avec la FTQ une entente sur la place de cette dernière dans les relations internationales[1] ». C'est Fernand qui est chargé de négocier cette entente pour la FTQ. Les pourparlers traînent en longueur.

Au cours de ses pourparlers avec la présidente du CTC, Fernand en profite pour faire la promotion d'un projet qui lui tient à cœur : l'organisation d'un regroupement syndical de la Francophonie. En 1987, un Sommet des chefs d'État de la Francophonie avait été tenu à Québec. En marge de cet événement, des représentants du patronat, d'une part, et des syndicats d'enseignantES[2], d'autre part, avaient tenu des conférences parallèles. Fernand trouvait inadmissible que les grandes organisations syndicales francophones d'Europe, d'Afrique et d'Amérique ne se réunissent pas également pour faire entendre aux chefs d'État la voix des travailleurs et des travailleuses. Il avait alors adressé une demande aux responsables du comité de suivi du Sommet de Québec afin qu'ils facilitent la tenue d'un forum syndical, en marge des prochains sommets.

En 1988, Fernand fait valoir que d'autres instances comme celles du Commonwealth et de l'Organisation de coopération et de développement économique (OCDE), reconnaissent officiellement les organismes qui représentent les travailleurs et les travailleuses. La présidente du CTC ne démontrant pas un grand intérêt pour la mise sur pied d'une structure syndicale basée sur des critères linguistiques, Fernand se rabat sur le vice-président Richard Mercier[3], l'homme du Québec dans l'exécutif du CTC. Avec lui, il convient de faire une démarche auprès de la Confédération internationale des syndicats libres (CISL) afin qu'elle chapeaute une première Conférence syndicale de la Francophonie. La centrale syndicale française, la Confédération générale du travail-Force ouvrière (CGT-FO), appuie la démarche.

L'auteur, qui est alors planificateur de projets du CTC en Afrique de l'Ouest, obtient de son côté le soutien d'organisations syndicales africaines, qui

1. *Rapport du secrétaire général*, 21ᵉ congrès de la FTQ, Québec, du 27 novembre au 1ᵉʳ décembre 1989, p. 17.
2. Ce forum des enseignants a été tenu à l'initiative de la CEQ, qui joua un rôle prépondérant dans la mise sur pied du Comité syndical francophone de l'éducation.
3. Richard Mercier, directeur québécois des Travailleurs unis de l'alimentation et du commerce et vice-président de la FTQ était devenu vice-président du CTC en 1982, en remplacement de Julien Major. Il occupera ces fonctions jusqu'en 1992.

font aussi pression sur la CISL. Finalement, cette dernière accepte de convoquer en mai 1989 une première Conférence syndicale de la Francophonie à Dakar, au Sénégal, en marge du Sommet des chefs d'État de la Francophonie.

La FTQ, le CTC, la CGT-FO et la Confédération nationale des travailleurs du Sénégal (CNTS) parrainent l'événement conjointement avec la CISL. Fernand y représente la FTQ avec Jean-Guy Frenette, tandis que le CTC y délègue l'adjoint politique de la présidente, Émile Vallée.

La porte s'entrouvre

Dans ses discussions avec la présidente du CTC, en mai 1989, Fernand réclame :

1. La présence systématique de représentantEs de la FTQ dans les délégations internationales du CTC ;

2. l'affectation d'unE permanentE du Service des affaires internationales du CTC dans les bureaux de la FTQ, embauché et encadré par elle, et dont les coûts administratifs seraient défrayés par le CTC ;

3. le transfert à la FTQ de la responsabilité des projets de coopération internationale financés par l'ACDI en pays francophone ;

4. l'information et la consultation systématiques de la FTQ sur toute nomination à des postes au sein d'organisations internationales ;

5. les fonds nécessaires à l'élaboration d'un cours de sensibilisation aux affaires internationales[1].

La FTQ n'obtient pas satisfaction à toutes ses demandes, mais la porte s'entrouvre : le CTC se dit prêt à accorder « un poste de permanentE, embauchéE et encadréE par la FTQ, payé pour moitié par le CTC et pour moitié par l'ACDI, dont la tâche prioritaire sera de faire de l'éducation syndicale dans le dossier des affaires internationales[2] ».

La proposition du CTC est limitative. Il n'y est pas question des représentations internationales ni de la coopération internationale. Toutefois, Fernand croit que « compte tenu de la souplesse sous-jacente à l'utilisation par la FTQ de ce poste, la FTQ peut d'ores et déjà se fixer comme objectif de mettre sur pied un Service des affaires internationales[3] ».

Il ne démord pas de l'idée que la FTQ doit multiplier les représentations internationales. Ainsi il favorise l'envoi de délégations en France[4] et en

---

1. *Rapport du secrétaire général*, 21ᵉ congrès de la FTQ, *op. cit.*
2. *Ibid.*
3. *Ibid.*
4. Pour approfondir le dossier de la formation professionnelle.

Argentine[1] et il s'assure que la FTQ soit représentée dans une mission d'enquête du CTC en Afrique du Sud toujours sous le régime de l'apartheid.

Le faible soutien financier accordé par le CTC aux activités internationales de la FTQ amène le Service à trouver d'autres sources de financement. L'une d'elles est le ministère des Affaires étrangères du Canada. L'accès de la FTQ à ces fonds n'est pas sans causer un certain émoi au CTC. La présidente Shirley Carr rappelle à la FTQ que c'est la centrale canadienne qui a le monopole des échanges avec le gouvernement fédéral. Fernand n'en a cure et donne alors un soutien ferme au service qu'il encourage à poursuivre ses recherches de financement autonome en l'absence de financement du CTC.

Le candidat de la FTQ au CTC

En avril 1991, Louis Laberge annonce son départ à la retraite le 1er juin suivant. Fernand assume l'intérim. Il est élu président par acclamation au congrès de novembre. Clément Godbout, directeur des Métallos et vice-président de la FTQ depuis 1981, est élu secrétaire général.

Même si l'entente sur les affaires internationales n'est pas très satisfaisante, la FTQ s'en accommode. Elle n'envisage pas de faire de nouvelles revendications à l'approche du congrès que le CTC doit tenir à Vancouver en mai 1992. À l'été 1991, le vice-président du CTC, Richard Mercier, annonce à la FTQ qu'il ne sera pas candidat lors du prochain congrès du CTC. On regrette son départ, mais on ne s'inquiète pas trop de la suite des choses. D'autant plus que Shirley Carr a aussi annoncé son départ et que le candidat favori à son remplacement est Bob White, le directeur des Travailleurs unis de l'automobile (TCA), un ami de la FTQ.

Quant à la vice-présidence, Fernand croit le précédent bien établi : les candidats de la FTQ à la vice-présidence du CTC sont élus congrès après congrès. Depuis 1968, en effet, s'est installée une tradition de représentation officieuse de la FTQ dans l'équipe de direction de la centrale canadienne. De Gérard Rancourt à Richard Mercier, élu en 1982, tous les candidats à la direction du CTC appuyés par la FTQ ont été élus.

Lorsque Mercier annonce son intention de se retirer, la direction de la centrale porte rapidement son choix sur le secrétaire du Conseil du travail du Montréal et vice-président de la FTQ, Guy Cousineau[2]. Sa candidature

---

1. Par l'entremise de la FTQ, le syndicat argentin de l'électricité, Luz y Fuerza, reçoit une délégation des syndicats SCFP d'Hydro-Québec.
2   Embauché à la ville de Montréal en 1963, ce militant du syndicat des cols bleus, la section 301 du SCFP, est devenu délégué en 1969 et a milité au Conseil du travail de Montréal. Il a été formateur à la FTQ et au Conseil du travail, avant d'en devenir le vice-président en 1977 et secrétaire général en 1985. Cette année-là, il est élu

fait l'unanimité au Bureau de direction et est entérinée par le Conseil général en décembre 1991. Seule ombre au tableau, un autre candidat d'origine québécoise annonce aussi son intention de briguer les suffrages. Jean-Claude Parrot, le populaire directeur du Syndicat des postiers du Canada (SPC)[1] prend contact avec la direction de la FTQ et annonce qu'il sera candidat.

Parrot est très connu au Québec, puisqu'il est issu de la section montréalaise du SPC. Élu au Conseil exécutif national en 1971, il devient vice-président et négociateur en chef du Syndicat en 1974 et président en 1977. En 1980, il purge deux mois de prison pour avoir incité les membres de son syndicat à défier une loi leur ordonnant de retourner au travail à la suite de leur débrayage légal en 1978[2]. Au cours des années, Jean-Claude Parrot s'est acquis une réputation de syndicaliste intransigeant et combatif. Il était très prisé des syndicalistes progressistes canadiens-anglais. Pendant ses dernières années à la présidence de son syndicat, cependant, une brouille prolongée avec son syndicat d'origine, la section montréalaise du SPC, a rendu ses relations très tendues avec ses anciens camarades[3].

Lorsque Fernand et Clément Godbout reçoivent Parrot dans les bureaux de la FTQ, ils ont en tête ses relations pour le moins troubles avec ses camarades montréalais. Ils ne le reçoivent pas moins courtoisement, respectueux de ses états de service. Pour eux, malgré ses origines, c'est un dirigeant syndical canadien peu impliqué dans l'évolution socio-économique et culturelle du Québec. Ils mettent cependant les choses au clair : le choix d'un candidat de la FTQ a déjà été fait par les instances de la centrale et il n'est pas question de revenir sur cette décision. Ils l'invitent à en reconnaître la légitimité et à laisser le champ libre à celui qui a été choisi.

---

vice-président de la FTQ au poste réservé aux Conseils du travail. Il quitte ses fonctions au CTM et à la FTQ en 1995. Il est embauché comme conseiller au Conseil régional de développement de Montréal (CRDM) et y assume la direction du développement social de 1997 à 2003.

1   Le SPC est né à la suite de la grande grève des postes en 1965. Il prenait la relève de la vieille Association des employés des postes du Canada en se donnant les structures et les objectifs d'un véritable syndicat. Il connut de nombreux conflits et mena des luttes qui permirent à ses membres de bénéficier de conditions avantageuses. Dans les années 1980, après une tentative de fusion avortée avec l'Union des facteurs du Canada (UFC), les deux syndicats se sont affrontés en novembre 1988 dans un vote d'allégeance syndicale, décrété par le Conseil canadien des relations ouvrières. Le SPC l'a emporté et a modifié ses statuts pour faire place dans ses structures à des représentants de l'ancien syndicat des facteurs. Le SPC a changé de nom en 1996 pour devenir le Syndicat des travailleurs et travailleuses des postes (STTP). Voir Jean-Claude Parrot, *Ma vie de syndicaliste*, Montréal, Boréal, 2005.

2. Parrot, *op. cit.,* p. 164-201.

3. *Ibid.*, p. 371-386.

No left wing in Quebec

Jean-Claude Parrot, sans doute fortement encouragé par tout un réseau de militantEs progressistes à travers le Canada, n'en décide pas moins de maintenir sa candidature. Lorsqu'il apprend la nouvelle, Fernand alerte les membres du Bureau de direction de la FTQ et les invite à faire campagne dans leur syndicat respectif, en expliquant bien à leurs collègues du Canada anglais l'importance de respecter l'entente tacite en vertu de laquelle le choix de la FTQ est entériné par l'ensemble des déléguéEs. Il est difficile de savoir quelles énergies les vice-présidentEs de la FTQ déploient pour faire passer ce message à la grandeur de leur syndicat respectif dans le reste du Canada. Les Métallos sont l'un des seuls syndicats qui se commettent à l'échelle canadienne pour le candidat de la FTQ. Leur directeur, Léo Girard, un Franco-Ontarien, juge important que le Québec soit formellement représenté au CTC.

Peu de vice-présidentEs de la FTQ se donnent la peine de participer au congrès qui s'ouvre en mai 1992 à Vancouver. Clément Godbout, le secrétaire général de la FTQ, retenu par d'autres tâches, ne fait pas le déplacement non plus. Fernand est l'un des seuls dirigeants de la FTQ présents à ce congrès. Tous semblent tenir pour acquis que le candidat du Québec sera élu sans problème. Parrot lui-même dira plus tard : « J'ai été surpris du peu d'efforts, à mon avis, que déployait la FTQ pour soutenir son candidat[1]. » Guy Cousineau se rappelle que « nous nous sommes amenés à Vancouver armés des copies d'un modeste dépliant et de macarons ; nous n'avions pas de véritable stratégie[2] ».

Contrairement à la plupart de ses collègues du Bureau de direction, Fernand doute que l'élection de Cousineau soit acquise. Il répète à qui veut l'entendre qu'il faut redoubler d'efforts, vu la grande popularité de Parrot dans le mouvement syndical canadien. Dans les semaines qui précèdent le congrès, il ne manque pas de faire le tour des fédérations et des grands syndicats pour mousser sa candidature. L'auteur, qui rencontre fréquemment des militantEs du reste du pays dans des coalitions pancanadiennes, partage les craintes de Fernand.

ArrivéEs à Vancouver, les déléguéEs du Québec sont vite à même de constater que les inquiétudes de Fernand sont fondées. En prenant contact avec leurs collègues des autres provinces, les déléguéEs constatent que la plupart croient que l'élection de Jean-Claude Parrot va de soi. Cousineau a beau figurer sur la liste officieuse de candidatEs communément appelée

1. Parrot, *op. cit.*, p. 425-426.
2. Entrevue avec Guy Cousineau, octobre 2014.

la *slate*[1], on n'y attache pas grande importance. La candidature de Parrot jumelée à celle de Bob White annonce le renouveau inespéré du CTC, qui deviendra enfin une grande organisation militante. Peu savent qu'il y a un candidat du Québec et presque tous ignorent l'existence d'une tradition d'appui à ce candidat. D'ailleurs Parrot n'est-il pas originaire du Québec?

Le travail de campagne est donc ardu. Quelques syndicats invitent Cousineau à venir se présenter et discuter de la signification de sa candidature. Il réussit à rencontrer les grands syndicats, mais sent très bien que, même ceux qui l'appuient par principe, ne feront pas de grandes cabales en sa faveur. L'auteur use de ses contacts auprès de quelques syndicalistes anglophones réputéEs de gauche pour essayer de vaincre certaines résistances. Il se fait dire que la cause est entendue. L'occasion est trop belle de faire enfin élire une équipe progressiste à la tête du CTC, on ne va pas la laisser filer. Lorsque l'auteur argue que, justement, le candidat du Québec est un militant progressiste identifié à la gauche de la FTQ, il se fait éconduire par des paroles méprisantes : « *Come on, comrade, you know damn well that there is no more left wing in the Quebec labor movement...*[2] »

Si la FTQ a joui d'un fervent capital de sympathie dans la gauche syndicale canadienne au début des années 1970, ce temps est bien révolu. À ses yeux, l'image de la centrale québécoise a commencé à pâlir au milieu de la décennie, à mesure qu'elle semblait remplacer la mobilisation par la concertation et, surtout, dans les années 1980, lorsqu'elle acceptait de jouer « le jeu du capitalisme » en créant son fonds d'investissement. Toutes les argumentations de l'auteur sur les gains réels des syndicalistes québécois tant en réformes sociales qu'en droits syndicaux uniques au Canada sont alors gratifiées de sourires ironiques.

Le pacte brisé

Malgré cet accueil hostile de la part de la frange gauchisante du mouvement syndical canadien, les déléguéEs québécoisES persistent tout au long de la semaine à mousser la candidature de Guy Cousineau. Ce travail n'est pas vain puisque, finalement, Jean-Claude Parrot ne l'emporte pas par la majorité écrasante[3] qu'on aurait pu prévoir. La FTQ essuie tout de même une gifle.

---

1. Liste officielle ou officieuse de candidatEs qui forment équipe lors d'une élection.
2. « Voyons, camarade, tu sais très bien qu'il n'y a plus de courant de gauche dans le mouvement syndical québécois. » Propos reconstitués à partir des souvenirs de l'auteur.
3. Il recueille 1 460 voix, tandis que Cousineau en compte 1 260. Nos estimations du début du congrès concédaient les trois quart des voix à Jean-Claude Parrot.

Bob White, qui jouissait de l'appui de la délégation québécoise, est élu avec une confortable majorité. Il prend la parole pour remercier les déléguéEs de leur confiance. Il livre alors un discours passionné sur les défis considérables auxquels fait face le mouvement syndical canadien. Il se dit convaincu que les syndicalistes de tout le pays sont prêtEs à se mobiliser.

Fernand est le premier à prendre la parole après l'allocution de Bob White. Il le félicite pour son discours enthousiasmant, mais le prévient qu'il aura rapidement à se préoccuper des relations entre la FTQ et le CTC. Dans une longue intervention, Fernand rappelle :

> Depuis un quart de siècle, la FTQ avait sa place formellement, officiellement, dans les structures du CTC. C'était un pacte sacré entre nous. Une tradition historique. Elle a été brisée. [...] Ce message-là, il faudra le décoder. [...] Nous sommes humiliés. [...] Nous aurons à décider de notre avenir à l'intérieur du CTC, avec courage et une grande lucidité[1].

Bob White mesure bien l'importance de ce qui vient de se produire. Il s'engage sur le champ « à entamer le dialogue aussitôt que possible et à résoudre ce sérieux différend ». Des promesses semblables ont été faites à maintes reprises par des dirigeants du CTC. Or, aux yeux de Fernand et de beaucoup de ses collègues, le nouveau président jouit d'une grande crédibilité.

Fernand le remercie de prendre cet engagement et annonce que la délégation du Québec se retire pour faire le point. Les déléguéEs québécoisEs sortent en bloc et se réunissent dans une salle attenante. Après quelques discussions, on convient, en guise de protestation, de ne pas retourner au congrès le lendemain, dernier jour des assises.

Le statu quo inacceptable

Rentré à Montréal, Fernand fait rapport au Bureau de direction de la FTQ. Les vice-présidentEs sont unanimes à dire que « le statu quo est inacceptable » et que la FTQ ne peut reconnaître Jean-Claude Parrot « comme étant le représentant de la FTQ au sein du CTC ». On convient d'agir rapidement. On charge un comité de travail de préparer une proposition globale « sur un projet de structure autonome de la FTQ ayant les pleins pouvoirs[2] ».

Au cours de cette réunion, toutes les hypothèses sont évoquées, dont celle d'une rupture organique totale avec le CTC. Si certainEs vice-

---

1. *Compte-rendu des délibérations de la 18ᵉ Assemblée statutaire du CTC*, Vancouver, juin 1992.
2. *Procès-verbal de la réunion du Bureau de la FTQ*, 22 juin 1992.

présidentEs semblent prêtEs à aller aussi loin, d'autres considèrent que cette option radicale aurait des répercussions négatives à l'intérieur de leur propre syndicat. Comme c'est souvent le cas, même si tous et toutes souhaitent un renforcement de la centrale, leur priorité va à la régie interne de leur syndicat. Aussi, on confie au comité le mandat de « définir les liens de solidarité qui devraient être maintenus avec le CTC[1] ». Il devra produire un rapport qui sera d'abord soumis à une consultation auprès des instances de la FTQ et des syndicats affiliés. Il servira ensuite de base à une négociation formelle avec le CTC.

Le rapport est remis au Conseil général de la FTQ en décembre 1992. On y refait l'histoire des relations entre le CTC et la FTQ, décrivant « l'évolution continue de la FTQ au cours des années, le type d'intervention qu'elle a eu auprès de ses affiliés, le développement de son autonomie politique et les changements dans la nature même de son rôle[2] ».

Les auteurs du rapport insistent sur le caractère positif de ce que s'apprête à faire la FTQ. Ils affirment que les changements souhaités ne doivent en aucun cas être perçus comme « un rejet du syndicalisme canadien ou une rupture de la solidarité syndicale. […] Nous croyons fermement que ce renforcement chez nous profitera à tout le mouvement syndical canadien. »

Le groupe de travail précise : « Le transfert éventuel de ressources financières […] est important, bien sûr, mais l'accroissement des responsabilités et des pouvoirs l'est plus encore. » Il dresse ensuite une série de revendications, dont quelques-unes portent sur les représentations de la FTQ, tant dans les instances du CTC que dans les délégations et les représentations internationales. Les autres concernent la répartition des ressources financières.

Le CTC au Québec, c'est la FTQ

Ce vaste programme est appuyé à la quasi-unanimité par les membres du Conseil général. Fernand fait parvenir le document à Bob White et, dès le 17 février 1993, une première rencontre a lieu. Au cours de cette première séance de négociation et de la suivante, les discussions progressent rapidement sur la question des représentations de la FTQ au sein des instances du CTC ; on s'entend également sur la participation de la centrale québécois aux délégations internationales, dont celles du Bureau international du travail (BIT) et de la CISL. Le CTC se dit prêt à reconnaître l'autonomie politique de la FTQ, habilitée à faire des représentations indépendantes au

---

1. *Ibid.*
2. *Rapport du groupe de travail sur les relations FTQ-CTC,* remis au Conseil général, le 15 décembre 1992.

gouvernement fédéral. La question du partage des cotisations et celle de la révision des pouvoirs constitutionnels mettront plus de temps à faire l'objet d'une entente. Fernand est pourtant sûr de parvenir à un accord satisfaisant avant le congrès de la FTQ en décembre 1993.

De nouvelles rencontres de négociation ont lieu à l'été. À l'automne, lors du Conseil général du 28 octobre, Fernand est en mesure d'annoncer qu'un accord avec le CTC est sur le point d'être conclu. C'est ce qui se produit le 25 novembre et le texte final est présenté au Conseil général, la veille de l'ouverture du 23e congrès de la FTQ.

Dans le préambule de l'entente, il est mentionné que « dans les faits, l'incarnation du CTC au Québec, c'est la FTQ ». La centrale québécoise n'aura plus à faire élire un représentant officieux au sein de la direction du CTC, puisque désormais son président ou sa présidente sera « membre votant à part entière du Comité exécutif du CTC » et, à ce titre, membre du comité des affaires internationales.

Plusieurs articles de l'entente assurent à la FTQ une représentativité adéquate dans les structures internes du CTC et dans ses représentations, tant canadiennes qu'internationales. En même temps, on reconnaît à la FTQ le droit de faire des représentations distinctes auprès du gouvernement fédéral, lorsqu'elle a des positions plus spécifiques, voire divergentes de celles du CTC, à faire valoir.

Sur le territoire du Québec, c'est le protocole d'engagement de la FTQ qui prendra en charge le règlement des conflits juridictionnels entre syndicats. Tous les affiliés québécois du CTC (qu'ils soient membres ou non de la FTQ) seront tenus de s'y soumettre. Cette disposition, comme quelques autres, entraînera des amendements aux statuts du CTC.

Tout le personnel du CTC, qui, depuis 1974, est mis à la disposition de la FTQ, deviendra désormais du personnel salarié de la centrale québécoise. La compensation financière pour les nouvelles responsabilités, pour les campagnes que doit mener la FTQ, les services qu'elle doit se donner, prend la forme d'un transfert de la moitié de la taxe par personne perçue par le CTC au Québec. Ce qui inclut même les cotisations des membres du CTC qui négligent de s'affilier à la FTQ. L'entente prévoit aussi la reconnaissance des responsabilités de la FTQ en matière de coopération internationale, notamment dans les pays de la Francophonie.

Le président du CTC, Bob White et son trésorier Dick Martin viennent signer l'entente conclue avec la FTQ devant les 1 200 déléguéEs réuniEs en congrès, le 13 décembre 1993. Quelques mois plus tard, le CTC amendera ses statuts en conformité avec l'entente signée.

Dans son discours inaugural du congrès, Fernand affirme :

Cette entente est une version syndicale du concept de souveraineté-association. [...] Cette entente consacre la nature de partenariat des nouveaux rapports entre le CTC et la FTQ. Cette dernière, qui jouissait déjà d'une grande autonomie politique, se voit conférer une responsabilité particulière au sein du CTC. Celui-ci ne sera plus jamais le même. En effet, la FTQ et le CTC exprimeront ensemble la dualité culturelle du Canada et du Québec sur le plan syndical[1].

C'est avec le sentiment d'avoir mené au bout sa mission que Fernand quitte ses fonctions de président de la FTQ, au terme de ce congrès.

---

1. *Regroupons nos forces,* discours inaugural du président, 23ᵉ congrès de la FTQ, Montréal du 13 au 17 décembre 1993.

Chapitre 20

Le combat d'une vie : le français, le Québec

L A CONSTANCE, la cohérence et la détermination dans ses engagements font partie des traits de caractère de Fernand Daoust. S'il est une cause au profit de laquelle il a mobilisé ses énergies tout au long de sa vie syndicale active et bien au-delà, c'est celle du français, la langue commune du peuple québécois. Avec une préoccupation et une insistance particulière pour la langue du travail. Pour lui, la défense de cette langue qu'il aime commande un engagement tout aussi profond, celui de la construction de son pays, le Québec. Un pays libre, affranchi de toute domination économique et politique, qui instaure et maintient une justice sociale durable.

La langue des possédants

Son intérêt pour la langue française remonte à ses années de jeunesse[1], alors qu'il découvre avec stupéfaction la division linguistique de Montréal. Lui, le petit gars de l'Est, fait des incursions à l'ouest de la rue Saint-Laurent et réalise que c'est un autre monde. Les ateliers de couture où sa mère travaille, les grands magasins de la rue Sainte-Catherine, les institutions financières de la rue Saint-Jacques, tout est anglais. C'est la langue de l'argent, la langue des possédants.

Dès ses premières expériences de travail, à l'usine aéronautique *Fairchild* et à bord des trains de la *Canadian Pacific Railways*, Fernand en a la confirmation : la vie, ça se gagne en anglais. Très tôt, il ressent l'humiliation que subissent les salariéEs francophones forcéEs de parler anglais au travail, même lorsque ces salariéEs forment la majorité de la main-d'œuvre. Devenu syndicaliste, il subit personnellement à maintes reprises l'arrogance de négociateurs patronaux unilingues anglais. Il voit dans cette imposition de

---

1. Leclerc, *op. cit.*, p. 34.

l'anglais aux travailleurs et aux travailleuses québécoisES une injustice tout aussi révoltante que leur exposition à des conditions de travail insalubres ou que les salaires minables qu'on leur verse.

Pourtant, au début des années 1950, le droit de travailler en français est une revendication rarement formulée par les syndicats. Pendant qu'il découvre et apprend à connaître le syndicalisme et ses luttes historiques, il comprend mal que cette oppression linguistique ne soit pas combattue ouvertement et résolument, au même titre que toutes les autres formes d'exploitation. Et, à sa connaissance, les syndicalistes catholiques de la CTCC n'en font pas davantage que les syndicalistes des « unions » internationales.

Au cours des années 1960, les syndicats industriels consolident leur présence dans les entreprises multinationales et y développent des rapports de force plus convenables. Que ces syndicalistes œuvrent dans le secteur des mines et de la métallurgie, dans celui de l'automobile, du textile, du vêtement, du tabac ou, comme Fernand, dans le secteur de la pétrochimie, les militantEs se plaignent d'être obligéEs de négocier en anglais[1]. De plus, leur éveil progressif est stimulé par le nouveau nationalisme moderne et progressiste qui gagne le Québec à l'heure de la Révolution tranquille. La question linguistique devient alors un enjeu de négociation dans les milieux de travail.

Avec ses collègues et amis, Jean-Marie Bédard, Émile Boudreau, Jean Gérin-Lajoie, André Thibaudeau, Fernand contribue à intégrer l'enjeu de la langue au cœur des revendications du mouvement syndical. Il soutient et défend avec ferveur en 1961 la position du Conseil exécutif de la FTQ qui réclame du gouvernement qu'il fasse du français la langue des négociations et des conventions collectives. L'année suivante, en congrès, il appelle la FTQ à plus de fermeté sur la question. Il dénonce la situation injuste dont sont victimes les ouvriers et les ouvrières à qui « on impose une langue qui n'est pas la leur. [...] Ce sont des relents de colonialisme économique. [...] Il est temps que les Canadiens français redeviennent les maîtres dans la maison de leurs pères[2] ».

Malheureusement, cette revendication ne fait pas l'objet de grands débats publics et ne sera suivie d'aucune mesure législative.

Le tournant décisif

Jusqu'en 1969, la FTQ se contente, à l'occasion d'événements comme la Saint-Jean Baptiste[3], de rappeler périodiquement sa revendication sur la langue de travail. On profite ainsi de la présentation par le gouvernement

---

1. En 1962, le syndicat de Fernand, le SITIPCA mène des batailles pour la reconnaissance du français comme langue des négociations. Voir Leclerc, *op. cit.,* p. 230-231.
2. *Le Devoir*, 26 novembre 1962. Voir Leclerc, *op. cit.,* p. 240.
3. Message de la FTQ à l'occasion de la Saint-Jean Baptiste en 1965 et 1966.

d'un règlement sur la langue d'étiquetage de produits alimentaires pour remarquer qu'on impose des règles pour le commerce, mais « qu'on abandonne le respect de la langue française au travail au jeu de la négociation collective[1] ». Or, en dehors de ces sorties épisodiques, la question linguistique ne semble pas faire partie des préoccupations majeures de la FTQ.

Fernand se désole de voir la centrale avancer à pas de tortue sur cette question. Cependant, il ne désespère pas. Il se rend bien compte que la FTQ vit une mutation. Sa base se renouvelle et ses membres ne sont pas imperméables aux mobilisations nationalistes. Le tournant décisif vient à la veille du congrès de 1969, lorsque Louis Laberge se laisse convaincre de soumettre une politique linguistique aux déléguéEs. Par l'adoption de cette politique, la FTQ rejette nettement la loi 63, qui consacre le libre choix des parents de la langue de l'enseignement. La nouvelle politique linguistique de la FTQ inspirera des parties essentielles de la future Charte de la langue française, plus particulièrement en matière de langue du travail.

Si cette politique linguistique de la FTQ est adoptée par une faible majorité au congrès de 1969, c'est que les déléguéEs la jugent trop molle, lui reprochant notamment de ne pas affirmer que le français est la seule langue officielle au Québec. ConséquentEs, les militantEs feront allégrement franchir ce pas à la centrale au congrès suivant, en 1971.

Un mandat clair

Au lendemain du congrès de 1969, en assumant ses fonctions de secrétaire général, Fernand s'estime muni d'un mandat clair au chapitre de la langue. Il fait savoir aux dirigeantEs du Front du Québec français que la FTQ se joindra au mouvement d'opposition à la loi 63.

Il fait des démarches pour être entendu rapidement par la Commission Gendron[2]. Il y expose et commente la nouvelle politique linguistique de la FTQ. Il souhaite bien marquer par là l'engagement ferme de la centrale pour le français comme langue de travail et annoncer publiquement que, désormais, la centrale ne restera plus en retrait du débat linguistique au Québec. Il annonce aussi aux commissaires qu'il a l'intention de revenir devant eux plus tard avec un mémoire plus étoffé.

Fernand juge qu'il est nécessaire d'illustrer toutes les manifestations concrètes de l'oppression linguistique que subissent les salariéEs. Il profite

---

1. Communiqué de la FTQ, 20 août 1967.
2. La Commission d'enquête sur la situation de la langue française et des droits linguistiques au Québec, créée en décembre 1968, par le gouvernement de l'Union nationale de Jean-Jacques Bertand et présidée par le linguiste Jean-Denis Gendron. Elle ne rendra finalement son rapport au gouvernement libéral de Robert Bourassa que le 13 février 1973.

de l'implantation prochaine d'un nouvel aéroport international à Sainte-Scholastique[1] (aujourd'hui Mirabel), pour commander une recherche sur l'impact socio-économique et linguistique de cette implantation.

Une enquête réalisée à l'aéroport de Dorval permet de constater que le plus gros employeur, la compagnie de la couronne Air Canada, « communique avec ses employés en anglais, exige l'anglais de tous ses employés. Le français par contre n'est pas exigé, sauf pour ceux ayant des contacts avec le public », qui doivent être bilingues. Toutes les compagnies aériennes, à l'exception de *Québécair*[2], reconnaissent que chez elles, la langue de travail est l'anglais. Seul le gouvernement fédéral, en vertu de la nouvelle Loi sur les langues officielles[3], a une politique d'embauche stricte concernant la maîtrise du français, mais il n'est l'employeur que de 7 % de la main-d'œuvre de l'aéroport.

Les QuébécoisES francophones sont sous-représentéEs dans la plupart des catégories d'emplois. On trouve des concentrations de francophones dans les postes de service au public qui exigent le bilinguisme. Ailleurs, la connaissance du français n'a pas d'importance. Alors que les francophones embauchéEs à Dorval sont pratiquement tous bilingues, un nombre considérable d'employéEs sont unilingues anglaisES.

Dans le cadre de cette recherche, une enquête de terrain est menée dans la région où sera implanté l'aéroport. Elle permet de dresser le portrait

---

1. Contre l'avis du gouvernement québécois, le gouvernement fédéral de Pierre Elliott Trudeau choisit cet emplacement en 1969 pour désengorger l'aéroport de Dorval et, éventuellement, le remplacer. Pour ce faire, on exproprie à bas prix 97 000 acres des plus belles terres agricoles du Québec pour aménager le plus grand aéroport au monde. Ce projet pharaonique se dégonflera comme une baudruche. On rétrocédera plus de 90 000 acres aux agriculteurs, aux agricultrices et à des développeurs. Le trafic aérien international, d'abord transféré à Mirabel sera rapatrié à Dorval en 2004. N'y subsistent que des vols de cargos, des activités de construction aéronautique et, depuis peu, un centre commercial. L'autoroute 13, construite pour relier les deux aéroports, s'arrête en plein champ, des kilomètres au sud de Mirabel et la voie ferrée de la liaison par train rapide prévue à l'origine, n'a jamais été construite. C'est sans doute pour saluer l'esprit visionnaire de Pierre Elliott Trudeau que, trente-quatre ans plus tard, on a donné son nom à l'aéroport de Dorval, qu'il avait prévu de fermer!

2. Compagnie aérienne fondée en 1946 sous le nom de *Rimouski Aviation Syndicate* et rebaptisée *Québécair* en 1953. Elle est nationalisée par le gouvernement du Québec de René Lévesque en 1981 et est privatisée à nouveau par le gouvernement Bourassa en 1986. Au moment de l'enquête, 75 % de sa main-d'œuvre était francophone. Nordair, qui allait en faire l'acquisition (avant d'être elle-même absorbée par CP Air – *Canadian Pacific Air Lines*), n'embauchait jusque-là que 40 % de francophones pour ses opérations québécoises.

3. Adoptée par le Parlement fédéral en 1969.

socio-économique de cette zone rurale au sud de Saint-Jérôme, ville en voie de désindustrialisation. On y constate que bien peu de la main-d'œuvre régionale laissée pour compte profitera de l'arrivée de ce nouvel aéroport.

L'enquête conclut : « Que sera Sainte-Scholastique donc ? En façade, un aéroport bilingue. Mais la majorité des travailleurs, ceux que l'on ne voit pas, ceux qui travaillent sur les avions, ceux qui conduisent les camions sur les pistes, ceux qui préparent les repas pour les envolées, tous ceux-là travailleront en anglais. [...] On ne voit pas comment il pourrait en être autrement à Sainte-Scholastique[1]. »

Grève à *General Motors*

À l'automne 1970, les 2 400 salariéEs syndiquéEs de l'usine d'automobile *General Motors* à Sainte-Thérèse, membres des Travailleurs unis de l'automobile (TUA) engagent une grève de trois mois. Le syndicat réclame que le français, qui est la langue de plus de 80 % des employéEs de l'usine, soit la langue des négociations, celle de la convention collective, des arbitrages et des relations du travail dans l'usine.

Pour Fernand et Louis Laberge, la lutte de ces syndiquéEs est exemplaire. À l'issue de la grève, leurs gains seront minimes. Seulement, constatent les dirigeants, ils ont attiré « l'attention de toute la population du Québec sur la politique de la compagnie GM et sur le problème du français comme langue de travail. » Il faut surtout retenir que la « politique incitative du premier ministre Bourassa [...] est une vaste fumisterie qui n'a donné aucun résultat. [...] Les gars de GM ont déjà assez fait de sacrifices et il ne leur appartient pas de continuer seuls la bataille. [...] C'est maintenant la responsabilité de toute la population[2]. »

Fernand profite de cette conjoncture pour convaincre Laberge de faire rédiger un mémoire étoffé à l'intention de la Commission Gendron. Louis ne comprend pas trop :

– Tu t'es toi-même présenté devant cette commission après le congrès. On ne va pas y retourner.
– Je suis allé présenter notre nouvelle politique linguistique, mais je me suis engagé à y revenir avec un mémoire plus complet. À cause de notre présence dans le secteur privé et, particulièrement, dans les grandes compagnies multinationales, nous avons une contribution originale à faire au sujet du français langue de travail.

---

1. *La langue de travail aux aéroports de Dorval et Sainte-Scholastique*, FTQ, décembre 1970.
2. Communiqué de la FTQ, 18 décembre 1970.

– Tout le monde connaît maintenant la situation après la grève de GM. [...] En tout cas, si tu penses que ça sert à quelque chose d'en rajouter, fais rédiger un mémoire[1].

Louis Laberge, qui n'est pas un amateur d'études compliquées, sera peu à peu sensibilisé et convaincu par Fernand de l'importance de bien étayer les revendications de la centrale. Il s'accommodera peu à peu de la présence des intellectuelLEs que son secrétaire général recrutera.

Sur toutes les tribunes

Pendant la rédaction du mémoire, Fernand profite de toutes les tribunes pour marteler son message sur l'urgence de légiférer en matière de langue. Devant les quelque 180 participantEs au congrès des relations industrielles de l'Université Laval en avril 1971, Fernand fustige les représentants du monde des affaires présents. Il dénonce « l'écart entre l'usage du français comme langue du travail pour les emplois subalternes et celui de l'anglais comme langue du travail pour les emplois supérieurs et prestigieux. [...] Les détenteurs de capitaux se sont emparés unilatéralement du Québec et ont imposé leur règle du jeu[2] ». Fernand cite aussi les chiffres rendus publics par la Commission des écoles catholiques de Montréal (CÉCM) qui montrent que 10 % des Néo-QuébécoisEs choisissent l'école en français, contre 84 % l'école en anglais.

En mai 1971, le rapport Duhamel[3], commandé par le gouvernement canadien, recommande la création de districts bilingues au Québec. Avec la Société nationale des Québécois (SNQ), la Société Saint-Jean-Baptiste (SSJB), la CSN et le PQ, la FTQ proteste énergiquement. Fernand qualifie le rapport de « véritable baril de poudre. Le rapport Duhamel, après la crise du Bill 63, manifeste une complète méconnaissance du climat d'exaspération qui gagne de plus en plus de Québécois, quant au sort qu'on veut faire subir à leur culture et à leur langue[4] ».

Lors d'un débat animé par Pierre Nadeau, à Radio-Canada[5], Fernand clôt le bec du président du Conseil du patronat, Charles Perreault, qui fait

---

1. Propos reconstitués à partir des souvenirs de Fernand.
2. Pierre Vennat, « Le monde des affaires : il n'y a pas une mais deux langues de travail au Québec », *La Presse*, 21 avril 1971.
3. Rapport de la Commission consultative des districts bilingues, présidée par Roger Duhamel.
4. *Québec-Presse*, 9 mai 1971.
5. Archives web de Radio-Canada, émission *Le 60*, 12 janvier 1973 ; outre Fernand Daoust et le président du Conseil du patronat, 16 autres personnalités de divers milieux participent à ce débat, dont Gérald Godin, François-Albert Angers, Gaston Cholette, Manon Vennat et Luc Martin.

état des progrès du français comme langue d'usage dans les entreprises. Selon lui, de plus en plus de milieux de travail font du français la langue des communications quotidiennes. Fernand bondit :

> Il faut être honnête [...], il faut cesser de se sécuriser entre nous. Le fond du problème, c'est que la langue du prestige au Québec, la langue du pouvoir, c'est l'anglais. Si les Italiens, les Portugais, les Grecs choisissent l'école anglaise, c'est qu'ils veulent une langue qui soit rentable et c'est pour ça qu'on ne les trouve pas dans nos écoles françaises. La langue du travail, celle des postes supérieurs c'est toujours l'anglais, c'est ça la réalité[1].

Aux personnes qui plaident que l'anglais est la langue des affaires et du travail partout dans le monde, le président de l'Office de la langue française, Gaston Cholette, réplique en relatant une expérience récente. Il a fait une tournée dans six pays européens et a visité 214 entreprises, des multinationales pour la plupart. Il témoigne : « Dans tous les pays, dans toutes les entreprises, sans exception, même en Finlande, avec sa population de quatre millions d'habitants, les communications internes et la production se font dans la langue du pays[2]. »

Interrogé par Pierre Nadeau, le président du Conseil du patronat admet que, si une législation contraignante était adoptée, plusieurs entreprises quitteraient le Québec. Fernand intervient à nouveau :

> Je pense qu'on vient d'entendre l'exposé classique de ceux qui détiennent le pouvoir économique [...] une forme de chantage. [...] On va quitter le Québec si une législation impose le français comme langue de travail. [...] Le pouvoir économique au Québec s'exprime en anglais parce que les détenteurs de capitaux sont anglophones. Ce sont eux qui décident des règles du jeu et, tant que le pouvoir politique n'aura pas le courage de mettre ces gens-là au pas, on n'avancera pas. [...] Moi je crois à une législation. [...] Les anglophones souhaitaient une législation dans le cas du bill 63 ; pourquoi ça serait mauvais dans un cas et bon dans l'autre ? Je veux que cesse l'unilinguisme anglais au Québec[3].

La Commission Gendron

Fernand se présente pour la deuxième fois devant la Commission Gendron en août 1971. Il y présente un volumineux mémoire[4], qui dresse un portrait très éclairant de la situation précaire du français au Québec, plus particulièrement, dans les milieux de travail. On y fait la démonstration

---

1. *Ibid.*
2. *Ibid.*
3. *Ibid.*
4. *Mémoire sur le français langue de travail*, présenté à la Commission Gendron par la Fédération des travailleurs du Québec, août 1971.

claire que, sans une intervention coercitive de l'État, non seulement la situation va empirer dans les entreprises, mais elle va se dégrader de façon irréversible comme langue de la majorité.

Dans ce mémoire, on rappelle quelques-unes des luttes menées par des syndicats affiliés à la FTQ au cours des dix dernières années pour faire valoir les droits du français dans leur milieu de travail. L'un des intérêts de ce mémoire tient au fait que, pour la première fois, la FTQ y fait une description sociologique sommaire d'elle-même. On y apprend par exemple qu'elle compte dans ses rangs 79,7 % de francophones, 13,6 % d'anglophones et 6,7 % d'allophones.

Les principales recommandations concernent bien sûr le français comme langue de travail, mais aussi le remplacement de l'Office de la langue française par une Régie de la langue dotée de pouvoirs étendus et coercitifs. On y soutient qu'on ne peut assurer le statut de la langue de travail par des amendements au Code du travail, qui ne couvrent que les salariéEs syndiquéEs. On proclame « la nécessité d'une politique linguistique globale » s'appliquant à tous les secteurs d'activités sociale et économique (éducation, immigration, main d'œuvre). Ce mémoire contient en substance les points forts autour desquels s'articulera la Charte de la langue française quelques années plus tard. En conclusion, on y affirme : « Nous sommes parvenus au point où ce n'est plus seulement la qualité de notre avenir collectif qui est en jeu, mais cet avenir lui-même. [...] Des tergiversations additionnelles ne pourront que démontrer la mauvaise foi de nos gouvernants et leur profonde impuissance à faire quelque changement dans la répartition des forces en présence, répartition inégale qui nous conduit à l'assimilation[1]. »

Le Mouvement Québec français

Le 29 novembre 1971, Fernand participe à la formation du Mouvement Québec français, qui prend le relais du Front Québec français[2]. Il convainc le Bureau de direction de la FTQ de contribuer au financement du MQF, malgré la pauvreté chronique de la centrale. Le Mouvement s'engage dans une tournée des régions avec l'objectif d'y implanter des sections. Fernand et Louis Laberge se partagent la représentation de la FTQ lors de ces réunions. Durant les mois de février et mars 1972, Fernand fait des interventions à Baie-Comeau, à Val-d'Or, à Hull, à Saint-Georges, à Drummondville, à Saint-Jérôme et à Montréal. De son côté, Louis Laberge se rend à Rimouski,

---

1. *Mémoire sur le français langue de travail, op. cit.*
2. Le Front Québec français se dissout en 1971 pour céder la place à une organisation provisoire du nom de Front commun sur le statut du français. En novembre de cette même année, le Mouvement Québec français est fondé.

à Rouyn-Noranda, à Sherbrooke, à Granby, à Sorel et à Québec. Fernand intervient aussi dans de nombreuses émissions télévisées[1].

Le MQF réclame une rencontre avec Robert Bourassa, premier ministre du Québec, pour discuter du statut de la langue française. La rencontre a lieu le 18 janvier 1972. Fernand et ses collègues remettent leurs recommandations sous forme de deux projets de loi. Le premier proclame le français, langue officielle et nationale du Québec. Le deuxième abroge la loi 63 sur la langue d'enseignement et la remplace par un projet de législation qui rend le français obligatoire dans les écoles pour les enfants des francophones et des immigrantEs.

Fernand avait souhaité qu'un troisième projet de loi consacre l'usage du français dans les milieux de travail. Or, le MQF, qui n'en fait pas une priorité, plaide plutôt pour que la francisation des entreprises soit inscrite dans une politique linguistique. Fernand constate que tous n'ont pas fait le cheminement de la FTQ. Recherchant le consensus, il se rallie à ce choix. Les deux projets de loi sont considérés par le MQF comme le minimum qui puisse rallier une majorité de QuébécoisEs. Fernand croit que ces projets de loi auront un effet d'entraînement pour le français comme langue de travail.

Le premier ministre répond au MQF le 23 février. Il rejette les projets de loi pour des raisons sémantiques : « Sur le plan des principes, vos projets de loi parlent par eux-mêmes. Toutefois, leur rédaction m'apparaît déficiente au point d'ailleurs de soulever des interrogations sérieuses au niveau de la signification réelle des prises de position de votre Mouvement[2]. »

Le MQF entreprend aussi une démarche pour rencontrer Claude Ryan, directeur du *Devoir*. La rencontre n'a pas lieu. Ryan l'a évitée de toute évidence. Il prétexte l'absence de son équipe éditoriale pour annuler la rencontre. Le Mouvement entame alors une autre action qui consiste à diffuser largement une pétition – une campagne nommée Opération Québec français. L'objectif est de recueillir 500 000 signatures. Fernand s'assure que la pétition circule largement dans les rangs de la FTQ.

Des recommandations molles et ambiguës

La Commission Gendron remet son rapport le 13 février 1973. Ce qui aurait pu constituer la première et la plus sérieuse démarche dans l'édification d'une politique linguistique québécoise globale se révèle très décevant. Après

---

1. Archives de la FTQ, *Rapport supplémentaire de la commission technique aux membres du Front commun sur la langue française*, Montréal, octobre 1971.
2. Archives de la FTQ, Lettre de Robert Bourassa, premier ministre du Québec, à Albert Alain, porte-parole du MQF, 23 février 1972.

cinq ans de travaux et plusieurs millions en frais d'exploitation, la Commission accouche d'un rapport qui a pour effet, selon Fernand, « d'enterrer tout d'un coup les espoirs d'une majorité de QuébécoisEs qui voudraient voir le français prendre toute la place qui lui revient dans notre vie nationale. […] Le rapport Gendron n'est qu'un vil camouflage du statu quo[1] ».

Ses recommandations sont lâches et ambiguës. Si elle réclame que le français soit la langue officielle du Québec, elle suggère en même temps que l'anglais soit reconnu comme langue nationale au même titre que le français. Elle reconnaît le rôle crucial que jouerait l'imposition du français comme langue de travail, mais elle ne propose que des mesures incitatives. En matière d'enseignement, elle préserve pratiquement le libre choix des parents.

La FTQ juge très durement ce rapport qui s'attache aux « conséquences de notre aliénation linguistique » et fait silence sur « la situation de domination linguistique […] à l'origine de nos problèmes ». Elle reproche à ses auteurs de présenter le problème de « dépossession économique » comme un problème distinct de celui de la langue. « Pourtant, les deux réalités sont liées inextricablement dans une relation de cause à effet. […] La Commission Gendron se situe, par ses solutions, dans le prolongement d'un gouvernement qui rampe littéralement devant l'entreprise privée[2]. »

Le 29 octobre 1973, le Parti libéral du Québec est réélu avec 54,65 % des suffrages et 102 sièges à l'Assemblée nationale du Québec. Le Parti québécois récolte 30,22 % des suffrages et seulement six sièges. Le Parti créditiste, avec 9,92 % des votes, obtient deux sièges. Une fois de plus, les carences du découpage des circonscriptions créent une distorsion que Fernand juge révoltante.

Nouvelle capitulation

Au lendemain de l'élection, à titre de porte-parole du MQF, Fernand réclame du gouvernement une intervention législative. Robert Bourassa ne ranime le dossier linguistique qu'au printemps suivant. S'appuyant sur les recommandations de la Commission Gendron, il présente le Projet de loi 22, en mai 1974. Ce projet de loi ne calme en rien l'insatisfaction généralisée en matière de droits linguistiques. On y affirme que le français est la langue officielle du Québec ; on s'en remet à la bonne volonté des entreprises pour franciser leur milieu de travail ; le Projet de loi se limite à imposer des programmes de francisation à celles qui transigeront avec l'État.

---

1. Communiqué de la FTQ, 14 février 1973.
2. Notes de la FTQ sur le rapport Gendron et le français langue de travail, février 1973.

La loi soulève un tollé de protestations. Les anglophones se voient perdre des privilèges comme l'affichage anglais unilingue tandis qu'ils maintiennent leur demande d'établir le bilinguisme officiel. Les francophones, de leur côté, considèrent que la loi est une demi-mesure. Fernand affirme que ce projet de loi constitue une nouvelle « capitulation du gouvernement Bourassa devant les intérêts économiques. [...] On ne fera jamais du français la langue courante et normale de travail au Québec en recourant à des mesures strictement incitatives et en faisant appel à la bonne volonté de nos maîtres[1] ». En juin, devant la commission parlementaire qui étudie le projet de loi, Fernand en rajoute :

> Le Bill 22 constitue à nos yeux une humiliation collective du peuple et des travailleurs québécois [...], il accorde peu ou pas de nouveaux droits au français, mais il institue par contre une série de nouveaux droits pour la langue anglaise. [...] La FTQ ne peut que réclamer la mise au rancart du Bill 22. Car ce Bill nous ferait reculer carrément sur le plan de l'affirmation de notre identité linguistique[2].

Ce cri du cœur exprimé par Fernand au nom de la FTQ n'est évidemment pas entendu par le gouvernement libéral. La loi 22 est adoptée en juillet, sans aucun amendement significatif. Quant au domaine scolaire, la seule avancée est l'imposition de tests d'aptitude aux élèves qui veulent fréquenter l'école anglaise. Cette disposition insatisfaisante provoque un départ spectaculaire, celui de Jérôme Choquette[3].

La Charte de la langue française

On comprendra qu'après ces épisodes de frustration, le militant pour la langue française qu'est Fernand Daoust accueille comme une embellie inespérée l'élection du PQ le 15 novembre 1976. Au lendemain de son élection,

---

1. FTQ, communiqué, 23 mai 1974.
2. Mémoire présenté par la Fédération des travailleurs du Québec à la Commission parlementaire chargée d'étudier le projet de loi 22 (Loi sur la langue officielle), juin 1974.
3. Le coriace ancien ministre de la Justice était devenu ministre de l'Éducation après la réélection des libéraux en 1973. Choquette préconise que le français soit la langue d'enseignement pour tous, sauf pour les élèves de langue maternelle anglaise. Il réclame un amendement que son chef lui refuse. Il démissionne du gouvernement et quitte le Parti libéral le 26 septembre 1975. Homme de droite, connu pour son intransigeance à titre de ministre de la Justice, Choquette n'en est pas moins responsable de l'adoption par l'Assemblée nationale de la Charte des droits et libertés de la personne, de la Loi sur l'aide juridique et de la création de la Cour des petites créances. Après sa rupture avec les libéraux, Choquette fonde le Parti national populaire en 1975, mais ce parti ne réussit pas à s'imposer sur l'échiquier politique.

le gouvernement Lévesque annonce sa volonté de doter le Québec d'une Charte de la langue française.

Dès les réunions préparatoires, la FTQ est associée aux comités de travail gouvernementaux. C'est elle qui propose des articles qui touchent au français comme langue de travail et les comités de francisation, tandis que le patronat s'y oppose farouchement.

Fernand appuie énergiquement Camille Laurin contre les « éléments nationalistes timorés » et le patronat qui prédit l'exode des capitaux si une loi protégeant le français est votée. Dans son mémoire à la commission parlementaire chargée d'étudier le projet de loi, la FTQ dénonce « la solidarisation instinctive et immédiate des petits et grands patrons francophones avec le patronat anglophone. [...] Face aux intérêts économiques qui possèdent le Québec, l'absence d'autonomie de notre bourgeoisie locale est flagrante[1] ».

Le projet de loi prévoit que les entreprises de plus de 50 employéEs doivent se doter d'un programme de francisation et obtenir de l'Office un certificat de francisation ; celles de plus de 100 employéEs doivent en plus constituer des comités de francisation. Le ministre Laurin se dit d'accord avec la FTQ quand elle suggère que, là où il y a des syndicats, ces derniers doivent être partie prenante du processus de francisation. Le sociologue Guy Rocher, l'un des collaborateurs du ministre et rédacteur de la Charte, rappelle que Camille Laurin considérait que la politique linguistique devait investir en priorité les milieux de travail :

> La langue française devait être « utile », sous peine d'être folklorisée. Les syndicats québécois, et tout particulièrement la FTQ, ont poussé à la roue. La FTQ avait, pour des raisons de nature historique, davantage d'ancrages dans les moyennes et grandes entreprises privées à direction anglophone. Ses responsables syndicaux étaient forcés de négocier en anglais. La négation du droit de travailler en français ou celui d'avoir des contremaîtres connaissant la langue des subalternes fut l'objet de conflits de travail et d'accrochages qui mettaient les entreprises sous tension permanente[2].

Fernand salue la vision large et globale du ministre Laurin et du gouvernement du Québec, pour qui « la langue n'est pas un instrument de communication, elle est notre identité, qu'il faut affirmer pour nous-mêmes et pour les nouveaux arrivants[3] ».

---

1. Mémoire présenté par la Fédération des travailleurs du Québec à la Commission parlementaire chargée d'étudier le projet de loi n° 1, le 21 juin 1977. D'abord numéroté 1 lors de sa présentation, le projet de loi portera le numéro 101, au moment de devenir loi.
2. Guy Rocher, « Revenir à l'esprit de la loi 101 », *Le Devoir*, 18 mars 2013.
3. Intervention de Fernand Daoust au colloque *L'œuvre de Camille Laurin et les*

Trois ans après la Loi sur la langue officielle (loi 22), l'Assemblée nationale du Québec adopte le 26 août 1977 la Charte de la langue française (loi 101). Outre la consécration du français comme langue normale du travail à tous les paliers de l'activité économique au Québec, la loi prévoit notamment l'usage exclusif du français dans l'affichage public. Au plan scolaire, désormais, seulEs les enfants, dont l'un des deux parents a étudié en anglais au primaire au Québec, pourront fréquenter l'école anglaise.

Fernand juge que la Charte de la langue française constitue une victoire politique des travailleurs et des travailleuses et de tout le peuple québécois. Il croit que la politique linguistique va s'inscrire dans le cadre plus général de reprise en main de notre économie. Pour lui, la francisation des milieux de travail entraînera « la disparition d'un des signes les plus outrageants de la domination économique dont la société québécoise est l'objet. [...] Trop longtemps, l'anglais a été la langue des promotions et du prestige, le français la langue des bas salaires et du mépris[1] ».

Dès le 23 février 1977, Fernand est nommé membre de l'Office de la langue française par le gouvernement. Son mandat sera confirmé sans interruption jusqu'en 2002.

La lente et fragile francisation des entreprises

Tout enthousiaste est-il de l'avancée majeure que la Charte constitue en matière linguistique, Fernand sait que jamais rien n'est acquis. L'environnement social, économique et politique du Québec à l'intérieur du Canada et au sein du système économique nord-américain ne change pas pour autant. La domination économique étrangère et anglophone n'a pas disparu comme par magie avec l'adoption de la Charte. Il sera donc d'une vigilance et d'une combativité de tous les instants au cours des années qui suivent.

D'ailleurs, les opposantEs à la loi ne tarderont pas à l'attaquer devant les tribunaux. Dès 1980, la Cour suprême du Canada confirme un jugement de la Cour supérieure du Québec et invalide l'article de la Charte faisant du français la langue de l'Assemblée législative et des tribunaux. En 1984, au nom de la Charte canadienne des droits et libertés, la Cour suprême limite le pouvoir du Québec de réglementer la langue d'enseignement. Il suffit désormais que l'unE des parents ait fréquenté une école primaire de langue anglaise ailleurs au Canada pour que les parents acquièrent le droit d'inscrire leurs enfants dans des écoles anglaises (la clause Québec est remplacée par la clause Canada[2]).

---

instruments de la transformation sociale. Montréal, 29 mai 2009.
1. FTQ, communiqué, 26 août 1977.
2. La « clause Québec » prévoyait que les enfants, dont aucun des parents n'avait

La FTQ dénoncera chacun de ces reculs, mais concentrera surtout ses énergies à imposer et à maintenir bien vivante la place du français dans les entreprises. Les résistances patronales sont généralisées. Le maître d'œuvre du processus de francisation des entreprises devrait être le comité de francisation, composé au tiers de représentantEs des salariéEs. Or, dans beaucoup de cas, les comités ne sont pas associés à la préparation des programmes de francisation. À la FTQ, on considère que toute l'opération est vouée à l'échec si les comités ne sont pas mis dans le coup. Et les syndicats de ces milieux de travail doivent y jouer pleinement leur rôle de « chiens de garde ».

Pour cela, il faut des moyens importants. Fernand ne rate jamais une occasion, au sein de l'OLF et dans ses déclarations publiques, d'interpeller le gouvernement pour qu'il donne à ces comités les moyens de leur action. Fernand trouve un allié avec le Conseil de la langue française. Ce dernier, qui organise une rencontre avec les entreprises en 1981, constate que « 80 % des comités de francisation n'avaient pour rôle que de ratifier les ententes conclues entre l'OLF et les entreprises. Il avait constaté également que là où les comités de francisation étaient actifs, c'était dû souvent au dynamisme des syndicats[1] ».

Dans le cadre du protocole signé par la CSN, la FTQ et l'Université du Québec à Montréal (UQAM), les centrales font réaliser une étude sur le fonctionnement des comités de francisation[2]. L'enquête est réalisée entre 1982 et 1984 auprès de 35 travailleurs et travailleuses membres de comités de francisation dans autant d'entreprises. Même si l'on constate des progrès, les répondantEs les estiment « fragiles au moment de l'enquête, soit plus de cinq ans après l'adoption de la loi ». Fait étonnant, ces personnes affirment que la contribution des comités à la francisation de l'entreprise dans laquelle elles travaillent « a été peu importante. La francisation semble s'être faite en dehors des comités de francisation ». Elles se plaignent d'avoir été laissées à elles-mêmes tant par l'Office que par leur propre syndicat. « Ce manque

---

fréquenté l'école primaire au Québec, devaient aller à l'école française. On prévoyait une exception pour ceux et celles qui avaient fréquenté une école primaire dans une province qui aurait signé un accord de réciprocité avec le Québec (ce qu'aucune province n'a signé). La « clause Canada » étend à tout le Canada la fréquentation nécessaire d'une école primaire anglophone par l'un des parents pour avoir droit d'envoyer son enfant à l'école anglaise.

1. Avis du Conseil de la langue française au ministre responsable de l'application de la Charte de la langue française, le 9 avril 1984.
2. Michel Prairie, *La francisation des entreprises : expérience vécue par des travailleurs et des travailleuses de la CSN et de la FTQ*, Protocole d'entente UQAM-CSN-FTQ, Montréal, mai 1986.

d'encadrement et de support a permis aux directions d'entreprises de les écarter de la plupart des tâches et responsabilités confiées par la loi 101 aux comités de francisation. » Les personnes interviewées réclament que le mouvement syndical coordonne les efforts « dans le processus de francisation des entreprises. La CSN et la FTQ devraient assurer la formation des travailleurs et travailleuses qui sont impliqués dans ce dossier, diffuser l'information sur l'avancement de la francisation et favoriser l'échange entre travailleurs et travailleuses œuvrant au sein des comités de francisation[1] ».

En 1983, le Conseil de la langue réalise une étude intitulée *L'usage du français au travail*, qui montre que « les progrès du français sont très faibles depuis dix ans, surtout dans la région de Montréal[2] ».

Le soutien et l'encadrement des militantEs

Le gouvernement convoque finalement une commission parlementaire pour réviser certains aspects de la Charte de la langue française. Fernand y présente le mémoire de la FTQ, une analyse syndicale détaillée de six ans d'application de la loi 101 dans les lieux de travail. On y met en évidence le manque de soutien financier et d'encadrement des représentantEs des travailleurs et des travailleuses. On réclame le financement direct des syndicats qui seraient chargés de soutenir et d'encadrer le travail des militantEs au sein des comités de francisation[3]. Quelques jours plus tard, le Conseil de la langue abonde dans le même sens. Dans un avis adressé au ministre, il recommande « qu'un rôle accru soit accordé aux travailleurs au sein de ces comités » et qu'un fonds de soutien gouvernemental soit créé pour assurer la formation et l'information voulues aux travailleurs et aux travailleuses[4].

En réponse, la loi 57 donne plus de précisions sur le rôle et l'importance des comités de francisation. Le gouvernement dégage alors un fonds de soutien de 250 000 dollars pour permettre une participation accrue des travailleurs et des travailleuses au processus de francisation. Le 8 mars 1984, Gérald Godin, le ministre responsable de l'application de la Charte de la langue française, demande au Conseil, un avis « concernant le soutien financier de l'État pour un accroissement de la participation au processus de francisation ». Le Conseil forme un comité spécial pour étudier la question.

---

1. *Ibid.*
2. Avis du Conseil de la langue française, *op. cit.*
3. Mémoire sur la Charte de la langue française présenté par la FTQ à la Commission élue permanente des communautés culturelles et de l'immigration, le 2 novembre 1983.
4. Avis du Conseil de la langue au ministre responsable de l'application de la Charte de la langue française, le 7 novembre 1983.

L'un des trois membres de ce comité est l'ex-syndicaliste de la CSN, Pierre Vadeboncoeur. L'une des premières démarches du comité est de consulter les représentantEs de la FTQ et de la CSN membres du Conseil de la langue française. Mona-Josée Gagnon, qui vient d'y être nommée, plaide au nom de la FTQ pour un financement direct des syndicats, de manière à renforcer leur présence dans les comités de francisation.

Dans son avis au ministre, le Conseil recommande « que dans la distribution et l'utilisation des sommes, on privilégie les travailleurs du secteur privé[1] », que la moitié du financement soit « affecté à l'engagement par les centrales syndicales de personnes entièrement consacrées à l'animation linguistique des travailleurs[2] ». L'autre moitié servira à financer des projets spécifiques présentés par les syndicats. C'est grâce à cette première subvention que la FTQ procède à l'embauche d'unE responsable qui fera l'animation, l'information et la formation des syndiquéEs membres des comités de francisation.

Le ralentissement

Le retour des libéraux de Robert Bourassa au pouvoir, en 1985, marque le début d'un relâchement du processus de francisation. Les libéraux n'avaient pas caché leur volonté d'assouplissement de l'application de la Charte. Fernand constate alors « un ralentissement certain de l'activité de francisation de nombreuses entreprises », qui « s'est accentué au fur et à mesure des tergiversations gouvernementales. [...] Là où la francisation des entreprises avait suivi un cours relativement normal, quoique lent [...], un point de saturation était atteint lorsqu'on voulait toucher à la technologie[3] ». À l'ère de l'informatisation et de la robotisation accélérée des milieux de travail, les syndicats pressent le gouvernement de réagir pour relancer le processus de francisation.

Dans ce contexte plus ou moins hostile, les syndicalistes impliquéEs dans les comités de francisation connaissent un certain essoufflement. Fernand croit qu'il est temps de faire le bilan de l'action de la FTQ et de ses syndicats affiliés. En mai 1988, il charge le politicologue Jean-Louis Bourque de proposer un programme d'action pour relancer le processus de francisation des entreprises. Le chercheur est aussi mandaté pour « redéfinir le rôle de la centrale et de réorienter ses activités en fonction des dix années d'expérience

---

1. Avis du Conseil de la langue française au ministre responsable de l'application de la Charte de la langue française, le 9 avril 1984.
2. *Ibid.*
3. *Rapport du secrétaire général*, 21ᵉ congrès de la FTQ, Montréal, du 27 novembre au 1ᵉʳ décembre 1989.

et des résultats souhaitables à long terme[1] ». Il fait une série de recommandations qui ont pour objectif de renforcer le rôle de leader incontournable que la FTQ et ses affiliés jouent dans la francisation des entreprises. En phase avec ces recommandations, la FTQ met sur pied un service permanent de francisation en 1989.

Les tergiversations et la mollesse du gouvernement Bourassa en matière linguistique alertent les milieux nationalistes et syndicaux. Le 15 décembre 1988, la Cour suprême du Canada déclare inconstitutionnels les articles de la Charte sur l'unilinguisme français dans l'affichage. Le 17 décembre, à l'appel du MQF, la FTQ mobilise ses troupes et participe à une grande manifestation pour « clamer notre droit de vivre en français au Québec. Le message est clair, il faut assurer l'intégrité de la loi 101 et garder le cap vers un Québec français[2] ». Fernand est l'un des orateurs qui prennent la parole devant quelque 25 000 manifestantEs masséEs à l'intérieur et aux alentours du Centre Paul-Sauvé.

Le gouvernement n'entend pas ces protestations et adopte la loi 178, qui fait appel à une clause de dérogation pour protéger l'affichage unilingue français à l'extérieur tout en permettant le bilinguisme à l'intérieur des commerces. « Cette loi fait rééclater [sic] au grand jour les tensions sociales et politiques autour des deux peuples fondateurs[3] », de dire Fernand. La FTQ participe activement à l'organisation de manifestations de dénonciation de cette loi dans tout le Québec. À Montréal, ses militantEs forment une cohorte importante des quelque 100 000 personnes qui défilent le 12 mars 1989.

Malgré son absence de volonté politique réelle de défendre la langue nationale, le gouvernement doit poser un minimum de gestes. En novembre 1988, il met sur pied un groupe de travail composé de représentantEs du patronat, des syndicats et du gouvernement. Le groupe fait plusieurs recommandations concernant le renforcement de l'intervention étatique, notamment par l'information médiatique, par une approche sectorielle, par la facilitation de l'intégration linguistique des immigrantEs et par la prise en compte des conséquences de l'informatisation des entreprises.

Peu enthousiaste à l'idée de s'engager dans une action énergique, le ministre responsable du statut de la langue, Claude Ryan, consent tout de même à maintenir les subventions aux centrales syndicales pour soutenir leur intervention dans la francisation des milieux de travail. En campagne

---

1. Jean-Louis Bourque, *La francisation des entreprises et la Fédération des travailleurs et des travaileuses du Québec*, Québec, le 30 août 1988.
2. *Rapport du secrétaire général*, 21ᵉ congrès de la FTQ, *op. cit.*
3. *Ibid.*

électorale, le 8 septembre 1989, il annonce un nouveau programme de soutien financier pour la promotion du français dans les petites et moyennes entreprises.

La FTQ et le MQF profitent de cette campagne électorale, pour réclamer des mesures plus fermes de soutien à la francisation des milieux de travail : « Plus de ressources financières et humaines, un processus de francisation élargi aux entreprises de 25 employés et plus, l'implication [de l'État] nécessaire dans les domaines de l'immigration et du soutien aux immigrantEs[1]. »

Le 25 septembre 1989, les libéraux remportent à nouveau une forte majorité de sièges au cours de élection générale. Cette victoire confortable n'augure rien de bon pour le traitement de la question linguistique. La FTQ n'en redouble pas moins d'efforts. Son service permanent multiplie les initiatives pour mieux équiper les militantEs qui combattent sur le front de la langue dans les usines, sur les chantiers ou dans les bureaux. Conformément aux recommandations du groupe de travail tripartite, la FTQ développe une approche sectorielle concernant le travail des comités de francisation. Elle s'investit également dans l'intégration linguistique des travailleurs et des travailleuses immigrantEs.

En plus de continuer à soutenir et encadrer les comités de francisation, la FTQ multiplie les tournées régionales : la première, qui est intitulée « Le français, ça s'impose », est organisée en 1989 et une autre, portant sur la formation de base en français, est effectuée en 1991. La FTQ convoque aussi, en avril 1991, une première « rencontre nationale de la francisation des entreprises », qui réunit 200 syndicalistes membres des comités de francisation. Ces rencontres seront désormais tenues périodiquement.

Rejetons le fatalisme !

Fernand favorise avec enthousiasme toutes ces interventions qu'il juge cependant minimales, qu'il souhaiterait plus intenses, plus nombreuses. Il réclame sans cesse une intervention étatique plus énergique, plus proactive, des soutiens financiers plus conséquents pour ceux et celles qui font la bataille quotidienne du français dans les milieux de travail.

Lorsqu'il quitte ses fonctions à la présidence de la FTQ, en 1993, la centrale l'invite à conserver son poste à l'Office de la langue française. Son mandat sera renouvelé jusqu'en 2002. Il continue bien au-delà de défendre ardemment cette cause qui lui tient à cœur. En témoigne cette intervention qu'il livre au Forum mondial de la langue française, en 2012 :

---

1. *Rapport du secrétaire général*, 21ᵉ congrès de la FTQ, *op. cit.* .

L'un des plus grands défis que nous devons à nouveau relever aujourd'hui est celui de la défense du statut de notre langue nationale. L'évolution récente de la démographie du Québec, le poids grandissant de l'immigration dans cette évolution et l'absence d'une volonté politique nette et courageuse de la part de nos gouvernements mettent le français en péril à moyen terme au Québec.

… Les données récentes concernant la langue d'usage chez nous sont plus qu'alarmantes, particulièrement à Montréal. Elles font état d'une situation qui, à terme, risque de devenir irréversible. Elles commandent dans l'urgence des mobilisations larges pour forcer nos gouvernements à prendre des mesures structurantes, qui s'attaquent au cœur du problème. L'alarme est sonnée !

… Depuis quelques années, il me semble que les forces vives du Québec ont quelque peu perdu de leur flamme. La loi 101 a été grugée quant à ses applications en milieu judiciaire, scolaire et dans ses dispositions concernant la langue d'affichage.

… Ce qu'on appelle couramment la mondialisation semble nous imposer une nouvelle fatalité : la langue des affaires et des communications internationales est désormais l'anglais. On se croirait revenus aux années cinquante ! On constate qu'un nombre grandissant d'entreprises réclament la maîtrise de l'anglais pour des emplois qui ne le requièrent pas vraiment. Nous avons tort de jeter la serviette.

… Une majorité de Québécois et Québécoises sont agacés, frustrés et humiliés. Mais nous vivons notre mal chacun de notre côté, chacun pour soi. Il me semble qu'un certain engourdissement nous transforme peu à peu en spectateurs de notre régression. Plutôt que d'entendre monter la colère ou la révolte, nous voyons notre propre léthargie se muter en fatalisme.

Je ne peux accepter cet état de capitulation silencieuse. Je souhaite de tout cœur que soient alertées toutes les forces vives du Québec et que nous nous attelions à cette tâche collective essentielle. Nous devons nous lever et parler haut et fort pour réaffirmer nos droits. Dans chacun de nos milieux, il faut sonner le rappel des troupes, remobiliser, réanimer des coalitions larges, développer à nouveau ces rapports de force qui ont engendré le changement au Québec[1].

Pour la langue, pour le peuple : un pays

Dans cette intervention devant le Forum mondial de la langue française, parlant du statut fragile et précaire de la langue, Fernand rappelle : « Nous avons toujours su que ce statut ne serait jamais établi dans la pérennité tant qu'il n'aura pas pour assise un pays pleinement souverain[2]. » Pour lui, les deux causes sont fondamentalement liées et le combat à mener est unique. Il n'en a cependant pas toujours été ainsi. Pendant longtemps, Fernand

---

1. *Rejetons le nouveau fatalisme face à l'anglicisation*, intervention de Fernand Daoust au Forum mondial de la langue française, Québec, 2 juillet 2012.
2. *Ibid.*

ne s'avouait pas indépendantiste. Nationaliste, profondément attaché à la défense identitaire culturelle, sociale et économique du Québec depuis son adolescence, il n'en tire les pleines conséquences politiques qu'à la fin des années 1960, au moment de la naissance du PQ. Il chemine au rythme d'une majorité de militantEs progressistes québécoisES, à la fois témoins et protagonistes de la transformation du Québec.

En 1960, avant la création du NPD, lors du congrès de la FTQ, Fernand est de ceux qui souhaitent une forte participation des militantEs de la FTQ à la fondation prochaine du nouveau parti. Cependant, il soutient que ce parti n'aura du succès que « s'il prend des attitudes justes sur les réclamations et les aspirations du Canada français[1] ». Quelques mois plus tard, Fernand est satisfait de la déclaration de la FTQ sur la Confédération et les droits provinciaux : « Le Canada est formé de deux nations : la nation canadienne-française et la nation canadienne-anglaise. [...] Les Canadiens français considèrent l'État du Québec comme la consécration et l'expression politique de leur fait national[2]. »

Au terme d'une bataille épique, la délégation québécoise fera accepter au nouveau parti cette thèse des deux nations fondatrices. La plupart des dirigeantEs de la FTQ se contenteront de cette reconnaissance. Ils se diront satisfaits de voir le NPD se prononcer pour un fédéralisme coopératif, qu'ils présument moins centralisateur que celui défendu par les partis traditionnels.

Fernand et plusieurs de ses amiEs nationalistes souhaitent pourtant tirer les pleines conséquences de la thèse des deux nations. Aussi, lors de la mise sur pied de l'aile provinciale du NPD, des divergences profondes apparaissent. Fernand défend avec d'autres la thèse des États associés[3]. C'est ce qui mènera à la fondation du Parti socialiste du Québec (PSQ), parti indépendant du NPD, dont Fernand préside le congrès de fondation. La FTQ ne franchit pas ce pas et refuse d'adhérer à ce parti autonomiste. Elle reste fidèle au NPD et à son fédéralisme coopératif. Pendant pratiquement toutes les années 1960, la position constitutionnelle de la FTQ demeurera inchangée, habituellement assortie d'un anti-séparatisme plus ou moins agressif.

Fernand paiera chèrement son avant-gardisme autonomiste. Identifié à l'aile nationaliste radicale par les éléments les plus conservateurs de la centrale, il sera défait à deux occasions lors de ses tentatives d'accession à la

---

1. Fernand Bourret, « La FTQ sera présente à Ottawa, lors de la fondation du nouveau parti politique », *Le Devoir*, 21 novembre 1960.
2. Communiqué de presse de la FTQ, Montréal 12 juin 1961.
3. Concept précurseur de la « souveraineté-association » de René Lévesque. Voir Leclerc, *op. cit.*, p. 241-281.

direction de la FTQ[1]. Par la suite, tout en militant pour l'engagement de la FTQ dans le combat de la langue et pour une plus grande autonomie du Québec, il ne coupera plus jamais les ponts derrière lui. Tout au long du parcours de cet homme, désormais, il y aura une constante volonté d'éviter la fuite en avant. Il cheminera au rythme des membres de la FTQ, attendant qu'une majorité se rallie à ses idéaux. Louis Laberge, de son côté, devra mettre les bouchées doubles pour les rattraper au tournant des années 1970. Et on ne le reprendra plus à traîner de la patte.

Au congrès de 1971, les déléguéEs font franchir un pas de plus à leur centrale en rejetant une résolution qui condamne le séparatisme et en adoptant très majoritairement une résolution qui reconnaît le droit du Québec à l'autodétermination, « y compris le droit de proclamer sa souveraineté ».

La FTQ pour le OUI

La centrale ne se déclarera cependant pas formellement souverainiste. En 1975, lorsqu'elle donne son appui électoral au PQ, elle le justifie en affirmant qu'il « représente la formation politique la plus sympathique aux revendications des travailleurs[2] ».

En 1980, lors du congrès extraordinaire que tient la FTQ, en prévision du premier référendum québécois, la centrale s'engage dans la campagne pour le OUI. Elle justifie son option en rappelant qu'elle « a toujours réclamé que l'État intervienne de façon planifiée et efficace dans le domaine économique et qu'il coordonne ses politiques économiques et sociales. [...] Elle a toujours dénoncé les dédoublements de juridictions fédérales-provinciales, coûteux et inefficaces, dont les travailleurs sont les premières victimes »[3]. C'est en raison de son « identité syndicale » et de ses « propres aspirations » que la FTQ en vient à favoriser une remise en question du statu quo confédéral. Elle ne se prononce toutefois pas pour la souveraineté, puisque la question qui est posée concerne le mandat de négocier une nouvelle entente constitutionnelle.

Cette approche pragmatique qui caractérise la centrale, Fernand l'endosse et la fait sienne. Personnellement, il s'adonnerait volontiers à un appel plus lyrique à participer à ce rendez-vous du peuple québécois avec son histoire. Comme Louis Laberge toutefois, il recourt à l'analogie des relations

---

1. Rappelons qu'il a été battu par Louis Laberge à la présidence par intérim, lors d'un vote du Conseil exécutif de la FTQ en 1964, et défait au poste de secrétaire général par Gérard Rancourt, au congrès de 1965.
2. Procès-verbal du 14e congrès de la FTQ, du 1er au 5 décembre 1975.
3. *Déclaration de politique sur la question nationale*, 2e congrès extraordinaire de la FTQ, 19 avril 1980.

du travail : « Il faut donner un mandat clair à notre comité de négociation et le doter ainsi d'un rapport de force convenable. »

Fernand participe avec ardeur à la campagne référendaire. Il donne des conférences dans les assemblées publiques et encourage les syndicats affiliés à mettre sur pied des comités du OUI dans leurs milieux de travail. Plusieurs centaines de ces comités sont formés partout au Québec et des pétitions circulent signées par des milliers de salariéEs syndiquéEs.

Malgré un large appui populaire et la mobilisation des militantEs de la FTQ, le mandat de négocier réclamé par le PQ ne récolte que 40,4 % d'appuis. Au lendemain du référendum, Fernand est très déçu du résultat général. « Nous pouvons affirmer qu'une bonne majorité des travailleurs syndiqués ont voté OUI ; les résultats positifs dans les comtés les plus fortement syndiqués [...] le prouvent[1]. » La FTQ rappelle au gouvernement québécois l'urgence de favoriser l'accès à la syndicalisation. Moins vulnérables, les syndiquéEs sont moins sujetTEs à l'intimidation patronale que les non-syndiquéEs.

En reconfirmant son appui au PQ en prévision des élections du 21 avril 1981, la FTQ rappelle les grandes réformes réalisées jusqu'ici par ce parti « qui nous donne les meilleures garanties que nos revendications prioritaires seront satisfaites ». Elle mise aussi sur la formation politique pour continuer à répondre « au désir d'autonomie du peuple québécois et la protection du fait français au Québec[2] ».

L'humiliation

Quelques mois plus tard, en novembre 1981, le premier ministre du Canada, Pierre Elliott Trudeau, convoque les premiers ministres provinciaux pour discuter du rapatriement de la constitution canadienne, toujours sous l'autorité de la Couronne britannique. Le Québec se dit prêt à autoriser ce rapatriement, à condition qu'on y inclue un droit de veto des provinces sur tout amendement constitutionnel futur. René Lévesque a l'appui de sept autres provinces canadiennes sur cette question. Mais, lâché au dernier moment par ses homologues, il se retrouve seul à défendre cette position. En pleine nuit, les autres se sont entendus dans son dos. Ce triste épisode a été baptisé « la nuit des longs couteaux[3] ».

Pour la FTQ, tout comme pour une majorité de QuébécoisES, qui ont vécu intensément la période référendaire, cette gifle est assimilable à une

---

1. *Le Monde ouvrier*, juin 1980.
2. Résolution adoptée par le Conseil général de la FTQ, le 18 mars 1981.
3. Expression référant à une tentative d'assassinat ourdie contre Hitler en 1934. Robert Dutrisac, « Il y a 25 ans, la nuit des longs couteaux. Une Constitution inachevée », *Le Devoir*, 4-5 novembre 2006.

humiliation nationale. Il est clair qu'elle fait franchir quelques pas de plus à la centrale vers le mouvement indépendantiste. Fernand Daoust et Louis Laberge affirment, en conférence de presse :

> En décidant d'exclure et d'isoler le Québec, le Canada anglais et Ottawa ont mis fin eux-mêmes à l'illusion qu'il est encore possible pour les Québécois de trouver une place dans le régime fédéral. [...] Pierre-Elliott Trudeau avait bien raison de dire qu'un NON signifierait un changement au statu quo : ce changement se traduit dans un nouveau recul pour le Québec, qui est relégué au rang d'une quelconque dixième province, dont l'accord n'est même pas nécessaire pour faire une nouvelle constitution[1].

La constitution sera rapatriée et promulguée sans l'accord du Québec, en avril 1982. La « belle province » a beau ne pas l'entériner, elle s'applique tout de même sur son territoire.

Meech et Charlottetown

En 1984, les libéraux fédéraux sont chassés du pouvoir. Depuis des décennies, le Parti libéral du Canada avait le soutien d'une majorité de QuébécoisES, même lorsqu'il était dans l'opposition. Cette fois-ci, les conservateurs remportent l'élection en récoltant un confortable appui populaire même au Québec. Leur chef Brian Mulroney est élu après avoir promis de faire adhérer le Québec à la constitution du Canada « dans l'honneur et l'enthousiasme ». Il est clair que le soutien exceptionnel qu'il reçoit au Québec est une réponse à la gifle du rapatriement de la constitution.

Si beaucoup de souverainistes se laissent séduire par ces paroles, ce n'est pas le cas de la FTQ. En désaccord avec son programme économique, elle appuie le NPD, dirigé par Ed Broadbent, même si elle reproche à celui-ci ses positions de fédéraliste centralisateur[2].

Le débat constitutionnel est relancé lors d'une rencontre des premiers ministres au lac Meech, en 1987. À l'étonnement de plusieurs, Mulroney réussit à dégager un consensus pour la reconnaissance du Québec comme « société distincte » au sein du Canada et sur l'élargissement du droit de veto des provinces sur les modifications constitutionnelles.

Devant la Commission parlementaire des institutions, Fernand Daoust et Louis Laberge somment le gouvernement libéral de Robert Bourassa[3] de prendre le temps de négocier. Pour eux, la notion de « société distincte »

---

1. Communiqué de la FTQ, Montréal, le 9 novembre 1981.
2. Broadbent avait été l'un des ardents porte-parole du camp du NON pendant la campagne référendaire de 1980.
3. Revenu au pouvoir en 1985.

mérite d'être explicitée. On doit savoir ce qu'elle engendre en tant que pouvoirs réels pour le Québec. Toute la question du pouvoir fédéral de dépenser doit aussi être précisée et balisée, sans quoi elle ouvrira la porte à des empiétements additionnels dans les juridictions québécoises. Enfin, ils jugent essentiel que la constitution canadienne reconnaisse formellement au Québec le droit exclusif de légiférer en matière linguistique[1].

L'accord du lac Meech est signé sans aucun amendement le 3 juin 1987. Fernand réagit le jour même en rappelant que « le Québec a besoin de pouvoirs accrus pour assurer son développement social et économique. [...] Or non seulement la formule d'amendement ne permettra pas l'acquisition de nouveaux pouvoirs, mais la consécration du pouvoir (fédéral) de dépenser et l'assujettissement aux objectifs nationaux risquent de miner notre droit à la différence[2] ».

Cette position de la FTQ n'influence en rien le CTC, dont les dirigeantEs sont favorables à l'accord constitutionnel. Trois ans plus tard, dans les dernières semaines précédant la date limite fixée aux provinces qui doivent l'entériner formellement, la direction du CTC veut apporter de l'eau au moulin. Le comité exécutif adopte une résolution d'appui à l'accord du lac Meech et annonce que cette dernière sera débattue lors du congrès à la mi-mai 1990.

Ce congrès doit être tenu à Montréal. La FTQ, qui entretient des rapports tendus avec la centrale canadienne, décide que c'en est trop. Le Bureau de direction de la FTQ décide de présenter aux congressistes du CTC « une déclaration solennelle affirmant son option pour la souveraineté du Québec ». Devant les risques d'affrontements, la direction du CTC accepte au dernier moment que la résolution sur l'Accord du lac Meech ne soit pas débattue au congrès[3].

La FTQ souverainiste

Le 24 juin, fête nationale des QuébécoisEs, la FTQ rend publique son adhésion pleine et entière à l'objectif de la souveraineté du Québec. Il s'agit en fait de la déclaration qu'elle avait envisagé de remettre aux déléguéEs au congrès du CTC quelques semaines plus tôt.

Signée par le président et le secrétaire général, la déclaration a été endossée à l'unanimité par le Bureau de direction. Rappelant les étapes de l'affirmation de la FTQ comme entité autonome dans le mouvement syndical

---

1. *L'accord du lac Meech*, position de la Fédération des travailleurs et travailleuses du Québec, devant la Commission des institutions, Québec, le 20 mai 1987.
2. Communiqué de la FTQ, le 3 juin 1987.
3. Fournier, *Histoire de la FTQ...*, op. cit., p. 244-245.

canadien, Laberge et Daoust notent qu'il y a des liens intimes entre le processus de « construction de la FTQ et l'évolution de la société québécoise à partir des années 1960 [...], une société vivant un processus d'émancipation, occupée à se définir par rapport à son histoire, son avenir ». Après le rapatriement de la constitution sans le Québec et la saga du lac Meech, « le Québec ne peut que reculer s'il ne réussit pas à établir un rapport de force [...] fondé sur une détermination collective. [...] Il faut que le peuple du Québec aille au bout de son impatience, développe un projet collectif autonome[1] ».

Rappelant que « la FTQ se situe, pour sa part, dans le camp de la social-démocratie et souhaite, bien entendu que, dans le contexte de la souveraineté, ce soit de ce côté que penche résolument le Québec », les dirigeantEs de la FTQ précisent cependant que « la souveraineté est un objectif en soi, et notre adhésion à ce projet collectif n'est assorti à aucune condition. [...] La souveraineté du Québec est indispensable à la construction d'un pays et d'institutions qui répondent aux besoins et aux priorités de la majorité du peuple québécois ». La déclaration de la FTQ se termine par « un appel pressant à la population québécoise et à ses organisations pour qu'elles fassent le choix du Québec et pour que toutes nos énergies soient consacrées à l'édification de ce pays qui nous appartient[2] ».

Meech meurt, Bourassa renaît

Ce pas décisif de la FTQ pour la souveraineté survient justement au terme de la saga de Meech. L'accord signé par les provinces en 1987 doit avoir été ratifié par les législatures de chacune des provinces avant la fin de juin 1990. Les volte-face et les défections se succédant, l'Accord du lac Meech meurt de sa belle mort. Le premier ministre Robert Bourassa, lui, semble renaître ! Le 22 juin 1990, il déclare à l'Assemblée nationale du Québec : « Le Canada anglais doit comprendre de façon très claire que, quoi qu'on dise et quoi qu'on fasse, le Québec est, aujourd'hui et pour toujours, une société distincte, libre et capable d'assumer son destin et son développement. »

Il met sur pied la Commission sur l'avenir politique et constitutionnel du Québec, mieux connue sous l'appellation Commission Bélanger-Campeau, des noms de ses deux coprésidents, Jean Campeau et Michel Bélanger. Composée de 38 membres, elle regroupe plusieurs représentantEs des partis politiques, du mouvement syndical, dont le président de la FTQ, Louis Laberge, des gens d'affaires et des personnes issues des différentes composantes de la société.

---

1. *Déclaration sur l'avenir du Québec*, FTQ, 23 juin 1990.
2. *Ibid.*

Louis Laberge est muni d'un mandat clair. Au sein de la Commission Bélanger-Campeau, il défendra sans ambiguïté la voie de la souveraineté pour sortir de l'impasse constitutionnelle. En novembre 1990, Fernand présente le mémoire de la FTQ à la Commission. Il a la voix quelque peu nouée lorsqu'il lit l'introduction : « Il vient des moments dans la vie des peuples où des décisions doivent être prises sous peine de rater un virage important, de dévier du fil de l'histoire collective. » D'emblée, la FTQ proclame sa conviction : « Le Québec doit décider d'accéder à la souveraineté pleine et entière[1]. »

Dans ce mémoire, la FTQ relate son cheminement vers la souveraineté. C'est au cœur de ses luttes syndicales quotidiennes, en défendant les intérêts des travailleurs et des travailleuses par rapport aux grands enjeux de société, que la FTQ s'est orientée « graduellement, mais toujours plus résolument en direction de la souveraineté ». Ce sont plus particulièrement les batailles qu'elle a menées sur trois fronts qui l'ont fait cheminer ainsi : celui des politiques économiques et de l'emploi, celui des politiques d'immigration et celui des politiques culturelles et linguistiques. « Dans chacun de ces cas, nous avons pris la mesure des possibilités de changement [...] pour conclure que le fédéralisme était une inéluctable impasse et que le Québec ne pourrait jamais obtenir ce qu'il veut[2]. »

La FTQ constate les progrès réalisés par les QuébecoisES au cours des vingt-cinq dernières années :

> Nous avons développé des institutions uniques, plusieurs de nos entreprises opèrent à l'échelle internationale, nos appareils d'État, nos services publics sont modernes et somme toute efficaces. [...] Le Québec est sorti du sous-développement industriel et culturel. [...] À présent que nous nous sommes modernisés, le lien fédéral ne fait que brider nos énergies, amortir notre vitalité. [...] Les changements positifs qui sont intervenus au Québec ces dernières années ne nous proviennent pas du lien fédéral, ils proviennent de nos propres initiatives et institutions.

La FTQ recommande à la Commission de « proposer des modalités qui permettraient collectivement et démocratiquement de faire un choix constitutionnel. [...] Nous favorisons la tenue d'un référendum à très court terme après le dépôt du rapport de la Commission, soit au printemps 1991[3] »

La Commission Bélanger-Campeau remet son rapport le 27 mars 1991. Les commissaires concluent que deux grandes avenues s'offrent au

---

1. Mémoire présenté par la Fédération des travailleurs et travailleuses du Québec à la Commission sur l'avenir politique et constitutionnel du Québec, novembre 1990.
2. *Ibid.*
3. *Ibid.*

Québec : un fédéralisme très décentralisé ou la souveraineté. Ils affirment qu'un Québec indépendant serait parfaitement viable économiquement. Ils recommandent la tenue d'un référendum sur la souveraineté au plus tard le 16 octobre 1992.

Quelques semaines plus tôt, le rapport Allaire[1], débattu au congrès du Parti libéral du Québec, arrivait à des conclusions semblables. Il énumérait une longue liste de pouvoirs et de compétences que devrait récupérer le Québec comme condition du maintien dans la Confédération canadienne. Il recommandait la tenue, avant la fin de l'automne de 1992, d'un référendum portant soit sur une proposition de réforme Québec-Canada, soit sur l'accession du Québec à la souveraineté.

Fernand réagit à l'irréalisme de ces recommandations. « C'est courir au-devant de l'humiliation », soutient-il. Il regrette aussi que la Commission Bélanger-Campeau et le rapport Allaire reportent à l'automne 1992 la tenue d'un référendum. « C'est dans les plus brefs délais, en 1991, que le peuple québécois doit afficher son unité en se prononçant clairement et massivement en faveur de la souveraineté[2]. »

Intégré au programme du Parti libéral du Québec, le rapport Allaire n'en constitue pas moins un virage radical des positions de ce parti traditionnellement fédéraliste. Le 20 juin 1991, l'Assemblée nationale adopte la *Loi sur le processus de détermination de l'avenir politique et constitutionnel du Québec* (loi 150) qui prévoit la tenue d'un référendum sur la souveraineté du Québec avant le 26 octobre 1992.

Fernand croit rêver. L'histoire semble s'accélérer. Les libéraux seraient-ils sur le point de faire l'indépendance du Québec ? Les sondages d'opinion en tout cas tendent à démontrer que c'est ce que veut la population. D'autant plus que, dans le reste du Canada, 57 % des personnes sondées rejettent le concept de « société distincte » que réclament 78 % des QuébécoisES.

Bourassa s'écrase, le Québec dit NON

Pendant ce temps, de nouvelles discussions constitutionnelles entre le gouvernement fédéral, les neuf provinces anglophones, les Territoires du Nord-Ouest et les Autochtones sont entreprises. En juillet 1992, un nouveau projet d'accord constitutionnel est divulgué. C'est l'accord de Charlottetown.

---

1. *Un Québec libre de ses choix*, Rapport du Comité constitutionnel du Parti libéral du Québec remis le 28 janvier 1991. Bourassa avait chargé ce comité de préparer les revendications à soumettre lors des négociations qui suivraient la proclamation de l'Accord du lac Meech. Après l'échec de celui-ci, le comité se concentra sur la définition du programme constitutionnel du PLQ.
2. Communiqué de la FTQ, 29 janvier 1991.

Une entente nettement insatisfaisante pour le Québec, qui constitue un net recul par rapport aux exigences du rapport Allaire. Robert Bourassa déclare même que ce « projet s'inscrit au registre du fédéralisme dominateur ».

Seulement, ce Robert Bourassa matamore n'a pas une longue espérance de vie. As de la tergiversation et des valses-hésitations, celui sur qui circule la boutade selon laquelle sa conseillère politique s'appelle Ninon Ouimet (ni non, oui mais…) change soudain de cap. Il ira négocier. Fernand l'accuse de donner « une légitimité à des propositions inacceptables. […] Il se rend sans moyen affronter les dix autres. […] Il n'a aucun appui populaire et n'en a cherché aucun[1] ».

Le 22 août 1992, il signe l'accord de Charlottetown. Fernand réagit le lendemain, l'accusant d'avoir « cédé sur tout. C'est une capitulation désastreuse devant le Canada anglais. […] Il y avait pourtant au Québec une espèce d'unanimité dans tous les secteurs de la société, même au sein du Parti libéral, qu'on devait tout mettre en œuvre pour renforcer les pouvoirs du Québec. […] Jamais un premier ministre doté d'autant d'appuis n'a aussi mal défendu les intérêts du Québec[2]. »

Fernand revient à la charge dans un message spécial adressé aux membres du PLQ réunis en congrès, quelques jours plus tard, pour entériner l'accord. Il les invite « à faire preuve de courage et à signifier de façon non équivoque leur rejet de l'entente constitutionnelle. […] Les membres du Parti libéral du Québec doivent dire clairement à leur chef […] qu'il s'est trompé et qu'il a accepté un projet de constitution qui va à l'encontre des intérêts fondamentaux du peuple québécois[3] ». Les libéraux suivent majoritairement leur chef, mais quelques-unEs, dont Jean Allaire, s'en dissocient[4].

Quelques jours plus tard, Bourassa fait modifier la loi 150[5], remplaçant le référendum prévu sur la souveraineté par un référendum sur l'accord de Charlottetown. Il admet sans gêne : « Ce n'est pas tout à fait le lac Meech, mais nous avons fait des gains substantiels. »

À la mi-septembre, la FTQ annonce la tenue d'un congrès extraordinaire le 2 octobre à Saint-Hyacinthe. Les déléguéEs présentEs votent massivement une résolution de rejet de l'accord constitutionnel, et sont invitéEs à militer à fond dans le camp du NON. Plusieurs militantEs de la FTQ sont très

---

1. Communiqué de la FTQ, 30 juillet 1992.
2. Communiqué de la FTQ, 23 août 1992.
3. Message du président de la FTQ, Fernand Daoust, aux membres du Parti libéral réunis en congrès extraordinaire à Québec, 28 août 1992.
4. Jean Allaire, Mario Dumont (président de l'aile jeunesse du parti) et plusieurs militantEs quittent le Parti libéral et fondent un groupe de réflexion qui mènera à la création d'un nouveau parti : l'Action démocratique du Québec (ADQ).
5. *Loi sur le processus de détermination de l'avenir politique et constitutionnel du Québec.*

engagéEs dans les comités formés dans les différentes circonscriptions. Louis Laberge, qui a quitté les fonctions de président de la FTQ un an plus tôt, préside le camp du NON de la circonscription de l'Assomption.

Le 26 octobre 1992, l'accord de Charlottetown est rejeté à la grandeur du Canada. Pourtant, les QuébécoisEs et les CanadienNEs anglaisEs le refusent pour des raisons opposées. Quelque 56,7 % des citoyenNEs des autres provinces jugent que l'accord fait trop de concessions au Québec alors que 57 % des QuébécoisEs évaluent qu'il ne satisfait même pas les revendications minimales du Québec énoncées en 1987.

Fernand salue la victoire du NON en la qualifiant de sage décision :

> Ce brouillon d'entente nous figeait à tout jamais dans un cadre constitutionnel immuable [...] qui nous empêchait d'assumer notre développement. La population québécoise ne s'est pas laissée intimider par les assauts de chantage économique des ténors du OUI. [...] Le monde de la finance et des affaires finira bien un jour par comprendre que les Québécois et les Québécoises ne les suivront pas comme des moutons, qu'ils et elles ne se laisseront pas impressionner par les épouvantails à moineaux et leurs scénarios de fin du monde[1].

Fernand quitte la présidence de la FTQ lors du congrès de 1993. Le PQ reprend le pouvoir le 12 septembre 1994. Le nouveau premier ministre, Jacques Parizeau, annonce qu'il tiendra un référendum sur la souveraineté au cours des prochains mois. Fernand vivra intensément cette période référendaire de 1995. Il verra avec satisfaction la FTQ, ses syndicats et ses militantEs s'investir avec enthousiasme dans cette campagne pour la souveraineté. Comme plusieurs centaines de milliers de ses concitoyenNEs, il croira le grand jour arrivé. Et comme ces compatriotes, il regrettera amèrement que soit raté à nouveau le rendez-vous d'un peuple avec l'Histoire[2].

---

1. Communiqué de la FTQ, 27 octobre 1992.
2. Le projet de souveraineté est rejeté par 50,58 % des votes. Tenu le 30 octobre 1995, le référendum bénéficie du taux de participation record de 93,25 %. Les QuébécoisEs francophones ont dit OUI dans une proportion de 60 %, toutes origines ethniques confondues.

Chapitre 21

Lorsqu'il quitte la présidence de la FTQ, en décembre 1993, Fernand Daoust n'aspire en rien à une nouvelle vie. À 67 ans, il ne sent pas le besoin de s'arrêter, ni même de marquer une pause. Après avoir succédé à Louis Laberge à la présidence de la centrale en 1991, il le remplace au poste de président permanent du conseil d'administration du Fonds de solidarité à partir de février 1994[1]. Il est alors entendu que, comme son vieux compagnon de route avant lui, il n'occupera ces fonctions que pour un mandat de deux ans.

On découvre alors à quel point l'institution financière de la FTQ lui tient à cœur. Louis Laberge est reconnu comme l'inspirateur et le principal maître d'œuvre de cette institution novatrice. Pourtant, à toutes les étapes du développement du Fonds, de sa gestation à sa consolidation, en passant par sa phase de structuration, Fernand a mis la main à la pâte. Souvent dans l'ombre, il a commis de nombreux gestes pour en assurer le succès.

Propagandiste du Fonds

Dès les premières années d'existence du Fonds, à titre de secrétaire du conseil d'administration, Fernand reçoit de nombreuses délégations syndicales, gouvernementales ou même patronales, canadiennes ou étrangères, venues examiner de plus près les tenants et les aboutissants de cette expérience originale. Lorsque le gouvernement fédéral instaure à son tour un crédit d'impôt au bénéfice des participantEs de fonds de ce type, un intérêt nouveau se développe un peu partout au Canada. S'inspirant plus ou moins du Fonds de solidarité, des fonds seront lancés par le mouvement syndical en Colombie-Britannique, au Manitoba, en Ontario et au Nouveau-Brunswick.

---

1. Fernand a été secrétaire du conseil d'administration du Fonds depuis sa fondation en 1983.

Fernand est toujours disponible pour relater dans le détail la genèse et le développement du Fonds mis sur pied par la FTQ. Il souhaite voir cette expérience reproduite ailleurs. Si le caractère unique du fonds québécois est une source de grande fierté, Fernand a tendance à croire que l'expérience québécoise serait renforcée si elle était plus répandue. Ne serait-ce que pour assurer la pérennité du soutien des pouvoirs publics[1] ! Devenu président du Fonds, c'est donc avec un grand enthousiasme qu'il s'en fait le promoteur, voire le propagandiste.

Cet engagement explique en partie son refus de la présidence du Conseil de la langue française que lui offre le premier ministre du Québec, Jacques Parizeau, en 1995. Plusieurs de ses collègues l'encouragent à accepter ce poste « qui lui revient », lui qui a consacré une bonne partie de sa carrière syndicale à défendre le statut de la langue française dans les milieux de travail. Fernand a une autre raison de refuser. La personne qu'il remplacerait à la présidence du Conseil est son vieil ami Pierre-Étienne Laporte[2], que le nouveau gouvernement péquiste a limogé. Fernand se dit incapable de « faire ça à un ami ». Loyal un jour... Il poursuit donc son travail au Fonds de solidarité

Accident de parcours

Le 28 novembre 1995, il s'apprête à partir en Argentine pour y faire une présentation du Fonds devant les organisations syndicales du pays. Il passe d'abord au congrès de la FTQ[3], où il prononce une courte allocution et part en taxi vers l'aéroport de Dorval. Lorsque le taxi s'engage sur la desserte, qui mène à l'aérogare, une voiture qui vient en sens inverse, hors de contrôle, franchit soudain le parapet qui sépare les deux voies. Abasourdi, le chauffeur de taxi n'a pas le temps de réagir. Fernand et lui crient désespérément. La voiture est emboutie dans une violente collision frontale.

Fernand, qui prend place à l'arrière et qui a négligé de boucler sa ceinture de sécurité, est projeté dans le pare-prise. En tentant de se protéger de ses mains, il se fracture les deux poignets et le bras gauche. En contrecoup, il

---

1. Cette préoccupation était prémonitoire. Même si les « fonds de travailleurs » se sont multipliés au cours des ans dans le reste du Canada, ils n'ont jamais connu le dynamisme et la popularité du Fonds de solidarité, ni même de celui du Fondaction créé par la CSN en 1995. Certains ont disparu. Lorsque le gouvernement Harper a annoncé en 2013 que le crédit d'impôt fédéral de 15 % serait progressivement éliminé à partir de 2015, c'est surtout du Québec que sont venues de fortes et larges protestations. Les conservateurs n'ont donc pas bougé.
2. Membre de la bande d'amis que Fernand a intensément fréquentée à sa maison de campagne à Frelishburg dans les années 1970 et 1980.
3. Tenu à Montréal du 27 novembre au 1er décembre 1995.

est brutalement ramené entre les deux sièges et subit une fracture au fémur. Il prend conscience de son état lorsqu'il constate qu'il est au fond de la voiture, la tête collée sur la banquette arrière et qu'il ne peut plus bouger. Il saigne du visage. Pendant un moment, il voit « la nuit apparaître, s'appesantir » sur lui. Il avoue avoir « eu une peur terrible ». Une épaisse fumée se répand dans la voiture, ce qui accroît son inquiétude. Il se dit que c'est peut-être la fin et, aussitôt, il pense à Ghyslaine, sa conjointe, à Josée et à Isabelle, ses filles. Il imagine le bouleversement terrible de leurs vies. Il a alors « un sursaut d'espoir, le goût de vivre ». Il dit : « C'est pas possible que ça m'arrive… Il faut s'en sortir[1]… »

Il a peut-être de courts moments d'inconscience, mais il entend les premiers intervenants qui le questionnent sur son identité, ses sensations. Il répond à tout avec précision. Les pompiers doivent d'abord maîtriser un début d'incendie dans le bloc moteur de la voiture taxi. Puis Fernand entend un angoissant bruit de tronçonneuse. En fait, les pompiers ont recours aux pinces de désincarcération pour dégager Fernand. Les secouristes mettent du temps et beaucoup d'efforts pour l'extirper de la voiture lourdement endommagée. Le chauffeur de taxi s'en tire avec une fracture au bras.

Transporté au *Montréal General Hospital*, il devra y subir quatre interventions chirurgicales. Il en sortira bardé de métal. Accourues à l'hôpital dès qu'elles sont prévenues, Ghyslaine, Isabelle et Josée ont un choc terrible en le découvrant. Elles sont néanmoins rassurées de le voir conscient. Sous l'effet des narcotiques, il a l'air étonné qu'on lui demande s'il souffre. « J'ai pas mal, mais j'ai faim. On m'a rien donné à manger depuis que je suis là… » Lorsqu'il se réveille, après la première séance de chirurgie, découvrant Josée à son chevet, il lui demande des nouvelles du congrès de la FTQ : « Qui a été élu au caucus des femmes pour les représenter au Bureau de direction ? »

À aucun moment il n'est plongé dans le coma, mais les anesthésies et les médicaments le maintiennent dans un niveau de conscience relative. Lorsqu'il émerge de ces absences ouatées, il découvre l'environnement de la salle des soins intensifs, le blanc étincelant des murs, des meubles, des uniformes et les images floues des instruments en inox, au milieu desquels émergent les tiges à soluté. Des bribes de conversation du personnel flottent dans sa conscience embuée. Des mots qui reviennent souvent l'intriguent particulièrement. Il croit entendre les infirmières parler de « trois-mâts » à quelques reprises. Intrigué, il se concentre sur ces mots et cherche à comprendre ce qu'ils désignent. Il croit avoir trouvé lorsque sa vision s'éclaircit et qu'il compte trois tiges à soluté près de sa civière. Heureuses de le voir

---

1. Entrevue accordée à Michel Viens, à l'émission *Point de presse*, RDI, mars 1996.

reprendre connaissance, ses filles l'entendent dire : « C'est quand même poétique le langage des professionnels de la santé. Vous voyez, ces tiges à soluté, les infirmières les comparent à des mâts de bateau... Je suis à bord d'un trois-mats ! »

En fait, le personnel anglophone répétait le mot *trauma*, l'abréviation de traumatologie !

Fernand séjourne un mois à l'hôpital. Il est ensuite transféré au Centre de réadaptation Marie-Clarac. Il y passe trois mois au cours desquels, grâce à un programme de physiothérapie, il est littéralement remis sur pied. Le résultat est étonnant. Les premières semaines, il marche à l'aide d'une canne mais, très droit, il affiche toujours la même prestance. Aussi n'est-on pas étonné de le voir regagner les bureaux du Fonds de solidarité avant l'été 1996.

À pied d'œuvre

Fidèle au poste, il est à nouveau à pied d'œuvre. Après son mandat de président du Conseil, qui a expiré en février, on lui donne le titre de vice-président aux affaires internationales.

Fernand croit fermement qu'il faut faire connaître partout dans le monde ce Fonds de solidarité dont il est si fier. Il défend cette idée auprès du PDG du Fonds, Claude Blanchet, et du président de la FTQ, Clément Godbout. S'il n'essuie pas un refus catégorique, Fernand sent que sa suggestion ne déclenche pas un très grand enthousiasme à la direction de la centrale. Il fait valoir qu'on devrait pouvoir trouver un soutien public pour de telles opérations internationales.

Entre-temps, en novembre 1996, Fernand organise, avec le service de la solidarité internationale de la FTQ, une session de formation qui regroupe des syndicalistes du Mali, du Sénégal, du Burkina Faso, de la Tunisie, de la Bulgarie et de la Roumanie. Intitulée *Intervention socio-économique des organisations syndicales,* le séminaire permet aussi des échanges sur les initiatives prises par les syndicats participants pour maintenir ou pour créer des emplois. L'expérience du Fonds de solidarité y est étudiée en détail. Malgré des conditions socio-économiques et politiques très disparates dans lesquelles vivent les participantEs, ce gens se disent inspirés par l'originalité et le dynamisme de l'institution financière syndicale québécoise.

Quelques semaines plus tard, la Confédération nationale des travailleurs du Sénégal (CNTS) fait savoir à la FTQ qu'elle souhaite mettre sur pied son propre fonds d'épargne et d'investissement. Fernand accueille la nouvelle avec étonnement. Il s'attendait à une réponse plus rapide des Bulgares, des

RoumainEs, voire des TunisienNEs, dont les pays ont un niveau de développement moins éloigné de celui du Québec. En fait, les dirigeants de la CNTS, emballés par l'expérience québécoise, sont confortés dans leur projet par le gouvernement du Sénégal.

La saga sénégalaise[1]

Pendant cette période, au Sénégal, il y a un projet de privatisation de la compagnie nationale d'électricité, la SENELEC. Or, Hydro-Québec International inc. est sur les rangs des repreneurs éventuels, et la société d'État a fait savoir qu'elle s'associerait au Fonds de solidarité dans l'opération. Ce qui n'est pas sans accroître l'intérêt des SénégalaisEs pour cet instrument économique.

En mars 1997, Fernand participe à une mission commerciale du gouvernement du Québec au Sénégal en compagnie du ministre des Relations internationales, Sylvain Simard. Il signe alors avec le président de la CNTS, Madia Diop, une lettre d'intention dans laquelle « les parties affirment leur volonté de collaborer, dans la mesure de leurs moyens, à la mise en œuvre d'un tel projet (de fonds)[2] ».

Quelques mois plus tard, en octobre 1997, c'est Normand Caron, pionnier de la première heure du Fonds de solidarité, qui est chargé d'une première mission de débroussaillage au Sénégal. En deux semaines, il est mis en présence d'une foule d'acteurs et de décideurs sociaux, économiques et politiques qui montrent tous un grand intérêt pour le projet. Le gouvernement se dit prêt à adopter les mesures législatives nécessaires et un représentant de l'Agence canadienne de développement international (ACDI) assure que le fonds de contrepartie Canada-Sénégal pourrait très bien être mis à contribution pour la mise en œuvre du projet. Euphorique, Caron ne voit aucun obstacle au lancement du fonds le 1er mai 1998. Un optimisme compréhensible pour ce néophyte de l'Afrique…

Toutefois, l'expérience sera longue et parsemée d'embûches. Des changements au sein du gouvernement sénégalais retardent la concrétisation des promesses de soutien étatique. Les ministres enthousiastes du début sont remplacés par des collègues moins informés sur le projet. En conséquence, les dispositions législatives concernant le statut légal du Fonds, celles octroyant

---

1. Le long et difficile travail d'implantation au Sénégal d'un fonds inspiré par celui de la FTQ est relaté par l'un de ses principaux acteurs, Normand Caron, dans un document intitulé *Mission au cœur d'un fonds*, avril 2005.
2. Lettre d'intention signée par Madia Diop, président de la CNTS et d'un regroupement intersyndical ainsi que par Fernand Daoust, au nom de la FTQ et du Fonds de solidarité, Dakar, mars 1997.

des avantages fiscaux aux futurEs actionnaires ne sont toujours pas adoptées. Quant au fonds de démarrage promis, il n'est toujours pas disponible.

Caron retourne tout de même au Sénégal en mars et en septembre 1998 pour y animer une session de formateurs et une autre à l'intention de dirigeants syndicaux, du patronat et du secteur informel[1]. Chaque fois, c'est l'occasion de s'entendre répéter les promesses d'engagement de l'État et de la volonté ferme des syndicalistes de mener le projet à terme.

Un appui financier du gouvernement du Québec et de l'Agence de la Francophonie[2] permet de financer quelques activités préliminaires, sans toutefois assurer le lancement effectif du Fonds. Fernand fait des pieds et des mains pour trouver un financement convenable au projet. Il rencontre les ministres et le chef de l'État sénégalais[3], tant au pays qu'au Sénégal. Caron, quant à lui, fait de nombreuses missions au Sénégal. Il s'y établit même avec son épouse, Éliane Legault, qui réalise des documents audiovisuels sur l'expérience.

Pendant sept ans, le projet sera sur le point d'aboutir, retardé et entravé par de nombreux événements : le changement de gouvernement en 2000[4], les querelles violentes au sein de la CNTS en 2001[5]. Fernand et Caron croient bien que c'est gagné lorsque le gouvernement d'Abdoulaye Wade annonce, en décembre 2001, qu'il mettra plus d'un million de dollars à la disposition du Fonds pour assurer son démarrage. Caron est alors choisi comme PDG du nouveau fonds.

Lorsque la somme est effectivement débloquée en avril 2002, des obstacles imprévus apparaissent : le projet est entravé par le Conseil régional de l'épargne publique et des marchés financiers (CREPMF)[6]. Caron tente de

---

1. L'originalité du projet de fonds sénégalais est qu'il regroupe, autour de la CNTS, des représentantEs de centrales syndicales rivales et du patronat ainsi que des artisanEs et des commerçantEs du secteur informel.
2. Nommée alors Agence de coopération culturelle et technique (ACCT), on la rebaptise Agence intergouvernementale de la Francophonie en 1998 ; cette année-là, on crée une instance politique qui chapeaute l'Agence, l'Organisation internationale de la Francophonie (OIF).
3. Le président socialiste Abdou Diouf. Successeur de Léopold Sedar Senghor, de 1981 à 2000, il sera secrétaire général de l'OIF de 2003 à 2014.
4. Les socialistes sénégalaisEs sont chasséEs du pouvoir le 1er avril 2000, après plus de quarante ans à la tête du pays. Le nouveau président de tendance libérale, Abdoulaye Wade, restera au pouvoir jusqu'en 2012.
5. Le président de la CNTS, Madia Diop, annonce qu'il quitte la direction de la centrale. Les partisanEs des candidatEs à sa succession s'affrontent violemment. Il y aura même mort d'homme.
6. L'équivalent de l'autorité des marchés, cet organisme régional accrédite et réglemente les institutions financières des membres de la zone monétaire de l'Afrique de

négocier des dérogations à certaines règles, mais ses démarches sont retardées par la guerre civile qui ravage la Côte d'Ivoire, où est logé le siège de CREPMF.

Pour couronner le tout, pendant que Caron tente de surmonter ce dernier obstacle, les mésententes avec le président du comité de gestion, Madia Diop[1], se multiplient et paralysent la structuration administrative du fonds. À la fin de 2004, constatant que rien ne va plus, Normand Caron doit se rendre à l'évidence et mettre un terme à son mandat. Personnellement responsable de la gestion de la somme mise à la disposition du projet par le gouvernement sénégalais, il demande au ministre des Finances de reprendre possession des fonds publics. Ainsi prend fin une saga de sept ans, au cours de laquelle Fernand a tout fait pour assurer la naissance d'un instrument économique aux mains des travailleurs et des travailleuses du Sénégal. Sa persévérance, comme celle de Caron n'a jamais fait défaut.

L'Algérie

Pendant toute cette saga, Fernand a tenté d'entraîner la FTQ et son Fonds dans la mise sur pied d'une structure permanente de transfert d'expertise. Il est encouragé en cela par Assane Diop[2], l'un des directeurs du Bureau international du travail (BIT). Si Fernand a eu une écoute sympathique du PDG du Fonds, Raymond Bachand[3], et des présidents de la FTQ Clément Godbout et Henri Massé, ces derniers sont réticents à s'engager dans une approche aussi systématique. Il en sera de même pour l'ensemble des activités internationales de la centrale jugées nécessaires, mais rarement prioritaires.

Les dirigeantEs de la FTQ et du Fonds soutiendront tout de même ses efforts dans quelques expériences spécifiques, dont celle d'Algérie. Dans ce dernier cas, les visites des secrétaires généraux de l'Union générale des

---

l'Ouest. Le CREPMF exige que l'on confie la collecte de fonds à un organisme de courtage, la formation économique à une fondation et l'investissement à un autre sous-traitant. Se conformer à ces exigences dénaturerait totalement le projet.

1. Lorsqu'il a quitté la présidence de la CNTS, Madia Diop a tenu à demeurer à la présidence du comité de gestion.
2. Ancien syndicaliste de la CNTS, il a été ministre du Travail sénégalais et a collaboré étroitement avec Normand Caron. Il souhaitait voir la FTQ développer conjointement avec le BIT un partenariat visant à « essaimer le concept sur les cinq continents ». Voir Caron, *op. cit.*
3. Raymond Bachand a succédé à Claude Blanchet en 1997 et a occupé le poste de PDG du Fonds jusqu'en 2002. Longtemps associé au PQ, notamment pendant la campagne référendaire de 1980, il deviendra député et ministre libéral en 2005. Il quitte la vie politique en 2013 après avoir échoué à se faire élire chef du PLQ.

travailleurs d'Algérie (UGTA), Abdelhak Benhamouda[1], en 1996, et Sidi Saïd, en 1997 sont les éléments déclencheurs. Les deux dirigeants sont emballés par l'expérience québécoise et disent souhaiter s'en inspirer dans leur pays. Sidi Saïd, quant à lui, développe des rapports particulièrement cordiaux avec le secrétaire général de la FTQ, Henri Massé[2].

Comme au Sénégal, le projet connaît une longue gestation. C'est Mohand Tessa, un syndicaliste algérien réfugié au Québec, au milieu des années 1990, qui a facilité les liens entre l'UGTA et la FTQ. Il avait lui-même organisé les missions des deux secrétaires généraux. Il a aussi agi comme secrétaire de Fernand Daoust pendant quelques mois et jouera un rôle crucial dans toutes les étapes du développement du fonds algérien, le Fonds de soutien à l'investissement pour l'emploi (FSIE). Tessa rappelle :

> Le premier contact de Fernand Daoust avec l'Algérie date de décembre 1997, lorsqu'invité par la centrale syndicale algérienne, il participa avec Gérald Larose de la CSN et Monique Richard de la CEQ au Congrès international consacré au thème *Intégrisme et libertés syndicales*. Entouré de nombreux congressistes admiratifs devant la simplicité et l'affabilité du personnage, Fernand fut parmi l'un des premiers à prendre la parole. Sa présence en terre algérienne en ces moments difficiles, disait-il, se voulait un témoignage de franche solidarité avec les travailleurs et travailleuses algériens, un message d'espoir quant à l'avenir du pays[3].

Henri Massé rencontre à nouveau Sidi Saïd à l'occasion du congrès de la Confédération internationale des syndicats libres (CISL), à Durban (Afrique du Sud), en avril 2000. Le courant passe toujours entre les deux hommes, qui conviennent de collaborer dans la mise sur pied du fonds algérien. Le mois suivant, Fernand est à Alger pour participer à une rencontre-débat portant sur l'expérience québécoise[4]. Au mois d'août, Henri Massé se rend lui-même en Algérie, accompagné du vice-président du Fonds, Jean Martin.

Au cours des années qui suivent, des études de faisabilité, des missions québécoises de soutien technique et la création d'un comité de pilotage assoient le projet sur des bases solides. Mohand Tessa est alors nommé directeur de projet. Il raconte :

---

1. Reconnu pour sa lutte contre les courants islamistes radicaux, Benhamouda, secrétaire général de l'UGTA depuis 1990, a été assassiné à sa sortie des locaux de la centrale syndicale en janvier 1997.
2. Élu secrétaire général en 1993, Henri Massé sera élu président de la FTQ en 1998. Il sera remplacé par Michel Arsenault en 2007.
3. Mohand Tessa, *Fernand Daoust et le rayonnement international du Fonds FTQ*, Montréal, 2014.
4. Y participent également Michel Blondin et Michel Coulombe.

Fernand Daoust, qui suivait pas à pas toutes les activités du projet, a multiplié les interventions, mobilisé ses contacts afin d'obtenir un financement de l'ACDI qui permettra au Fonds FTQ d'assurer un transfert d'expertise approprié et garantir la bonne marche des opérations. [...] L'accord de financement de l'ACDI est obtenu en décembre 2002 avec prise d'effet à partir de janvier 2003. À cette date, le relais de la supervision du projet du côté de la FTQ/Fonds sera assuré par Jean Martin. Fernand continuera à suivre les péripéties du montage du FSIE, mais on le sentait amer d'en avoir été dessaisi. Certains avancent l'hypothèse d'un motif relié aux déconvenues du projet au Sénégal[1].

Le FSIE ne deviendra opérationnel qu'en septembre 2007 avec la mise en place de son conseil d'administration et la désignation de son directeur général.

Une présence fiable

En marge de ses activités au Fonds de solidarité, Fernand s'engage dans des causes qui le passionnent. Il siège notamment à la Fondation Lionel-Groulx qui fait la promotion de l'histoire, de la langue et de la culture québécoise. On le retrouve à la Fondation Paul Gérin-Lajoie, un organisme de coopération internationale vouée au développement de l'accessibilité à l'éducation. Il siège aussi quelques années à l'Office franco-québécois pour la jeunesse (OFQJ). Dans tous les milieux où il s'investit, ses collègues apprécient sa constance et sa fiabilité. Proche de Yves Michaud[2], le Robin des banques, il le rejoint à la direction du Mouvement d'éducation et de défense des actionnaires (MÉDAC).

Fernand n'hésite pas, en 2000, à se porter à la défense de Michaud, lorsque ce dernier subit une condamnation unanime de l'Assemblée nationale du Québec. Dans ce geste unique dans l'histoire de la législature du Québec, les députéEs croyaient dénoncer les déclarations antisémites du bouillant polémiste. Le problème, c'est que la quasi-totalité des éluEs n'avait pas pris connaissance des propos exacts de Michaud avant de jeter l'opprobre sur lui.

---

1. Tessa, *op. cit.*
2. Yves Michaud, né en 1930, a été journaliste avant de devenir député libéral en 1966. En 1969, il s'illustre avec René Lévesque et une poignée de députéEs en s'opposant à l'adoption de la loi 63. Il fonde et dirige le journal *Le Jour*. Il occupe ensuite différentes fonctions au gouvernement du Québec, dont celle de Délégué général du Québec à Paris. En 1993, Michaud est floué, comme beaucoup d'autres actionnaires, par la faillite du Trust général du Canada récupéré par la Banque Nationale. Révolté des agissements inconsidérés des dirigeants des banques et autres institutions financières, il devient le défenseur des petits actionnaires en fondant, en 1995, l'Association de protection des épargnants et investisseurs du Québec (APEIQ), rebaptisée MÉDAC en 2005.

Comparaissant devant les États généraux sur la situation et l'avenir de la langue française, le 13 décembre, Yves Michaud s'était livré à un ardent plaidoyer en faveur du renforcement des mesures législatives en matière linguistique. Se disant « inquiet, pour ne pas dire angoissé sur l'avenir de notre langue », il déplorait « la laborieuse et presque inefficace intégration de la majorité des immigrants au Québec ». Affirmant que « la souveraineté du Québec est impensable sans le soutien, l'apport et la volonté d'un nombre substantiel de Néo-Québécois qui feront route avec nous et contribueront à l'édification d'une société de justice sociale et de liberté[1] », il plaidait pour un effort soutenu de l'intégration des immigrantEs.

Le tort de ce volubile orateur fut de sortir de son texte. Il s'indignait de l'unanimité anti-souverainiste constatée dans douze bureaux de vote de la circonscription de Côte-Saint-Luc. Il fustigeait aussi l'aile québécoise du mouvement B'nai B'rith[2], le qualifiant d'extrémiste et d'anti-souverainiste. Il faisait enfin quelques boutades au détriment de personnages comme Mordecai Richler et Howard Galganov, tous deux reconnus pour leur agressivité à l'encontre du nationalisme québécois.

On sait qu'on trouve une forte présence de citoyenNEs de confession juive dans Côte-Saint-Luc ; Richler et Galganov sont aussi membres de la communauté juive. Les porte-parole de B'nai B'rith, présents dans la salle, n'hésitent pas à faire l'amalgame. Le jour même, ils crient à l'antisémitisme. Ils réclament du premier ministre Lucien Bouchard qu'il dénonce cet outrage innommable. Ce dernier, obsédé par la crainte de voir son parti associé au nationalisme ethnique, est très sensible à leurs arguments.

Main dans la main avec l'opposition libérale, il invite sa députation à se conformer à la ligne de parti. L'ensemble des députéEs péquistes présentEs vote une motion qui « dénonce, sans nuance, de façon claire et unanime, les propos inacceptables à l'égard des communautés ethniques et en particulier à l'égard de la communauté juive tenus par Yves Michaud[3] ».

Le caractère excessif de cette condamnation apparaît lorsqu'on entend Robert Libman, porte-parole québécois de B'nai B'rith, avouer candide-

---

1. Texte de l'intervention de Yves Michaud à la Commission des États généraux sur la langue française, le 13 décembre 2000.
2. Fondé à New York en 1843, l'Ordre du B'nai B'rith (Les fils de l'Alliance, en hébreu) s'est inspiré du modèle des organisations maçonniques. Œuvre de bienfaisance au service de la communauté juive, elle combat l'antisémitisme dans le monde. Au Québec, elle fut au cœur de polémiques agressives contre le nationalisme et de ses grandes revendications.
3. Résolution adoptée unanimement à l'Assemblée nationale du Québec, le 14 décembre 2000.

ment : « On n'a jamais demandé un vote de blâme à l'Assemblée nationale ; tout cela nous a étonnés énormément. »

Fernand est l'un des premiers à signer une pétition de protestation publiée dans *Le Devoir*[1]. Un grand nombre de députéEs péquistes avoue-ront publiquement avoir commis une grave injustice envers Yves Michaud. Des tentatives pour reconsidérer le vote et pour une éventuelle réparation de la part de l'Assemblée nationale sont menées, notamment par Fernand, qui intervient auprès du vice-premier ministre, Bernard Landry. Elles n'abou-tiront pas. Quinze ans plus tard, Yves Michaud estime toujours avoir subi une exécution sommaire[2].

Cet épisode rappelle curieusement à Fernand le « *Kangaroo Court* » auquel il avait été soumis en 1966, lorsqu'il avait lui-même été taxé d'antisémitisme par des syndicalistes de l'industrie du vêtement[3]. Heureusement, dans son cas, l'issue avait été moins dramatique. Il a pu faire une longue carrière à la FTQ en côtoyant sereinement ceux et celles qui l'avaient injustement accusé.

Une grande fierté et quelques regrets

Au cours des dernières années, Fernand Daoust a quelque peu ralenti ses activités. Il consacre plus de temps à Ghyslaine, sa compagne de toujours, dont l'état de santé requiert une assistance plus suivie de sa part. Il apprécie la chaleur de la présence de ses filles, Josée et Isabelle. Pourtant il se voit mal dans le rôle d'un tranquille retraité.

Il milite toujours au MÉDAC et va régulièrement à son bureau du Fonds de solidarité, où il conserve toujours le titre symbolique de conseiller du président. Il aime y discuter avec des syndicalistes jeunes et moins jeunes venuEs le consulter ou s'arrêtant simplement pour faire un brin de causette avec cet homme affable, toujours curieux de tout.

Au Fonds, il demeure cependant en marge des centres de décision. De fait, après la fin de son mandat de président du conseil d'administration, en 1996, il n'a pas été mêlé de près ou de loin à la gestion de l'institution financière. Il n'en a pas moins observé avec fierté sa progression et son enra-cinement dans l'économie québécoise.

---

1. « Pétition – Solidarité Yves Michaud. Défense de la liberté d'opinion et d'expres-sion », *Le Devoir*, 19 décembre 2000. Elle est republiée dans le même journal le 10 janvier 2001, renforcée par l'appui de plusieurs exécutifs, de dirigeantEs des régions et de militantEs du PQ et de dizaines de citoyenNEs de tout le Québec.
2. Voir Michel David, « Honteux anniversaire », *Le Devoir*, 28 octobre 2010, Gaston Deschênes, *L'Affaire Michaud : chronique d'une exécution parlementaire*, Québec, Septentrion, 2010, Jacques Lanctôt, *Yves Michaud, un diable d'homme!*, Montréal, VLB éditeur, 2013.
3. Voir chapitre 2 du présent ouvrage.

Il est surtout heureux de constater la pérennité et la vigueur de cette grande centrale syndicale qu'il a contribué à mettre au monde, la FTQ. Il admire particulièrement sa grande capacité de canalisation des énergies de ses membres et d'expression de leurs aspirations. Il sait le rôle déterminant qu'elle a joué et joue encore dans le développement et la préservation des grands acquis sociaux.

Attentif à l'évolution de son pays tant aimé, le Québec, il regrette que son peuple n'ait pas encore décidé d'assumer pleinement sa souveraineté. Il demeure préoccupé au plus haut point du statut toujours fragile de cette langue française pour laquelle il s'est battu sans relâche tout au long de sa vie militante.

Peu enclin à se glorifier ou à se satisfaire des victoires passées, il peut tout de même contempler avec sérénité le parcours accompli. Le chemin de cet homme n'a jamais dévié de l'itinéraire qu'il s'était fixé très jeune. Toute sa vie a été consacrée à instaurer plus de justice et de dignité dans la société qui l'a vu naître.

1926   Le 26 octobre, naissance de Fernand Daoust, troisième fils d'Éva
         Gobeil et de René Daoust.
1927   René Daoust quitte sa famille. Éva est hébergée chez son père
         (rue des Érables), Albert Gobeil, avec ses trois fils. Elle installe
         sa famille par la suite dans de petits logements du « Faubourg à
         m'lasse », dont elle déménage plusieurs fois.
1936   Arrivée de la famille dans le Quartier latin, sur la rue Émery.
         Rencontre ratée de Fernand avec son père.
1941   Fernand adhère au mouvement des Jeunes Laurentiens.
1942   La famille s'établit au 347 de la Montée du Zouave (terrasse Saint-
         Denis). La même année, le frère aîné de Fernand Daoust est tué
         accidentellement.
         Fernand s'engage dans la campagne électorale du candidat anti-
         conscription Jean Drapeau.
1943   Il entre au cours scientifique à l'École du Plateau, au Parc La
         Fontaine.
1945   Il entreprend des études à la faculté des sciences de l'Université de
         Montréal.
1946   Il assiste aux travaux de l'Organisation internationale du travail,
         tenus exceptionnellement à Montréal.
1947   Il s'inscrit à l'École des relations industrielles de l'Université de
         Montréal en compagnie de son ami André Thibaudeau. Ils décou-
         vrent les idées de droite et de gauche incarnées respectivement par
         les jésuites Bouvier et Cousineau.
1949   Avec un groupe d'étudiants de l'Université recrutés par le père
         Cousineau, Fernand appuie les grévistes de l'amiante à Thetford
         Mines.

1950   Il est embauché par Roger Provost à l'Union de la sacoche. André Thibodeau l'y rejoint quelques mois plus tard, mais n'y reste pas longtemps, parce qu'il est embauché au CCT.

1951   Fernand rejoint son ami Thibaudeau au CCT.

1952   Grèves chez *Simmons Bedding* et chez *Dupuis Frères*.
      Fondation de la Fédération des unions industrielles du Québec.

1953   Duplessis annonce l'adoption prochaine des projets de loi 19 et 20, deux lois antisyndicales.

1954   La FUIQ, la CTCC et l'Alliance des professeurs de Montréal organisent une grande marche de protestation. La FPTQ n'en est pas.
      Fernand est élu secrétaire au Conseil du travail de Montréal. Quelques mois plus tard, Huguette Plamondon en devient la présidente.

1955   En congrès à Joliette, la FUIQ adopte le *Manifeste au peuple du Québec*.
      Aux États-Unis, l'AFL et le CIO fusionnent.

1956   Au Canada, le CMTC et le CCT fusionnent et créent ensemble le Congrès du travail du Canada (CTC).
      Fernand épouse Ghyslaine Coallier.

1957   Naissance de sa fille Josée.

1958   La FUIQ et la FPTQ fusionnent à leur tour et forment la Fédération des travailleurs du Québec.
      Début de la grève de Murdochville.

1959   Fernand devient représentant du Syndicat international des travailleurs des industries pétrolière, chimique et atomique (SITIPCA).

1960   Les libéraux sont élus à Québec, après seize ans de pouvoir ininterrompu de l'Union nationale.

1961   Fondation du Nouveau parti démocratique (NPD). Création du Conseil provisoire du NPD-Québec.

1962   Fernand est candidat du NPD dans la criconscription de Maisonneuve-Rosemont lors de l'élection fédérale.
      Le gouvernement libéral du Québec annonce la nationalisation de l'électricité.

1963   En janvier, Fernand hérite de la présidence du Conseil provisoire du NPD-Québec.
      En avril, il est à nouveau candidat du NPD dans la circonscription de Maisonneuve-Rosemont. Défait, il recueille tout de même le meilleur score du NPD au Québec.
      Fin juin et début juillet, Fernand préside le congrès d'orientation du NPD-Québec où est décidé de créer le Parti socialiste du Québec (PSQ), indépendant du NPD.

1964   Bataille du Bill 64.

Le président de la FTQ, Roger Provost, décède.

Lors d'un Conseil exécutif extraordinaire, Fernand et Louis Laberge sont candidats à sa succession. Laberge l'emporte par une voix. Fernand est élu vice-président.

1965   Fernand est candidat au poste de secrétaire général de la FTQ. Il est battu par Gérard Rancourt.

1966   Naissance de sa fille Isabelle.

Les libéraux perdent le pouvoir aux mains de l'Union nationale de Daniel Johnson.

Fernand participe à la campagne de syndicalisation que mène le SCFP auprès des salariéEs d'Hydro-Québec.

1967   Les services de Fernand sont à nouveau requis par le SCFP qui fait campagne auprès des employés de la production de Radio-Canada. Il devient membre du Conseil supérieur de l'Éducation (jusqu'en 1974).

1968   Grandes perturbations sociales et politiques.

En congrès, les revendications d'autonomie de la FTQ sont ignorées par le CTC.

Fernand quitte le SITIPCA et devient directeur québécois du SCFP. Il demeure vice-président de la FTQ.

Le débat linguistique s'intensifie. La FTQ reste en retrait.

1969   Fernand dirige la négociation à Hydro-Québec.

Il devient commissaire à la Commission scolaire des écoles catholiques de Montréal (de juillet 1969 à juin 1973).

En congrès, en décembre, Fernand est élu secrétaire général de la centrale. Il a l'appui du président Louis Laberge, avec qui il formera un tandem pendant plus de vingt ans à la direction de la FTQ. Au cours de ce congrès, la FTQ adopte une politique de la langue.

1970   Le Parti québécois participe à une première élection. Il obtient 23,06 % du suffrage et fait élire sept députés.

Octobre, enlèvement du diplomate James Richard Cross et du ministre Pierre Laporte par le Front de libération du Québec (FLQ). Loi sur les mesures de guerre imposée par le gouvernement fédéral. Avec René Lévesque, Claude Ryan, plusieurs personnalités québécoises, les dirigeants de la CSN et de la CEQ, Fernand Daoust et Louis Laberge demandent aux autorités de négocier avec le FLQ. Les centrales syndicales s'opposent aussi fermement aux suppressions des libertés civiles.

1971   Lock-out au journal *La Presse* et grande manifestation inter-
        syndicale brutalement réprimée par la police. Rassemblement
        intersyndical de solidarité au Forum de Montréal.
        Congrès de la FTQ au cours duquel est adopté le manifeste *L'État
        rouage de notre exploitation.* Le congrès se prononce en faveur du
        français seule langue officielle du Québec et adopte une résolu-
        tion qui reconnaît au Québec le droit à la souveraineté.

1972   Grève du premier front commun du secteur public. Les présidents
        de la FTQ, de la CSN et de la CEQ sont emprisonnés pour avoir
        incité les grévistes à défier une injonction. Pendant l'emprisonne-
        ment du président, Fernand est seul à la barre de la FTQ.
        Fernand est membre du conseil d'administration de l'Institut de
        recherche appliquée sur le travail (IRAT) et le demeure jusqu'à la
        fermeture en 1994.
        En décembre, les 310 salariéEs de la *Regent Knitting Mills* occupent
        leur usine. Cette remise en question du pouvoir patronal, appuyée
        et suivie de près par Fernand, mènera, trois ans plus tard, à l'expé-
        rience d'autogestion de *Tricofil.*

1973   Plusieurs syndicats de la FTQ en grève cette année-là affrontent
        des briseurs de grève. Plusieurs groupes de la CSN vivent la même
        situation. Ensemble, ils échangent des piqueteurs et développent
        des stratégies solidaires. 400 grévistes des deux centrales occupent
        le ministère du Travail et réclament une loi anti-scab.
        Au congrès de la FTQ, les déléguéEs votent pour le recours à la
        grève générale.
        Fernand jette les bases du service d'éducation de la FTQ en
        embauchant un premier directeur.

1974   En janvier, commence la longue et dure lutte des salariéEs de la
        United Aircraft.
        En mars, le chantier de la baie James est le théâtre d'une explosion
        de violence. Le gouvernement Bourassa institue une commission
        d'enquête présidée par le juge Robert Cliche.
        Au congrès du CTC, en mai, la FTQ récupère la responsabilité de
        l'éducation syndicale et des conseils du travail. C'est un premier
        pas vers l'autonomie par rapport au CTC.
        En juin, fermeture de la *Regent Knitting Mills* à Saint-Jérôme.
        En congrès spécial, le 1er décembre, le Conseil provincial des
        métiers de la construction (FTQ) se soumet à la tutelle de la FTQ.
        Fernand est nommé tuteur du Conseil et de la section locale 791
        des Opérateurs de machinerie lourde.

1975   Le collectif des travailleurs et des travailleuses de la *Regent Knitting Mills* crée la *Société populaire Tricofil inc.*

Le 6 mai, dépôt du rapport de la Commission Cliche qui recommande l'adoption de lois répressives.

Le 12 mai, occupation de l'usine de la *United Aircraft*, brutalement réprimée par la police. 21 mai, débrayage de solidarité de 100 000 syndiquéEs de la FTQ. Règlement du conflit en août.

Le 3 octobre, Fernand met fin à sa tutelle sur le Conseil provincial des métiers de la construction.

Le 14 octobre, le gouvernement fédéral impose un programme anti-inflation prévoyant le contrôle des salaires. Le gouvernement du Québec fait de même.

En congrès, la FTQ décide d'appuyer le PQ aux prochaines élections.

La centrale se voit aussi dotée de plus grands pouvoirs d'enquêtes sur ses affiliés.

1976   La FTQ fait campagne pour le PQ, qui prend le pouvoir le 15 novembre.

1977   Adoption de la Charte de la langue française. Fernand est l'un des cinq membres de l'Office de la langue française. Il y siégera jusqu'en 2002.

1980   La FTQ fait campagne pour le OUI lors du premier référendum québécois.

1981   La FTQ appuie à nouveau le PQ lors de l'élection du 21 avril.

1982   Rapatriement et promulgation de la constitution sans l'accord du Québec.

Coupes des salaires et loi répressive imposées aux salariéEs du secteur public par le gouvernement du PQ.

1983   Création du Fonds de solidarité. Fernand est nommé secrétaire du conseil d'administration.

1984   Fernand devient membre du conseil d'administration de l'UQAM (jusqu'en 1990).

Il est aussi nommé au Centre canadien du marché du travail et de la productivité (jusqu'en 1994).

1985   En réaction à la répression des salariéEs du secteur public, un congrès extraordinaire de la FTQ refuse de renouveler l'appui au PQ en prévision des prochaines élections. Les libéraux reprennent le pouvoir.

1987   Les statuts de la FTQ prévoient désormais que trois postes sont réservés aux femmes au bureau de direction de la centrale.

1990   Le 24 juin, la FTQ rend publique son adhésion pleine et entière à l'objectif de la souveraineté du Québec.

1991   Louis Laberge est remplacé par Fernand Daoust à la présidence de la FTQ.

1992   Défaite du candidat de la FTQ au Congrès du travail du Canada. Fernand qualifie cet événement de rupture historique. Il entreprend des négociations intensives avec la centrale canadienne sur les pouvoirs et les ressources de la FTQ.

1993   Lors du congrès, une entente est signée avec le CTC qui reconnaît à la FTQ un statut qualifié de « souveraineté-association ». Fernand termine son mandat de président de la FTQ.

1994   Fernand préside le Conseil d'administration du Fonds de solidarité jusqu'en 1996.

1995   Il est nommé membre du conseil d'administration de l'Université de Montréal.

Il adhère à l'Association de protection des épargnants et des investisseurs du Québec qui devient le Mouvement d'éducation et de défense des actionnaires en 2005.

Le 28 novembre, il est victime d'un grave accident de voiture qui le contraindra à de longs mois de rééducation.

1996   Fernand est nommé vice-président aux affaires internationales du Fonds de solidarité. Il est notamment l'un des ambassadeurs du Fonds au sein du mouvement syndical international et participe activement à deux expériences de transfert d'expertise au Sénégal et en Algérie.

Il est nommé membre du conseil d'administration de la Fondation Lionel-Groulx. Il y sera jusqu'en 2013.

1997   Il est nommé membre du conseil d'administration de l'Office franco-québécois pour la jeunesse. Il y siégera jusqu'en 2007.

1999   Il est nommé membre du conseil d'administration de la Fondation Paul Gérin-Lajoie. Il quittera ce poste en 2013.

Annexe 2

Distinctions reçues par Fernand Daoust

1989   *Médaille d'argent* du Mouvement national des Québécoises et des Québécois pour services rendus au Québec.

1994   Ordre des francophones d'Amérique.

1998   Prix Georges-Émile Lapalme.

1998   Patriote de l'année.

2001   Chevalier de l'Ordre national du Québec.

STRUCTURES SYNDICALES NORD-AMÉRICAINES	
SYNDICALISME DE MÉTIER	**SYNDICALISME INDUSTRIEL**

	SYNDICALISME DE MÉTIER	**SYNDICALISME INDUSTRIEL**
ÉTATS-UNIS	American Federation of Labor (AFL) 1886	Congress of Industrial Organizations (CIO) 1938
	AFL-CIO 1955	
CANADA	Congrès des métiers et du travail du Canada (CMTC) 1886	Congrès canadien du travail (CCT) 1940
	Congrès du travail du Canada (CTC) 1956	
QUÉBEC industrielles	Fédération provinciale du travail du Québec (FPTQ) 1937	Fédération des unions industrielles du Québec (FUIQ) 1952
	Fédération des travailleurs du Québec (FTQ) 1957 Fédération des travailleurs et travailleuses du Québec (FTQ) 1985	
MONTRÉAL	Conseil central des métiers et du travail de Montréal (CCMTM) 1886 Conseil des métiers et du travail de Montréal (CMTM) 1903	Conseil du travail de Montréal (CTM) 1940
	Conseil du travail de Montréal (CTM) 1958 Conseil régional FTQ Montréal métropolitain (CRFTQMM) 2001	

Index des noms

ALBERT, Serge, 279
ALLAIRE, Jean, 357-358
ALLENDE, Salvador, 248
ANGERS, François-Albert, 219, 336
ARCHAMBAULT, Gilles,58
ARSENAULT, Michel, 27, 368
ASSELIN, André, 48, 76, 119, 137
AUBRY, Nicole, 220
AUDETTE, Florent, 101, 133
AUF DER MAUR, Nick, 133

BACHAND, François-Mario, 68
BACHAND, Raymond, 367
BEAUCHAMP, Marie-Paule, 202
BEAUDIN, Philémon, 137
BEAUDRY, Guy, 48
BEAUDRY, Jean, 77, 297, 304 313,
    315-316
BEAUGRAND-CHAMPAGNE, Paule, 58
BÉDARD, Jean-Marie, 17, 22, 62, 160
BÉDARD, Roger, 305
BÉLANGER, Jean-Pierre, 249-250, 252,
    256, 263, 307
BÉLANGER, Louis, 209
BÉLANGER, Michel, 355-357
BELLEMARE, Diane, 296
BELLEMARE, Maurice, 98, 110
BELLEMARE, Mendoza, 91
BELLEMARE, Yvon, 91
BENHAMOUDA, Abdelhak, 368
BERGERON, J. Albert, 17
BERTHIAUME, Trefflé, 143
BERTRAND, Jean-Jacques, 63, 100, 109
BISAILLON, Guy, 167, 174-175

BISSONNETTE, Diane, 277
BLANCHET, Claude, 217, 293-294,
    364, 367
BLONDIN, Michel, 250, 254, 368
BOIVIN, Jean-Roch, 67
BOUCHARD, Jacques, 193
BOUCHARD, Lucien, 182, 223, 370
BOUCHARD, Robert, 77, 87, 244, 265,
    268-269
BOUCHER, Gaétan, 268
BOUCHER, Nicole, 251
BOUCHER, Paul-André, 154-155, 198,
    201-203, 292
BOUDREAU, Émile, 17, 22, 77, 84, 87,
    113 122-123, 125, 128, 137, 163,
    233, 238, 244, 264, 266-268, 290,
    308-309, 332
BOUDREAU, Fernand, 217
BOUDREAU, Gertrude, 238
BOURASSA, Guy, 256
BOURASSA, Robert, 124, 132-136, 165-
    166, 169, 175, 179, 182, 193, 199,
    204-205, 279, 283-284, 297, 299-
    302, 311, 333-335, 339-341, 346-
    347, 353, 355, 357-358, 376
BOURDON, Michel, 51-54,160
BOURDUAS, Jean-Pierre, 144, 240
BOURGAULT, Pierre, 67-68, 140, 339-
    340, 346, 353, 355, 358
BOURQUE, Jean-Louis, 346
BOUVIER, Émile, 373
BRILLANT (famille), 43
BRISSETTE, Anne, 263
BROADBENT, Ed, 353

BROUILLETTE, Denyse, 240
BROUILLETTE, Michèle, 217, 277
BRÛLÉ, Jacques, 48, 76, 96, 110, 120, 151
BRUNEAU-ROBITAILLE, Claire, 172, 220, 237, 240
BRUNO, Antonio, 118, 137, 164
BUREAU, Marcel, 128
BURNS, Robert, 125, 128, 146, 148, 169, 173, 175
CALUORI, Aldo, 17, 120, 137
CAMPEAU, Jean (Hydro-Québec), 108
CAMPEAU, Jean (Commission Bélanger-Campeau), 355-357
CAOUETTE, Réal, 135
CARDINAL, Jean-Guy, 109
CARON, Normand, 252-253, 294, 365-367
CARR, Shirley, 217, 316-317, 319, 322
CASGRAIN, Thérèse, 19-20
CHALOULT, Jacques, 248
CHAMPAGNE, Jean-Paul, 192
CHARBONNEAU, Yvon, 132, 146, 151-152, 213, 291
CHARPENTIER, Yvette, 273
CHARRON, Claude, 92, 95, 122, 125, 175
CHARTRAND, Michel, 57, 62, 101, 118, 132-133, 147
CHEVRETTE, Guy, 181-182, 185, 190
CHOLETTE, Gaston, 336-337
CHOQUETTE, André, 168-169, 177-178, 180
CHOQUETTE, Jérôme, 130-131, 169, 205, 341
CLARK, Marcel, 125
CLICHE, Paul, 128, 133
CLICHE, Robert, 11, 32, 68, 91-92, 148, 166, 176, 182, 185-190, 192-193, 376
CONSTANTINEAU, Michel, 209
COPP, Terry, 255-256
CORBO, Jean, 129
CÔTÉ, Lise, 260
CÔTÉ, Michel, 280
COULOMBE, Michel, 368
COURNOYER, Jean, 153, 162, 177, 271
COUSINEAU, Guy, 220, 322, 324-325, 373
COUSINEAU, Léa, 251

CROSS, James Richard, 129, 134, 375
CUERRIER, Charles, 48
CYR, François, 306

DAIGLE, Amédée, 159
DALCOURT, Jean-Guy, 46, 48
DALPÉ, Paul, 159
DANSEREAU, Fernand, 154
DAOUST, André, 207
DAOUST (née Gobeil), Éva, 273
DAOUST, Ghyslaine (née Coallier), 16-17, 48-49, 74, 90-91, 112, 208-211, 220-222, 224, 363, 371, 374
DAOUST, Isabelle, 48, 207-208, 210-211, 213, 221-222, 224, 363, 371, 375
DAOUST, Josée, 48-49, 90-91, 207-211, 213, 221-222, 224, 281, 363, 371, 374
DAOUST, Paul-Émile, 373
DAOUST, René, 373
DAVID, Hélène, 255-256
DEAN, Robert (Bob), 47, 120, 166, 171, 173, 177-178, 180, 214, 297
DE COURCY, Diane, 224
DEMERS, Robert, 216, 240, 261, 269
DESAULNIERS, Guy-Merrill, 44
DESCHAMPS, Johanne, 253
DESJARDINS, André, 97, 186-187, 189
DESMARAIS, Paul, 143
DESROSIERS, Richard, 256
DEVLIN, Charles, 17
DION, Jacques, 159
DION, Jean-Claude, 46, 48, 76
DIOP, Assane, 367
DIOP, Madia, 365-367
DIOUF, Abdou, 366
DOCQUIER, Gérard, 91, 319
DODGE, William (Bill), 78, 80-82, 87-88
DOR, Georges, 176
DOUGLAS, Tommy, 92
DRAPEAU, Jean, 92-94, 107, 120, 128, 133, 135, 145, 148, 373
DROLET, Léo, 216
DUBČEK, Alexander, 90
DUBOIS, Claude, 176, 294
DUBREUIL, Jean-Claude, 128
DUCEPPE, Gilles, 92

Ducharme, Claude, , 47, 74, 76, 108, 222
Dufour, Gaétan, 239-240, 261
Dufresne, Pierre, 173
Duhamel, Roger, 336
Duhamel, Yvon, 181-182
Dulude, Yves, 111, 239-240, 248
Dumais, Mario, 256
Dumont, Mario, 358
Duplessis, Maurice, 9, 24, 44, 53, 57, 63-64, 128, 175, 179, 284, 374
Dupuis, Pierre, 253, 269-270

Eady, Francis, 50
Élizabeth II, 28
Émond, Robert, 279

Favreau, Guy, 66
Favreau, Louis, 128, 250
Favreau, Robert, 162
Filiatrault, Denise, 176
Fillion, Hélène, 208
Fillion, Liliane, 220
Flamand, Antonio, 117
Fonda, Jane, 175
Forest, Yvon, 47, 76
Forestier, Louise, 176
Fortier, Pierre, 300
Fournier, Louis, 11, 22, 294
Fraser, Normand, 48, 76, 278
Freire, Paolo, 250
Frenette, Jean-Guy, 111, 126-127, 131, 147, 150, 197-198, 200-203, 221, 240, 243-244, 256, 260, 291-293, 307, 321
Fulton, David, 66
Furtado, Frank, 209

Gagné, François, 307
Gagné, Pierre , 95
Gagné, Théo, 17, 117-118, 137
Gagnon, Bernard, 269
Gagnon, Charles, 132-133
Gagnon, Denise, 253
Gagnon, Édouard, 115-116, 156-157, 248, 305, 308
Gagnon, Hélène V., 224
Gagnon, Henri, 62
Gagnon, Lysiane, 133
Gagnon, Mona-Josée, 131, 158, 219,

231, 240-242, 260, 273-274, 279, 296, 346
Galganov, Howard, 370
Garneau, Michel, 133
Garon, Jacques, 296
Gaulin, Maurice, 17, 33, 52-54, 76, 137
Gaulin, Robert, 291
Gaulle, Charles de, 61, 66, 99
Gauthier, Claude, 176
Gauthier, Lise, 240, 261
Gauthier, Michèle, 146-147
Gautrin, Henri-François, 101
Gauvin, Charles, 234
Gendron, Jean-Denis, 113, 333, 335, 337, 339-340
Genest, Roger, 252, 267-268
Geoffroy, Pierre-Paul, 68
Gérin-Lajoie, Jean, 16-17, 21, 23, 27, 30, 36, 38-41, 56, 65-66, 77, 87, 99, 110, 113-115, 120, 123, 128, 130-131, 149-150, 163, 219, 227, 241, 255-257, 297, 309, 311-313, 315, 332, 389
Gérin-Lajoie, Paul, 62, 362, 378
Gill, Louis, 255-257
Gingras, Carole, 218, 276
Girard, Léo, 324
Gobeil, Aimé, 207
Gobeil, Albert, 373
Gobeil, Éva (Daoust), 207, 273, 373
Gobeil, Paul, 300
Godbout, Adélard, 43, 284
Godbout, Clément, 118,164, 218, 220-221, 223, 322-324, 364, 367
Godbout, Jacques, 208-209
Godin, Gérald, 116, 133, 150, 236, 279, 336, 345
Goedike, Roland, 17-18, 21
Gonthier, Jean-Marie, 168, 170-171, 173, 178, 214, 245, 252, 268-269, 389
Goyer, Aimé, 299
Goyette, Robert, 272
Grand'Maison, Jacques, 154, 157
Grant, Michel, 76, 95-96, 242-243
Grégoire, Gilles, 67
Grenier, Claude, 218, 277
Grenier, Jean, 128
Grondines, Laval, 126

GROVER, Marvin, 155
GUÉRIN, Carmen, 220

HALE, Philippe, 128
HAMELIN, Jacques, 202
HAREL, Louise, 92
HARPER, Stephen, 129, 362
HARTMAN, Grace, 313
HAYWOOD, Carole, 277

HÉBERT, Maurice, 116, 248, 305
HÉTU, Jean-Paul, 248
HITLER, Adolf, 352
HUBERT, Bernard, 202
HUDON, Normand, 63
HURENS, Johanne, 275
HURTUBISE, Jacques, 93

INGERMAN, Sydney, 255

JASMIN, Claude, 52-53
JAUNIAUX, Jean-Jacques, 116, 247, 252, 255-256
JOBIN, Maurice, 67
JODOIN, Claude, 19, 23-24, 32, 76-77, 213
JOHNSON, Daniel, 63-64, 66, 99-100, 102, 375
JORON, Guy, 125
JOUVET, Jean-Charles, 233
JULIEN, Pauline, 77, 133, 176
JUTRAS, Paul-Émile, 17, 19, 21

KEATON, Robert, 256
KENNEDY, Robert, 90, 91
KIERANS, Eric, 62

LABERGE, Louis, 11, 16-18, 21-25, 30-32, 34-36, 47, 51, 54, 65-66, 69-70, 76-77, 80-82, 85-88, 97-99, 110-120, 122-125, 129, 132, 136-138, 144, 146-153, 162, 171-172, 174, 178, 181-182, 184-187, 204, 213-214, 217, 219, 227-231, 237, 240, 242-246, 249, 264-265, 267, 269, 271, 283, 287, 291-294, 296-297, 299, 304-307, 309-310, 313-319, 322, 333, 335-336, 338, 351, 353, 355-356, 359, 361, 375, 378
LACHANCE, Robert, 134

LAFONTAINE, Jean-Marie, 202
LAFRENIÈRE, Jacques, 77-78
LALIBERTÉ, Raymond, 126, 213
LAMBERT, G., 313
LAMPRON, Roger, 17, 20-21, 47, 93
LANDRY, Bernard, 223, 287, 371
LAPLANTE, André, 219, 253, 263
LAPLANTE, Marcel, 76
LAPOINTE, Adolphe, 128
LAPORTE, Gilles, 179
LAPORTE, Pierre, 131, 134-135, 375
LAPORTE, Pierre-Étienne, 208, 220, 362
LARAMÉE, Roger, , 48, 76
LAROCHE, Joseph-François (dit Pit), 137
LAROCQUE, Monique, 216
LAROSE, Gérald, 368
LARUE-LANGLOIS, Jacques, 133
LAURENDEAU, France, 260
LAURIN, Camille, 67, 125, 132, 215, 342
LAUTMAN, Harry, 78
LAUZON, Adèle, 146, 240
LAVIOLETTE, Benoît, 17, 19, 21
LAVOIE, Jacqueline, 74, 231
LAVOIE, Robert, 240, 245, 265, 267-268
LEBLANC, Alonzo, 133
LEBLANC, Francine, 295
LEBLANC, Thérèse, 240
LE BRASSEUR, Lola, 281
LEBRUN, Léo, 73, 93, 233
LECLERC, André (l'auteur), 76, 96, 101,105, 115-116, 131, 137, 144, 146-147, 150, 154, 162, 177, 187-188, 224, 240, 243, 246, 262, 271-272, 281, 295, 307, 320, 324-325
LECLERC, Marcelle, 76
LECLERC, Nicole, 76
LECLERC, Yvon, 116, 156-157, 305
LEDOUX, José, 178
LEDUC, Guy, 169
LEGAULT, Éliane, 366
LEGENDRE, Raymond, 47, 101
LÉGER, Manon, 128
LÉGER, Marcel, 125, 214
LEMIEUX, Raymond, 98
LEMIEUX, Robert, 133

Léonard, Jean-François, 128
Lépine, Gilles, 76
Lépine, Sylvie, 277
Lesage, Jean, , 61-64, 284-285
Lessard, Lucien, 125
Letendre, Jacques, 216
Léveillée, Gilles, 264
Lévesque, Raymond, 176
Lévesque, René, 51, 61-63, 66-68,
    117, 119, 122-124, 131-133, 135,
    140, 146, 148, 175-176, 180, 204,
    213, 253, 269, 285-286, 291, 293,
    298, 334, 342, 350, 352, 369, 375
L'Heureux, André, 57
L'Heureux, François, 254
Libman, Robert, 370
Linds, Saul, 36, 38-40, 114
Lipsig-Mummé, Carla, 256
Lisée, Jean-François, 224
Little, Stan, 50, 73, 75, 87
Lizée, Michel, 248-249
Longtin, Oscar, 17
Lorrain, Louis-Henri, 33, 78
Losachiavo, Mario, 220
Luther King, Martin, 90

MacDonald, Donald, 76, 78-79, 82-
    88, 151, 304, 308, 316
Maheu, Louis, 255-256
Maheu, Pierre, 239
Mahoney, William, 84, 86
Major, Claude, 296
Major, Julien, 33, 91, 256, 264-265,
    316, 319
Mao, Zedong, 89
Marchand, Jean, 24, 55-57, 135, 159
Marois, Pierre, 175, 200, 215, 269,
    292-293
Martin, Alexis, 209
Martin, Claire, 240
Martin, Dick, 221, 328
Martin, Jean, 368-369
Martin, Louis, 208-210, 220, 269
Martin, Luc, 256, 336
Martin, Yves, 269
Masey, Emil, 170, 172-173
Massé, Henri, 367-368
Mathieu, Roméo, 15, 22, 34, 79,
    86-87
Matte, Michel, 252-253

McBrearty, Lawrence, 218
McDermott, Dennis, 171-172, 318-
    319
McManus, Gérald, 17, 19
Meany, Georges, 24
Meidner, Rudolph, 289
Melançon, Victor, 96
Ménard, Jean-Claude, 154, 157, 202
Mercier, Richard, 320, 322
Mérineau, Claude, 69, 110
Messier, André, 160, 217, 219, 241,
    263-264, 311
Messier, Hélène, 217
Michaud, Yves, 117, 369-371
Michel, Jacques, 176
Miller, Lorraine, 279
Miller, Louise, 253
Mireault, Claude, 46, 48
Miron, Gaston, 133
Morin, Jacques-Victor, 58
Morin, Roland, , 91, 124
Morisseau, Claude, 299
Morris, Joe, 78, 82, 87-88, 249, 256,
    286, 304, 313-316, 318
Mortagne, Jean-Marc, 255-256
Mountbatten, Philip (prince), 28
Mulroney, Bryan, 148, 182, 185,
    190, 294, 299-300, 353

Nadeau, Pierre, 336-337
Nantel, Roger, 34, 37, 40
Néron, Jean-Pierre, 253
Noël, André, 116, 248, 305
Noreau, Pierre, 232

Pantaloni, Tony, 234
Parent, Bernard, 199
Parent, Madeleine, 69, 273
Parizeau, Jacques, 132, 200, 223,
    292-293, 359, 362
Parrot, Jean-Claude, 323-326
Payette, Lise, 61, 201-202, 276
Péladeau, François, 53
Pelland, Gilles, 76
Pelletier, Gérard, 57
Pelletier, Pierre, 192
Pépin, Lise, 277
Pepin, Marcel, 57, 132, 136, 146, 148,
    151-152, 190, 213, 271, 291
Perreault, Charles, 336

PERREAULT, Guy, 268-269
PERREAULT, Roger, 97, 119
PÉRUSSE, Noël, 30-31, 55, 65, 110-112, 114, 116, 119, 123, 219, 229, 239, 261
PICHETTE, Paul, 17
PINARD, Rolande, 260
PINSONNEAULT, Marie, 275, 277
PLAMONDON, Huguette, 273, 374
PLANTE, André, 33, 83
POULIN-SIMON, Lise, 296
PRONOVOST, Claire, 220
PROTEAU, Claude, 268
PROULX, Jérôme, 117
PROVOST, Roger, 9, 15-17, 23, 32, 34, 36, 40, 53, 69, 374-375
PRUD'HOMME, Maurice, 294
PURDIE, John, 22

QUIRION, Carole, 294

RACICOT, Carole, 240
RANALO, Claude, 209
RANCOURT, Gérard, 17, 30-31, 33-36, 65, 69-70, 78-79, 81-84, 86-88, 110, 213, 304, 315, 322, 351, 375
RAND, Yvan (formule Rand), 167, 173, 175, 179, 180, 287
RAYMOND, Marcel, 17, 21, 36, 38-41
REAGAN, Ronald, 299
REIFF, Hyman, 36
REIMER, Cornelius (Neil), 50, 71, 74
RENÉ DE COTRET, Michèle, 253
RENY, Isabelle, 261
RICHARD, Monique, 368
RICHARD, Pierre, 187, 219, 262-264, 272, 311
RICHLER, Mordecai, 370
RIVERIN, Pierre, 305
ROBACK, Léa, 273
ROBACK, Léo, 52-54
ROBERGE, Réal, 279
ROBERT, Michel, 279
ROBIDOUX, Fernand, 167
ROBIDOUX, Roland, 218
ROCHER, Guy, 342
RODRIGUE, Norbert, 291
RONDOU, René, 17, 22-23, 36, 113
ROSE, Jeff, 319
ROTH, Gisèle, 240

ROULEAU, Alfred, 132, 202
ROUSSEAU, Paul, 59
ROWLEY, Kent, 69
RYAN, Claude, 131-133, 135-136, 339, 347, 375

SABOURIN, Michel, 95
SAÏD, Sidi, 368
SAINT-AMOUR, Georges, 91
SAINT-CYR, André, 188, 240, 261, 272
SAINT-PIERRE, Guy, 198, 200-201
SAINT-PIERRE, Réal, 216
SALVAS, Élie, 63
SAMSON, Camille, 124
SAULNIER, Lucien, 120
SAUMURE, Robert, 17
SAUVAGEAU, Jacques, 100
SAUVÉ, Robert, 110
SAVOIE, Dominique, 260, 280
SAVOIE, Jean, 76
SCOWEN, Reed, 300
SENGHOR, Léopold Sédar, 366
SHANE, Bernard, 36-41, 78
SILCOFF, Maurice, 32, 34, 36, 38-41, 78
SIMARD, Sylvain, 365
SLIGER, Raymond, 315
SMITH, Elvie, 178
STEPHENSON Thor, 172
STEVENS, H., 313
SUREAU, Jean-Claude, 268
SYLVESTRE, Jean, 254-255

TESSA, Mohand, 368
THATCHER, Maragaret, 300
THIBAUDEAU, André, 16-17, 23, 27-30, 32-33, 36-37, 41, 47, 49-50, 56, 58, 65, 73-75, 83-84, 93-95, 332, 373-374
THIBAUDEAU, Jacques, 58
THIBAUDEAU, Roger, 46
THIBAULT, Jean, 181
TREMBLAY, Arthur, 64
TREMBLAY, Charles-Henri, 125
TREMBLAY, Gisèle, 167
TRUDEAU, Pierre Elliott, 22, 57, 65, 90-92, 134-135, 286, 334
TRUDEL, Serge, 269-270

VADEBONCOEUR, André, 220

VADEBONCOEUR, Pierre, 57, 128, 346
VAILLANCOURT, Lauraine, 217-218, 277
VAILLANCOURT, Philippe, 15-22, 96, 126, 247, 308
VALLÉE, Émile, 321
VALLIÈRES, Pierre, 132-133
VALOIS, Pierre, 76
VENNAT, Manon, 336
VIAN, Boris, 295

VIENS, Michel, 363
VILLENEUVE, Adrien, 23, 34
VINCENT, Claude, 216

WADE, Abdoulaye, 366
WAGG, Larry, 255
WAGNER, Claude, 28
WHITE, Bob, 220-221, 319, 322, 325-328
WOODCOCK, Leonard, 172

Remerciements

Dans le premier tome de la biographie de Fernand Daoust, j'ai salué les nombreuses personnes sans la contribution desquelles « ce livre n'aurait jamais vu le jour ». Je dois souligner ici le soutien précieux de plusieurs ex-collègues et amiEs qui m'ont permis de décrire dans le détail la construction interne de cette grande centrale syndicale, dont Fernand Daoust a été l'un des grands artisans. Aux Robert Dean, Josée Daoust, Isabelle Daoust, Louis Fournier, Jean-Guy Frenette, Jean Gérin-Lajoie, André Messier (décédé en mai 2015), Isabelle Reny et Pierre Richard déjà nomméEs, se sont ajou-téEs Claire Bruneau-Robitaille, Normand Caron, André Choquette, Pierre Dupuis, Édouard Gagnon, Roger Genest, Carole Gingras, Jean-Marie Gonthier, Michel Grant, Normand Guimond, André Laplante, Lola Lebrasseur, Slyvie Lépine, Pierre Noreau, Carole Racicot, Jean Sylvestre et Mohand Tessa. Paul-André Boucher, quant à lui, aura largement contribué à faire revivre dans ce livre l'expérience de Tricofil.

L'archiviste et historien Marc Comby a apporté au présent ouvrage un solide appui en recherche documentaire. Encore une fois, l'intervention méticuleuse de Mona-Josée Gagnon et de ma conjointe, Ginette Boursier, aura permis de mener ce projet à terme. Merci à Catherine Veillette pour son assistance dans la recherche de documents photographiques.

Achevé d'imprimer en février 2016
par les travailleuses et les travailleurs syndiquéɛs
de Marquis Imprimeur, Montmagny (Québec)
pour le compte de M Éditeur
C. P. 221 Saint-Joseph-du-Lac
(Québec) J0N 1M0